Wolfgang Mertens,
Willy Obrist, Herbert Scholpp

Was Freud und Jung nicht zu hoffen wagten ...

Das Anliegen der Buchreihe BIBLIOTHEK DER PSYCHOANALYSE besteht darin, ein Forum der Auseinandersetzung zu schaffen, das der Psychoanalyse als Grundlagenwissenschaft, als Human- und Kulturwissenschaft und als klinischer Theorie und Praxis neue Impulse verleiht. Die verschiedenen Strömungen innerhalb der Psychoanalyse sollen zu Wort kommen und der kritische Dialog mit den Nachbarwissenschaften soll intensiviert werden. Bislang haben sich folgende Themenschwerpunkte herauskristallisiert:

Die Wiederentdeckung lange vergriffener Klassiker der Psychoanalyse – wie beispielsweise der Werke von Otto Fenichel, Karl Abraham, W. R. D. Fairbairn und Otto Rank – soll die gemeinsamen Wurzeln der von Zersplitterung bedrohten psychoanalytischen Bewegung stärken. Einen weiteren Baustein psychoanalytischer Identität bildet die Beschäftigung mit dem Werk und der Person Sigmund Freuds und den Diskussionen und Konflikten in der Frühgeschichte der psychoanalytischen Bewegung.

Im Zuge ihrer Etablierung als medizinisch-psychologisches Heilverfahren hat die Psychoanalyse ihre geisteswissenschaftlichen, kulturanalytischen und politischen Ansätze vernachlässigt. Indem der Dialog mit den Nachbarwissenschaften wiederaufgenommen wird, soll das kultur- und gesellschaftskritische Erbe der Psychoanalyse wiederbelebt und weiterentwickelt werden. Stärker als früher steht die Psychoanalyse in Konkurrenz zu benachbarten Psychotherapieverfahren und der biologischen Psychiatrie. Als das anspruchsvollste unter den psychotherapeutischen Verfahren sollte sich die Psychoanalyse der Überprüfung ihrer Verfahrensweisen und ihrer Therapie-Erfolge durch die empirischen Wissenschaften stellen, aber auch eigene Kriterien und Konzepte zur Erfolgskontrolle entwickeln. In diesen Zusammenhang gehört auch die Wiederaufnahme der Diskussion über den besonderen wissenschaftstheoretischen Status der Psychoanalyse.

Hundert Jahre nach ihrer Schöpfung durch Sigmund Freud sieht sich die Psychoanalyse vor neue Herausforderungen gestellt, die sie nur bewältigen kann, wenn sie sich auf ihr kritisches Potential besinnt.

BIBLIOTHEK DER PSYCHOANALYSE
HERAUSGEGEBEN VON HANS-JÜRGEN WIRTH

Wolfgang Mertens,
Willy Obrist, Herbert Scholpp

Was Freud und Jung nicht zu hoffen wagten ...

Tiefenpsychologie als Grundlage der Humanwissenschaften

Psychosozial-Verlag

Bibliografische Information Der Deutschen Bibliothek
Die Deutsche Bibliothek verzeichnet diese Publikation in der Deutschen Nationalbibliografie; detaillierte bibliografische Daten sind im Internet über <http://dnb.ddb.de> abrufbar.

Verlagsgruppe Psychosozial-Verlag / Haland & Wirth
Goethestr. 29, D-35390 Gießen,
Tel.: 0641/77819, Fax: 0641/77742
e-mail: info@psychosozial-verlag.de
www.psychosozial-verlag.de

Umschlagabbildung: © The Estate of Keith Haring
Umschlaggestaltung: Christof Röhl
nach Entwürfen des Ateliers Warminski, Büdingen
Satz: Katharina Appel
ISBN 3-89806-323-2

Inhaltsverzeichnis

Vorwort

Was die drei Autoren des vorliegenden Buches vereint, ist die Überzeugung von der Fruchtbarkeit eines tiefenpsychologischen Menschenbildes. Dieses hat sich erst sehr allmählich im Bewusstsein der Menschen zu etablieren begonnen und steht in der Gegenwart, im Zeitalter der »decade of the brain«, bereits schon wieder in der Gefahr durch einen neurowissenschaftlichen Reduktionismus ersetzt zu werden. Dieser enthält den Irrglauben, aus dem Menschen einen neurobiologischen Apparat machen zu können, der allein durch physikalische und chemische Gesetzmäßigkeiten seines Hirnstoffwechsels erklärt werden kann. Jahrzehntelang wurden psychoanalytische Erkenntnisse ohnehin nur von einer Minderheit zur Kenntnis genommen. Zu Beginn des 20. Jahrhunderts als Auffassung einer kleinen Bewegung wahrgenommen und kritisch kommentiert, dann, nachdem erste Anerkennung erfolgt war, von den Nationalsozialisten als moralisch zersetzende jüdische Lehre diffamiert und außer Landes gejagt, im Nachkriegsdeutschland dem Ideal von Härte und Tüchtigkeit nicht entsprechend, von den universitären Vertretern der Psychologie und Medizin zumeist als unwissenschaftlich eingeschätzt, weil das Vertrautwerden mit unbewussten Prozessen eine tiefenhermeneutische Schulung voraussetzt und sich dem raschen, berechnenden Zugriff verweigert, hatte eine Lehre wie die Psychoanalyse keinen einfachen Stand. Zwar wurde das Fach vereinzelt sogar an deutschen Universitäten gelehrt, doch behielt die Tiefenpsychologie immer den Geruch einer Disziplin, die man wissenschaftlich nicht ernst nehmen kann.

Galt dies für die Psychoanalyse Freuds, so trifft dies noch um einiges stärker auf die Analytische Psychologie von Jung zu. Pseudoreligiöse Erlösungstheorie, esoterische Heilslehre, unpolitischer Mystizismus – so lauteten einige der Einschätzungen, mit denen die Anhänger Jungs bedacht wurden. Beide Schulrichtungen – Psychoanalyse und Analytische Psychologie – sind zwar seit Jahrzehnten zusammen mit der Individualpsychologie Alfred Adlers unter einem standespolitischen Dach vereint, doch sind vereinzelt – nicht zuletzt den Gründungsvätern geschuldet – erhebliche Differenzen und Spannungen selbst zwischen diesen Richtungen bis zum heutigen Tag vorhanden. Psychoanalytiker haben C. G. Jung seine diffamierende Einschätzung der jüdischen Psychoanalyse im Nationalsozialismus verübelt, auch wenn dieser sich später dafür offiziell entschuldigt und dies auf sein damaliges mangelndes politisches Interesse zurückgeführt hat. Die Archetypenlehre mit ihrer Konzentration auf die Phylogenese empfanden Freudianer als eine Flucht aus der Gegenwart und als Vernachlässigung der gründlichen Aneignung der Lebensgeschichte, wobei sie mitunter vergaßen, dass Freud selbst den Grundstein für die Betrachtung eines phylogenetisch Unbewussten gelegt hatte. In klinischer Sicht bemängelten Freudianer am jungianischen therapeutischen Vorgehen die unzureichende Thematisierung und Durcharbeitung von unbewussten Übertragungsprozessen. Unberücksichtigt blieb bei all dem, dass sich auch die Analytische Psychologie in der zweiten Hälfte des 20. Jahrhunderts weiterentwickelt hat und dass auch schon Jung – übersetzt man seine mitunter tatsächlich pseudoreligiöse Sprache in eine zeitgemäße Diktion – anthropologische Sachverhalte formulierte, die heute in den Wissenschaften vom Menschen intensiv diskutiert werden. Jung hatte nämlich bereits Tiefenstrukturen psychischen Erlebens beschrieben, die als Dispositionen nicht gelernt zu werden brauchen, sondern im Verlauf der Evolution entstanden sind. Während Emotionen z. B. für die Freudianer – von dem Affekt der Angst abgesehen – lediglich Repräsentanten der zu bändigenden und der Vernunft des Ichs zu unterstellende Triebe sind, verkörpern sie nach heutiger Auffassung, die Jung bereits vorwegnahm, eine Kommunikationsform, die ontogenetisch lange vor der sprachlichen Symbolisierungsfähigkeit Bedeutungen mitteilt. Als evolutionär entstandene Dispositionen haben sie sich in Hunderttausenden von Jahren in der Phylogenese entwickelt. Und so verwundert es nicht, dass rückverfolgbar bis zu den ersten Hochkulturen in überlieferten Mythen und Märchen bedeutungsvolle Interaktionsregeln des sozialen Miteinanders und des Umgangs mit sich selbst aufbewahrt sind. Im jungianischen Konzept des Selbst, dessen dispositionelle Tiefenstrukturen im Lauf der Entwicklung mit individuellen Erfahrungsinhalten zu gestalten und als ein Individuationsprozess anzueignen sind, werden somit bedeutend mehr Sachverhalte angesprochen als in der Freudschen Vorstellung von einem Ich, das zwischen Triebwünschen und Über-Ich-Geboten zu vermitteln hat und dem hierfür lediglich Abwehrmechanismen und Unterdrückungsmöglichkeiten zur Verfügung stehen.

Was waren und was sind die Gründe dafür, dass tiefenpsychologische Erkenntnisse es so schwer haben, auf eine breitere Akzeptanz zu stoßen? Ist es die narzisstische Kränkung, nicht Herr im eigenen Haus zu sein, die Freud als Rezeptionsbarriere formulierte, und die in den letzten Jahren interessanterweise von Hirnforschern wieder geltend gemacht wird, wenn sie behaupten, dass das bewusste Ich eine illusionäre Größe und die Willensfreiheit eine Fiktion sei?[1] Sind es die aus forschungstechnischer Sicht sehr viel größeren Schwierigkeiten, das Unsichtbare unbewusster Vorgänge, die erschlossen werden müssen und nicht einfach am sicht- und messbaren Verhalten abgegriffen werden können, zu erforschen? Aber hat schließlich nicht auch die moderne Atomphysik erst einmal das Zeitalter der klassischen Mechanik überwinden müssen und letztere wiederum den unmittelbaren Augenschein des konkretistisch Erlebten?

Hängen damit vielleicht auch die Schwierigkeiten im Denken zusammen, die viele Menschen empfinden, wenn sie sich unbewusste Prozesse in sich selbst vorstellen sollen? Allenfalls kann man anderen Menschen noch ein unbewusstes Seelenleben zugestehen, aber sich selbst? Alle Gedanken sind doch bewusst gedachte, und alle Entscheidungen bewusst getroffene. Allenfalls in einer übermäßig affektiven Handlung oder in einem z. B. durch äußere Substanzen veränderten Gehirnzustand lassen sich unbewusste Vorgänge vorstellen. Ansonsten aber gelten alle Handlungen als rational geplant. Dass der Augenschein eines angeblich über sich selbst autonom verfügenden Ichs trügt, ist mit dem gesunden Menschenverstand nicht zu vereinbaren. Sollten wir deshalb nicht doch unsere seelische Entwicklung und geistige Gesundheit den Naturwissenschaftlern überlassen, die mit weniger Denkaufwand die »Physik und Chemie der Nerven« untersuchen und uns schon die richtigen chemischen Dosierungen empfehlen werden, wenn uns unsere Introspektion im Stich lässt?

Gegen diese introspektive und selbstreflexive Denkfaulheit wird in diesem Buch dafür plädiert, den Umgang mit den Manifestationen unbewusster Prozesse nicht allein dem neurowissenschaftlich-industriellen Komplex zu überlassen, sondern sich der Bewusstmachung und den »Individuationsaufgaben« zu stellen. Dies soll heißen, sich nicht nur der wichtigsten lebensgeschichtlich entstandenen Verdrängungen zumindest ansatzweise bewusst zu werden, sondern sich auch quer zum derzeitig wieder erstarkten positivistischen und neurowissenschaftlichen Reduktionismus mit den anthropologischen und psychologischen Voraussetzungen der eigenen Existenz zu befassen.

Die ausschließlich instrumentelle und auf technische Verwertung abzielende Naturbeherrschung der positivistischen Wissenschaften hat ungeachtet aller nicht mehr wegzudenkenden Erleichterungen, die der wissenschaftlich-technische Fortschritt mit sich brachte, nicht nur eine bedauernswerte ethische Leerstelle hinterlassen, sondern auch die Gefahr einer potentiell sich selbst zerstörenden Menschheit hervorgebracht, deren Anzeichen nicht mehr zu übersehen sind. Die Autoren der vorliegenden Arbeit vertreten deshalb den Standpunkt, dass nur die Einsicht in die Grenzen des naturwissenschaftlichen Menschenbildes und die Berücksichtigung der grundlegenden Erkenntnisse der Tiefenpsychologie, worunter in diesem Buch nicht nur die Psychoanalyse Freuds und ihre Weiterentwicklung im 20. Jahrhundert, sondern auch die Lehre C.G.Jungs und seiner Schüler verstanden wird, zu einem immer stärkeren Unbehagen an jenem instrumentellen Verwertungsdenken führen kann. Denn dieses nur an kontrollier- und ökonomisch verwertbaren Fakten orientierte Vorgehen, das leider auch vor den Wissenschaften vom Menschen nicht Halt macht, fördert in der Gegenwart z. B. in Form eines medizinisch-biostatistischen Szientismus wieder ein reduktionistisches Denken, das noch vor einigen

Jahren nicht für möglich gehalten worden wäre. In der hochtechnisierten Apparate-Medizin verschwindet der leidende und fühlende Mensch immer mehr und wird zu einem Teilobjekt, an dem zwar bewundernswerte medizinische Leistungen vollbracht werden können, ohne dass dieser jedoch den Sinnzusammenhang von Krankheit und seinem bisherigen Leben zu begreifen in der Lage ist.

Darüber hinaus ist die Gefahr nicht von der Hand zu weisen, dass auch im Bereich der Psychotherapie eine derartige unpersönliche und von Sinnzusammenhängen abgeschnittene Zweckrationalität Einzug halten könnte, die dann die Ausgangsbasis für ökonomische Kosten-Nutzen-Analysen darstellen soll. Da viele heutige Menschen sich vermutlich in ihrem Selbstverständnis nach derartigen Vorgaben zu modellieren beginnen und in der Konsequenz ihre eigenen, zutiefst menschlichen Belange als überflüssig empfinden, wenn sie sich nicht dem Verwertungsinteresse unterwerfen lassen, werden ethische und politische Dimensionen bei dem vorliegenden Thema von höchster Brisanz.

Die herkömmlichen positivistischen Wissenschaften haben ethische Fragen stets in den Bereich des Vorwissenschaftlichen verwiesen; nach landläufiger Auffassung ist bekanntlich die Frage des Entdeckungs- und Anwendungszusammenhangs strikt vom Überprüfungszusammenhang zu trennen, der allein die Essenz wissenschaftlicher Betätigung ausmacht; die anderen Fragen könne man getrost den Politikern überlassen. Positivistische Methodologie heißt nachgerade Ausklammerung ethischer und politischer Aspekte des Prozesses von Forschung und ihrer Anwendungen. Dies verwundert nicht, denn instrumentelles Verwertungsinteresse und pure Zweckrationalität implizieren eine geheime politische Zielsetzung, die aber selbst den Betreibern einer ausschließlich naturwissenschaftlich positivistischen Wissenschaft häufig verborgen bleibt. Nicht verborgen bleibt natürlich, dass sich für die naturwissenschaftlich biologische Forschung jederzeit Sponsoren finden lassen, während eine Wissenschaft, die »lediglich« Seelisches thematisiert, zumeist leer ausgeht.

In der Gegenwart wird nun mehr und mehr erkennbar, dass eine *ausschließlich* positivistisch verfahrende Wissenschaft nicht nur zur Trivialisierung vieler Erkenntnisse, zur Ausklammerung von Sinnfragen und ethischen Dimensionen geführt, sondern auch massive methodologische Ausgrenzungen zur Folge hat, die nicht länger vertretbar sind. Obwohl gerade in der Gegenwart das Eintreten für eine antipositivistische, tiefenpsychologische und einer humanistischen und aufklärerischen Kultur verpflichteten Erkenntnishaltung wie ein Kampf gegen Windmühlenflügel anmutet, wenn man den Zusammenhang zwischen (naturwissenschaftlicher) Forschung und wirtschaftlicher Verwertung bedenkt, darf dennoch das Einstehen für eine andere Erkenntniskultur nicht aufgegeben werden. Damit wird der überwiegend zweckrationalen und instrumentellen

Wissenschaftsauffassung und ihrer von ökonomischen Eliten gesteuerten Verwertungspraxis eine Auffassung entgegengesetzt, die sich vor allem durch Respekt vor der Eigengesetzlichkeit und Autonomie innerer wie äußerer Natur charakterisieren lässt.

Aus diesem Grund beginnt das vorliegende Buch mit provokativen Überlegungen von *Herbert Scholpp*, einem tiefenpsychologisch ausgebildeten Personalleiter einer großen Firma in Hessen, der sich bereits seit vielen Jahren mit den Grenzen des naturwissenschaftlichen Weltbildes beschäftigt. Dieses hat zwar zu ungeheuren technischen Erfolgen geführt, denen er in seiner Tätigkeit auf Schritt und Tritt begegnet, hat aber auch eine Anzahl von Restriktionen in methodologischer, forschungspraktischer, anwendungsbezogener und – sein eigenes berufliches Tätigkeitsfeld betreffend – psychologischer Hinsicht zur Folge.

Ausgehend von Gernot Böhmes (1980) Einschätzung, dass der Siegeszug des naturwissenschaftlichen Wissens, das aufgrund seiner Forschungslogik viele Aspekte der materiellen und psychischen Welt und viele Denkformen unthematisiert lässt, dringend nach einer Selbstaufklärung verlangt, beschreibt Scholpp zunächst die methodologischen Grundzüge der positivistischen Naturwissenschaften. Seit Bacons Grundlegung einer dem objektiven Erkennen verpflichteten Erkenntnishaltung wurde der Ausschluss des Subjekts aus dem Forschungsprozess kanonisiert. Seinen Höhepunkt innerhalb der Wissenschaften vom Menschen fand dieser Ausschluss in den Verhaltenswissenschaften, in denen analog zur Physik des 19. Jahrhunderts die Subjektivität des Forschers auf Null reduziert werden, was beispielsweise anhand des Einsatzes eines distanzierten Beobachters oder durch Doppelblind-Experimente erreicht werden sollte. Die Selbstausgrenzung des Subjekts war die zu Ende geführte Konsequenz der baconschen Idolenlehre: Persönliche Lebenserfahrung, kontextgeleitetes Wissen, die affektive und leibliche Basis allen Erkennens sollten einer vom Einzelnen losgelösten, von jedermann und überall wiederholbaren Erkenntnis weichen. Führte dies zunächst zu einer tendenziellen Emanzipation von kirchlicher Bevormundung und mittelalterlichem Aberglauben, so ging mit der Absolutsetzung objektiver Erkenntnis eine bis zum heutigen Tag andauernde Verarmung unserer wissenschaftlich orientierten Weltauffassung einher. Der baconsche Grundsatz »Von uns selbst aber schweigen wir« bereitete den Weg für eine von allem Sinnlichen, Qualitativen, Ganzheitlichen und Vernetzten gereinigte Denkform und methodologische Haltung, die dem Quantifizierbaren allein den Vorzug gab. Hierzu mussten die Gegenstände der Forschung ihrer Einmaligkeit und Vielfältigkeit entkleidet und auf messbare Merkmale zurechtgestutzt werden. Der von Positivisten so häufig zu hörende Einwand, dass doch auch Qualitäten durchaus quantifizierbar seien, übersieht, dass mit qualitativem

Denken auch eine andere Denkform einhergeht, nämlich das Denken in Polaritäten, Analogien, Metaphern und dialektischen Bewegungen. Wer diese Differenz nicht begreifen kann, bleibt gleichsam methodologisch blind für andere Formen des Seienden als die unter der Vorherrschaft positivistischer Sicht- und Erkenntnisweisen üblichen. Scholpp zeigt auf, dass der angelsächsische Objektivismus zusammen mit der cartesianischen Einstellung eines unkörperlichen, vergeistigten Erkennens, das noch dazu von seinem erkennenden Gegenüber total isoliert wird, zu einer äußerst einseitigen Auffassung psychischer Phänomene geführt hat, von denen der bekannte Reduktionismus biologischer und neurophysiologischer Art, Psychisches lässt sich auf Gehirnvorgänge reduzieren, der bestürzendste ist. Dass damit auch Sinn- und Wertfragen aus der Wissenschaft eliminiert worden sind, mit denen sich Wissenschaftler folgerichtig nicht mehr zu befassen brauchen, sondern sie den Moralphilosophen, Theologen und Politikern überlassen, ist die traurige Konsequenz einer vereinseitigten naturwissenschaftlichen Erkenntnishaltung. Dass diese aber, die sich als wertfrei ausgibt, selbst unablässig Wirklichkeit erzeugt und mit einer ungeheuren Selbstverständlichkeit alles unter ihre methodologische Auffassung zwingt und ohne es zuzugeben permanent Macht ausübt, gehört ebenso reflektiert wie die Attraktivität, die sie auf eine größtenteils positivistisch verbildete Öffentlichkeit ausübt. Scholpp fordert deshalb auf, mit dem Reflektieren über die aus dem Positivismus ausgesonderten und unterdrückten Denkformen zu beginnen. Dazu gehören neben dem Denken in Analogien und Metaphern vor allem das komplementäre Denken, das – entsprechend der Erfahrung von Nils Bohr im mikrophysikalischen Bereich – davon auszugehen hat, dass die Phänomene dieser Welt aus ganz unterschiedlichen Blickwinkeln betrachtet und mit ganz unterschiedlichen Methoden begriffen werden können.

Anhand des Dialogs, den der Physiker Wolfgang Pauli mit Carl Gustav Jung in den fünfziger Jahren des vorigen Jahrhunderts geführt hat, verdeutlicht Scholpp diese These. Pauli beschäftigte die Idee einer Wirklichkeit, die über unser herkömmliches Erkennen hinausgeht, wozu vor allem der Primat des Sehens, des männlichen Blicks und der Ratio, des deduktiv-nomologischen Denkens gehört. Er forderte hingegen komplementär auch ein Denken in Bildern und Symbolen, das in moderner psychoanalytischer Terminologie mehr Verbindungen zu emotionalen Heuristiken aufweist, in denen von klein auf unser fühlender Umgang mit Menschen und der Welt aufbewahrt ist. Positivistisches Faktenerkennen ist hingegen losgelöst von der Ebene subsymbolischer und symbolischer Erfahrungen, ist ein auf empirische Phänomene bezogenes Erfassen abstrahierter Teilaspekte einer komplexeren Wirklichkeit. Die aus jungianischer Sichtweise als archetypische Erkenntnis bezeichnete

Einstellung geht hingegen über die Auftrennung in Körperliches und Seelisches hinaus; physikalische Gesetze erscheinen dann als Projektionen archetypischer Ideenverbindungen, was starke Ähnlichkeit mit konstruktivistischen Erkenntnistheorien aufweist, denen zufolge die von der Naturwissenschaft aufgestellten Gesetze nicht die Wirklichkeit an sich widerspiegeln, sondern weitgehend Emanationen des menschlichen Geistes sind.

Willy Obrist, Arzt und jungianischer Analytiker, langjähriger Dozent am C. G. Jung-Institut in Zürich und Verfasser zahlreicher Bücher zur Bewusstseinsmutation, konzentriert sich in seinem Beitrag darauf, dass mit der Tiefenpsychologie nicht einfach nur eine weitere Disziplin entstanden ist, sondern mit ihr ein neuer Typus empirischer Wissenschaft begann, weil sie methodologisch wie methodisch ihre Erfahrungsbasis verbreiterte. Mit der Zulassung der innengerichteten Wahrnehmung wurde ein erkenntnistheoretisch neuer Zugang zum Unbewussten möglich: Die Wahrnehmung von Abkömmlingen unbewusster Vorgänge wie z. B. im erinnerten Traumgeschehen, wird nun nicht mehr als Offenbarung Gottes betrachtet, sondern als Ausdruck des Unbewussten. So erkennt die Tiefenpsychologie gegenüber dem theologischen Bewusstsein, dass die Vorstellung einer jenseitigen Welt sich einer Projektion verdankt. Dieses »Hereinklappen« der jenseitigen Welt in die eigene Psyche ist ein fundamentaler Erkenntnisschritt, den mitzugehen auch noch heute ein Großteil der Menschen verweigert.

Nach diesen einleitenden Überlegungen kommt Obrist zum Kern seiner Argumentation: Während im psychotherapeutischen Bereich Teile der durch die Entdeckung des Unbewussten initiierten Bewegung wiederum ins Mythische und Positivistische (wie z. B. in der New Age-Bewegung) zurücksanken, vollzog sich in den Naturwissenschaften des 20. Jahrhunderts eine Entwicklung die nicht nur zu einer völlig neuen Sicht auf die Natur führte, sondern auch auf erstaunliche Weise die Auffassungen der Tiefenpsychologie unterstützte, so dass hier durchaus von einer externalen Kohärenz (i. S. v. Strenger, 1991) gesprochen werden kann. So wurde die monokausale, deterministische Auffassung der Naturprozesse mit der Formulierung der Quantenmechanik durch eine probabilistische Auffassung abgelöst. Mit der Entdeckung der Kybernetik rückte an die Stelle der linearen Auffassung von Ursache und Wirkung eine kreisförmige i. S. eines rückgekoppelten Regelkreises. Schließlich erfuhr das klassische Kausalitätsparadigma noch eine weitere Einschränkung seitens der Chaosforschung, die mit Konzepten wie Spielraum, Variationsbreite, Bifurkation und Zufall der Eigendynamik des Natürlichen eine grundlegende Berechtigung einräumte. Vollends überwunden wurde das mechanistische Verständnis innerer wie äußerer Natur dann in der Biologie mit dem Systemdenken: Lebensvorgänge sind dynamische Ganzheiten, die sich selber regulieren und auch unter Aufrechterhaltung der Ganzheit transformieren.

Gleichwohl blieb trotz dieser epochalen Änderungen das Energie-Paradigma als Leitmetapher unverändert bestehen. Deshalb verwundert es nicht, dass selbst Freud glaubte, dass sich auch alle psychischen Phänomene und Gesetzmäßigkeiten eines Tages auf physikalische Gesetzmäßigkeiten zurückführen lassen. Diese materialistische Naturauffassung gepaart mit einem ontologischen Reduktionismus stieß jedoch auch bei Physikern, wie z. B. Wolfgang Pauli oder Carl Friedrich von Weizsäcker, auf ein immer stärkeres Unbehagen. Bei dem Versuch, dieses zu überwinden, entdeckten fortschrittliche Forscher die Konvergenz zwischen Naturwissenschaften und Tiefenpsychologie. Übersetzt man nach Obrist die Erkenntnisse der jungschen Theorie in eine zeitgenössische Theoriesprache, so wird deutlich, dass sich die Analytische Psychologie nicht nur mühelos mit dem heutigen Wissen vom Lebendigen vereinbaren lässt, sondern dass sie viele Erkenntnisse vorweggenommen hat, die jetzt nach und nach im Zuge der Kritik an einem einseitig positivistischen Weltbild in der Diskussion auftauchen und nicht selten als neue Erfahrungen ausgegeben werden.

Obrist macht noch auf einen weiteren wichtigen Aspekt aufmerksam: Durch die positivistische Art Wissenschaft zu betreiben, geriet das natürliche Wissen der Menschen um die ethischen Grundlagen ihres Tuns in Vergessenheit. Insbesondere C. G. Jung hat darauf hingewiesen, was mittlerweile von einer Anzahl von Forschern bedacht wird: Es gibt phylogenetisches und deshalb auch kulturinvariantes Wissen darüber, wie mit der sächlichen und menschlichen Umwelt umzugehen ist; in Mythen sind diese protokognitiven Strukturen der unbewussten emotionalen Informationsverarbeitung als mythologisches Weltwissen aufbewahrt. Der verzweifelte Kampf gegen die Abschaffung von Mythen und deren Ersetzung durch kognitivistisches und positivistisches Wissen ist so gesehen wie ein Degenerierungsprogramm der Aufklärung zu verstehen: Die empiristische Blickverkürzung rächt sich, indem das methodisch Ausgesperrte durch die Hintertüre als Unvernunft wieder hereinkommt und nun in unreflektierter Weise sich Ausdruck verschafft. Übertriebene Faktengläubigkeit und Esoterik sind nur zwei Seiten ein und derselben Medaille.

Der Beitrag von *Wolfgang Mertens*, Professor für Klinische Psychologie und Psychoanalyse in München, behandelt in einem fiktiven Gespräch mit Freud einige Gedanken zur Entwicklung der Psychoanalyse im 20. Jahrhundert anhand dessen wichtigsten Veröffentlichungen aus den Jahren 1891 bis 1900. Dabei soll für den Leser deutlich werden, dass viele seiner neurobiologischen

Spekulationen und Überlegungen aus dieser Zeit von einer erstaunlichen Aktualität sind, dass aber gerade auch seine (tiefen-) psychologische Betrachtung mentaler Phänomene im Zeitalter des Gehirns auf keinen Fall verloren gehen darf. Sie hat im 20. Jahrhundert zu einer Weiterentwicklung des Bewusstseins geführt, auch wenn diese Prozesse bei vielen Menschen prekär geblieben sind. Nun wird aber in etlichen Publikationen der Gegenwart der Eindruck erweckt, als sei die Tiefenpsychologie ein Auslaufmodell, das angesichts der rapiden Fortschritte in den Cognitive- und Neurosciences keine Chance auf dem wissenschaftlichen Parkett mehr habe, wenn sie überhaupt jemals ernst genommen wurde. Andere, wohlwollendere Kritiker, wie z. B. der amerikanische Nobelpreisträger Eric Kandel (1999), sehen eine Chance für die Psychoanalyse bzw. die Tiefenpsychologie, wenn sie sich auf ihre biologischen Grundlagen besinne und ihre grundlegenden Theoriebestandteile, wie z. B. ihre Motivations-, Affekt- und Gedächtnistheorie an die Erkenntnisse und Befunde angrenzender Nachbarwissenschaften angleiche. Mit diesem Einfordern interdisziplinärer Kompatibilität wird aber übersehen, dass die Psychoanalyse bzw. die Tiefenpsychologie von Anfang an eine Sichtweise vom Menschen vertreten hat, die inter- bzw. transdisziplinär ist und von den Nachbarwissenschaften in der Gegenwart erst zögerlich zur Kenntnis genommen wird. Wenn diese bereit sind, von einem allzu einseitigen naturwissenschaftlichen Weltbild, das seit den Entdeckungen und Lehren Galileis, Bacons und Descartes‹, die westliche Sicht vom Menschen und von der Natur dominierte, abzurücken, können sich unter Nutzung der tiefenpsychologischen Methodik und des seit einem Jahrhundert existierenden Wissens um den Menschen neue, revolutionäre Erkenntnisse und Zugangswege zum Menschlichen eröffnen. Plädiert wird deshalb für eine zukünftige Synergie der Kräfte, d. h. all derjenigen methodischen Bemühungen, die etwas vom Menschen, seiner Psychologie, seiner Biologie, seinen kulturellen Produktionen und der Rückwirkungen derselben auf ihn verstehen wollen.

Freud hat Zeit seines Lebens an der Hoffnung festgehalten, die Psychoanalyse eines Tages auf ein sicheres (natur-) wissenschaftliches Fundament stellen zu können. Insbesondere seine Triebiehre schien ihm hierzu besonders geeignet. »Das Lehrgebäude der Psychoanalyse, das wir geschaffen haben«, schreibt Freud in den *Vorlesungen zur Einführung in die Psychoanalyse*, »ist in Wirklichkeit ein Überbau, der irgend einmal auf sein organisches Fundament aufgesetzt werden soll; aber wir kennen dieses noch nicht« (1916–17a, S. 403). Gleichwohl stand für Freud ebenso fest, dass mit dieser Hoffnung keine Nachgeordnetheit der von ihm untersuchten psychologischen, bzw., wegen der Einbeziehung unbewusster Prozesse, tiefenpsychologischen Phänomene einhergehen solle. Vielmehr betonte er die Berechtigung und auch den

Anspruch, psychische Sachverhalte als Phänomene sui generis zu untersuchen. Diese Betrachtungsweise schloss aber für ihn keineswegs aus, dass psychologische Prozesse Teil einer umfassenderen Ganzheit sind, deren anderes Ende in neurophysiologischen und biologischen Gegebenheiten gründet. Weder versuchte er damit, Psychologie auf Biologie zu reduzieren, wie ihm immer wieder unterstellt worden ist, noch wollte er damit die mit körperlichen Prozessen einhergehenden psychologischen Phänomene von ihren biologischen Vorgängen isolieren.

In einem fiktiven Gespräch mit Freud werden sechs wichtige Publikationen des Begründers der Psychoanalyse aus der Zeit von 1891–1900 besprochen. Es sind dies »Zur Auffassung der Aphasie« (1891), »Studien über Hysterie« (zus. mit Breuer) (1895), »Entwurf einer Psychologie« (1895), »Zur Ätiologie der Hysterie« (1896), »Über Deckerinnerungen« (1899) und »Die Traumdeutung« (1900).

Nach einem kurzen werkimmanenten Abriss der jeweiligen Arbeit und biographischen Anmerkungen geht es zunächst um die Rezeption dieser Schriften zum Zeitpunkt ihrer Entstehung. Anschließend folgt eine kurze Darstellung der wichtigsten Weiterentwicklungen und Veränderungen der jeweiligen Konzepte und eine Diskussion über die psychoanalytische und interdisziplinäre Relevanz in der Gegenwart.

Auch anhand dieses Abrisses wird die Notwendigkeit erkennbar, Diskurse zu führen: Innerhalb der Tiefenpsychologie selbst, z. B. zwischen Jungianern und Freudianern[2], innerhalb der verschiedenen psychoanalytischen Schulrichtungen, wie z. B. den Selbstpsychologen, Objektbeziehungstheoretikern oder interpersonellen Psychoanalytikern, aber auch zwischen der Psychoanalyse/Tiefenpsychologie und den Vertretern der anderen Wissenschaften vom Menschen, um einerseits von deren Erkenntnissen zu lernen, aber auch um deren positivistischen Residuen überwinden zu helfen.

Wolfgang Mertens
August 2003

Anmerkungen

[1] So z.B Vilayanur Ramachandran (2003) im Gespräch mit Steve Klimchak »Das Ich im Scheckenhaus« in Gehirn und Geist, S. 68–69 und Wolf Singer (2002) im Gespräch mit Thomas Metzinger »Ein Frontalangriff auf unser Selbstverständnis und unsere Menschenwürde« in Gehirn und Geist, S. 32–35.

[2] Vgl. die Einladung von James L. Fosshage und Jodie M. Davies (2000) an sieben Jungianer und Post-Jungianer in: Fosshage, J.L. & Davies, J.M. (2000). Analytical psychology after Jung with clinical case material from Stephen Mitchell's *Influence and autonomy in psychoanalysis*. Psychoanalytic Dialogues, 10, 377–388.

1. Selbstbewusstwerdung der europäischen Naturwissenschaft über den Weg der Selbstaufklärung

Herbert Scholpp

Wenn in der folgenden Arbeit die Einseitigkeit und Ausschließlichkeit der Anwendung der naturwissenschaftlichen Methode kritisiert werden, dann richten sich diese Ausführungen natürlich keineswegs gegen alle Errungenschaften, die wir der naturwissenschaftlichen Methode verdanken, noch richten sie sich gegen jene Personen, die diese Methode anwenden. Auch wird keine Entweder-Oder-Frage gestellt werden.

Vielmehr sind es Fragen, die wir an uns alle stellen müssen: Was bedeutet es für unsere seelische Gesundheit, wenn wir die naturwissenschaftliche Methode unachtsam anwenden, ohne ihre Grenzen zu erkennen? In welche Einseitigkeiten verstricken wir uns und in welche Sackgassen verlaufen wir uns, wenn wir aus den Augen verlieren, dass unsere (natur-) wissenschaftliche Methode nur *ein* Weg ist, äußere und innere Natur zu verstehen und zu erklären?

Tatsächlich hat dieser Weg vor allem im 20. Jahrhundert zu einem ungeheuren Aufschwung der Technik geführt und unser aller Leben erleichtert. Aber es gilt auch, darüber nachzudenken, was bei diesem Siegeszug an Wertvollem auf der Strecke geblieben ist und aufgrund des verblendenden Erfolgs der Naturwissenschaften droht allmählich gänzlich in Vergessenheit zu geraten.

Der Philosoph Gernot Böhme merkt hierzu an:

> »Der Stand der Selbstaufklärung der europäischen Wissenschaft verlangt nicht nur zu verstehen, dass wissenschaftliches Wissen kontrolliertes und diszipliniertes Wissen ist, sondern gleichzeitig einen Begriff davon zu haben, welche Dunkelheiten, Verdrängungen diese Kontrolle erzeugt, welche Vorstellungen aus dem offiziellen Kanon ausgeschlossen sind und warum.« (1993, S. 74)[1]

Dieser Gedanke mutet auf den ersten Blick merkwürdig an. Wieso soll ausgerechnet experimentell kontrolliertes naturwissenschaftliches Wissen, das gegen alle Voreingenommenheiten und Ideologien ausgezogen ist, die Wahrheit objektiv und jenseits aller Glaubenssätze zur Geltung zu bringen, Dunkelheiten und Verdrängungen zur Folge haben? Sind nicht gerade experimentelle Ergebnisse völlig wertneutral, nichts als die pure Wahrheit, jenseits aller kirchlichen oder politischen Überzeugungen?

Aber auch die sog. Wertneutralität ist nicht eine letzte Wahrheit, wie der theoretische Physiker und Philosoph Carl Friedrich von Weizsäcker zu Recht einmal betont hat, wenngleich »ein hoher Wert, der Wert einer Schule der Distanz gegen die eigenen Wünsche« (1978, S. 126).[2]

Jeder (Natur-)Wissenschaftler wird selbstdiszipliniert versuchen, sorgfältig seine Experimente zu planen, Kontrollen einzuführen, auf die objektive Durchführung seiner Experimente zu achten und die Ergebnisse mit größtmöglicher Exaktheit auszuwerten. Nur dann ist sichergestellt, dass das angestrebte Ergebnis unabhängig vom Betreibenden immer und überall dasselbe ist. Dieses ist die nicht hoch genug einzuschätzende Errungenschaft dieser Methode.

Mittels der naturwissenschaftlichen Methode wird die Erfassung von Wirklichkeit über die Sinne und zu deren Erweiterung mit Messgeräten und Apparaturen vorgenommen und mit dem naturwissenschaftlichen Denken bewertet. Das naturwissenschaftliche Denken folgt dabei den Axiomen der ausschließenden Logik, einem Teil des Denkrahmens der Naturwissenschaft.

Aber, so müssen wir uns nun fragen, ist diese Vorgehensweise, die das Experiment und die statistische Auswertung einsetzt und die Ergebnisse mit Hilfe der Logik interpretiert, wirklich so objektiv und wertneutral, wie wir immer wie selbstverständlich annehmen?

So hat Herbert Pietschmann, Ordinarius für Theoretische Physik in Wien, in zahlreichen Vorträgen immer auf die Grenzen des Denkrahmens der Naturwissenschaft hingewiesen (z. B. Gießen 1998). Denn aufgrund dieses Denkrahmens, in dem wir uns entsprechend unserer abendländischen Erziehung und Sozialisation bewegen, wird einiges nicht Gegenstand der Betrachtung: Einmaliges, Qualität, Synthese, Vernetzung, Zusammenschau, Freiheit, Offenes, Buntes, Lebendiges, Konflikte, Wollen, Kreativität.

Solange dies bewusst geschieht und wir uns der Grenzen unserer Methode und unserer logischen Operationen bewusst sind, lässt sich diese Vorgehensweise durchaus legitimieren.

Sofern dies jedoch nicht bewusst geschieht, also automatisiert und ohne Reflexion vorgenommen wird, ist diese Vorgehensweise äußerst einseitig und leichtfertig, da aufgrund der hierarchischen Struktur der Logik alles, was nicht dem Rahmen dieser Denkform entspricht, eliminiert und entwertet wird, gemäß unserer generellen Disziplin, die uns der Denkrahmen vorgibt. Damit werden Einmaliges, Qualität, Synthese, Vernetzung, Zusammenschau, Freiheit, Offenes, Buntes, Lebendiges, Konflikte, Wollen, Kreativität eliminiert oder nachrangig betrachtet, obwohl diese Eigenschaften nachweislich zur Kreativität gehören.

Die nächste wichtige Frage ist: Hat der Naturwissenschaftler auch im Auge, welche Auswirkungen dieses methodische Vorgehen oder sein methodisches

Weltbild auf seine Psyche haben? Ist er sich überhaupt des Aktes der Distanzierung bewusst? Weiß er überhaupt noch um seine Wünsche, die in der Auseinandersetzung mit der Erforschung sowohl innerer als auch äußerer Natur entstehen ? Kann er die Spannung, die daraus erwächst, überhaupt noch erfahren oder sind die Forschungsvorgänge bei ihm alle schon zu Routineabläufen erstarrt und daher unbewusst? Und wenn er überhaupt noch eine Spannung erfährt, hält er diese aus? Und wie?

Weiter unten wird auszuführen sein, wie Wolfgang Pauli sich mit diesen Fragen sehr engagiert und auf spannende Weise auseinandergesetzt hat.

1.1 Der Wille zur Macht

Der Tiefenpsychologe wird noch weiter fragen: Was machen die durch die Einseitigkeit einer Methode erzeugten Verdrängungen und Dunkelheiten mit und in den Menschen, die auf diese Art und Weise Wissenschaft betreiben? Wie äußern sich die aus dem Kanon ausgeschlossenen Vorstellungen und Wünsche?

W. Pauli, Quantenphysiker, Nobelpreisträger und Entdecker eines neuen Elementarteilchens, des Neutrino, hatte da ganz ehrliche Antworten:

> »Ich glaube, daß dieser stolze Wille, die Natur zu beherrschen tatsächlich hinter der neuzeitlichen Naturwissenschaft steht und daß auch der Anhänger reiner Erkenntnis dieses Motiv nicht ganz leugnen kann. Uns Heutigen wird wieder vor unserer Gottähnlichkeit bange«. (Pauli, 1955)[3]

Ferner, welche Formen des Umgangs mit den Dunkelheiten, Verdrängungen und ausgeschlossenen Vorstellungen haben die Wissenschaftler entwickelt, um nicht Opfer ihrer selbst erzeugten Dunkelheiten zu werden? Gibt es eine Art Psychohygiene, die es ermöglicht, ohne Schaden an der Seele Wissenschaft zu betreiben?

Oder gehen wir völlig naiv und unbewusst, d. h. ohne Verantwortung mit Wissenschaft um, unter dem Deckmantel der Voraussetzungslosigkeit, die wir gemäß unserer Doktrin einblenden, indem wir die Wirklichkeit ausblenden?

Das sind die Fragen, die in diesem Zusammenhang gestellt werden müssen. Ich bin der Überzeugung, dass es, außer bei einigen wenigen, kein Bewusstsein darüber gibt, dass bei ihnen Dunkelheiten und Verdrängungen überhaupt existieren und dass sie von ihnen stark beeinflusst werden können. Warum? Die meisten Wissenschaftler haben ein anderes Selbstverständnis.

Sie haben sich so stark mit ihrer Methode im Sinne der Persona (C.G. Jung) identifiziert, dass sie darüber nicht reflektieren, d. h. sie sind sich der Voraussetzungen ihrer Methode nicht bewusst. Außerdem scheint ihnen doch der Erfolg ihres Tuns mehr als Recht zu geben! Und von daher erübrigt sich für viele das Nachdenken über das, was sie eigentlich tun. Der Erfolg und damit der Fortschritt sind nach Martin Heidegger (zit. nach v. Weizsäcker, 1983, S. 159)[4] aber wesentlich mit einer ständig zunehmenden Seinsvergessenheit verbunden. Damit meinte er, dass ein Sehendwerden für bestimmtes Seiendes mit einer Blindheit für das Sein zu bezahlen sei, es also einer Selbstblendung bedürfe, um Erfolg und Fortschritt in der Naturwissenschaft zu konstituieren.

1.2 Denk und Wahrnehmungsrahmen

Die naturwissenschaftlich-positivistische Methode lässt nämlich lediglich dasjenige Seiende in Erscheinung treten, das durch den abendländischen Denkrahmen definiert ist. Dieser grenzt aus, was außerhalb von ihm liegt.

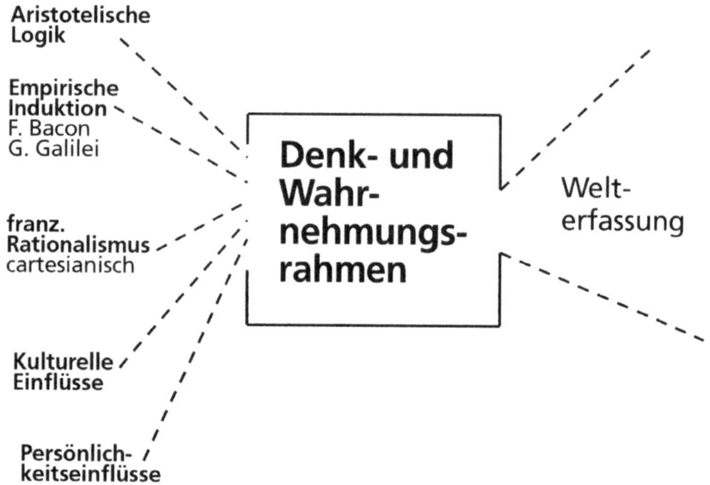

Abbildung 1: Der Denk- und Wahrnehmungsrahmen

Der abendländische Denk- und Wahrnehmungsrahmen wird neben individuellen Persönlichkeitsfaktoren, kulturellen Einflüssen, vor allem durch die aristotelische Logik, den angelsächsischen Empirismus und den französischen Cartesianismus bestimmt.

In der aristotelischen Logik wird dem Entweder-Oder-Prinzip absoluter Vorrang eingeräumt. In der Folge wird die Wirklichkeit gespalten. Die Spaltung/Abspaltung (Selbstblendung, Blindheit fürs Sein) entsteht in erster Linie mit der Eliminierung von Widersprüchen. Das Widerspruchfreimachen ist aber nötig, um die Identität der Methode aufrechtzuerhalten. Im Volksmund kennt man dieses Eliminieren in der Redewendung »etwas links liegen lassen«. Was einen stören könnte, wird einfach nicht beachtet. Die lebendige Dynamik des Lebens aber lässt sich nicht ungestraft »links liegen lassen«. Immer wenn dies geschieht, wird sie allenfalls kanalisiert.

In zweiter Linie entsteht der Denk- und Wahrnehmungsrahmen durch den cartesianischen Schnitt. Descartes hat die Subjekt-Objekt-Spaltung zwar vorgefunden, sie aber aufgrund seiner eigenen persönlichen Krise und Persönlichkeitsstruktur als eine primordiale Symmetriebrechung (unter Symmetrie versteht man in diesem Zusammenhang die ursprüngliche Einheit zwischen dem erkennenden Subjekt und dem erkannten Objekt) in die Wissenschaft als *Methode* eingeführt und sie damit für das wissenschaftliche Denken gesetzt. Er hat die res extensa nicht gefunden, sondern mit dieser Setzung erzeugt. Die res extensa ist mathematisierbar, damit beherrschbar und in der Folge machbar.

> »Ohne es zu beabsichtigen, ja fast ohne es zu bemerken, vereinfacht sich der Naturforscher das Problem, die Natur zu verstehen, dadurch, dass er in dem angestrebten Weltbild seine eigene Person, das erkennende Subjekt, unbeachtet lässt oder daraus entfernt (...). Im besonderen – und das ist das Allerwichtigste – ist dies der Grund, warum die naturwissenschaftliche Weltansicht von sich aus nichts von ethischen und ästhetischen Werten enthält, kein Wort über unsere eigene Bestimmung, unser letztes Ziel, und mit Verlaub, keinen Gott. ›Weiß nicht, woher ich gekommen bin, weiß nicht, wohin ich geh (...)‹. Sie vermag uns nicht zu sagen, warum Musik uns entzückt, warum ein altes Lied uns entzückt, warum ein altes Lied uns zu Tränen rühren kann.«(Schrödinger, 1956, S. 119 und S. 124f.)[5]

Durch die angesprochene Symmetriebrechung, durch die Ausklammerung der erkennenden und fühlenden Person entsteht eine Eigendynamik, die kaum zu steuern ist.

Diese wird nun als Fortschrittszwang erlebt und treibt dann den Prozess in einer unerhörten und schädlichen Einseitigkeit voran. Die dadurch entstehenden Probleme können, so meint man folgerichtig, nur noch durch ein Mehr an Fortschritt überwunden werden.

Dieser Glaube führt aber in die Irre. Man erinnere sich in diesem Zusammenhang an den Hinweis von Albert Einstein, wonach die Probleme, die durch unsere Art des Denkens entstanden sind, nicht mittels dieses Denkens behoben werden können.

Diejenigen, die dies nicht verstehen, vielleicht auch nicht verstehen können, wollen uns ständig glauben machen, dass alle Probleme mit noch mehr Anstrengung, eben unter Einsatz positivistischer Methodik, zu lösen seien, ohne dass sie merken, dass viele Probleme selbsterzeugte Probleme sind, die der positivistischen Methode inhärent sind.

Diese Personen befinden sich in einer geistigen Situation, wie C. F. v. Weizsäcker sie trefflich charakterisiert hat:

> »Daß sie das, was sie bewiesen hatten, nicht verstanden, daß sie nicht wußten, was es bedeutete, das merkten sie entweder nicht oder sie erfanden eine Erkenntnistheorie, deren psychologischer Zweck es war, es nicht merken zu müssen, oder sie zerspalteten das eine Leben in zwei Hälften und mit der anderen Hälfte machten sie z. B. Musik.« (1983. S. 137)[6]

Diese Menschen spalten die Welt, so merkt Heisenberg an,

> »in Dinge, über die man sich einigen kann und Dinge, die uns etwas bedeuten. Von den Dingen, über die man sich einigen kann, handelt die Wissenschaft. Die Dinge, die uns etwas bedeuten, spricht die Kunst aus« (ebd., S. 136)[7].

Wenn aber das Beherrschtsein von einer positivistischen Methodik zu einem derartigen Auseinanderreißen von wissenschaftlichen und künstlerischen Haltungen in der abendländischen Naturwissenschaft führt, dann taucht natürlich die Frage auf, welchen psychischen Anfälligkeiten positivistische Wissenschaftler und all jene Menschen, die naiv deren Methodik und ihre Anwendungen als Fortschritt der Wissenschaft und Technik begrüßen, ausgesetzt sind?

1.3 Inflation und Dissoziation

Ich bin der Überzeugung, dass diese Menschen an einer Inflation leiden. Darunter verstand C. G. Jung einen Zustand des Aufgeblähtseins, einer Überschwemmung mit überpersönlichen, nicht individuellen psychischen Gehalten. Dieser erliegen sie aufgrund mangelnder Unterscheidungsfähigkeit, da sie eine Selbstreflexion ihrer methodischen Begrenzungen weitgehend ausschließen. Unter Umständen leiden sie ferner an einer Dissoziation als Folge der Inflation. Sie haben daher kein Bewusstsein darüber, was innerpsychisch in dieser Hinsicht bei ihnen geschieht. (Pauli hatte sehr wohl ein solches Bewusstsein, wie noch ausgeführt wird.)

Ferner leiden sie unter einem nicht wahrgenommenen Machtkomplex. Ihr Machtanspruch äußert sich nicht selten in Arroganz, einem geistigem Hochmut, der ihre Schuld und Minderwertigkeitsgefühle zu kompensieren sucht, die dadurch entstehen, dass sie in ihrem methodischen Tun die Natur vergewaltigen und sich dann in kollektiver Übereinkunft weitgehend eine Pseudoidentität zugelegt haben.

Esther Harding, eine jungsche Analytikerin, hat dies bereits 1947 hellsichtig beschrieben:

> »Die Inflation des Menschen wuchs in dem Maß, in welchem seine Beherrschung der Natur fortschritt. Er hatte das Gefühl, als sei er selber der Schöpfer, oder wenigstens der Herr seines inneren Lebens. Unglücklicherweise versetzte das jedoch das Ego in eine sehr schwierige Lage, denn wenn es der Herr war und allen Verdienst für sich in Anspruch nahm, wenn alles gut ging, mußte es auch alle Schuld auf sich nehmen, wenn etwas schiefging. Und da der Mensch auch heute noch nicht mit aller Erfahrung von Jahrhunderten im Hintergrunde imstande ist, die Natur zu beherrschen, bleibt er einem überwältigenden Schuld- und Minderwertigkeitsgefühl überlassen, das die Kehrseite seines Machtanspruchs bildet.« (1947, S. 237)[8]

Man darf bei dieser Argumentation aber auch nicht übersehen, dass die Naturwissenschaft dem Menschen Sicherheit, Selbstbewusstsein, Freiheit, im Sinne von Freiräumen, das Bewusstsein von Macht und Kontrolle des Beherrschens i .S. von Herrschaftswissen und schließlich das Gefühl von Beglückung durch Macht verleiht.

Wie aber Eibl-Eibesfeld (1996)[9] ausgeführt hat, ist Macht nicht wie andere Triebe biologisch so verankert, dass sie bei Erreichen ihres Zieles befriedigt ist, wie etwa gestillter Hunger oder Sexualität, sondern im Gegenteil, es einer ständigen Wiederholung von Anstrengung bedarf, damit die damit verbundene Hormon- und Endorphinausschüttung das Machtgefühl aufrechterhält.

Abgesehen von diesen neurobiologischen Abläufen, die auf dem Hintergrund der jeweiligen Kultur unterschiedlich wahrgenommen und interpretiert werden, wird aus psychologischer Sicht der Umgang mit Macht und Machtausübung in unserer Gesellschaft zu einer kulturellen Aufgabe, vor allem was ihre Einschränkung, ja zuweilen den nötigen Verzicht auf sie im Sinne der Selbstüberwindung anbelangt. Nicht umsonst haben alle kulturellen Strömungen, die sich um Seelenführung, Reifung und Persönlichkeitsentwicklung bemüht haben, darauf hingewiesen, dass zur individuellen und kollektiven Reifung der Umgang mit der Macht gelernt werden muss!

1.4 Religionsersatz

Das Faszinosum der Macht, die Freiheit verspricht, ist für die positivistische Naturwissenschaft derart attraktiv, dass ihr deshalb und auch aufgrund ihrer Unbewusstheit verborgen bleibt, dass sie von einer möglichen Methode der Wirklichkeitserfassung zu einem Religionsersatz verkommen ist. Voltaire schien es bereits geahnt zu haben, wenn er alle Menschen mit dem Wasser der Wissenschaft taufen wollte. Er sprach davon, dass seine aufgeklärten Zeitgenossen eine neue Religion, die Religion Newtons nämlich, das Licht zur Erleuchtung der Heiden besitzen würden. Man glaubte in der Zeit der Aufklärung auch, dass man über ein Mittel verfüge, nicht nur, um die Welt zu erklären, sondern auch um die Schöpfung und Gott selbst zu erklären. Mancher glaubt das heute noch.

Nur so kann man auch den dogmatischen Zwang zur Aufrechterhaltung einer Teilsicht der Welt, den Glauben an die Allgemeingültigkeit der gewonnenen Befunde, die diese Menschen in fataler Weise für das Ganze halten, erklären. Psychologisch betrachtet, stellt diese Haltung jedoch im Ergebnis eine andauernde psychische Dissoziation und Inflation dar. Hier teilt die zur Ideologie verkommene positivistische Naturwissenschaft das kollektive Schicksal aller fanatisierten Sekten und ist auch wie diese in Gefahr, der Faszination von Bildern und Vorstellungen aus dem Unbewussten ausgeliefert zu sein.

Aber Gott sei Dank gibt es auch einige wenige Ausnahmen – solche nämlich, die wissen, was sie tun, die über ihre Methode reflektieren, die Grenzen der naturwissenschaftlichen Forschung, so wie sie heute betrieben wird, erkennen und nach anderen zusätzlichen Methoden Ausschau halten. Diese Wissenschaftler können sich auch Klarheit darüber verschaffen, dass das, was an Wirklichkeit durch die Methode der positivistischen Wissenschaft geschaffen wird, eine Teilsicht ist, aber keineswegs die ganze Wahrheit. Sie wissen auch, dass eine Vernachlässigung dieser Erkenntnis zu einer enormen Überschätzung einer methodischen Perspektive führen kann bis hin zu einer überwertigen Idee.

Es ist auch immer wieder vergessen worden, dass es Menschen sind, die eine bestimmte Vorgehensweise, wie die hier kritisch betrachtete positivistische Methode, benutzen. Die Wahl einer bestimmten Methode folgt natürlich dem wissenschaftlichen Commonsense, ihre Befolgung regelt Karrierechancen und sichert dem Betreffenden die Anerkennung in der wissenschaftlichen Welt. Aber darüber hinaus sind es bestimmte Menschen, die sich der positivistischen Methode zuwenden und sich von ihr faszinieren lassen.

Diese wissenschaftspsychologischen Faktoren, d. h. aufgrund welcher Psychologie jemand positivistischer (Natur-)Wissenschaftler wird, sind bislang eher selten untersucht worden. Dies verwundert auch nicht, denn es käme einem Sakrileg an dieser Art von Wissenschaft und ihrer Nutzanwendung, der Technik, gleich.

Weil wir alle davon auch unerhört profitieren, wollen wir an den Grundlagen nicht rütteln, so als ob wir mit der Erforschung der Motive, auf diese Art und Weise Wissenschaft zu betreiben, auf alle Vorteile des modernen Lebens verzichten müssten.

Aber das ist natürlich eine falsche Schlussfolgerung. Denn es geht selbstverständlich nicht um die Abschaffung von Naturwissenschaft und Technik, sondern um eine andere Art zu forschen. Kein Tiefenpsychologe wird deshalb aufgrund seiner Voraussetzungen (um die er weiß) »das Kind mit dem Bade ausschütten«, wie seinerzeit die aufkommende Naturwissenschaft im 17. Jahrhundert und heute, wo immer noch in Entweder-Oder-Kategorien gedacht wird.

Da wir aber nur innerhalb unseres Denkrahmens die positivistische Methode kennen, die seit über drei Jahrhunderten praktiziert wird, fällt es schwer uns vorzustellen, wie eine nichtpositivistische Methode beschaffen sein könnte und zu welchen Nutzanwendungen diese geführt hätte oder führen könnte.

Nun sind die Einseitigkeiten der positivistischen Wissenschaft, ihr Scheitern als Religions- und Glücksersatz heute nahezu in aller Munde. Ob es die Erkenntnis ist, dass die Menschen trotz Aufklärung seitens der Wissenschaften nicht friedlicher und klüger geworden sind, sondern dass im 20. Jahrhundert Anzahl und Intensität von Kriegen wie nie zuvor in der Geschichte zugenommen haben, ob es die Enttäuschung über die Beherrschbarkeit von Seuchen und Krankheiten ist oder die zunehmende Skepsis über das wissenschaftlich Mach- und Kontrollierbare angesichts zunehmender Naturkatastrophen – überall mehren sich die Anzeichen eines Nachlassens des Enthusiasmus, den viele Menschen für Wissenschaft und Technik noch in den vergangenen Jahrzehnten verspürt haben. Dabei müsste man sich keineswegs zur Gänze von der Wissenschaft enttäuscht fühlen und als Folge davon, wie nicht wenige Zeitgenossen dies tun, sich der Esoterik verschreiben. Denn es geht ja um das Problem der Einseitigkeit einer bestimmten Methode, mit der gegenwärtig Wissenschaft betrieben wird, nicht um ihre Abschaffung.

1.5 Kollektive Verdrängung und Abwehr

Warum aber nimmt man dies nicht zur Kenntnis? Vermutlich, weil viele von uns durch Selbstblendung dazu gezwungen sind. Aufgrund unserer Sozialisation sind wir im positivistischen Denkrahmen erzogen worden. Dies ist aber nicht nur ein intellektuelles Problem.

Im kollektivpsychologischen Sinn dient dieser Denkrahmen nämlich auch der Abwehr. Subjektive Betroffenheit, Emotionen, introspektives Erfassen von Gefühlszuständen, Intuitionen, Analogiedenken finden so gut wie keinen Raum in diesem Korsett, bestehend aus Faktenbeobachtung und logischer Deduktion, die als die einzig zulässige Methodik, sowohl in den Natur- als auch in den Sozial- und Geisteswissenschaften, den Maßstab für das legitime Fragen und Forschen abgeben.

Unser Selbstbild scheint diese Art des Fragens und Forschens aber zunächst zu stabilisieren. Vielleicht weil viele beunruhigende Fragen außen vor bleiben müssen und können. Und somit wird deutlich, dass diese über die positivistische Naturwissenschaft erworbene Kenntnis der Wirklichkeit nur um den Preis der Selbstblendung und damit eines Unbewusstwerdens des Seins erkauft worden ist.

Es kommt zu einer immensen Anhäufung von Wissen in der sogenannten Wissensgesellschaft, ohne dass dieses Wissen aber persönlichkeitsbildend wirken kann. Eine Reifung findet dabei nicht statt.

Diese herkömmliche Art der Wirklichkeitserfassung unterscheidet sich vom ganzheitlichen Schauen und Erkennen dadurch, dass sie die Spannung, die im Lebendigen wesensgemäß vorherrscht, die integrativ Entwicklung aufgrund ihrer Widersprüchlichkeit vorantreibt, eliminiert.

So gesehen befinden wir uns, sofern wir mit der positivistischen Methode identifiziert sind, im Zustand einer teilweise sogar bewusst gewollten und herbeigeführten, aber von ihren Konsequenzen nicht mehr überschaubaren, kollektiven seelischen Dissoziation. Diese, die zusammen mit dem Ichbewusstsein auch das Denken beeinträchtigt, ebnet den Weg für eine Gleichsetzung des Bewusstseins mit dem Denken. Das ist die Situation, in der sich ein Großteil der industriell- technischen Welt derzeit befindet.

1.6 Heilung über Bewusstwerdung und Reifung – Ausbilden komplementärer Denkformen

Wie könnte eine Alternative dazu aussehen? Es gäbe beispielsweise die Möglichkeit der Reifung über den Weg der Bewusstwerdung. Es gäbe die Möglichkeit der Aneignung von Tradition im Sinne des Ausspruchs von Goethe »Was Du ererbt von Deinen Vätern, erwirb es, um es zu besitzen«. D.h. setze Dich mit den Voraussetzungen Deines Wissens auseinander, schau wirklich genau hin, was Du aus der Vergangenheit übernehmen willst und wo Du etwas Neues erarbeiten und gestalten mußt. Glaube nicht alles blindlings, was Dir das scheinbar Bewährte weismachen will; verwirf aber auch nicht alles unbesehen (entweder/ oder), nur weil Du es nicht aus Dir selbst heraus erzeugt hast.

Eine zeitgenössische Fassung dieses Ausspruchs wäre die Erkenntnis, dass wir selbst- und ideologiekritisch die Rezeption des wissenschaftlichen Wissens und die Anwendungen, derer wir uns alle befleißigen, sowie die Auswirkungen dieser Anwendungen auf unser eigenes Leben reflektieren müssen.

Emphatisch hat dies z. B. C. F. von Weizsäcker (1965)[10] folgendermaßen ausgedrückt, als er sagte, nur unter der Bedingung, dass jedes Haupt, das über diese Dinge nachdenkt, gesalbt sei mit einem vollen Tropfen tiefenpsychologischen Öls, eine Antwort auf die dringenden Fragen unserer Zeit finden könne. Aber wir Heutigen sind vielleicht weiter entfernt denn je von dieser Art von Selbstreflexion. Um so stärker trifft aber zu, um noch einmal Goethe sprechen zu lassen, was dieser im *Faust I* den Mephisto äußern läßt:

»Bescheidne Wahrheit sprech ich dir.
Wenn sich der Mensch, die kleine Narrenwelt,
Gewöhnlich für ein Ganzes hält –
Ich bin ein Teil des Teils, der anfangs alles war,
Ein Teil der Finsternis, die sich das Licht gebar,
Das stolze Licht, das nun der Mutter Nacht
Den alten Rang, den Raum ihr streitig macht.
Und doch gelingt's ihm nicht, da es, soviel es strebt,
Verhaftet an den Körpern klebt.
Von Körpern strömt's, die Körper macht es schön,
Ein Körper hemmt's auf seinem Gange;
So, hoff ich, dauert es nicht lange,
Und mit den Körpern wird's zugrunde gehen.«

Aufgrund der Tatsache, dass unser Bewusstsein aus dem, wie wir sagen »Unbewussten« hervorgegangen ist, befinden wir uns in einem sehr labilen Gleichgewicht, was die gegenseitige Beziehung anbelangt. Die Mutter Nacht ist für uns nur deshalb Nacht, weil unser kleines Bewusstseinslicht nur den Raum, den es einnimmt, erhellt und sich auch nur dessen bewusst sein kann.

Das Licht der Natur (gemeint ist das »Objektiv Geistige«) wird aber nicht mehr erkannt (siehe dazu Obrist, 1999)[11].

Auch daswussten z.B. schon chinesische Philosophen, die gewiss nicht die Entwicklung und den Fortschritt verhindern, die aber auf diese Gefahren hinweisen wollten und aufmerksam gemacht haben, dass jeder, der nicht stark genug ist (gemeint ist der moralisch Starke, der nicht blindes Opfer seiner

Wünsche und Triebe ist), die Finger von der Anwendung der Technik lasse sollte.

Wie kann man der einseitigen Entwicklung Einhalt gebieten? Ich meine, nur die gleichzeitige Ausbildung komplementärer Inhalte (komplementär von Pauli so benannt) und polarer Inhalte (wie Jean Gebser, diese nannte)[13] kann solche Überwertigkeiten (Einseitigkeiten) ausgleichen. Der Machtkomplex kann z. B. nur bei einem gleich stark entwickelten Verantwortungsbewusstsein im Gleichgewicht gehalten werden. Das heißt: Bewusstmachung des einseitigen und übersteigerten Machtstrebens.

An den Schulen könnte z. B. dialektisches Denken neben ausschließendem logischen Denken eingeübt werden, weil das Leben nicht nach logischen Entweder-Oder-Regeln abläuft, sondern nach einem »Entweder und Oder«, wie es C. G. Jung nannte.

Reflektierte und besonnene Wissenschaftler, wie z. B. Schrödinger, haben immer gesehen, dass in den herkömmlichen Wissenschaften Wichtiges fehlt und sie forderten deshalb das zunächst Abgelehnte oder Verleugnete in den naturwissenschaftlichen Diskurs mit einzubeziehen, um sich selbst nicht zum Opfer zu fallen.

Ihre naturwissenschaftliche Methode allein genügt hierzu nicht, wie Hans Primas ausführt, sondern es wird Hilfe »von der Philosophie und der Tiefenpsychologie vonnöten sein, nicht als akademische Beschäftigung, sondern als modus vivendi« (1995, S. 205)[14].

Die Tiefenpsychologie hat seit ihrer Entstehung die menschliche Persönlichkeit als unbewusst/bewusste Ganzheit verstanden und sich nie den religiös anmutenden Unterwürfigkeits – und Demutsgesten, wie sie andere Disziplinen gegenüber der positivistischen Naturwissenschaft zelebrierten, angeschlossen. Daher hatte sie immer eine Stellung »zwischen« den Disziplinen.

Die Tiefenpsychologie hat in ihrer Theorienbildung der gesunden Seele, wie von W. Pauli eingefordert (s. unten) und wie W. Obrist und W. Mertens in dieser Arbeit nachweisen, ein Menschenbild erarbeitet, das den ganzen Menschen mit seinen Ambivalenzen und Widersprüchen erfasst.

Diese Wirklichkeit eines autonomen Seelenlebens innerhalb des Menschen wurde nicht über die Aufklärung gerettet i. S. von Aufgehobensein in einer Synthese, sondern abgespalten (ist nicht Gegenstand der Betrachtung) und in der Folge gemäß des Verfahrens der logischen Denkstruktur eliminiert und für nicht mehr existent erklärt.

Bestenfalls wurde sie mit dem Bewusstsein identifiziert und ist in der Folge trotz rationaler Differenzierung unterentwickelt geblieben.

Damit einhergehend ist die Geringschätzung der Individualfaktoren im vollen Gange. Unter Individualfaktoren versteht C. G. Jung all jene Faktoren, die nur mit dem Individuum in Erscheinung treten und an seine Einmaligkeit gebunden sind: Ichbewusstsein, Selbstachtung, Verantwortung, Gewissen, Moralität, Verzicht, Reflexionsfähigkeit, ethische Gebundenheit, Entscheidungsfreiheit.

Die Folgen sind: Entindividualisierung, Nivellierung und damit die Ignorierung und Unterdrückung des Individuums. Statt dessen erleben wir deren Kompensationserscheinungen, wie z. B. blinden Egoismus und Gewalttätigkeit. All die individuellen Eigenschaften, die notwendig sind, um verantwortlich, auch selbstverantwortlich zu handeln, kritisch zu denken, zu überlegen, um sich gegebenenfalls des Zu- und Übergriffes von Seiten verantwortungsloser Machthaber in Politik, Wirtschaft und Wissenschaft und deren Interessen zu erwehren, werden zu wenig eingeübt oder erworben. Dabei sind dies gerade diejenigen Eigenschaften, die uns in der Geschichte bezüglich unserer Erfolge in den Wissenschaften von anderen Kulturen unterscheiden (siehe W. Pauli im Anhang).

Ohne Ichbewusstsein (nicht zu verwechseln mit Egoismus), ohne seine Entwicklung und Disziplinierung, dies sollten wir nicht vergessen, hätten modernes Denken, moderne Wissenschaft und moderne Technik unmöglich entstehen können.

Aber: Die Gefahr der Relativierung und Auflösung menschlicher Grundwerte und Bindungen, die Anonymisierung, die den Einzelnen der Beliebigkeit, ebenso anonymer bürokratischer Mächte ausliefert, sind Folgen von Denkstrukturen, die ausschließlich auf Rationalität bezogen sind und deren Ausformungen in Organisationen, die Werte außer Acht lassen und damit zwangsläufig unsere Wirklichkeitserfassung verzerren und verformen.

Allerdings mehren sich seit geraumer Zeit auch die Stimmen, die sagen: So einfach können wir es uns als Wissenschaftler nicht mehr machen, dass wir uns um die Folgen und Auswirkungen, und über die Motive dessen, was wir tun, keine Rechenschaft ablegen.

Dies ist ein Beispiel für Selbstaufklärung – was soviel heißt wie Selbstbewusstwerdung im Sinne dessen, was C. G. Jung unter Individuation verstanden hat: Ganzheitlicher werden durch Einbeziehung und Integration des Verdrängten und Abgespaltenen.

1.7 Was können die Tiefenpsychologen zur Selbstbewusstwerdung beitragen?

Die Tiefenpsychologen sind ausgebildet im Erkennen, Verstehen und Bewusstmachen unbewusster Motivationen, Phantasien, Vorstellungen,

Ideologien, Denkmuster, wunscherfüllender Illusionen und des trieb- und affektgesteuerten Handelns.

Sie sind dazu aufgerufen, vereinseitigtes und irrationales Denken sowie emotional destruktives Tun aufzuspüren und zu verstehen mit dem Ziel einer Integration in die Persönlichkeit, mit den damit verbundenen oft schmerzhaften Verarbeitungsprozessen und einer Selbstdisziplinierung.

Hierzu gehören im besonderen z. B. das Erkennen von Abwehrmechanismen und Kompensationen, ihre Auswirkungen auf das einzelne Individuum und der Umgang mit Ohnmacht, Versagung, Scham, Schuld, Aggression, Wut, Angst, Trauer, Neid, Eifersucht, aber auch Mut, zu sich zu stehen, die Fähigkeit zur Selbstwahrnehmung und der reflektierte Umgang mit sich selbst und in Beziehung zu anderen.

Wenn sich die Aufmerksamkeit der Tiefenpsychologen auf diese Vorgänge richtet, werden häufig auch die unvornehmen Seiten einer Persönlichkeit angesprochen, die oftmals zunächst verleugnet werden, weil sie Scham und Schuldgefühle erzeugen, dem eigenen Ich- Ideal oder gesellschaftlichen Stereotypen widersprechen.

Nur, und dies gilt für den Einzelnen wie für die Gesellschaft: Fehlentwicklungen, krankmachende Störungen, lassen sich nur über den Weg der Selbstaufklärung, verbunden mit den dazugehörenden Verarbeitungsprozessen, nachhaltig im Sinne einer Reifung der Persönlichkeit heilen. Gemeint ist damit nicht manipulatives Vorgehen, Einsatz von Psychotechniken, Konditionierung, verhaltenstherapeutisches Vorgehen, die sicher in begrenztem Umfang, dort, wo es nicht um Bewusstwerdung, Wachstum und Reifung geht, sondern um Symptombehebung oder um Anpassungsprozesse, ihre Berechtigung haben. Bewusstwerden und Bewusstmachen heißt vielmehr Offenlegen und Aushalten von all dem, was an Emotion, Motivation oder Trauma, Scham und Schuldgefühlen mit einer seelischen Realität verbunden war. Auch Trauerarbeit ist Voraussetzung für Integration und Verarbeitung. Nicht umsonst betont C. G. Jung, man müsse dem Menschen die Würde seiner Schuld lassen. Erst dann kann er sich als Individuum damit auseinandersetzen, Trauerarbeit leisten und durch Umkehr, das was möglich ist, wieder gutmachen.

Die Tiefenpsychologen wissen dies, die Psychotechniker wissen es nicht, mögen ihre Methoden noch so subtil sein. Reifungs- und Wachstumsprozesse benötigen ihre Zeit.

1.8 Die Auswirkungen der positivistischen Wissenschaft auf die akademische Psychologie

Die akademische Psychologie folgt immer noch, um als »wissenschaftlich« zu gelten, in ihren Methoden dem Vorbild der positivistischen Naturwissenschaft. Sie hat bis heute nicht merken wollen, dass sie damit einer Geisteshaltung anhängt, die sich ausdrücklich und grundsätzlich als eine nicht-anthropomorphe Wissenschaft versteht.

Dabei ist der menschliche Geist immer bei allem beteiligt. Wir können das Bewusstsein nicht erforschen, solange wir in der Naturwissenschaft den Geist aus der Natur ausschließen. Denn solange wir so denken, muß alles, was mit dem Individuum, seiner Freiheit und seiner moralischen Entscheidungsfähigkeit, kurz mit all dem, was den Menschen überhaupt als Individuum in seiner Ganzheit ausmacht, außer Betracht bleiben.

Was in der positivistischen Psychologie vom Menschen übrig bleibt, ist ein Bündel psychischer Funktionen. Aus dem Blickwinkel einer rationalistischen Psychologie, würde ein Mensch, sofern er nur genügend logisch denkt, ausschließlich rational sinnvolle Entscheidungen treffen. Wenn nicht, so war er eben unvernünftig, was als ein Betriebsunfall vermerkt wird, oder man hat ihm die Argumente nicht genügend verständlich gemacht. Dabei wird diejenige Wirklichkeit nicht mehr erfahren, die uns zeigt: Der Mensch ist nicht nur rational oder unvernünftig, sondern beides.

Das Ergebnis dieser Geisteshaltung und der daraus resultierenden Psychologie: Der Mensch als Individuum wird als homo rationalis, als Reflexbündel oder als Computer aufgefasst und damit entpersönlicht.

Man fühlt sich wiederum erinnert an Goethes Warnung:

> »Das Schlimmste was der Physik sowie mancher anderen Wissenschaft widerfahren kann, ist, dass man das Abgeleitete für das Ursprüngliche hält und, da man das Ursprüngliche aus Abgeleitetem nicht ableiten kann, das Ursprüngliche aus dem Abgeleiteten zu erklären sucht. Dadurch entsteht eine unendliche Verwirrung, ein Wortkram und eine fortdauernde Bemühung, Ausflüchte zu suchen und zu finden, wo das Wahre nur irgend hervortritt und mächtig werden will.«[15]

Es macht den Anschein, als ob wir eher auf unsere Individualität verzichten und Determinismus gegen Verantwortung tauschen, als dass wir gewillt sind, uns einer Persönlichkeitsentwicklung unter Einbeziehung unserer bewussten und unbewussten Person zu stellen.

Aufgrund dieser Vernachlässigung hat die akademische Psychologie heute so gut wie keine eigene Identität mehr.

Zum großen Teil besteht sie aus statistischen Erhebungen, verhaltenstheoretischen Fakten sowie einem Sammelsurium experimentalpsychologischer Ergebnisse aus der Wahrnehmungs-, Denk- und Entwicklungspsychologie etc. mit jeweils dürftigen Minitheorien.

Seit ihrer sog. kognitiven Wende kommt sie nicht mehr darum herum, sich mit dem Bewusstsein und sogar mit unbewussten Prozessen auseinander zusetzen, die sie während ihrer behavioristischen Ausrichtung in der ersten Hälfte des 20. Jahrhunderts ideologisch nicht zur Kenntnis genommen und bekämpft hat. Dasselbe gilt für die Emotionen, die lange Zeit in den Lehrbüchern nicht vorhanden waren. Aber der weiterhin aufrechterhaltene nomothetische Anspruch, der sich nicht mit dem individuellen Sinn eines einzelnen Menschen beschäftigt, sondern gruppenstatistische Zusammenhänge erforschen will und hierbei zwangsläufig individuelle bewusste und unbewusste Sinnzusammenhänge verfehlen muss, lässt auch die kognitive Psychologie immer noch zu kurz greifen.

Auch die Tatsache, dass sie für die von ihr erforschten Phänomene unbewusster Vorgänge nun neue Namen und Begriffe erfindet, die an tiefenpsychologische Konzepte erinnern, darf nicht darüber hinwegtäuschen, dass hiermit zwar tiefenpsychologische Erkenntnisse teilweise auch mit experimentellen und Beobachtungsmethoden bestätigt werden, jedoch der methodische Zugang ein gänzlich anderer ist. Der individuelle Sinn kann nicht mit einer Methode, die von außen funktionale Zusammenhänge erforscht, erschlossen werden.

1.9 Exkurs zur Hirnforschung

Die von der neuropsychologischen Forschung entdeckten bereits pränatal existierenden Verschaltungen im Gehirn entsprechen von der neuronalen Seite her dem, was in der jungschen Tiefenpsychologie unter dem kollektiven Unbewussten verstanden wird. Während die physiologischen Abläufe positivistischen Methoden zugänglich sind, bleiben die psychischen oder mentalen Inhalte jedoch nur einer sinninterpretierenden Wissenschaft, wie der Tiefenpsychologie, erfahrbar.

Ein Beispiel: Ein Patient befindet sich in einer depressiven Phase. Dazu sagt die Hirnforschung, dies sei ein bestimmter Zustand oder Ablauf in seinem Nervensystem. Diese Aussage ist sicher richtig und auch interessant. Der weitere Schluß, dass dieser Ablauf im zentralen Nervensystem die Depression sei, folgt aus dem cartesianischen Denkrahmen. Die Hirnforschung kann aufgrund ihrer (Selbst)Beschränktheit, Beschränktheit im Sinne ihrer Methode, nichts anderes sehen. Die Aussage ist zwar richtig aber nicht wahr, weil unvollständig. Sie ist deshalb nicht wahr, weil sie die Depression mit den Abläufen des zentralen Nervensystems gleichsetzt. Die individuelle Erlebnisqualität, die individuellen Verarbeitungsmodi, der Umgang mit der Depression, das sozial erzeugte Umfeld durch das Verhalten des Depressiven, seine evtl. zu hohen Ansprüche an sich selbst etc., werden dabei völlig außer Acht gelassen. Damit ist aber letztlich nichts erkannt, was die Persönlichkeit, die Genese, die individuelle Verarbeitung, die Selbstwahrnehmung angeht. Hier müssen Vertreter der Hirnforschung in ihre Grenzen verwiesen werden.

Recht hätten sie, wenn sie sagten: Meine methodische Beschränktheit und meine Geisteshaltung lassen den Gegenstand meiner Untersuchung so erscheinen. Ich habe aber die Innerlichkeit außer Acht gelassen, damit den Menschen entpersönlicht, ihm seine Würde und Willensfreiheit genommen und damit seine ethische Persönlichkeit zerstört, weil ich vorgebe (oder glaube?), dass die von mir erkannte Wirklichkeit die allein richtige ist, weil das, was ich aufgrund meiner Methode erkenne, Naturwissenschaft ist. So tut der Neurowissenschaftler Wolf Singer das menschliche Bewusstsein, die menschliche Wahlfreiheit und Moral bzw. Ethik als kulturelle Illusion ab. Folglich sind nach Singer z. B. kriminelles, schuldhaftes Verhalten streng determiniert. Dies widerspricht zwar der psychotherapeutischen Erfahrung, aber das interessiert Singer, der zur Gänze positivistisch argumentiert, offensichtlich nicht.

Dass aus reflektierter naturwissenschaftlicher Sicht auch andere Einschätzungen möglich sind, zeigt die Stellungnahme von Emrich:

> »Die neurobiologischen Experimente zur Willensbildung zeigen nur, dass im Einzelmoment einfache schnelle Entscheidungen *vor* dem Bewusstseinsakt vom neurobiologischen System entschieden werden. Im reflektierenden Bewusstsein werden diese Akte dann aber bewusst thematisiert und eventuell sogar korrigiert oder sie dienen zumindest für spätere Entscheidungen als Erfahrungsmatrix, so dass dann die bisherigen Reflexionen in das spontane Handeln eingehen. Insofern ist die moralische Freiheit neurobiologisch keine Illusion«. (2001)[16]

Hier täten interdisziplinäre Dialoge gut, welche die jeweiligen Denkvoraussetzungen reflektieren und den Dialog über die eigenen methodischen Begrenzungen hinaus fortführen können.

Auf der Grundlage von Selbstaufklärung und Selbstbescheidenheit könnte man sich ohne gegenseitige Abwertung neu unterhalten. Das wäre ein dialektischer Prozess und würde die großartige Entwicklung und Errungenschaft der Aufklärung seit dem 17. Jahrhundert über die Selbstaufklärung (auch der eigenen Motive und Selbsttäuschungen) weiterführen, ohne dass wir Opfer der eigenen Methode und deren Schatten werden müssten.

1.10 Wolfgang Pauli und die Tiefenpsychologie

Pauli und Jung unterhielten über ein viertel Jahrhundert einen intensiven Briefwechsel, in dessen Mittelpunkt der Versuch stand, naturwissenschaftliches und psychologisches Denken zu vereinheitlichen. Wolfgang Pauli war ein Naturwissenschaftler von einzigartigem Rang und Namen, in dessen Leben jene Dimension der Wirklichkeit, die während dreihundert Jahren von den Nachfolgern Keplers und Newtons ignoriert worden war, einbrach. (Vgl. die interessante Biographie »An den Grenzen des Denkens«. von Ernst Peter Fischer.) Er hat sie nicht nur erlebt, sondern auch philosophisch verarbeitet. Erlebt hat er sie im Gefolge einer schweren persönlichen Krise, die er auf dem Höhepunkt seiner wissenschaftlichen Laufbahn erlitt und die ihn veranlasste, sich einer Analyse zu unterziehen.

Abbildung 2: Wolfgang Pauli und C.G. Jung, Ein Briefwechsel 1932–1958

Im Verlauf des analytischen Prozesses hat er die Autonomie des Unbewussten (des objektiv Psychischen) hautnah erfahren, ebenso dessen kreative Potenz, wodurch ihm die Lösung eines Zeitproblems, das ihn schon lange

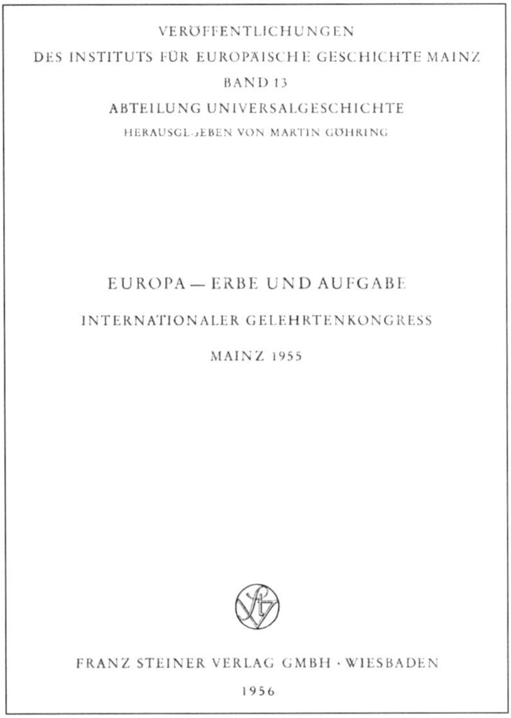

VERÖFFENTLICHUNGEN
DES INSTITUTS FÜR EUROPÄISCHE GESCHICHTE MAINZ
BAND 13
ABTEILUNG UNIVERSALGESCHICHTE
HERAUSGEGEBEN VON MARTIN GÖHRING

EUROPA — ERBE UND AUFGABE
INTERNATIONALER GELEHRTENKONGRESS
MAINZ 1955

FRANZ STEINER VERLAG GMBH · WIESBADEN
1956

Abbildung 3: Paulis Vortrag der Wissenschaft und das abendländische Denken 1955 in »Europa – Erbe und Aufgabe«.

beschäftigt hatte, möglich würde. Wie das Unbewusste Pauli im Verlauf der Analyse durch Träume und einer abschließenden Vision dazu geführt hat, nicht nur sein psychisches Gleichgewicht wieder zu finden, sondern auch zu höherer Bewusstheit zu gelangen, hat Jung in der Schrift »Psychologie und Alchemie« ausführlich dargestellt, ohne damals Paulis Namen zu nennen. Dies nicht nur weil Pauli aus verständlichen Gründen anonym bleiben wollte, sondern auch, weil er Angst vor den Reaktionen seiner Physikerkollegen hatte. Auch über seine direkte Erfahrung des Unbewussten hat Pauli nie etwas publiziert. Wie wir wissen, wollte er nicht seinen Ruf als ›Gewissen der Physik‹ riskieren. Diesen hatte er vor allem wegen seiner wissenschaftlichen Strenge und hohen Ansprüche. Erwähnenswert ist sicherlich auch, dass er der Aufforderung Einsteins, sein Nachfolger in Princeton zu werden, nicht nachkam und als einziger theoretischer Physiker nicht am Bau der Atombombe teilnahm.

Trotz tiefer geistiger Nähe zur Analytischen Psychologie Jungs stand er dieser immer auch in der für ihn typischen Distanz gegenüber. Anders als Alexander Mitscherlich (1974)[17], der die jungsche Psychologie einmal als Weisheitslehre und nicht als Wissenschaft charakterisierte, wobei er hinzufügte, dass dies angesichts des positivistischen Einparteiensystems durchaus als Anerkennung zu verstehen sei, hat Pauli Zeit seines Lebens den Anspruch gehabt, die Entdeckungen Jungs wissenschaftlich zu fundieren. Dabei war sich Pauli darüber im Klaren, dass Wissenschaft immer ein schmaler Weg der Wahrheit sei, »der zwischen der Scylla eines blauen Dunstes von Mystik und der Charybdis eines sterilen Rationalismus« hindurchführe. Dieser Weg sei immer voller Fallen und man könne nach *beiden* Seiten abstürzen. Personen, die sich als *reine* Rationalisten ausgeben und gerne die anderen »Mystiker« nennen, waren Pauli deshalb immer verdächtig (vgl. Pauli, 1954)[18].

Abbildung 4: Wolfgang Pauli, Wissenschaftlicher Briefwechsel

Pauli warnte aber zugleich eindrücklich davor, die Errungenschaften der Ratio fallenzulassen, sondern er wies einen neuen Weg. So wie der Forscher sich mit der Materie auseinandersetzt, so soll er auch in derselben Intensität sich seinem

Unbewussten zuwenden. Damit meinte er deren Äußerungen in Form von Träumen und die Auseinandersetzung mit ihnen auch in Form von aktiver Imagination. Ihm war dies sehr wichtig, was in seinen Briefen auch zum Ausdruck kommt. Er war sich mit C. G. Jung darüber einig – bei allen Vorbehalten die er zuweilen dem Junginstitut gegenüber äußerte –, dass die Beziehung und Auseinandersetzung mit den Inhalten des Unbewussten zu einer umfänglicheren Bewusstheit führen. Er sah hierin die eigentliche Chance für unsere seelisch gefährdete Zeit. Es war für ihn als Naturwissenschaftler vor allem wichtig aufzuzeigen, dass die psychischen Inhalte des kollektiven Unbewussten eine ebensolche Objektivität aufweisen wie die Gegenstände der Naturwissenschaften. Er sprach in diesem Zusammenhang von der »Objektivität der Gegenposition zu den Naturwissenschaften.« Diese, das objektiv Psychische und die Naturwissenschaften stehen zueinander in komplementärer Beziehung. Des weiteren vertrat Pauli die Auffassung, wie er in einem Brief an die jungianische Psychotherapeutin Marie- Louise v. Franz im Jahr 1954 schrieb, dass die in der positivistischen Naturwissenschaft geforderte Trennung von Beobachter und dem zu erforschenden Gegenstand zu den bedauernswertesten Folgen führt. Ganz im Unterschied zu einer Haltung bei dem der Forscher sein Beteiligsein am Forschungsprozess nicht verleugnet und deshalb auch den psychologischen Rückwirkungen seines Tuns auf ihn selbst offen ist und darüber reflektieren kann. Daraus folgt, dass er auch die ethischen Implikationen seines Handelns berücksichtigt.

> »... bei der physikalischen Messung macht sich der Beobachter, nachdem er durch Wahl der Versuchsanordnung einen Eingriff in die Außenwelt getan hat – sogleich wieder aus dem Staube, ohne ›seinen Pelz naß zu machen‹. Infolgedessen *wandelt er selbst sich nicht,* und was sich wandelt, ist nur der Zustand des beobachteten Systems. Demgegenüber hat das ›Selbstopfer‹ (Jung) des Individuationsprozesses die größere (bereits in der Alchemie vorweggenommene) *Vollständigkeit* und führt bei wesentlicher Mitbeteiligung des ›Beobachters‹ (Experimentators) auch zu *dessen* Wandlung. Der Traum bringt *deshalb* zwei Aspekte der Wirklichkeit zusammen – er behauptet sogar ihre *»Identität«,* weil sie *eigentlich zusammen bestehen sollten* – nämlich der äußere und der innere Vorgang der ›Isotopentrennung‹, deren Auseinanderreißung zur Unvollständigkeit und Einseitigkeit der wissenschaftlichen Betrachtungsweise und sogar zu Katastrophen in unserer Kultur führt. Das Auseinanderreißen der äußeren und der inneren Vorgänge in unserer heutigen Wissenschaft (im Gegensatz zur Alchemie) äußert sich so*wohl* in den durch Kernphysiker erzeugten Explosionen *als auch* in der (nur *scheinbar* weniger gefährlichen) *Monopolstellung* der (medizinisch orientierten) Psychotherapeuten im Studium unbewusster Prozesse. Nur andeuten will ich, dass die ›Forderung‹ der

Wandlung *auch* des ›Beobachters‹ bei sich ins Materielle fortsetzenden Vorgängen, die der besprochene Traum implizite stellt, auch biologische Implikationen hat. In den Vorgängen der Anpassung lebender Organismen an die Umwelt (deren Erblichkeit ein noch recht dunkles Kapitel der Biologie bildet) findet nämlich im allgemeinen *sowohl* eine Wandlung der Umwelt *als auch eine* solche der lebenden Organismen statt. Die noch immer zu starke ›Loslösung‹ des Beobachters in der heutigen Physik sperrt diese daher auch ab gegen ein Verständnis der Lebenserscheinungen im allgemeinen.« (1954, S. 717f.)[19]

Dieser Gedanke war Pauli so wichtig, dass er ihn in einem Brief an Kröner folgendermaßen wiederholte:

»Die ›Trennung‹ zwischen ›Beobachter‹ und ›beobachtetem System‹ scheint mir in der heutigen Quantenphysik zu scharf, nämlich schärfer als es (im weitesten Sinne) ›dem Leben‹ entspricht. Der Beobachter ›sollte‹ sich wohl *mit wandeln* bei seinen ›Beobachtungen‹ (im Einklang mit der Alchemie und mit den ›Wandlungsmysterien‹ *aller* Religionen), wodurch seine *Freiheit* (liberum arbitrium), die zur ›realistischen‹ Auffassung immer schon *komplementär* gewesen ist (Paradoxie der *Subjekt-Objekt-Relation),* noch *mehr explizite* in die Naturerklärung eingehen würde, als es in der heutigen Naturwissenschaft der Fall ist ›Relativ-Realität‹ zur Einstellung und Bewußtseinslage des Beobachters).« (1954, S. 727f.)[20]

Pauli fand in dieser Frage gegenüber Einstein harte Worte, wenn er ihm sogar ein »neurotisches Mißverständnis« attestierte, weil Einstein immer noch an der Trennung von Beobachter und beobachtetem System festhalten würde (1954)[21].

Ein zentrales Thema zwischen Pauli und Jung war die Theorie des Synchronizitätsphänomens. Hierunter verstand Jung das gleichzeitige (synchrone) Auftreten eines inneren und eines äußeren Ereignisses, was vom Erlebenden als (für seine gegenwärtige Situation) erhellend bzw. sinnstiftend erfahren werden kann.

Jung glaubte mit seiner Synchronizitätstheorie die Beziehung zwischen Psyche und Materie erfassen zu können. Damit trafen sich seine Interessen mit denen von Pauli, der sich ja schon lange mit dem durch die Quantenphysik aufgeworfenen, für die Physik jedoch unlösbaren Problem der Ganzheit (»Ein Atom ist mehr als die Summe seiner Teilchen«) herumgeschlagen hatte, wozu ihm dann das Unbewusste in Gestalt der Vision einer hochkomplexen, ›vollrunden‹ Weltenuhr den erlösenden Einfall hatte zukommen lassen.

Aus diesem Gedankenaustausch ging das von Jung und Pauli gemeinsam herausgegebene Büchlein ›*Naturerklärung und Psyche*‹, C. G. *Jungs Beitrag:* ›*Synchronizität als ein Prinzip akausaler Zusammenhänge*‹ hervor. Im Gefolge dieser Publikation wurde der Begriff »Synchronizität« (wohl wegen des großen Prestiges von Pauli) auch von vielen theoretischen Physikern übernommen. Er wird in diesen Kreisen auch heute noch wie eine kostbare Münze weitergereicht, obwohl Jungs diesbezügliche Theorie schon 1980 von Obrist überholt worden ist. Er hat den Nachweis erbracht, dass die Emergenz von psychischen und biologischen Phänomenen nicht durch den Rückgriff auf quantenphysikalische Theorien erklärt werden könne. In diesem Zusammenhang ist erwähnenswert, dass Pauli immer wieder mehr Wissenschaftlichkeit vom C. G. Jung- Institut einforderte. So schrieb er z. B. an den damaligen Präsidenten des Instituts, C. A. Maier, dass das Institut der Eliminierung des naturwissenschaftlichen Charakters der psychologischen Ideen von C. G. Jung in der faktischen psychotherapeutischen Praxis Vorschub leiste, die dann den unwissenschaftlichen Charakter des Massenbetriebs bekomme.

Unter den Schülern und der nachfolgenden Analytikergeneration gab und gibt es solche herausragende eigenständige Persönlichkeiten, welche die Analytische Psychologie im oben genannten Sinne Paulis weiterführten, wie z. B. G.R. Heyer, in der Gegenwart W. Giegerich und vor allem Willy Obrist.

Heute zeigt sich in einer z. T. erschreckenden Weise, wie die Pioniere S. Freud und darauf aufbauend C. G. Jung ihrer Zeit voraus waren und wie wenig ihre Zeitgenossen – und die heutige Generation – bis dato diese Erkenntnisse rezipiert haben. Allmählich dämmert es zwar im Bewusstsein von Politikern und einer breiteren Öffentlichkeit, dass wir eine Verpflichtung für die nachfolgenden Generationen haben – im Sinne der Ökologie. Wann aber wird dämmern und bewusst werden, was wir unseren Nachkommen an seelisch – geistigem Erbe hinterlassen? Es ist von ungeheurer Wichtigkeit, dass dieses Wissen tradiert wird. Vielleicht sähe manches anders, vielleicht auch menschlich besser aus.

Freud und Jung waren Ergriffene, Pioniere, schöpferische Persönlichkeiten und sie standen unter dem unmittelbaren, durchaus nicht nur harmlosen Einfluss des Unbewussten, den sie im Gegensatz zu der damaligen Psychologie zu gestalten wussten. Dadurch entstand in der Tiefenpsychologie ein neues Welt- und Menschenbild.

1.11 Anhang

1 Böhme, G. (1980): Wissenschaft und Verdrängung. Ansätze zu einer psychoanalytischen Erkenntniskritik. In ders., Alternativen der Wissenschaft. Frankfurt: Suhrkamp, S. 54–78.

2 Weizsäcker, C. F. v. (1978): Deutlichkeit dtv T B 1687, S. 126.

3 Pauli, W. (1955): Die Wissenschaft und das abendländische Denken. Mainz.

4 Weizsäcker, C. F. v. (1983): Wahrnehmung der Neuzeit dtv 10498, S. 159ff.

5 Schrödinger, E. (1956): Die Natur und die Griechen. Hamburg, S. 119 und S.124ff.

6 Weizsäcker, C. F. v. (1983): Wahrnehmung der Neuzeit dtv TB 10498, S. 136ff.

7 Weizsäcker, C. F. v. (1983): Wahrnehmung der Neuzeit dtv TB 10498, S. 136ff.

8 Harding, E. (1947): Das Geheimnis der Seele, S. 237.

9 Eibl-Eibesfeld, I. (1996): Süddeutsche Zeitung vom 30. 11. 1996, Kulturbeilage.

10 Weizsäcker, C. F. v. (1965): Die Einheit der Natur dtv Wissenschaft 1995. München. Im Vortrag »Fragen an die Tiefenpsychologie«, S. 292ff.

11 Obrist, W. (1999): Die Natur Quelle von Ethik und Sinn.

12 Dsi, D. (1969): Das wahre Buch vom südlichen Blütenland. Kreuzlingen/München, S. 135ff.

13 Gebser, J. (1975): Gesamtausgabe.

14 Atmanspacher, H., Primas, H. und Wertenschlag-Birkhäuser, H. (Hg.) (1995): Der Pauli-Jung-Dialog, S. 205.

15 Goethe, J. W. v.: Farbenlehre didaktischer Teil, 5. Abteilung: Nachbarliche Verhältnisse. Abschnitt Verhältnis zur Philosophie §718.

16 Singer, W. (2001): DER SPIEGEL, Heft 1.

17 Mitscherlich, A. (1974): Frankfurter Allgemeine Zeitung, 25. 05. 1974.

18 Pauli, W. (1954): Wissenschaftlicher Briefwechsel, Pauli an Weißkopf, Band IV Teil 2.

19 Pauli, W. (1954): Wissenschaftlicher Briefwechsel, Pauli an Marie-Louise v. Franz, Band IV Teil 2.

20 Pauli, W. (1954): Wissenschaftlicher Briefwechsel, Pauli an Kröner, Band IV Teil 2.

21 Pauli, W. (1954): Wissenschaftlicher Briefwechsel, Pauli an Fierz, Band IV Teil 2.

WOLFGANG PAULI (Zürich)
In Europa- Erbe und Aufgabe Mainz 1955
S. 71–79

DIE WISSENSCHAFT UND DAS ABENDLÄNDISCHE DENKEN

Es ist sicher ein großes Wagnis, in einer so kurzen Zeit über ein Thema wie »Die Wissenschaft und das abendländische Denken« zu sprechen, das ein ganzes Kolleg leicht füllen könnte.

Das abendländische Denken als Ganzes war stets vom Nahen und Fernen Osten in Asien beeinflußt. Doch scheint Einigkeit darüber zu bestehen, dass Wissenschaft mehr als anderes für die abendländische Kultur geradezu charakteristisch ist. Von anderen geistigen Aktivitäten des Menschen ist speziell Mathematik und Naturwissenschaft unterschieden durch Lehrbarkeit und Prüfbarkeit. Beide Eigenschaften erfordern eigentlich eine längere, teilweise kritische Erläuterung. Unter Lehrbarkeit verstehe ich die Mitteilbarkeit von Gedankengängen und Ergebnissen an andere, die eine fortschreitende Tradition ermöglicht, in dem das Erlernen des schon Bekannten eine geistige Anstrengung von ganz verschiedener Art erfordert als das Auffinden von etwas Neuem. In diesem kommt das schöpferisch irrationale Element wesentlicher zum Ausdruck als in jenem. In der Naturwissenschaft gibt es keine allgemeine Regel, wie man vom empirischen Material zu neuen mathematisch formulierbaren Begriffen und Theorien kommen kann. Einerseits geben die empirischen Ergebnisse Anregungen zu Gedankengängen, andererseits sind Gedanken, Ideen, selbst Phänomene, die oft spontan entstehen, um nachher bei Konfrontation mit den Beobachtungsdaten wieder Modifikationen zu erfahren. Nicht jede Einzelaussage einer naturwissenschaftlichen Theorie kann immer direkt empirisch kontrolliert werden, doch das Gedankensystem als Ganzes muß Möglichkeiten einer Kontrolle durch empirische Methoden enthalten, wenn es den Namen einer naturwissenschaftlichen Theorie verdient. Darin besteht seine Prüfbarkeit.

Die Lehrbarkeit hat die Naturwissenschaft mit der auf logischem Weg prüfbaren Mathematik gemeinsam. Die Möglichkeit des mathematischen Beweises und die Möglichkeit, Mathematik auf die Natur anzuwenden, sind fundamentale Erfahrungen der Menschheit, die zuerst in der Antike entstanden sind. Diese Erfahrungen sind sogleich als rätselhaft übermenschlich, göttlich empfunden worden und die religiöse Atmosphäre war berührt.

Hier stößt man auf das wesentliche Problem der Beziehung von Heilserkenntnis und wissenschaftlicher Erkenntnis. Auf Perioden nüchterner kritischer Forschung folgen oft andere, wo eine Einordnung der Wissenschaft in eine umfassendere, mystische Elemente enthaltene Geistigkeit erstrebt und versucht wird. Im Gegensatz zur Wissenschaft ist die mystische Einstellung nicht für das Abendland charakteristisch, sondern trotz Unterschieden im Einzelnen dem Okzident und dem Orient gemeinsam. Ich kann hier z. B. auf das ausgezeichnete Buch von R. OTTO »West-östliche Mystik« (Gotha 1926) verweisen, das die Mystik Meister Eckharts (1250–1327) mit der des Inders Shankara (um 800), des Begründers der Vedanta-Philosophie, vergleicht. Die Mystik sucht die Einheit aller äußeren Dinge und die Einheit vom Innern des Menschen mit ihnen, indem sie die Vielheit der Dinge als Illusion, als unwirklich zu durchschauen sucht. So entsteht von Stufe zu Stufe die Einheit des Menschen mit der Gottheit, in China das Tao, in Indien Samadhi oder buddhistisch Nirwana. Die letztgenannten Zustände kommen, abendländisch betrachtet, wohl der Auslöschung des Ichbewusstseins gleich. Die konsequente Mystik fragt nicht: »warum?« Sie fragt: »Wie kann der Mensch dem Übel, dem Leid dieser schrecklichen, bedrohenden Welt entgehen, wie kann sie als Schein erkannt, wie kann die letzte Wirklichkeit, das Brahman, das Eine, die (bei Eckhart nicht mehr persönliche) Gottheit geschaut werden?« Es ist dagegen wissenschaftlich-abendländisch, in gewissem Sinne kann man sagen griechisch, zum Beispiel zu fragen: »Warum spiegelt sich das Eine im Vielen? Was ist das Spiegelnde und was das Gespiegelte? Warum ist das Eine nicht allein geblieben? Was verursacht die sogenannte Illusion?« Treffend spricht OTTO in seinem zitierten Buch (p. 126) vom »Heilsinteresse, das von bestimmten Unheilslagen ausgehend, die man gegeben vorfindet, diese beheben, nicht aber ihr Woher theoretisch lösen will, und das unlösbare Probleme ruhig liegen lässtoder sie mit notdürftigen Hilfstheorien zunagelt, so gut es geht.« Ich glaube, dass es das Schicksal des Abendlandes ist, diese beiden Grundhaltungen, die kritisch rationale, verstehen wollende auf der einen Seite und die mystisch irrationale, das erlösende Einheitserlebnis suchende auf der anderen Seite immer wieder in Verbindung miteinander zu bringen. In der Seele des Menschen werden immer *beide* Haltungen wohnen und die eine wird stets die andere als Keim ihres Gegenteils schon in sich tragen. Dadurch entsteht eine Art dialektischer Prozeß, von dem wir nicht wissen, wohin er uns führt. Ich glaube, als Abendländer müssen wir uns diesem Prozeß anvertrauen und das Gegensatzpaar als komplementär anerkennen; wir können und wollen das die Welt beobachtende Ichbewusstsein nicht gänzlich opfern, wir können aber das Einheitserlebnis als eine Art Grenzfall oder idealen Grenzbegriff auch intellektuell akzeptieren. Indem wir die Spannung der Gegensätze bestehen lassen, müssen wir auch anerkennen, dass wir auf jedem Erkenntnis- oder Erlösungsweg von Faktoren abhängen, die außerhalb unserer Kontrolle sind und die die religiöse Sprache stets als Gnade bezeichnet hat.

Von den im Laufe der Geschichte auftretenden Versuchen, eine Synthese der wissenschaftlichen und der mystischen Grundhaltung zu erzielen, will ich zwei besonders hervorheben. Der eine beginnt mit Pythagoras im 5. Jahrh. v. Chr., setzt sich dann in seinen Schülern fort, wird durch Plato weiterentwickelt und erscheint in der Spätantike als Neuplatonismus und Neupythagoräismus. Da vieles von dieser Philosophie in die frühchristliche Theologie übernommen wurde, begleitet sie sodann beständig das Christentum, um in der Renaissance eine neue Blüte zu erleben. Durch Verwerfung der anima mundi, der Weltseele, und Zurückgehen auf die Erkenntnislehre Platos bei Galilei, durch teilweise Wiederbelebung pythagoräischer Elemente bei Kepler entsteht im 17. Jahrh. die Naturwissenschaft der Neuzeit, die wir heute die klassische nennen. Rasch spaltet sie sich nach Newton kritisch rational von ihren ursprünglichen mystischen Elementen ab. Der zweite Versuch ist derjenige der Alchemie und hermetischen Philosophie, die seit dem 17. Jahrhundert verfallen ist.

Aus dem langen Prozeß der geistesgeschichtlichen Entwicklung, in der sich dieses Beziehungsproblem immer wieder in neuer Form äußert, kann ich hier nur Weniges als Beispiel herausgreifen, das auch für unsere Zeit von Bedeutung ist. Neuere Forschungen haben die starken Einwirkungen der babylonischen Mathematik und Astronomie auf die Anfänge der Wissenschaft in Griechenland klargestellt. Seinen ersten Höhepunkt erreichte jedoch der kritisch wissenschaftliche Geist im klassischen Hellas. Dort entstanden ja die Formulierungen jener Gegensätze und Paradoxien, die auch uns, wenn auch in verwandelter Gestalt als Probleme bewegen: der Schein und die Wirklichkeit, das Sein und das Werden, die Einheit und die Vielheit, die Sinneserfahrung und das reine Denken, das Kontinuum und die ganze Zahl, das rationale Zahlverhältnis und die Irrationalzahl, die Notwendigkeit und die Zweck-haftigkeit, die Ursächlichkeit und der Zufall. Dort entstand als Triumph der rationalen Denkweise aus der Spekulation über einen Ausweg aus den Schwierigkeiten der Beziehung von Einheit und Vielheit die Idee des Atoms von Leukipp (um 440 a. C.) und Demokrit (um 420 a. C.). Es ist wohl nicht richtig, diese Denker im modernen Sinne als Materialisten zu bezeichnen. Seelisches und Stoffliches waren damals nicht so getrennt wie in späterer Zeit, so dass Demokrit ebenso Atome der Seele wie der materiellen Körper annahm, zwischen denen das Feuer ein Bindeglied darstellt. In dem jahrhundertelangen Streit über die Frage, ob ein von Materie leerer Raum existieren könne, gehören die Atomisten zu derjenigen Partei, welche diese Möglichkeit zuläßt, indem der Raum zwischen den Atomen leer sein soll. Demokrit leugnet den Zufall und die Zweckursachen, die Atome fallen im leeren Raum nach den Gesetzen der Notwendigkeit. Wenn ich richtig verstanden habe, soll aber manchmal eine anfängliche Abweichung von der geradlinigen Bewegung der Atome im Sinne einer beginnenden Kreisbewegung eintreten und nur diese soll zum kosmogonischen (welterzeugenden) Wirbel führen. Diese antike Form der Atomistik enthält nicht das Element der empirischen Prüfbarkeit, ist daher noch keine naturwissenschaftliche Theorie im neuzeitlichen Sinne, sondern als ihr Vorläufer erst noch eine philosophische Spekulation.

Vor dem rational eingestellten Demokrit wirkte bereits der schon erwähnte Pythagoras (um 530 a. C.). Er und seine Schüler gründeten eine ausgesprochen mystische Heilslehre, die aufs innigste mit mathematischem Denken verbunden war und auf der älteren babylonischen Zahlenmystik fußte. Für ihn und die Pythagoräer ist überall, wo die Zahl ist, auch die Seele, Ausdruck der Einheit, die Gott ist. Ganzzahlige Verhältnisse, wie sie in den Proportionen der Schwingungszahlen der einfachen musikalischen Intervalle auftreten, sind Harmonie, d. h. das was Einheit in die Gegensätze bringt; als Teil der Mathematik gehört die Zahl auch einer abstrakten, übersinnlichen ewigen Welt an, die nicht mit den Sinnen, sondern nur kontemplativ mit dem Intellekt erfaßt werden kann. So ist bei den Pythagoräern Mathematik und kontemplative Meditation (die ursprüngliche Bedeutung von »theoria«) aufs engste verbunden, mathematisches Wissen und Weisheit (Sophia) sind für sie nicht zu trennen. Eine spezielle Bedeutung hatte die Tetraktys, die Vierzahl und ein Schwur der Pythagoräer ist überliefert: »Bei dem, der unserer Seele die Tetraktys überliefert hat, den Urquell und die Wurzel der ewigen Natur«.

Als Reaktion gegen den Rationalismus der Atomisten hat Plato (428–348 a. C.) viele mystische Elemente der Pythagoräer in seiner Ideenlehre übernommen. Mit ihnen teilt er seine höhere Wertschätzung der Kontemplation verglichen mit der gewöhnlichen Sinneserfahrung und seine leidenschaftliche Anteilnahme an Mathematik, besonders an Geometrie mit ihren idealen Objekten. Die Entdeckungen seines Freundes Theaitetos über inkommensurable Strecken (nicht durch rationale Brüche darstellbare Verhältnisse) haben ihn tief beeindruckt. Handelt es sich hier doch um eine wesentliche Frage, die nicht durch sinnliches Wahrnehmen, sondern nur durch Denken entschieden werden kann.

Für Platos Auffassung dessen, was wir heute Materie nennen, ist eben der Unterschied der idealen geometrischen Objekte von den mit den Sinnen wahrgenommenen Körpern maßgebend. Dieser Unterschied liegt für ihn in einem durch das Denken schwer erfaßbaren, gänzlich passiven Etwas, das er mit verschiedenen weiblichen Wörtern, wie z. B. Aufnehmerin oder Amme für die Ideen bezeichnet. Auch das Wort χωρα für den mit Materie erfüllten Raum ist hier zu erwähnen. Aristoteles hat versucht, dieses unbestimmte weibliche X mehr positiv zu fassen. Er nannte es *Hyle* und betonte gegenüber den Eleaten, es sei nicht eine bloße privatio, d. h. nicht ein bloßes Fehlen von etwas, sondern wenigstens der »Möglichkeit nach seiend«. Dabei war »seiend« seit Parmenides zu verstehen als durch »begriffliches Denken erfaßbar« im Gegensatz zu »nicht seiend«, das nicht bedeutete schlechthin nicht vorhanden, sondern »dem denkenden Verstand unzugänglich«. Das spätere aristotelische Wort Hyle hat Cicero mit »materia« ins Lateinische übersetzt, was dann die uns geläufige Begriffsbezeichnung wurde.

Über Platos Ideenlehre und seine Theorie der Erkenntnis als Erinnerung (Anamnesis) der Seele an einen früheren Zustand ist so viel geschrieben worden, dass ich mich hier sehr kurz fassen will. Sie haben wie kaum je etwas anderes einen bleibenden Einfluß auf das abendländische Denken gehabt. Auch der Moderne, der in der Bewertung der Sinnesempfindung und des Denkens eine mittlere Stellung sucht, kann in Anlehnung an Plato den Vorgang des Verstehens der Natur deuten als eine Entsprechung, das heißt als ein zur Deckung kommen von präexistenten inneren Bildern der menschlichen Psyche mit äußeren Objekten und ihrem Verhalten. Der Moderne sieht allerdings, anders als Plato, auch die präexistenten Urbilder nicht als unveränderlich, sondern als relativ zur Entwicklung des bewussten Standpunktes an, so dass das von Plato vorzugsweise benützte Wort »dialektisch« sich auch auf den Entwicklungsprozeß der menschlichen Erkenntnis anwenden läßt.

In Weiterbildung pythagoräischer Lehren ist Platos Mystik eine lichte Mystik, in der das Verstehen in seinen verschiedenen Graden vom Meinen (δοξα) über das geometrische Wissen (διανοι) bis zur höchsten Erkenntnis der allgemeinen und notwendigen Wahrheiten (επιστημη)seinen Platz gefunden hat. Die Mystik ist so licht, dass sie über viele Dunkelheiten hinwegsieht, was wir Heutigen weder dürfen noch können. Dies äußert sich z. B. in der Auffassung des Guten bei Plato als identisch mit der in der Meditation erkennbaren höchsten »Wirklichkeit«. Des Sokrates These von der Lehrbarkeit der Tugend und von der Unwissenheit als alleiniger Ursache böser Taten wird zu Platos Lehre von der Identität der Idee des Guten mit der Ursache des Wissens vom Wahren und der Wissenschaft.

Während sich diese rational zum axiomatischen System der Geometrie in Euklid's Elementen (um 300 a. C.) entwickelt, das so lange jeder Kritik gegenüber standhielt und erst im 19. Jahrhundert wesentlich erweitert wurde, geht aus der mystischen Seite Platos allmählich der Neuplatonismus hervor, der bei Plotin (204 bis 270 p. C.) seine einigermaßen systematische Formulierung findet. Hier findet man die Identität des Guten mit dem Verstehbaren gegenüber Plato selbst ins Extreme gezogen und vergröbert durch die Doktrin, dass die Materie (Hyle) ein bloßes Fehlen (privatio) der Ideen, dass sie überdies das Böse sei und dieses daher eine bloße privatio boni, ein Fehlen des Guten, das nicht Gegenstand des begrifflichen Denkens sein könne. So entstand eine recht bizarr erscheinende Vermischung des ethischen Gegensatzpaares »gut – böse« mit dem naturalistischen oder logischen »seiend – nicht seiend«, das wir am ehesten durch »rational – irrational« wiedergeben können.

Mehr als andere philosophische Strömungen der Spätantike erwies sich die neuplatonische als geeignet zur Aufnahme in die frühchristliche Theologie. In der Tat war Augustin vor seiner Bekehrung zum Christentum Neuplatoniker und seither gab es stets mehr oder weniger platonisierende Theologen und Philosophen unter den christlichen Denkern.

Indem ich darauf hinweise, dass das Mittelalter in diesem Referat vertreten ist sowohl durch Eckhart, den Meister des gotischen Zeitalters, als auch durch die Alchemie, die sich durch das ganze Mittelalter hinzieht, möchte ich nun hier historisch einen Sprung machen und zur Renaissance übergehen.

Es war eine Epoche außerordentlicher Leidenschaft, des furor, die im 15. und 16. Jahrhundert in Italien die früheren Schranken zwischen den verschiedenen menschlichen Tätigkeiten durchbrach und früher Getrenntes, wie empirische Beobachtung und Mathematik, manuelle Technik und Denken, Kunst und Wissenschaft in innigsten Zusammenhang brachte. Die maßgebende Philosophie dieser Epoche ist eben ein wiedererstandener, allerdings auch veränderter Neuplatonismus mystischer Prägung, vertreten durch Marsilio Ficino (1443–1499). Unter dem Protektorat Lorenzos di Medici gründete er die Platonische Akademie in Florenz, deren bedeutendes Mitglied außer ihm selbst Pico della Mirandola gewesen ist. Diese Akademie ist zugleich eine Art mystische Sekte, welche ein kontemplatives Leben und die göttliche, metaphysische Inspiration als höchste Werte pflegte. Zum Unterschied von Plato selbst, dessen Werke Ficino, für lange Zeit maßgebend, ins Lateinische übersetzte, hatte dieser Kreis keine Beziehung zur Mathematik. Seine Prinzipien standen in einem gewissen Gegensatz zur naturwissenschaftlichen, positiv zur Mathematik eingestellten Richtung, wie sie z. B. Leonardo da Vinci (1452–1519) vertrat. Das Hauptwerk Ficinos, die Theologia platonica, ist ein großangelegter Versuch einer Synthese zwischen der christlichen Theologie und der antiken, heidnischen Philosophie. Zu ihr gehört auch die Idee der Aphrodite Uranie (Venus coelestis), der Vergeistigung des Eros oder Amor, der auch in den ekstatischen Zuständen religiöser Propheten wie Moses und Paulus in Erscheinung tritt und als amor intellectualis Dei etwa unserem Erkenntnistrieb entspricht. Diskussionen über Astrologie und Magie, basiert auf der alten plotinischen Idee der Sympatheia, standen den Mitgliedern der platonischen Akademie näher als naturwissenschaftliche Erörterungen. Agrippa v. Nettesheim sowie Paracelsus waren durch diese Denkweise stark beeinflußt.

Alles, was einst feststand, scheint aufgerührt in dieser einzigartigen Zeit: Man war für oder gegen Aristoteles, für oder gegen das Vakuum, für oder gegen das von Kopernikus (1473–1543) wiederentdeckte heliozentrische System. Dies alles war zu- nächst nicht nüchterne Wissenschaft, sondern religiöse Mystik, die einem neuen kosmischen Gefühl entsprungen ist und sich insbesondere auch in einer Vergöttlichung des Raumes ausdrückte. So vertrat Francesco Patrizzi (1529–1597) die Gleichwertigkeit aller Punkte des selbständigen Raumes. Dass dieser seit Nikolaus von Cues seine Begrenzung verlor und unendlich gedacht wurde, ermöglichte in Weiterbildung der Philosophie der früheren Rennaissanceplatoniker den der Erkenntnis der Welt zugeneigten Pantheismus Giordano Brunos (1548–1600). Von hier führte die spätere, nüchternere Betrachtungsweise des 17. Jahrhunderts weiter zu Descarte's analytischer Geometrie und zum absoluten Raum in Newton`s Mechanik.

Damit auch die Schattenseite der außerordentlichen Erweiterung des menschlichen Bewusstseins durch Erschließung ganz neuer Bereiche des Verstehbaren in der Natur nicht vergessen wird, möchte ich nun einen etwas oberflächlichen Vorläufer der neuzeitlichen Naturwissenschaft erwähnen: Francis Bacon (1561–1626). Ohne Mathematik sonderlich zu beherrschen, trat er für die Empirie und die induktive Methode ein, was damals neu war. Sein praktisches Ziel war ausdrücklich die Beherrschung der Naturkräfte durch wissenschaftliche Entdeckungen und Erfindungen. Propagandistisch verwendete er hierbei das Schlagwort: »Knowledge is power« (Wissen ist Macht). Ich glaube, dass dieser stolze Wille, die Natur zu beherrschen tatsächlich hinter der neuzeitlichen Naturwissenschaft steht und dass auch der Anhänger reiner Erkenntnis dieses Motiv nicht ganz leugnen kann. Uns Heutigen wird wieder »vor unserer Gottähnlichkeit bange«. In Anwendung eines bekannten Worte, des Historikers Schlosser stellt sich uns die bange Frage, ob auch diese Macht, unsere abendländische Macht über die Natur, böse sei.

Zunächst sollte diese die Natur verstehen und damit beherrschen wollende Haltung des Menschen, der sich im Konflikt mit der Einheit der Natur beobachtend und denkend außerhalb stellt, in der Entstehung der neuzeitlichen Naturwissenschaft im »grand siècle«, nämlich im 17. Jahrhundert ihre großen Triumphe feiern. An die Stelle der Weltseele setzte sie das abstrakte mathematische Naturgesetz. Das kopernikanische System führte einerseits zu der noch religiös fundierten, wenn auch bereits empirisch gewordenen Astronomie Keplers, andererseits zu sehr nüchternen Fragen, die Kopernikus nicht beantworten konnte wie diese: »Warum weht nicht fortwährend ein starker Wind, wenn sich die Erde dreht, warum nimmt auch die Atmosphäre an dieser Drehung teil, warum schießt eine Kanone gleich weit nach Westen wie nach Osten?« Erst

Galileis Trägheitsgesetz konnte diese Fragen sinnvoll beantworten. Auf die mit Newton's Prinzipien (1687) abgeschlossene Entwicklung der Mechanik kann ich hier nicht eingehen. In der zur modernen Physik gehörenden Relativitätstheorie Einsteins hat sie eine wesentliche Weiterbildung erfahren.

Zu den allgemeinen charakteristischen Erscheinungen des 17. Jahrhunderts gehört die Wiederherstellung neuer Schranken zwischen den einzelnen Disziplinen und Fakultäten und die Spaltung des Weltbildes in die rationale und die religiöse Seite. Diese Dissoziation war unvermeidlich und spiegelt sich sowohl in der Philosophie Descartes' als auch in Newton's theologischen Schriften besonders deutlich wieder.

Ein ähnliches Schicksal hatte um diese Zeit auch der zweite Versuch einer Synthese zwischen einem Heilsweg mit gnostisch-mystischen Elementen und wissenschaftlicher Erkenntnis, derjenige der Alchemie und hermetischen Philosophie. In alter Zeit beginnend wird sie in der Spätantike seit dem Erscheinen des Hermes Trismegistos sehr verbreitet, zieht sich dann, anfangs von arabischen Quellen und ihren lateinischen Übersetzungen gespeist durch das ganze Mittelalter, um schließlich nach einer Blütezeit im 16. Jahrhundert gegen Ende des 17. Jahrhunderts mit dem Beginn der neuzeitlichen Naturwissenschaft zu verfallen. Auch diesmal erwies sich die Basis der Synthese als zu eng und das Gegensatzpaar fiel wieder auseinander: in die wissenschaftliche Chemie auf der einen Seite und die von materiellen Vorgängen wieder abgelöste religiöse Mystik, z. B. durch Jacob Böhme vertreten, auf der anderen Seite.

Die uns zunächst recht fremdartig anmutenden Voraussetzungen der alchemistischen Philosophie stellen eine gewisse Symmetrie her zwischen Materie und Geist. Dadurch entsteht ein Gegengewicht gegen die einseitig spiritualisierende Tendenz, die der Neuplatonismus gegenüber Plato selbst beträchtlich verstärkt hat und die vom Christentum übernommen wurde. Im Gegensatz zur neuplatonischen Identifikation der Materie mit dem Bösen wohnt nach der alchemistischen Auffassung in der Materie ein Geist, der auf Erlösung harrt. Der alchimistische Laborant ist stets mit einbezogen in den Naturlauf in solcher Weise, dass die wirklichen oder vermeintlichen chemischen Prozesse in der Retorte mit den psychischen Vorgängen in ihm selbst mystisch identifiziert sind und mit denselben Worten bezeichnet werden. Fremd ist uns heute die Identifizierung jedes der sieben Planeten mit einem der sieben Metalle, darunter die Identität des Hermes sowohl mit dem Planeten Merkur wie mit dem argentum vivum, dem Quecksilber, das auch seinen Namen mercury behalten hat. Geblieben ist ferner von den Identifizierungen leicht verdampfender, flüchtiger Substanzen mit Geist der Name Spiritus für Alkohol, die Essenz (Wesen) auch für das materielle Resultat der Destillation. Der Erlösungsweg, auch selbst wieder durch den Hermes symbolisiert, ist ein opus (Werk), beginnend mit der Schwärze (nigredo oder melancholia) und endend mit der Herstellung des lapis sapientium, des Steines der Weisen, der als filius philosophorum und filius macrocosmi zu Christus, dem filius microcosmi parallelisiert wird. Die Erlösung des Stoffes durch den ihn verwandelnden Menschen, die in der Herstellung des Steines gipfelt, ist nach alchemistischer Auffassung, zufolge der mystischen Entsprechung von Macrocosmos und Microcosmos, identisch mit der den Menschen erlösenden Wandlung durch das opus, das nur ›Deo concedente‹ gelingt. Es handelt sich bei der Alchemie um einen psychophysischen Monismus, in einer uns sonderbar anmutenden Einheitssprache ausgedrückt, die im konkret Sichtbaren hängen bleibt. Man darf aber die allgemeine, auf das Einheitserlebnis gerichtete Einstellung des Menschen zur Natur, welche die Alchemie ausdrückt, nicht mit deren Auswüchsen einfach identifizieren, zu denen bekanntlich eine stets vergebliche und oft betrügerische Goldmacherei gehörte.

Goethes naturwissenschaftliche Auffassungen, die der offiziellen Wissenschaft so oft entgegengesetzt waren, werden verständlicher durch deren alchemistische Vorlagen deren Terminologie insbesondere im Faust ganz offen zu Tage tritt. Als einem Gefühlstyp war Goethe das Einheitserlebnis – »nichts ist drinnen, nichts ist draußen, denn was innen, das ist außen« – zugänglicher als die kritische Naturwissenschaft und nur die Alchemie kam hierbei seiner Gefühlshaltung entgegen. Dies ist der Hintergrund von Goethes Auseinandersetzung mit Newton, über die schon viel geschrieben worden. ist. Weniger bekannt ist die ältere Polemik zwischen Kepler als Vertreter der neuentstehenden Naturwissenschaft und dem englischen Arzt Robert Fludd, der dem Rosenkreuzerorden angehörte und die hermetische Tradition vertrat. Ich glaube man kann auf Kepler–Fludd und Newton–Goethe mit gutem Recht das alte Sprichwort anwenden: »Was die Alten sungen, das zwitschern die Jungen«.

Von der Psychologie des Unbewussten her ist neuerdings C. G. Jung daran gegangen, den psychologischen Gehalt der alten alchemistischen Texte auszugraben und unserer Zeit zu erschließen. Ich hoffe, dass dabei noch einiges wertvolle Material zu Tage gefördert werden wird, namentlich über die Rolle der Gegensatzpaare im alchemistischen Opus. Auch für die Psychologie des Unbewussten bedeutet die Alchemie ein Gegengewicht gegen zu starke Spiritualisierung, sie bedeutet ihre Begegnung mit der Materie und mit der übrigen Naturwissenschaft.

Hier stellt sich für die Naturwissenschaft unserer Zeit die wesentliche Frage: »Werden wir auf höherer Ebene den alten psychophysischen Einheitstraum der Alchemie realisieren können, durch Schaffung einer einheitlichen begrifflichen Grundlage für die naturwissenschaftliche Erfassung des Physischen wie des

Psychischen?« Wir wissen die Antwort noch nicht. Viele Grundfragen der Biologie, insbesondere die Beziehung des Kausalen und des Zweckmäßigen, und damit auch die psychophysischen Zusammenhänge, haben meiner Ansicht nach noch nicht eine wirklich befriedigende Beantwortung und Aufklärung erfahren.

Die heutige Quantenphysik ist jedoch gemäß der Formulierung Niels Bohrs ebenfalls auf komplementäre Gegensatzpaare bei ihren atomaren Objekten gestoßen, wie Teilchen – Welle, Ort – Bewegungsgröße, und muß der Freiheit des Beobachters Rechnung tragen, zwischen einander ausschließenden Versuchsanordnungen zu wählen, die in einer im voraus unberechenbaren Weise in den Naturlauf eingreifen. Hat er einmal seine Versuchsanordnung gewählt, so ist aber auch für den Beobachter der heutigen Physik das objektive Resultat der Beobachtung seiner Beeinflussung entzogen. Verschiedene Physiker haben diese für den Laien nicht leicht verständlichen Sachverhalte an anderer Stelle mehrmals ausgeführt und ich kann hier nur kurz darauf hinweisen:

Die alte Frage, ob unter Umständen der psychische Zustand des Beobachters den äußeren materiellen Naturverlauf beeinflussen kann, findet in der heutigen Physik keinen Platz. Für die alten Alchemisten war die Antwort ganz selbstverständlich bejahend. Im letzten Jahrhundert hat ein so kritischer Geist wie der Philosoph Arthur Schopenhauer, ein ausgezeichneter Kenner und Bewunderer Kants, in seinem Aufsatz »Animalischer Magnetismus und Magie« sogenannte magische Wirkungen sehr weitgehend für möglich gehalten und in seiner besonderen Terminologie als »direkte, die Schranken von Raum und Zeit durchbrechende Einwirkungen des Willens« gedeutet. Daraufhin kann man wohl nicht sagen, dass apriorische philosophische Gründe ausreichend seien, um solche Möglichkeiten von vornherein abzuweisen. In neuerer Zeit gibt es eine empirische Parapsychologie, die den Anspruch exakter Wissenschaftlichkeit erhebt und mit modernen experimentellen Methoden einerseits, mit moderner mathematischer Statistik andrerseits arbeitet. Sollten sich die positiven Ergebnisse auf dem noch kontroversen Gebiet der »extra sensory perception« (ESP) endgültig bewahrheiten, so könnte dies zu heute noch gar nicht übersehbaren Entwicklungen führen.

Im Lichte unserer schon aus äußeren Gründen übermäßig knapp zusammengedrängten historischen Übersicht können wir sagen, dass die heutige Zeit wieder einen Punkt erreicht hat, wo die rationalistische Einstellung ihren Höhepunkt überschritten und als zu eng empfunden wird. Außen scheinen alle Gegensätze außerordentlich verschärft. Das Rationale führt einerseits wohl zur Annahme einer nicht direkt sinnlich wahrnehmbaren, durch mathematische oder andere Symbole aber erfaßbaren Wirklichkeit, wie z. B. das Atom oder das Unbewusste. Die sichtbaren Wirkungen dieser abstrakten Wirklichkeit sind aber andererseits so konkret wie atomare Explosionen und keineswegs notwendig gut, sondern zuweilen das extreme Gegenteil. Eine Flucht aus dem bloß Rationalen, bei dem der Wille zur Macht als Hintergrund niemals ganz fehlt, in dessen Gegenteil, z. B. in eine christliche oder buddhistische Mystik, ist naheliegend und gefühlsmäßig verständlich. Ich glaube jedoch, dass demjenigen, für welchen der enge Rationalismus seine Überzeugungskraft verloren hat und dem auch der Zauber einer mystischen Einstellung, welche die äußere Welt in ihrer bedrängenden Vielheit als illusorisch erlebt, nicht wirksam genug ist, nichts übrig bleibt, als sich diesen verschärften Gegensätzen und ihren Konflikten in der einen oder anderen Weise auszusetzen. Eben dadurch kann auch der Forscher, mehr oder weniger bewusst, einen inneren Heilsweg gehen. Langsam entstehen dann zur äußeren Lage kompensatorisch innere Bilder, Phantasien oder Ideen, welche eine Annäherung der Pole der Gegensatzpaare als möglich aufzeigen. Gewarnt durch den Mißerfolg aller verfrühten Einheitsbestrebungen in der Geistesgeschichte will ich es nicht wagen, über die Zukunft Voraussagen zu machen. Entgegen der strengen Einteilung der Aktivitäten des menschlichen Geistes in getrennte Departemente seit dem 17. Jahrhundert, halte ich aber die Zielvorstellung einer Überwindung der Gegensätze, zu der auch eine sowohl das rationale Verstehen wie das mystische Einheitserlebnis umfassende Synthese gehört, für den ausgesprochenen oder unausgesprochenen Mythos unserer eigenen, heutigen Zeit.

2. Tiefenpsychologie als Basaldisziplin einer integralen Humanwissenschaft

Willy Obrist

Unter Tiefenpsychologie versteht man jene empirisch-wissenschaftliche Psychologie, welche die Existenz eines unbewussten – dem Bewusstsein nicht direkt zugänglichen – Bereichs der Psyche anerkennt und eine Methode besitzt, diesen zu erforschen. Sie entstand am Beginn des 20. Jh. und führte zu einer neuartigen Behandlung seelischer Störungen sowie zu einer völlig neuen Vorstellung der Psyche. Letztere hatte umwälzende Konsequenzen für das Selbst- und Weltverständnis. Worin diese Konsequenzen bestehen und weshalb sie erst heute in vollem Ausmaß erkannt werden können, werde ich weiter unten darlegen. Vorerst soll geschildert werden, wie die Tiefenpsychologie zustande kam.

2.1 Von der mythischen zur empirischen Psychologie

Psychologie gibt es schon seit den Anfängen der Kultur. Sie war jedoch nicht empirisch im heutigen Sinn. Zwar wurde dabei ein reiches Beobachtungsgut erarbeitet, dessen *theoretische* Aufarbeitung geschah indessen gemäß der *mythischen* Weltsicht, bei der die Seele als ein zu selbständiger Existenz fähiges Geistwesen aufgefasst wurde, das sich beim Tod vom Leib löst und in die jenseitige Welt entschwindet.

Empirische Wissenschaft – als neuartiger, von der Theologie kategorial verschiedener Wissenschaftstyp – entstand erst im Verlauf der Neuzeit. Dabei kam durch Integration mehrerer Errungenschaften der Bewusstseins-Evolution – in einem mühsamen Suchprozess – ein geistiges Instrumentarium zustande, mit dem es gelang, Schritt für Schritt *hinter* die Fassade des Augenscheins vorzudringen: räumlich bis hinab in die Nano-Dimension und hinaus in die kosmische, zeitlich zurück bis in die Anfänge der Menschheit, des Lebens, ja des Universums. Zug um Zug wurden dabei die mythischen Theorien – die naturerklärenden wie die historischen – durch empirisch fundierte ersetzt. Dabei wurde der vom Mittelalter übernommenen, weitgehend mythisch fundierten Naturphilosophie ein Gebiet nach dem andern entwunden: zuerst durch Astronomie, Physik, Geologie und Chemie, dann durch Biologie und schließlich Psychologie. Empirisch-wissenschaftliche Psychologie war jedoch während ihrer ersten Phase nicht Tiefen –, sondern *Bewusstseinspsychologie.* Dies hatte seinen Grund in der bis Ende des 19. Jh. gültigen Vorstellung des Erfahrbaren. Nur das nämlich wurde als wissenschaftlich erwiesen angenommen, was mit den Sinnen – auch den apparativ und durch indirekte Methoden verlängerten – nachgewiesen war. Dieser sogenannte *methodische* Positivismus war während der ersten Jahrhunderte der Neuzeit eine unbedingt notwendige Askese des Forschens, konnte man sich doch nur so den noch im Mittelalter reichlich geübten ›Wissensgewinn‹ durch Phantasieren (spekulatives ›Philosophieren‹) abgewöhnen. Indessen entwickelte sich der methodische Positivismus im Zug der Aufklärung zum *ideologischen*: zur expliziten Aussage, was mit den Sinnen nicht wahrnehmbar ist, *existiere nicht.*

2.2 Von der Bewusstseins- zur Tiefenpsychololgie

Der Grund, weshalb sich empirische Psychologie zuerst auf das Bewusstsein beschränkte, lag darin, dass sich durch die Aufklärungsphilosophie auch das *Menschenbild* verändert hatte. Durch die Entmythisierung der Natur war nämlich die überlieferte, facettenreiche Vorstellung der Seele geschrumpft auf die *Vernunft (ratio)*: auf das, was man heute Bewusstsein nennt. Zudem war die Annahme, der menschliche Geist könne sich vom Leib trennen, – infolge der nunmehr materialistisch-mechanistischen Auffassung der Lebewesen – obsolet geworden. So kann denn die empirisch-wissenschaftliche Psychologie – wie sie Mitte des 19. Jh. Gestalt annahm – nicht nur als Bewusstseinspsychologie, sondern auch als Psychologie ohne Seele bezeichnet werden. Zu dieser Auffassung des Psychischen gehörte – als Ausdruck der materialistischen Naturauffassung – auch der sogenannte *ontologische Reduktionismus.* Obwohl sich damals *außerhalb* der empirischen Wissenschaft eine facettenreiche Geist- und Lebensphilosophie entfaltete, setzte sich *in* dieser mehr und mehr die Annahme durch, der Menschengeist bzw. die Vernunft lasse sich mit der Zeit auf die Gesetze der Physik und Chemie zurückführen (reduzieren).

Indessen setzte schon am Beginn des 20. Jh. – völlig unbeabsichtigt – *innerhalb* der Wissenschaft eine *Gegenbewegung* ein, durch die schließlich der Materialismus überwunden wurde: eine Entwicklung, die gegen Ende des Jahrhunderts zur Einsicht geführt hat, dass an der gesamten Natur zwischen einem materiellen und einem geistigen Aspekt unterschieden werden muss. Im Zug dieses Wandels der Naturauffassung wurde der ontologische Reduktionismus durch den *methodischen* abgelöst. Dieser stützt sich auf das Wissen, dass jeweils beim Hinabsteigen auf eine tiefere Evolutionsebene bzw. Komplexitätsstufe etwas Wesentliches aus dem Blickfeld entschwindet: jene

Eigenschaften und Fähigkeiten, die einst beim Evolutionsschritt zum komplexeren System fulguriert – erstmals in die Existenz getreten – sind.

Der erste Schritt auf dem Weg zur neuen Sicht der Natur vollzog sich innerhalb der *Psychologie* und zwar durch die Entdeckung des Unbewussten. Postuliert wurde das Vorhandensein eines dem Bewusstsein nicht direkt zugänglichen Bereichs der Psyche schon unter der Dominanz des Bewusstseinsparadigmas. Dabei können zwei Stränge unterschieden werden: einer im Bereich der Neurobiologie und einer in der Psychologie. In England kamen der Physiologe Benjamin Carpenter und der Mediziner Thomas Laycock bei der Analyse der sogenannten Willkürbewegungen zur Einsicht, dass sich die neurologische Funktion des Gehirns nicht auf bewusstes und willkürliches Handeln beschränkt, sondern ein breites Spektrum *unwillkürlicher* Funktionen umfasst. Sie sprachen ausdrücklich von einer unconscious cerebration und postulierten das Vorhandensein eines unwillkürlichen Ich. – Auf dem psychologischen Strang postulierten vor allem der deutsche Arzt Carl Gustav Carus, der Amerikaner William James und der Franzose Jean Martin Charcot einen unbewussten Bereich der Psyche. James kam dazu durch die Exploration von Bekehrungen im Rahmen der freikirchlichen Erweckungsbewegung, Charcot beim Bemühen um die Behandlung sog. Geisteskrankheiten. Eine Methode, den unbewussten Bereich der Psyche stringent nachzuweisen und zu erschließen, fehlte jedoch. Eine solche Methode gefunden zu haben ist das säkulare Verdienst von Sigmund Freud. Sie bestand im freien Assoziieren und in der Analyse von Träumen. Damit gelang es ihm, aus dem Bewusstsein entschwundene – unbewusst *gewordene* – Inhalte wieder ins Bewusstsein zu heben. Dass Freud den bisher verachteten Traum – »Träume sind Schäume« – ernst nahm, erwies sich im Nachhinein als genialer Einfall, der unabsehbare Folgen sowohl für die Psychologie als auch für das Selbst- und Weltverständnis hatte. Zum einen ermöglichte die Analyse der Träume den Nachweis wie auch die Erforschung des dem Bewusstseins nicht direkt zugänglichen Bereichs der Psyche. Obwohl es noch einige Zeit dauerte, bis dieses Instrumentarium zur vollen Wirksamkeit entwickelt war, sagte schon Freud, der Traum sei die via regia – der Königsweg – zum Unbewussten.

Zum andern hat Freud durch den Nachweis, dass Träume nicht wie man bisher angenommen hatte, vom Ich *gemacht* werden, sondern dass das Ich sie *wahrnimmt*, den ideologischen Positivismus überwunden. Damit war nämlich erwiesen, dass es eine Wahrnehmung gibt, die nicht über die Sinnesorgane ins Bewusstsein fließt. Man nennt diese heute – um sie von der Sinneswahrnehmung einschließlich derjenigen des vegetativen und der sechs somatischen Sinne sowie von der Telepathie zu unterscheiden – *innere* Wahrnehmung. Die Bresche, die Freud damit geschlagen hatte, wurde noch erweitert, als Jung *Visionen* erforschte und nachwies, dass diese eine Art Träume sind, dass sie jedoch vom Ich nicht im Schlaf, sondern im sog. außergewöhnlichen Bewusstseinszustand empfangen werden.

Im Grunde genommen war mit der inneren Wahrnehmung etwas wiederentdeckt worden, das im mythischen Weltbild allgemein bekannt war. In der Theologie bzw. in den Schulen der Spiritualität unterschied man nämlich zwischen einem Sehen mit den Augen des Leibes und einem Sehen mit den Augen der Seele. Als Sehen mit den Augen des Leibes bezeichnete man das, was man heute Sinneswahrnehmung nennt. Als Sehen mit den Augen der Seele hingegen das, was man in großen Träumen und Visionen wahrnahm. Allerdings glaubte man damals noch, das ›mit den Augen der Seele‹ Geschaute spiele sich *außen* ab, und es werde einem dabei oft der Ausblick in eine *jenseitige Welt* eröffnet.

Da es sich beim innerlich Wahrgenommenen um semantisch und syntaktisch *gestaltete*, in einer Bildersprache codierte Texte handelt, fasst man in der Tiefenpsychologie Wachphantasien, Träume und Visionen unter dem Oberbegriff ›*Gestaltungen des Unbewussten*‹ zusammen.

2.3 Zwei Etappen der Entdeckung des Unbewussten

Gut ein Jahrzehnt nachdem Freud den empirischen Nachweis des Unbewussten erbracht hatte, zeigte sich, dass mit seiner Methode – genauer gesagt mit seinem Traumverständnis – nur eine oberflächliche Schicht des Unbewussten erschlossen werden kann: nur Inhalte, die einst bewusst oder halb bewusst gewesen, dann aber wegen Inkompatibilität mit der ›herrschenden Meinung‹ aus dem Bewusstsein *verdrängt* worden sind. Die Erschließung weiterer Bereiche des Unbewussten ergab sich dann aus dem Ringen um das Verständnis der sogenannten *archaischen Reste* in Träumen: jener Traumelemente, zu denen der Träumer keine Assoziationen aus seiner persönlichen Lebensgeschichte beisteuern konnte. Es handelte sich dabei um Gestalten, die in der Außenwelt nicht nachweisbar sind wie z. B. Nixen, Kentauern, Engel, Dämonen und Götter; ebenso um Geschehensabläufe, die den Gesetzen der Physik und der Logik widersprechen: z. B. dass ein Mensch durch die Lüfte fliegt, auf dem Grund des Meeres ein Feuer anzündet oder nach dem Tode wieder zum Leben erwacht.

Die Diskussion über die Bedeutung solcher Trauminhalte spielte sich 1909 zwischen Freud und Jung ab, als diese während einer Vortragsreise in die USA sieben Wochen lang beisammen waren und sich gegenseitig ihre Träume deuteten. Freud vertrat die Ansicht, es handle sich bei den sog. archaischen Resten um bedeutungslose Relikte aus früheren Phasen der Menschheitsentwicklung. Jung hingegen kam zur Überzeugung, gerade diese Gestalten und

Motive enthielten die wichtigste Information über das Unbewusste. Durch diese Meinungsverschiedenheit trennten sich in der Folge die Wege der beiden Forscher. Nach der Reise ging Jung daran, seine Auffassung wissenschaftlich zu begründen. Im Unterschied zu Freud kannte er sich in der Mythologie sehr gut aus. So fiel ihm denn auf, dass es sich bei den ›archaischen‹ Elementen in Träumen um Gestalten und Geschehensabläufe handelte, die auch in Mythen vorkommen. Er schloss daraus, *dass Mythen ebenfalls als Gestaltungen des Unbewussten zu verstehen sind:* als ursprünglich innerlich wahrgenommene bildhafte Veranschaulichungen unanschaulicher (vor allem psychischer) Sachverhalte. Um den Bedeutungsgehalt der ›archaischen‹ Bilder und Bildabläufe zu *verstehen*, ging Jung nach Art der vergleichenden Sprachforschung vor, indem er Mythen aus verschiedenen Kulturen, deren Sinn ja häufig schon durch (theologische) Reflexion erschlossen war, miteinander verglich. Dabei erkannte er, dass sich die ungeheure Vielfalt von Figuren und Geschehnissen auf einige wenige *Grundmuster von Bedeutung* zurückführen ließ. Diese Bedeutungskategorien nannte er *Archetypen.*

Aufgrund der Beobachtung, dass in Mythen aller Zeiten und Breiten sowie in Träumen heutiger Menschen immer wieder die gleichen Bedeutungs*muster* (Archetypen) vorkamen, zog Jung den Schluss, diese seien für Homo sapiens *artspezifisch* bzw. – wie man heute sagt – phylogenetisch erworben. Dies wiederum führte ihn zum Schluss, es seien *zentralnervöse Strukturen* (im Sinn von Software) vorhanden, welche die diesen Mustern entsprechenden Bilder hervorbringen. Da Jung in der Terminologie nicht sehr präzis war, bezeichnete er auch diese Strukturen als Archetypen. Mit dieser Erkenntnis hatte Jung, wie er später sagte, den Schlüssel in der Hand, mit dem er sowohl den Mythos als auch das Unbewusste erschließen konnte. Es war eine Erkenntnis, welche weiterführende Konsequenzen nicht nur für die Tiefenpsychologie, sondern auch für die Kulturwissenschaften hatte. Auch für die Theologie hatte sie Konsequenzen, allerdings ›tödliche‹.

Nun sind in den Gestaltungen des Unbewussten nicht einfach einzelne Bilder aneinandergereiht. Sie sind – wie Texte der Wortsprache – *strukturiert.* So wird aus der Vielzahl der (synonymen) Bilder, mit denen ein bestimmter Sachverhalt veranschaulicht werden kann, jeweils dasjenige ausgewählt, das in den konkreten Kontext passt. Ferner kann an einem vollständig erinnerten Traum ein charakteristischer Aufbau festgestellt werden. Wie an einem griechischen Drama kann man daran Exposition, Verwicklung, Krisis und Lysis unterscheiden. All das veranlasste Jung, – um 1920 herum – im Unbewussten nicht einfach einzelne, voneinander unabhängige Archetypen (Bedeutung II) anzunehmen, sondern eine *zentrale sprachbildende Instanz.*

In der Annahme einer solchen spontanaktiven, zu Integration fähigen Instanz wurde er bestärkt durch Langzeit-Beobachtungen seelischer Entwicklungsprozesse. Er hatte nämlich festgestellt, dass diese so verlaufen, wie wenn vom Unbewussten her jemand Regie führen und das bewusste Ich zur Entwicklung drängen würde. Ferner war ihm aufgefallen, dass diese sog. Individuationsprozesse – bei aller individuellen Variation des Verlaufs – einem typischen Muster folgen: dass eine gleichbleibende Abfolge von Stadien mit bestimmten zu lösenden Aufgaben durchschritten werden muss. Dies bedeutete, dass in der zentralen Führungsinstanz, die er als *Selbst* bezeichnete, ein arteigenes Programm für die Ontogenese des Bewusstseins gespeichert ist.

2.4 Die tiefenpsychologische Methode

Zu all diesen Einsichten gelangte Jung u.a. deshalb, weil er Freuds Methode der Traumdeutung weiterentwickelt hatte. Aufgrund der Beobachtung, dass der Analysand beim *freien* Assoziieren jeweils bald einmal bei seinen Komplexen landete, die weiterführenden Traumelemente – die ›archaischen Reste‹ – jedoch durch die Maschen fielen, führte er die *gezielte* Assoziation ein. Er drängte – vor aller Deutung – auf eine sorgfältige *Erarbeitung des Kontextes*, indem er den Analysanden der Reihe nach zu jedem Traumelement Assoziationen beibringen ließ. Für das Verständnis jener Figuren und Geschehnisse, zu denen dem Träumer keine Assoziationen einfielen, führte er die sogenannte *Amplifikation* ein, wozu er dazu passende Beispiele aus der Mythologie beibrachte. Da deren Bedeutungsgehalt durch die hermeneutische Forschung schon erschlossen war, ergab sich so die Möglichkeit, auch den tieferen bzw. weiterführenden Sinn des Traumes zu verstehen.

Nun besteht aber die tiefenpsychologische Therapie – und Hand in Hand damit die Erhebung von Fakten für das theoretische Verständnis des psychischen Prozesses – nicht nur in der Deutung von Träumen. Zuallererst sucht man zu erfahren, welche Probleme den Analysanden beschäftigen. Dabei geht man davon aus, dass der Analytiker – im Unterschied zum Pädagogen – nicht weiß, welches die für den Analysanden richtige Lösung ist, sondern dessen Unbewusstes. Deshalb beobachtet man, wie das Unbewusste auf die Bewusstseinslage reagiert: welche Phantasien, Imaginationen, Träume, ev. Visionen dem Analysanden zufließen und versucht dann, diese Botschaften zu verstehen. Die Tiefenpsychologie richtet somit ihr Augenmerk auf die *Wechselwirkung* zwischen Bewusstsein und Unbewusstem. Aufgrund der dabei gewonnenen Beobachtungen sucht sie dann theoretische Vorstellungen über die Funktionsweise der Psyche – im Sinn einer empirisch-wissenschaftlichen Theorie – zu erarbeiten.

Dieses *tiefen*psychologische Vorgehen unterscheidet sich in verschiedenen Punkten von dem des Bewusstseinspsychologen. Während dieser mit normalen Versuchspersonen arbeitet, geht es in der Tiefenpsychologie primär um Hilfeleistung bei seelischen Störungen, eventuell – in späteren Phasen – um Nachreifen der Persönlichkeit (Individuation). Während ferner der Bewusstseinspsychologe – aufgrund seiner Modellvorstellung der Psyche – aktiv vorgeht in Form von Experimenten, Tests und Befragungen, muss sich der Tiefenpsychologe erst einmal passiv verhalten in dem Sinn, dass er darauf wartet, welche Reaktionen aus dem Unbewussten kommen. Wenn er dann – zusammen mit dem Analysanden – diese Botschaften zu verstehen sucht, fungiert er als eine Art Geburtshelfer.

2.5 Die innere Struktur der Tiefenpsychologie

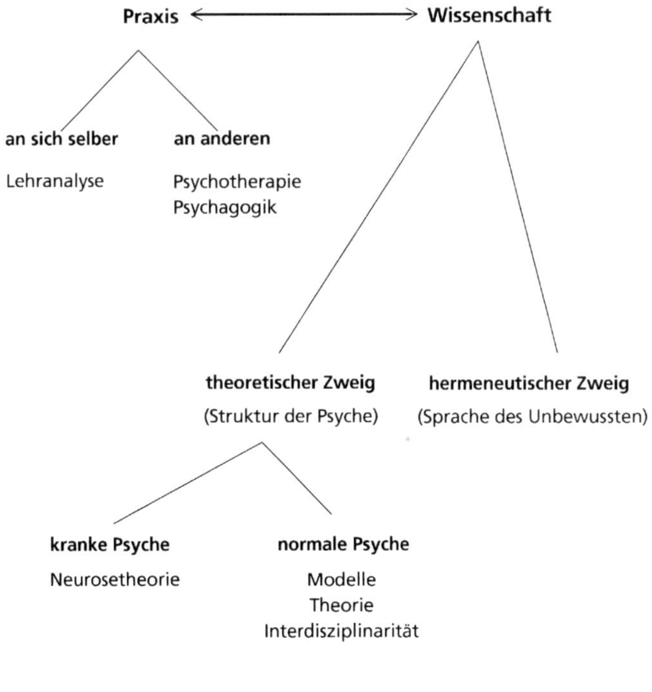

Abbildung 5: Die innere Struktur der Tiefenpsychologie

Aufgrund des Gesagten lässt sich die innere Struktur der Tiefenpsychologie – als eines bestimmten Typs empirischer Wissenschaft – wie folgt darstellen.

Der bevorzugte Ort, an dem Beobachtungen über die Wechselwirkung zwischen dem Bewusstsein und dem Unbewussten bzw. zwischen dem Ich und dem Selbst gewonnen werden können, ist die analytische Sprechstunde. Diese ist ein ›Feld‹ für die Gewinnung der für die wissenschaftliche Arbeit nötigen Daten, wie es sonst niemandem zur Verfügung steht. Durch die ›analytische Situation‹ wird nämlich das Unbewusste angeregt, sich dem Ich mitzuteilen. Seine Botschaften können vom Analytiker gleichsam in statu nascendi, d. h. ohne spätere bewusste Überarbeitung erfasst werden. Da der Analytiker die Sprache des Unbewussten versteht und deshalb – zusammen mit dem Analysanden – den Bedeutungsgehalt des innerlich Wahrgenommenen erarbeiten kann, da er außerdem die äußere und innere Lebensgeschichte des Analysanden sowie dessen aktuelle Bewusstseinslage kennt, kann er die Wechselwirkung zwischen Bewusstsein und Unbewusstem gleichsam unter Laborbedingungen beobachten. Allerdings stellt das notwendige emotionale Involviertsein des Analytikers in den Prozess hohe Anforderungen an dessen Kritikfähigkeit. Dank seiner Schulung durch die Lehranalyse – ev. dank Supervision – sollte er jedoch imstande sein, das für wissenschaftliche Arbeit geltende Objektivitätspostulat zu erfüllen.

Die bei der Feldforschung gewonnenen Beobachtungen zu verarbeiten, ist Aufgabe der tiefenpsychologischen *Wissenschaft*. Für diese ist charakteristisch, dass sie sich in zwei grundverschiedene Zweige aufteilt: in den hermeneutischen und den theoretischen.

Ziel von Hermeneutik ist es, herauszufinden, *was* der Autor eines Textes sagen wollte. Je nachdem, welche Texte (im weitesten Sinn) man ins Auge fasst, kann zwischen theologischer, juristischer, kunsthistorischer, archäologischer usw. Hermeneutik unterschieden werden. Bei der *tiefenpsychologischen* geht es darum, den Bedeutungsgehalt der Gestaltungen des Unbewussten zu ergründen. Hierzu dienen zum einen Phantasien, Träume, ev. Visionen, die von Analytikern gesammelt wurden, zum andern überlieferte Texte wie Mythen (einschließlich des im Credo knapp zusammengefassten christlichen Mythos), ferner Sagen und Märchen, alchemistisches Schrifttum, psychologische und theologische Mystik usw. Entspechend der tiefenpsychologischen Theorie sind all diese Gestaltungen des Unbewussten Botschaften, welche die im Unbewussten gelegene Führungsinstanz – das Selbst – dem Ich über die innere Wahrnehmung zukommen lässt. Abgefasst sind sie in einer Bildersprache, durch welche an sich unanschauliche – vorwiegend psychische Sachverhalte – veranschaulicht werden. Da diese Bildersprache dem Ich auf der heutigen Ebene der Bewusstseins-Evolution nicht mehr unmittelbar verständlich ist, müssen die Gestaltungen des Unbewussten *gedeutet* – in die mit Begriffen angereicherte Wortsprache übersetzt – werden. Bei der hermeneutischen Arbeit der *wissenschaftlichen* Tiefenpsychologie geht es vor allem um die Deutung *archetypischer* Bilder und Geschehensmotive: der ›archaischen Elemente‹. Die Ergebnisse dieses Forschens finden dann Anwendung in der tiefenpsychologischen *Praxis,* ist doch die Arbeit des Analytikers zur Hauptsache eine hermeneutische. Vorgegangen wird bei der Erforschung des Bedeutungsgehalts, wie gezeigt, im Sinn der vergleichenden Sprachforschung. So betrachtet ergab sich, dass die Botschaften des Selbst – mit Blick auf den Inhalt – eingeteilt werden können in korrigierende, zielgebende, sinnstiftende und erhellende bzw. erleuchtende.

Voraussetzung tiefenpsychologischer hermeneutischer Arbeit ist das Wissen um die spezielle *Struktur der Bildersprache des Unbewussten.* Diese Betrachtungsweise kann man als *Linguistik* bezeichnen. Um seine Botschaften zu kodieren, verwendet das Selbst zwar zur Hauptsache Bilder, die uns von der täglichen Erfahrung her bekannt sind: für das Bewusstsein z. B. ein Haus oder eine Wohnung, für das Unbewusste z. B. einen See oder das Meer. In vielen Fällen wirkt das Selbst aber im eigentlichen Sinn des Wortes bild*schöpferisch.* So schafft es z. B. zur Veranschaulichung der desintegrierenden – zu Grenzüberschreitung im Erkennen wie im Tun drängenden – Tendenzen der Psyche Dämonengestalten: Figuren, die zwar aus bekannten Bild*elementen* zusammengesetzt sind, die aber so in der Außenwelt nicht vorkommen. Betrachten wir bildliche Darstellungen des christlichen Dämons – des Teufels – sehen wir einen menschlichen Körper, Hufe oder Krallen, Hörner sowie einen Kuh- oder Drachenschwanz. Aus all diesen in der Umwelt wahrnehmbaren Elementen *komponiert* die sprachschöpferische Instanz des Unbewussten eine Gestalt, die nirgendwo sinnlich wahrnehmbar ist.

Analog geht sie bei der Darstellung von psychischen Geschehensabläufen und Gesetzmäßigkeiten vor. Während z. B. das Auftauchen einer neuen Einstellung im Verlauf einer alltäglichen Entwicklung oft durch die Figur eines *natürlich* gezeugten Kindes veranschaulicht wird, verwendet das Unbewusste dann, wenn das Neue ganz besondere Bedeutung hat – sogar für eine ganze Zeitepoche – die paradoxe Sprachfigur der *übernatürlichen* Zeugung: das Mythologem, dass ein Gott eine menschliche Jungfrau schwängert, und diese dann ein göttliches Kind gebiert. Anderseits wird durch das Mythologem von Leiden, Tod und Auferstehung eines Gottes die psychische Gesetzmäßigkeit veranschaulicht, dass eine grundlegend neue Einstellung erst dann integriert werden kann, wenn man an der alten, überholten gelitten und diese daraufhin ganz abgelegt hat.

Im Unterschied zum hermeneutischen Forschungszweig der Tiefenpsychologie bemüht sich *der theoretische Zweig,* Modellvorstellungen über Struktur und

Funktion der Psyche – der normalen wie der gestörten – zu erarbeiten. Da die Tiefenpsychologie aus dem Bemühen um Verständnis und Behandlung von Neurosen hervorgegangen war, nahmen von Anfang an Überlegungen über deren Pathologie, Pathogenese und Behandlung einen breiten Raum ein. Dabei entstand eine Vielzahl von Neurosetheorien und therapeutischen Methoden. Letzteres führte zur Ausbildung verschiedener Schulen, von denen jede ein bestimmtes Segment auf dem breiten Spektrum psychischer Störungen abdeckte.

2.6 Tiefenpsychologische Theorie der normalen Psyche

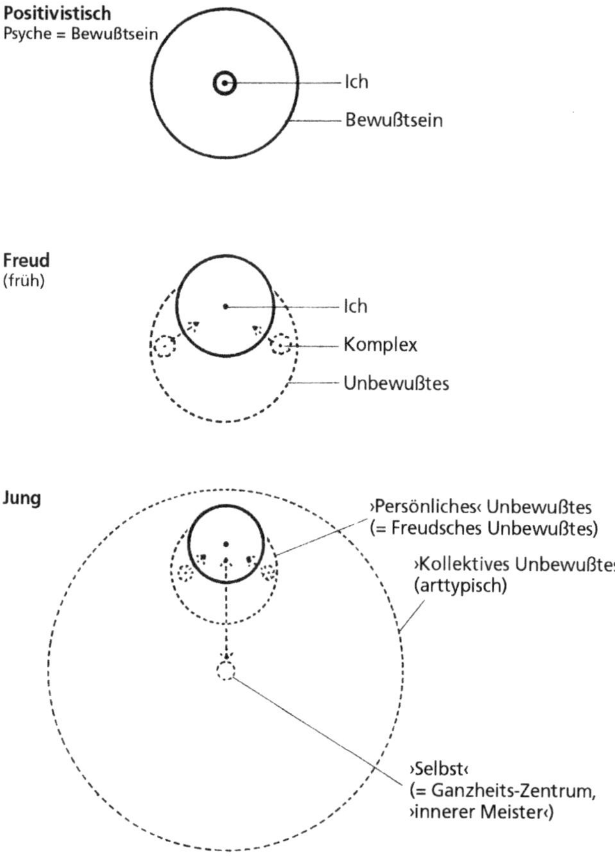

Abbildung 6: Modellvorstellungen der Psyche.

Überlegungen zur Struktur und Funktion der *normalen* Psyche kamen erst in zweiter Linie, spielten sich mehr im Hintergrund ab und erlangten bei weiten nicht den gleichen Bekanntheitsgrad wie Neurosetheorien und Therapie. Indessen war es gerade die neue Modellvorstellung der Psyche, welche Konsequenzen für das Menschenbild – sogar für das Weltbild – hatte. *Diesem Modell allein soll im folgenden unsere Aufmerksamkeit gelten.* Zustande gekommen ist die heute noch gültige, unterdessen von vielen positivistischen Disziplinen bestätigte Modellvorstellung schon in den ersten beiden Jahrzehnten der Tiefenpsychologie, also zwischen 1900 und 1920. Blicken wir auf deren Genese zurück, können wie *zwei Etappen* unterscheiden, deren erste mit dem Namen Freud, deren zweite mit dem Namen Jung verbunden ist.

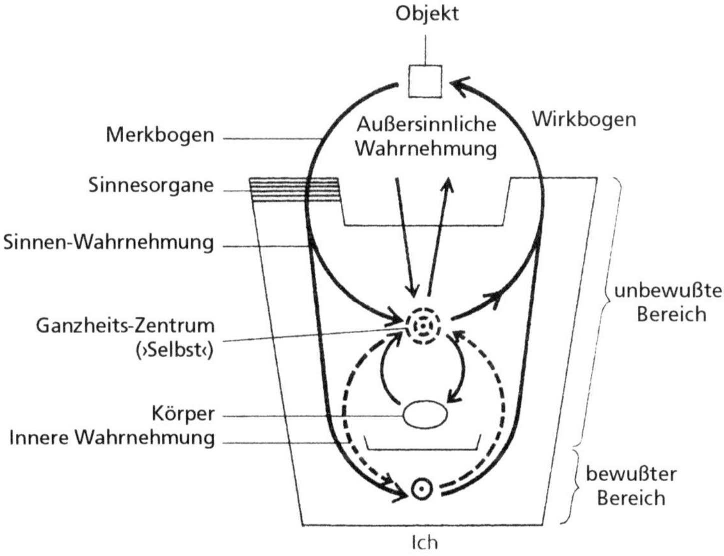

Abbildung 7: Informationsfluss innerhalb der Psyche sowie zwischen Psyche und Aussenwelt.

Freud fasste das Unbewusste noch als etwas auf, das im Verlauf des individuellen Lebens – bei der *Ontogenese* – durch Verdrängen und Vergessen zustandekommt und das infolgedessen auf das Bewusstsein störend wirkt. Jung, der schon der nächsten Forschergeneration angehörte, hat zwar das Modell von Freud bestätigt, doch hat er es beträchtlich erweitert und differenziert.

Die weiterführende Entdeckung Jungs, aus der sich alles Weitere ergab, war der Nachweis, dass das Unbewusste schon bei der Geburt vorhanden – also das Ergebnis der *Phylogenese* – ist. Alles in allem fasste er die Psyche als unbewusst-bewusstes, spontanaktives, selbstregulierendes kognitives System auf. Um die beiden Modelle begrifflich zu unterscheiden, bezeichnete er – da ihm die heutige Terminologie noch nicht zu Verfügung stand – dasjenige von Freud als *persönliches*, das von ihm erarbeitete, artspezifische als *kollektives*. In seinen verschiedenen Aspekten werde ich es erst weiter unten umschreiben. Hier sei nur vermerkt, dass Freuds Modell der normalen Psyche sich zu dem von Jung – mutatis mutandis – so verhält wie die Gravitationstheorie Newtons zu derjenigen von Einstein. Die beiden Modelle sind als *Ausdruck zweier Etappen der Wissenschaftsgeschichte* der Tiefenpsychologie zu sehen. Freud hat zwar dasjenige von Jung nicht mehr zu akzeptieren vermocht, doch übernahm er später einiges daraus. So hat er z. B. 1923 – auf Drängen seines Schülers Georg Groddek – noch den Begriff des Es (als schwaches Analogon zu Jungs Selbst) eingeführt.

2.7 Ein neuer Typus empirischer Wissenschaft

Mit der Tiefenpsychologie ist nicht einfach ein neuer Ast aus dem Baum der empirischen Wissenschaften hervorgewachsen. Mit ihr entstand ein neuer *Typus* empirischer Wissenschaft. Dies kann man deshalb sagen, weil sie sich *auf einen breiteren Empiriebegriff stützt* als die positivistischen Disziplinen: auf den durch Freud um die innere Wahrnehmung *erweiterten.* Indem die Tiefenpsychologie ihren Blick auf die Wechselwirkung zwischen dem Bewusstsein und dem Unbewussten richtet, schaut sie gerade auf jene Inhalte, die dem Ich über den *inneren* – bei methodischem Positivismus ausgeschlossenen – Wahrnehmungsstrom zufließen.

Vergleichen wir die Tiefenpsychologie mit den *positivistischen Wissenschaften*, finden wir am ehesten Ähnlichkeit mit der Medizin, aus der sie ja hervorgegangen ist, doch unterscheidet sie sich von ihr in einem wesentlichen Punkt. *Gemeinsam* hat sie mit der Medizin, dass sie vom Bemühen um die Heilung krankhafter Zustände ausgeht. So hat sie denn – als Wissenschaft – die gleiche innere Struktur. Wie die Medizin erhebt sie ihre Beobachtungen am Kranken und ist bestrebt, vom kranken wie vom gesunden Zustand empirisch fundierte Theorien zu erarbeiten.

Dem, was in der Tiefenpsychologie die Neurosetheorien sind, entspricht in der Medizin die Pathologie; den Modellvorstellungen über die normale Psyche entsprechen Anatomie, Physiologie und Zellbiologie. Abgesehen vom unterschiedlichen Gegenstand *unterscheidet* sich indessen die Tiefenpsychologie von der Medizin (einschließlich der Psychiatrie) durch ihren *hermeneutischen* Forschungszweig. Die Medizin arbeitet eben – wie alle traditionellen empirischen Wissenschaften – nach dem Ethos des methodischen Positivismus und hat aufgrund dieser erkenntnistheoretischen Voraussetzung keinen Zugang zu den Gestaltungen des Unbewussten.

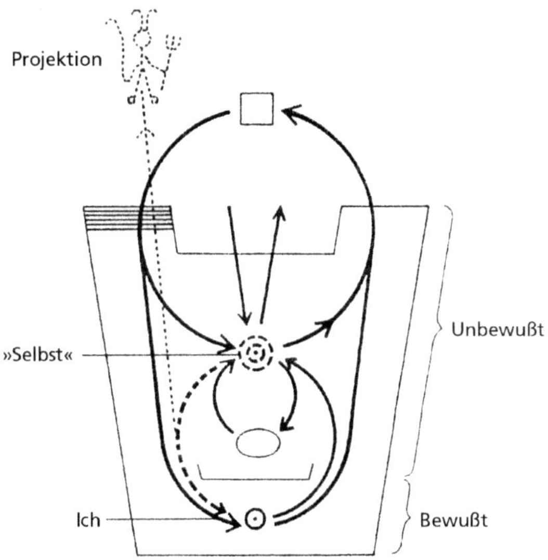

Abbildung 8: Die Projektion

Bezüglich Hermeneutik trifft sich die Tiefenpsychologie hingegen mit der *Theologie*, die ja ihrem Wesen nach eine hermeneutische Wissenschaft ist. Allerdings fasst die Theologie ihr Forschungsobjekt – den im Credo knapp zusammengefassten christlichen Mythos – noch *konkretistisch* (nicht bildsprachlich) auf. Das kommt daher, dass sie aus der *archaischen Weltsicht* hervorgegangen ist. Diese hatte sich in den frühen Stadien der Bewusstseinsevolution entwickelt aufgrund des *spontanen* Eindrucks, den Visionen – die Quelle des Glaubensguts aller Religionen – (auch heute noch) erwecken. Der Visionär ist nämlich – aufgrund der Projektion (Abb. 8) – überzeugt, das, was er geschaut hat, habe sich *außen* abgespielt: Er habe reale (konkrete) Personen gesehen und ein reales Geschehen wahrgenommen. Daraus entstand – zu einer Zeit, als man den Projektionsvorgang noch nicht durchschauen konnte – die Vorstellung, es gebe neben ›dieser‹ Welt noch eine ›andere‹, die von normalerweise unsichtbaren Wesen bewohnt sei: von übermächtigen Wesen, die auf das ›Diesseits‹ einwirken und sich dem Menschen mitteilen können.

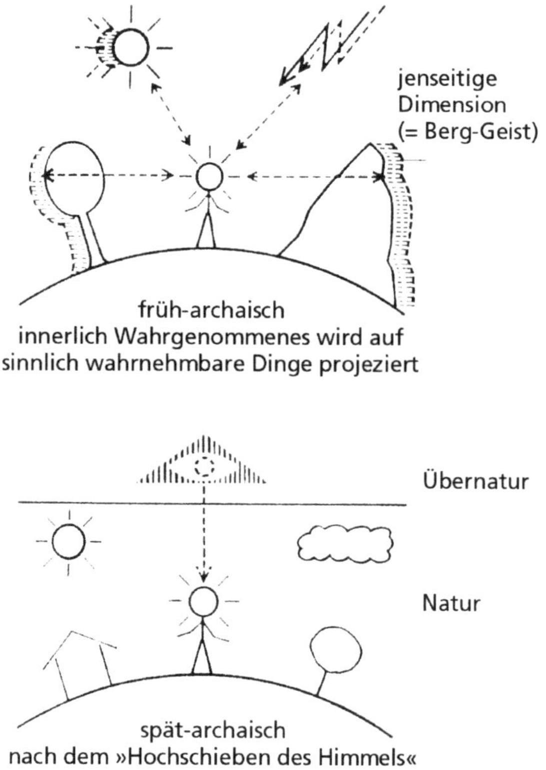

Abbildung 9: Archaisches Selbst- und Weltverständnis

Solche Selbstmitteilungen jenseitiger Wesen werden im theologischen Sprachgebrauch als *Offenbarung* bezeichnet. Dieser (archaische) Offenbarungsbegriff ist das erkenntnistheoretische Fundament aller Theologien. Das charakteristische Merkmal von ›übernatürlich‹ Offenbartem sieht die Fundamentaltheologie darin, dass dieses eine ›ungeschuldete Mitteilung Gottes‹ sei: etwas, das der Mensch mit seinem ›natürlichen Verstand‹ nicht hätte erkennen können. Geht man von dieser Umschreibung aus, kann man sagen, auch die Tiefenpsychologie habe als erkenntnistheoretisches Fundament den Begriff ›Offenbarung‹. Allerdings glaubt man hier nicht mehr, das Offenbarte komme vom Himmel herab, sondern aus dem dem Bewusstsein nicht direkt zugänglichen Bereich der Psyche. Es ist gerade dieser Wandel der

Vorstellung vom Offenbarunggsvorgang, der den Kern der Mutation des Bewusstseins ausmacht: jenes kategorialen Wandels der Weltsicht, der während der Neuzeit stattgefunden hat und gegenwärtig seinen Abschluss findet. Die Entdeckung des *Projektionsvorgangs* – eine der grundlegenden Entdeckungen der Tiefenpsychologie – bewirkte nämlich einen Wandel der Apperzeption (Auffassung) des innerlich Wahrgenommenen: gleichsam eine Drehung dieser Apperzeption um 180 Grad (wobei man sich das Ich als Drehpunkt vorzustellen hat). Dies führte zur Überwindung der archaischen Weltsicht: zu dem, was ich als Hereinklappen der ›jenseitigen Welt‹ in die Psyche des Menschen bezeichne.

Noch in einem andern Punkt hat die Tiefenpsychologie Ähnlichkeit mit der Theologie. Wie jene kann sie nämlich als *existenzielle Wissenschaft* bezeichnet werden. Um zu verstehen, was damit gemeint ist, muss die Unterscheidung zwischen objektivierender und existenzieller Einstellung beachtet werden: zweier Einstellungen, die jeder Mensch alternierend einnehmen muss, und die zueinander in einem komplementären Verhältnis stehen. Bei *objektivierender* Einstellung geht es darum, zu erkennen, wie die objektive Wirklichkeit strukturiert ist und funktioniert. Aus dieser Einstellung gingen alle Wissenschaften hervor. Ihr Ziel ist der *Gewinn wahrer Aussagen* über Sachverhalte. Bei *existenzieller* Einstellung hingegen geht es darum, *das Richtige zu tun.* Bei archaischer Weltsicht bedeutete richtiges Tun, ›unter den Augen Gottes zu wandeln‹. Aus *professionellem* Bemühen um das richtige Tun entstanden einst die Schulen der Spiritualität. Auf der Ebene der Hochreligionen waren dies die christlichen Orden, die Sufik, die Yogaschulen, der Urbuddhismus sowie der ›philosophische‹ Taoismus. In all diesen Schulen ging es darum, die Seele darauf vorzubereiten, dass sie in schwierigen Entscheidungssituationen Offenbarung ad hoc erhalte und die Kraft bekomme, die dabei empfangenen Weisungen in gelebtes Leben umzusetzen.

Mit dem Aufkommen der empirischen Wissenschaft vom positivistischen Typ wurde dann im Abendland die spirituelle Schulung ins kirchliche Abseits gedrängt. Allerdings ging auch in den Kirchen – wegen der zunehmenden Erosion des Christentums – das vor dem Hintergrund der archaischen Weltsicht erarbeitete Know-how spiritueller Schulung fast ganz verloren. Was man bei archaischer Weltsicht einst in den geistlichen Orden anstrebte, strebt man indessen heute – vor dem Hintergrund der *neuen* Weltsicht – in der *Psychagogik* bzw. beim Begehen des Individuationswegs an: auf jenem ›Feld‹, auf dem die Tiefenpsychologie einen großen Teil ihrer Beobachtungen und Erfahrungen gewinnt. In diesem Sinn kann die Tiefenpsychologie – im Unterschied zu allen anderen empirischen Wissenschaften – als *existenzielle* Wissenschaft bezeichnet werden.

2.8 Das Schicksal der tiefenpsychologischen Theorie der normalen Psyche

Der Schritt von der Bewusstseins- zur Tiefenpsychologie war ein Paradigmawechsel in dem Sinn, wie Thomas S. Kuhn diesen Begriff eingeführt hat. Nun setzen sich Paradigmenwechsel in der Regel in einer Disziplin innerhalb einer Generation durch und werden dann auch vom allgemeinen Bewusstsein rezipiert. Beim Schritt zur Tiefenpsychologie war dies offensichtlich nicht der Fall. Seit der Entdeckung des arteigenen, phylogenetisch erworbenen Unbewussten fährt nämlich die empirische Psychologie auf zwei Geleisen: auf dem der akademischen und dem der Tiefenpsychologie. Ein Grund dafür liegt darin, dass die Bewusstseinspsychologie aus der Physiologie hervorgegangen ist, die Tiefenpsychologie hingegen aus der Medizin. Da sich aber die Bewusstseinspsychologie unterdessen an der philosophischen Fakultät angesiedelt hatte, nahm man dort – wegen der Abschottung der Fakultäten – lange Zeit kaum wahr, was im medizinischen Bereich wirklich geschah.

Allerdings wurde auch in der Medizin – in deren ›psychischer‹ Disziplin, der Psychiatrie – das grundlegend Neue, das die Entdeckung des Unbewussten brachte, nicht erkannt. Der tiefere Grund dafür liegt wohl darin, dass durch die Entdeckung des Unbewussten *ein neues Menschenbild* zustande gekommen ist: eines, das sich von dem der Aufklärung, welches der Psychiatrie – wie auch akademischen Psychologie – zugrunde liegt, kategorial unterscheidet. Nun handelt es sich bei der Rezeption eines Evolutionsschritts des Bewusstseins nicht einfach um Informationsaufnahme, sondern um *Bewusstwerdung*. Eine solche hat aber ihre eigene Gesetzmäßigkeit. Vor allem stellen sich in der Regel, wie jeder Analytiker weiß, erst einmal (unbewusste) Widerstände ein.

Ein weiterer Grund: Wie gezeigt, hat sich die Modellvorstellung der unbewusst-bewussten Psyche über zwei Etappen entwickelt und erst in der zweiten – durch die Arbeiten von C. G. Jung – volle Gestalt gewonnen. Nun hat aber Jung sein Modell nie systematisch – mit all seinen Facetten – dargestellt. Nachdem er es gefunden hatte, widmete er sich nämlich fast ausschließlich der Erforschung der Sprache des Unbewussten, deren Code er ja – durch die Entschlüsselung der ›archaischen Elemente‹ – ebenfalls erschlossen hatte. Diese Verlagerung des Interesses ergab sich zum Teil daraus, dass ihn die aus dem Unbewussten kommende Bilderwelt faszinierte. Er beschritt diesen Weg aber auch deshalb, weil er nur durch Erschließung des Bedeutungsgehalts der Gestaltungen des Unbewussten die *Vielgestaltigkeit* jener von ihm entdeckten Determinanten des Weltverstehens und der Lebensgestaltung, die er Archetypen nannte, nachweisen konnte. *Theoretische* Ausführungen über die verschiedenen Facetten seiner Modellvorstellung der Psyche sind über sein ganzes – vorwiegend hermeneutisches – Werk *verstreut*. Dies hatte zur Folge, dass nur wenige dazu kamen, die Grundzüge seines Modells zu erfassen. Bekannt wurde fast nur das Modell von Freud.

Indessen erlitt die tiefenpsychologische Theorie in den Jahrzehnten nach ihrem Zustandekommen in der psychotherapeutischen Bewegung und in der Wissenschaft ein unterschiedliches Schicksal.

2.8.1 In der psychotherapeutischen Bewegung

In der psychotherapeutischen Bewegung, welche die Pioniere der Tiefenpsychologie initiiert hatten, verschwand der Begriff des Unbewussten mehr und mehr aus dem Blickfeld. Bei Alfred Adler, dem dritten großen Pionier der Tiefenpsychologie, hatte er überhaupt nie große Bedeutung gehabt. In Freuds Theorie fehlte, wie gesagt, die Vorstellung von der Artspezifität des Unbewussten. Dazu kam, dass jene Schüler Freuds, die versuchten, die Lehre ihres Meisters weiterzuentwickeln, sich vor allem mit der Theorie der Neurosen, kaum aber mit der der normalen Psyche befassten.

Mit der vom Amerikaner Carl Rogers initiierten *Gesprächstherapie* wurde dann die sogenannte *zweite Revolution in der Psychotherapie* eingeleitet. Diese ›Revolution‹, die dem damals erst richtig entfalteten positivistischen Zeitgeist entsprach, führte wieder zurück in die seinerzeit durch die Entdeckung des Unbewussten überholte Bewusstseinspsychologie. Noch weiter ging die Regression in den Positivismus, als in den fünfziger Jahren die Gesprächstherapie zur *Verhaltenstherapie* absank. Diese stand auf dem Boden des Behaviorismus, welcher die These vertrat, alles Wissen und jede Verhaltensweise seien erlernt. Sie entstünden auf dem Weg über ›Versuch und Irrtum‹. So wurden denn neurotische Symptome als Ausdruck falscher und schädlicher *Gewohnheiten* verstanden, die durch bloße Umgewöhnung beseitigt werden können. Der lebensgeschichtliche Hintergrund, die einmalige persönliche Entwicklungsgeschichte und die ganze Theorie vom Unbewussten interessierten dabei nicht mehr.

In den sechziger Jahren – dem Jahrzehnt der ›Jugendrevolten‹ – ereignete sich die *dritte ›Revolution‹* der Psychotherapie. Dabei richtete sich der Protest gegen das sogenannte medizinische Modell: gegen jene kausalanalytische Denkweise, bei der man – ebenso wie in der Medizin – nach krankmachenden Ursachen suchte und sich bemühte, diese zu eliminieren. Statt dessen postulierte man nun *Persönlichkeitsentfaltung*: das, was man heute – im Unterschied zur Psycho*therapie* – als Psych*agogik* bezeichnet.

Nun hatte schon C. G. Jung – als Komplement zur kausalanalytischen – die final-synthetische Betrachtungsweise eingeführt. Er fasste gewisse Neurosen – vor allem die der Lebensmitte – als Selbstheilungsversuche der Psyche auf und versuchte herauszufinden, inwiefern sich in ihnen eine ›Absicht‹ des Unbewussten ausdrückt, die bewusste Einstellung zu korrigieren. So mündete denn bei ihm die Therapie oft in Psychagogik: in die Begleitung von Individuationsprozessen. Als die ›dritte psychotherapeutische Revolution‹ ausbrach, war jedoch die *empirisch* fundierte tiefenpsychologische Theorie entweder noch zu wenig bekannt oder von den mit lautem Getöse daherkommenden Schulen dermaßen überdeckt worden, dass die ›Revolutionäre‹ den Boden der Empirie verließen und ihre Psychagogik auf *Philosophie* abstützten, später sogar auf mythische Vorstellungen.

Die Vertreter der *philosophisch* orientierten Richtung, die sich *Humanistische Psychologen* nannten, lehnten sich zum Teil an *Husserl*, mehr aber noch an *Heidegger* an: an Philosophen, die bei ihren Spekulationen noch vom *positivistischen* Menschenbild ausgingen. Dies hatte u.a. zur Folge, dass ausgerechnet in Zürich, der einstigen Wirkungsstätte Jungs, sich der Psychiater und Daseinsanalytiker Medard Boss als ausgesprochener Gegner der Tiefenpsychologie profilierte. Den Ideen seines Mentors Heidegger völlig verfallen, polemisierte er gegen Freuds und Jungs ›Gerede vom Unbewussten‹ mit der Begründung, diesem fehle die philosophische (!) Stringenz.

Die Regression in *mythische* Theorien fand in den USA statt im Rahmen der New-Age-Bewegung: einem ›Kind‹ der Jugendrevolte der sechziger Jahre. Während letztere in Europa in neomarxistische Ideologie ausartete, mündete sie in den USA in den Ruf nach einem neuen Menschsein. Das daraus resultierende Suchen nach neuen, durch den Positivismus verschütteten Bereichen der Erfahrung führte u.a. zur Nachfrage nach Psychotechniken, welche das *Herbeiführen außergewöhnlicher Bewusstseinszustände* ermöglichen. Gefunden wurden solche bei Indianern sowie in fernöstlichen Kulturen. Von den dortigen Meistern erlernten die Adepten jedoch nicht nur Ekstase fördernde Techniken, sondern übernahmen unkritisch auch deren *mythische* Theorien über die Bewusstseinszustände, in die man in der Ekstase gelangt. Am einflussreichsten war dabei der hinduistische Inana-Yoga, welchem die *gnostische Vorstellung der Kosmogonie* zugrunde liegt. Nach dieser war die Welt dadurch zustande gekommen, dass aus einer unpersönlichen ›göttlichen Fülle‹ (Pleroma) etwas hinabfloss, dass dabei immer niedrigere Sphären entstanden sowie immer niedrigere Kategorien geistiger Wesen, zuletzt der mit Materie behaftete Mensch. Nach jener Vorstellung der Kosmogonie trägt jedoch der Mensch in sich noch etwas von der göttlichen Geist-Substanz, welche er durch Ekstasetechniken gleichsam aufheizen kann. Dadurch – glauben Gnostiker – nähere er sich der Lichtwelt des göttlichen Pleroma wieder an und erlange dabei ›kosmisches Bewusstsein‹ (Gnosis). Aus der Vermengung gnostischer Vorstellungen mit Ergebnissen der

Teilchenphysik ging dann in den USA die Anspruch auf Wissenschaftlichkeit erhebende *Transpersonale Psychologie* hervor, ebenso jener Strauß mythischer Praktiken und Lehren, welcher als *New-Age-Bewegung* in den Sprachschatz einging, dann nach Europa hinüberschwappte und sich heute – nach Assimilation von mythischem Material aus Naturreligionen – *Esoterik* nennt.

In der Schule von C. G. Jung wurde während all der Jahrzehnte vor allem der hermeneutische Zweig der Tiefenpsychologie gepflegt, der theoretische hingegen vernachlässigt. Zwar wurde die Theorie häufig – in der Einleitung zu den hermeneutischen Arbeiten – skizziert, doch geschah dies nach theologischer Manier: durch Anhäufung von Jung-Zitaten. Dabei entschwanden die Beobachtungen, aus denen Jung sein Modell erarbeitet hatte, mehr und mehr aus dem Blickfeld. In das so entstandene Vakuum strömten dann zum Teil recht wilde Spekulationen; gelegentlich erfolgte sogar eine Regression in gnostisch-mythische Vorstellungen.

2.8.2 In der Wissenschaft

Ein ganz anderes Schicksal war der tiefenpsychologischen Theorie in der Wissenschaft beschieden. Während sie die psychotherapeutische Bewegung anfänglich zu einem eigentlichen Höhenflug emportrug, hing sie in der wissenschaftlichen Welt vorerst völlig in der Luft. Sie *konnte* dort – soweit überhaupt bekannt – nicht integriert werden wegen des damals noch dominierenden Materialismus, insbesondere der deterministisch-mechanistischen Auffassung des Lebendigen. Indessen setzte, wie erwähnt, in den Naturwissenschaften schon zu der Zeit, als das Unbewusste entdeckt wurde, *subliminal* eine Entwicklung ein, welche schließlich zu einer völlig neuen Sicht der Natur führte: einer Sicht, bei der sich nun das tiefenpsychologische Modell nahtlos in das unterdessen gewonnene Wissen über Lebewesen einfügt.

Begonnen hat es mit der *Modifikation der Auffassung von Kausalität*. In einem ersten Schritt wurde – mit dem Zustandekommen der Quantentheorie – die *monokausale* Auffassung der Naturprozesse, aus der der Determinismus hervorgegangen war, abgelöst von der *statistischen*. Als sich nach dem zweiten Weltkrieg die Kybernetik entfaltete, wurde noch die *lineare* Auffassung des Ursache-Wirkung-Geschehens durch die *kreisförmige* abgelöst: durch das Bild des rückgekoppelten Regelkreises, bei dem die Wirkimpulse fortlaufend korrigiert und damit die Ausgangsbedingungen verändert werden. Dazu kam die Einsicht, dass in der Natur sozusagen jedes mit jedem – wiederum über Regelkreise – *vernetzt* ist.

Noch einmal modifiziert wurde das Kausalitätsdenken durch die Chaosforschung bzw. die Erkenntnis der Folgen der Nichtlinearität der Naturgesetze.

Dabei drängte sich die Einsicht auf, dass es bei den meisten Naturvorgängen gar nicht möglich ist, die Gesamtheit der Randbedingungen – im traditionellen Sprachgebrauch die Ursachen – zu erfassen. Jedenfalls war durch diese Entwicklung *der Determinismus überwunden*, und Begriffe wie Variationsbreite, Bifurkation und Zufall hatten nun bei der Naturbeschreibung ihren legitimen Platz.

Die andere Komponente der deterministisch- mechanistischen Naturauffassung – das *mechanistische* Verständnis des Lebendigen – wurde überwunden durch das Aufkommen des Begriffs ›*System*‹.

Begonnen hatte dies schon mit der sog. Holismusdebatte im Rahmen der Quantentheorie: mit der Erkenntnis, dass Atome nur als *Ganzheiten*, die mehr sind als die Summe ihrer Teile, verstanden werden können. Als dann das Zeitalter der Biologie dasjenige der Mikrophysik ablöste, setzte sich der Begriff ›System‹ als Schlüsselbegriff der Naturbeschreibung durch: die Vorstellung eines dynamischen Ganzen, das sich selber reguliert und das die Fähigkeit hat, sich unter Aufrechterhaltung der Ganzheit zu transformieren, wobei auch die Transformation sich mittels Selbstregulation vollzieht. Evolutionsmäßig höhere Systeme erwiesen sich sogar als lernfähig: als fähig, ihre immanenten Sollwerte aufgrund gemachter Erfahrung zu verändern. Für all das passte das Bild des mechanischen Uhrwerks nicht mehr. Die mechanistische Naturauffassung wurde von der *systemischen* abgelöst. Da nun die Funktion von Systemen nur dann voll erfasst werden kann, wenn man diese – als Komplement zum kausalen – auch unter dem *finalen Aspekt* ins Auge fasst, erhielt sogar der bis dahin verpönte Begriff ›Finalität‹ seinen legitimen Platz im naturwissenschaftlichen Sprachgebrauch.

Trotz dieses Wandels der Natur*auffassung* vollzog sich jedoch noch die gesamte Natur*forschung* – auch die des Lebendigen – unter dem (seinem Wesen nach materialistischen) *Energie-Paradigma.* Dieses war – fast gleichzeitig mit der Entdeckung des Unbewussten – zustande gekommen.

Bis zum Ende des 19. Jh. hatten Naturwissenschaftler – in einem mühsamen Prozess – *zwei Oberbegriffe* erarbeitet, die scheinbar alle beobachtbaren Phänomene überdachten: ›Energie‹ und ›Masse‹. Der Begriff ›Energie‹ war abstrahiert aus der Menge der bekannten ›Kräfte‹ (der mechanischen, elektrischen, magnetischen, thermischen usw), der Begriff ›Masse‹ hingegen war abstrahiert aus dem Verhalten der materiellen Gebilde: als der bei all diesen zu beobachtende Widerstand gegen Verschiebung und Beschleunigung. Dabei stellte man sich vor, die beiden Oberbegriffe stünden wie zwei gewaltige Kuppeln – ohne jede Verbindung – *nebeneinander.*

Dann aber zeigte Albert Einstein, dass jene Eigenschaft, die wir Masse nennen, sich daraus ergibt, dass *Energie* ungeheuer *verdichtet und auf dauerhafte*

Weise – wie man heute weiß, in Baryonen und Leptonen – ›*eingeschlossen*‹ ist: dass Materie aus Energie ›besteht‹. Auch postulierte Einstein, dass Masse in freie Energie übergeführt werden kann, ebenso freie Energie in Masse. Er gab sogar den (jedes Begreifen übersteigenden) Umrechnungsfaktor für die aus den beiden Oberbegriffen erarbeiteten Maßeinheiten an: das Quadrat der Lichtgeschwindigkeit. Seither kann der Begriff ›*Energie*‹ als *neuer, erweiterter Oberbegriff* genommen werden: als Begriff, der die *gesamte* mit naturwissenschaftlicher Methodik fassbare raumzeitliche Wirklichkeit überdacht. In diesem Fall ist nur noch zwischen *freier* Energie und (als Elementarteilchen) *kondensierter* Energie zu unterscheiden. Diese Sicht ist das, was ich als *Energieparadigma* bezeichne. Nach dessen Zustandekommen war man überzeugt, alle Naturvorgänge – auch der Lebensprozess – können auf den Begriff ›Energie‹ zurückgeführt (reduziert) werden. Dieser sog. *ontologische* Reduktionismus implizierte, wie schon gesagt, auch die Überzeugung, selbst der menschliche Geist lasse sich mit der Zeit auf die Gesetze der Physik zurückführen. Mit dem Schlagwort ›Selbstorganisation der Materie‹ glaubte man sogar die gesamte Evolution thermodynamisch – im Sinn des Energieparadigmas – erklären zu können.

Mehr und mehr empfanden jedoch gerade Spitzenvertreter der Naturwissenschaft ein Unbehagen in dieser materialistischen Sicht der Natur. Erwähnt seien hier nur die Physiker Wolfgang Pauli, Pascual Jordan, Werner Heisenberg und – später – Carl Friedrich von Weizsäcker. Pauli, der sich besonders hartnäckig mit dem Holismusproblem der Quantenphysik herumschlug, postulierte zur Erklärung ganzheitlicher Anordnungen ein *akausales* Prinzip, d. h. etwas Wirkendes, das mit dem Energiebegriff der Physik *nicht* erfasst wird. Weizsäcker wies vor allem darauf hin, dass der Begriff ›Information‹ den naturwissenschaftlich begründeten Materialismus sprengt.

Immer mehr wache Geister wurden sich bewusst, dass unterschwellig ein kategorialer *Wandel des Selbst -und Weltverständnisses* vor sich ging. Man wurde sich aber auch bewusst, dass das Neue, zu dem dieser Wandel führt, nicht durch philosophische Spekulation im traditionellen Sinn erfasst werden kann, sondern nur dadurch, dass man sich überlegt, welch neue Sicht der Dinge sich *aus den empirisch erarbeiteten Entdeckungen* ergibt. Auch drängte sich die Einsicht auf, dass dies nur durch interdisziplinäre – sogar nur durch *transdisziplinäre*, d. h. Natur- *und* Kulturwissenschaften einbeziehende – Arbeit geschehen kann. Beim Bemühen, dies zu tun, musste man aber im Denken erst einmal den naiven Realismus überwinden : den Glauben, wir können die Welt so erkennen, wie sie ›in Wirklichkeit‹ bzw. ›an sich‹ ist. Man musste erst einmal jene *anthropische Wende*, die seinerzeit Immanuel Kant eingeleitet hatte, nachvollziehen. Dies heißt: Man musste sich der Tatsache bewusst werden, dass *zwischen Welt und Weltbild* zu unterscheiden ist, und dass wir uns deshalb zu allererst darüber Klarheit verschaffen müssen, *auf welche Weise wir* – mit Hilfe unseres angeborenen kognitiven Systems – die Welt *erkennen.* Aber auch dies konnte nun nicht mehr durch philosophische Spekulation geklärt werden, hatte sich doch schon seit einiger Zeit eine *empirische* Kognitionsforschung entwickelt. Diese vollzog sich zum einen als Wahrnehmungsforschung im Rahmen der Bewusstseinspsychologie und der Neurophysiologie; zum andern hatte die auf die Evolution blickende Richtung der Ethologie gezeigt, dass das Bewusstsein aus einem im Verlauf von mehr als drei Milliarden Jahren herangewachsenen (im Menschen immer noch vorhandenen) *unbewussten* kognitiven System hervorgegangen ist. Damit hatte die Stunde der Tiefenpsychologie geschlagen, richtet diese doch, wie gezeigt, den Blick auf die Wechselwirkung zwischen Unbewusstem und Bewusstsein.

Als man sich aber beim interdisziplinären Bemühen um die Erarbeitung eines zeitgemäßen, erfahrungswissenschaftlichen Welt- und Menschenbilds bewusst wurde, wie hilfreich hierzu die tiefenpsychologische Modellvorstellung der Psyche ist, sah man sich mit der Tatsache konfrontiert, dass diese – sogar von den Schülern Jungs – während Jahrzehnten vernachlässigt worden war. So mussten denn erst einmal die theoretischen Vorstellungen, zu denen die Pioniere einst gekommen waren, aus deren Werk *herausgearbeitet* werden. Zudem musste man sie – vor allem bezüglich Terminologie – *aufarbeiten.* Zusammenfassen kann man das Ergebnis dieser Arbeit wie folgt:

Die menschliche Psyche ist ein unbewusst-bewusstes kognitives System, bei dem der Anteil des Unbewussten den des Bewusstseins bei weitem übersteigt. Das Unbewusste ist artspezifisch, d. h. in seiner Grundstruktur im Genom bzw. in der befruchteten Eizelle kodiert; es ist – ebenso wie die unbewussten kognitiven Systeme aller Lebewesen – zentriert, d. h. zu Informationsverarbeitung und -bewertung fähig. Es besitzt phylogenetisch erworbenes Wissen, das es durch individuelles Lernen modifizieren kann. Die Psyche ist spontanaktiv und funktioniert wie ein selbstregulierendes System, wobei die zentrale Regulationsinstanz – das Selbst – im unbewussten Bereich liegt. Das Ich – die zentrale Instanz des Bewusstseins – erweist sich bei dieser Sicht als Subzentrum. Im Verlauf der Ontogenese geht das Bewusstsein aus dem Unbewussten hervor und entwickelt sich nach einem artspezifischen Programm, das im Unbewussten gespeichert ist, und dessen Umsetzung in Wechselwirkung mit der Umwelt – im Individuationsprozess – Schritt für Schritt vom Selbst angeregt und überwacht wird. Das Selbst lässt dabei dem Ich korrigierende, zielgebende, sinnstiftende und erleuchtende Botschaften zukommen. Diese sind in einer Bildersprache kodiert und erreichen das Ich – je nach Bewusstseinszustand – als Wachphantasien, Einfälle, Träume oder (seltener) Visionen. Gesamthaft werden diese als Gestaltungen des Unbewussten bezeichnet. Das Selbst hat sprachschöpferische Fähigkeiten in einem zweifachen Sinn. Zum einen, indem es von der Sinneserfahrung her bekannte Bilder zu strukturierten Texten anordnet. Zum andern hat es die Fähigkeit, Symbole zu bilden, welche das Ich in ganz besonderer Weise befruchten, jedoch von diesem – bzw. vom kollektiven Bewusstsein – oft erst nach langdauernder Bearbeitung assimiliert werden können. Das Unbewusste enthält aber auch Inhalte, die nicht bewusstseinsfähig sind: die phylogenetisch erworbenen kognitiven und motorischen patterns sowie die Sollwerte und Programme für die physiologischen Prozesse.

2.9 Tiefenpsychologie im Licht heutiger Naturerkenntnis

Standen sich am Beginn des 20. Jh. Tiefenpsychologie und Naturwissenschaften als völlig unvereinbare Gebilde gegenüber, wurde seit den siebziger Jahren immer klarer erkennbar, dass sie nun konvergieren: dass sich die tiefenpsychologische Theorie nahtlos in das unterdessen erworbene Wissen vom Lebendigen – ja sogar von der gesamten Natur – integrieren lässt. Um dies aufzuzeigen war allerdings noch ein terminologisches Problem zu lösen. Jede Disziplin schneidet ja – aufgrund ihrer spezifischen Methodik – gleichsam ein Segment aus der Natur heraus und verwendet zur Benennung ihrer Ergebnisse eine spezifische Terminologie. Das erschwert erfahrungsgemäß die gegenseitige Verständigung. Diese Schwierigkeit kann indessen behoben werden, indem man *nach einem gemeinsamen begrifflichen Nenner* sucht. Mit Blick auf unser Thema, wo es vor allem um die Konvergenz des Wissens über das Lebendige ging, hieß dies, Termini zu finden, mit denen zum einen wesentliche Aspekte des tiefenpsychologischen Modells erfasst werden, die zum andern aber auch Grundbegriffe der Biowissenschaften sind. Als solche haben sich mir bewährt: Artspezifität, Selbstregulation, Kognition, Kommunikation und Spontaneität. Um jeden dieser fünf Begriffe werde ich im folgenden das einschlägige Material aus den beiden Wissenschaftstypen – wenigstens skizzenhaft – so anordnen, dass sich deren heutige Konvergenz erkennen lässt.

2.9.1 Artspezifität

Als Jung die Artspezifität des menschlichen Unbewussten nachwies, bedeutete dies, *dass es auch dort geistige Tätigkeit gibt*: dass im Menschen auch außerhalb des Bewusstseins Informationsverarbeitung und -bewertung stattfindet und Texte komponiert werden. Für Naturwissenschaftler war dies ein Affront, weil sie damals Lebewesen noch materialistisch verstanden. Das

Wesen einer Art (Spezies) galt durch Beschreibung ihrer morphologischen Strukturen und physiologischen Prozesse vollständig erfasst. Auch ging man – wie erwähnt – davon aus, dass diese sich vollständig auf die Gesetze der Physik und Chemie zurückführen (reduzieren) lassen.

Dieses Dogma wurde – um die Mitte des 20. Jh. – von der damals aufkommenden *Ethologie* durchbrochen. Nicht dass man sich dessen damals bewusst geworden wäre. Aber de facto war es so.

Beobachtet haben Pioniere der Ethologie *formkonstante Bewegungsabläufe* wie z. B. das Beuteschlagen des Habichts, das Balzverhalten des Auerhahns und das Begrüßungszeremoniell der Graugans. Aus solchen Bewegungsabläufen, die durch Wahrnehmung ausgelöst werden, wurde der Begiff ›Verhaltensmuster‹ abgeleitet: ein Begriff, der offensichtlich Informationsverarbeitung impliziert. Wohl die wesentlichste, weiterführende Entdeckung war nun, dass Verhaltensmuster ebenso wie die morphologischen Strukturen *vererbt* werden. Anhand des Briefwechsels von Konrad Lorenz mit seinem väterlichen Freund Oskar Heinroth kann verfolgt werden, wie diese bahnbrechende Erkenntnis Gestalt annahm. Ebenso wie seinerzeit C. G.Jung aus dem universellen Vorhandensein formkonstanter Motive in Mythen und Träumen den Schluss zog, es müssen ihnen zentralnervöse Strukturen zugrunde liegen, postulierten auch die Ethologen ein *neuronales Substrat*, welches das Verhalten steuert. Sie schufen dafür allerdings eine andere Terminologie als die Tiefenpsychologen. Die Programme für die Motorik nannten sie Erbkoordinationen, die kognitiven Strukturen, die auf sogenannte Schlüsselreize ansprechen und die Motorik auslösen, bezeichneten sie als angeborene auslösende Mechanismen (AAM).

Den Wirklichkeitsbereich, den die Pioniere der Ethologie der Forschung erschlossen haben, kann man als *Innerlichkeit* bezeichnen. Mit diesem nicht räumlich zu verstehenden Ausdruck wird zu Bewusstsein gebracht, dass eine Blickrichtung eingeführt worden ist, die einen völlig anderen Aspekt der Lebewesen erschließt als die bis dahin allein geübte morphologisch-physiologische Forschung. Innerlichkeit ist ein Oberbegriff, der all das umfasst, was Lebewesen erkennen, wie sie es – aufgrund ihres phylogenetisch erworbenen (angeborenen) Wissens – verarbeiten, welche Handlungsmuster sie entwerfen und umsetzen, welche Instinktmotivationen in ihnen wirken, wie sie gestimmt sind usw.

Spricht man von zentralnervösen Strukturen, die all dem zugrunde liegen, versteht man unter Struktur zwar das, was man in der EDV Software nennt. Aber auch hier gilt der Grundsatz »Keine Software ohne Hardware«. Die Hardware sind in diesem Fall die Neuronenverbände. Diese zu erforschen ist indessen Sache der Neurobiologie, was ja unterdessen in fast unvorstellbarem Ausmaß erfolgt ist. Es scheint mir jedoch angezeigt, darauf hinzuweisen, dass mit der neurobiologischen Methodik ein anderer Aspekt des Lebendigen erschlossen wird als mit der ethologischen: ein Aspekt, der *nicht* unter den Begriff Innerlichkeit fällt.

Gehen wir von der in der Tiefenpsychologie üblichen Terminologie aus, sind die von der Ethologie ans Licht gebrachten kognitiven Prozesse als *unbewusste* zu bezeichnen. Da aber im Denken der Biologen der Unterschied zwischen bewusst und unbewusst keine Rolle spielt, wird dieser Ausdruck dort nicht verwendet. Aber auch wenn man ihn für die ›tierische‹ Kognition verwendet hätte, hätte dies keine Konsequenzen für das damals noch dominierende positivistische *Menschen*bild gehabt.

Dies änderte sich jedoch mit dem Aufkommen der *Humanethologie*. In den sechziger Jahren begann der Ethologe Irenäus Eibl-Eibesfeldt – auf Anregung von Konrad Lorenz – auch das Verhalten des Menschen mit der Methode der Ethologie zu erforschen. Quer durch die Kulturen dokumentierte er auf Film dessen motorische Äußerungen. Dank Verwendung eines Winkelobjektivs konnte er die Menschen so filmen, dass sie sich unbeobachtet fühlten. Die Themen seiner Bestandsaufnahme waren: die Beziehung zwischen Mutter und Kind, die Annäherung der Geschlechter, das Rangordnungsstreben und das Territorialverhalten; ferner das Verhalten bei Objektbesitz und -tausch, das innerartliche Feindverhalten sowie Neugierverhalten und aggressive Exploration. Für alle diese Fälle konnte er sogenannte *Universalien* – Grundmuster menschlichen Sozialverhaltens – nachweisen. Aus deren ubiquitären Vorkommen ergab sich – gleich wie bei den an Tieren beobachteten Mustern – der Schluss, dass diese arteigen oder, wie Ethologen sagen, *phylogenetisch erworben* sind. Das Gesamt dieser Muster bezeichnete Eibl als *Grammatik des Sozialverhaltens.*

Nicht erfasst wurde dabei – wegen der positivistischen Methode der Ethologie – jener Anteil sozialen Verhaltens, der Gegenstand der Sozialethik ist. Für die hier zu erörternde Integration des tiefenpsychologischen Modells in die Biowissenschaften liegt aber gerade darin der Vorteil der Untersuchungen Eibls. Es ist zwar ein wichtiger Ertrag tiefenpsychologischen Forschens, aufgezeigt zu haben, dass ausgereifte ethische Entscheide nicht – wie es dem Menschenbild der Aufklärung entspricht – dem Bewusstsein allein entspringen, sondern dass sie durch Kooperation des Ich mit dem Selbst zustande kommen. Hier aber geht es uns darum aufzuzeigen, dass von einer positivistischen Disziplin die *Grundaussage* der Tiefenpsychologie bestätigt worden ist: die Aussage, dass es auch im unbewussten Bereich der menschlichen Psyche Aktivitäten gibt, die in unserer sprachlichen Tradition als geistige bezeichnet werden. Und gerade das haben die Untersuchungen von Eibl ergeben.

Bestätigt haben dies ferner positivistische Disziplinen, die sich nicht auf eine ›tierische‹ Basis stützen konnten: die Linguistik – genauer gesagt der

Linguist Noam Chomsky – sowie drei Fachrichtungen der akademischen Psychologie: die Kognitive und die Emotionspsychologie sowie die Entwicklungspsychologie.

Nicht nur unter Natur-, sondern auch unter Kulturwissenschaftlern war seinerzeit das tiefenpsychologische Modell auf Widerstand gestoßen wegen der darin enthaltenen Vorstellung unbewusster kognitiver Strukturen. Kulturwissenschaftler hatten nämlich – pauschal gesagt – kulturelle Schöpfungen bis in jüngere Zeit als etwas genommen, das einfach da ist. Zwar galt als selbstverständlich, dass der menschliche Geist sie geschaffen hatte, doch fasste man diesen – entsprechend dem positivistischen Bewusstseins-Paradigma – als etwas auf, das in völliger Freiheit schafft, unabhängig von der ›tierischen‹ Seite der menschlichen Natur. Als die Verhaltensforschung aufkam und sogar den Menschen ins Visier nahm, führte dies in den Kulturwissenschaften zu einer Auseinandersetzung, die als *Nature-Nurture-Streit* (angeboren oder anerzogen?) in die Geschichte eingegangen ist. Bald dominierten die Behavioristen, die, wie gesagt eine extreme Nurture-Position – »alles ist erlernt« – einnahmen, das Feld. Zu Beginn der fünfziger Jahre wurde diese Position jedoch durch die Untersuchungen des Sprachwissenschaftlers *Noam Chomsky* erschüttert. (Dies geschah, bevor Chomsky sich der Politik zuwandte und dort zum enfant terrible wurde). Chomsky begann als strukturalistischer Linguist, doch genügte es ihm bald nicht mehr, Sprachanalyse als Selbstzweck zu betreiben. Ihn interessierte darüber hinaus die Frage, *wie unser sprachliches Wissen im Gehirn repräsentiert und wie es da hineingekommen ist.* Mit dieser fundamentalen Änderung der Blickrichtung leitete Chomsky auch in den Kulturwissenschaften die sogenannte *anthropische Wende* ein: die Wende zum *Menschen* als dem Lebewesen, das Kultur schafft. Er betrachtete Sprache nicht mehr als unabhängig vom Menschen existierendes System von Regularitäten, sondern als *mentale* Größe: als ein im human mind (Menschengeist) verankertes Wissenssystem. In der hochentwickelten Kunst strukturalistischer Sprachanalyse sah er ein Instrumentarium, mit dem sich Einblick in den human mind gewinnen lässt. Hierzu führte er eine grundlegende Unterscheidung in Bezug auf die Sprachfähigkeit des Menschen ein: die Unterscheidung zwischen Performanz und Kompetenz. Unter Performanz versteht er die *Anwendung* sprachlichen Wissens in einer konkreten Situation, unter Kompetenz hingegen jene Fähigkeit, welche V*oraussetzung* sowohl für das Erlernen als auch für die Anwendung von Sprache bildet. Chomskys Interesse galt ausschließlich der Kompetenz. Für das Wissenssystem, das dieser zugrunde liegt, verwendete er den Ausdruck *universelle Grammatik;* dabei verstand er hier unter Grammatik *ein System arttypischer kognitiver Strukturen.* Diese bezeichnete er ausdrücklich als *tacit* knowledge (tacit = stillschweigend) und sagte, es sei ein Typus von Wissen, der *dem Bewusstsein nicht zugänglich* ist; mit anderen Worten: es handle sich um *unbewusstes* Wissen.

Gestützt hat Chomsky sein Konzept eines sprachlichen Unbewussten vor allem auf drei Beobachtungen. Erstens darauf, dass der Mensch in der Lage ist, Sprache auf der Basis einer eingeschränkten Datenmenge zu erlernen: dass der Input, der einem Kind beim Erlernen der Muttersprache gegeben wird, immer unvollständig ist, dass der Mensch aber trotzdem fähig ist, beliebig viele Sätze zu bilden und zu verstehen. Weil sich in diesem Zusammenhang auch erwies, dass der Mensch aus einer beschränkten Menge von Phonemen (Lauten) eine prinzipiell unbeschränkte Menge von Sätzen bilden (generieren) kann, bezeichnete Chomsky seine universelle Grammatik oft auch als *generative* Grammatik. Die zweite Beobachtung war die, dass der normale Sprecher fähig ist, Sätze daraufhin zu *beurteilen*, ob sie in der eigenen Sprache möglich sind oder nicht, und zwar unabhängig davon, ob er Gründe dafür angeben kann. Schließlich wies Chomsky auf die tiefgreifende syntaktische Ähnlichkeit zwischen äußerst verschiedenen natürlichen Sprachen hin und schloss aus deren strukturellen Übereinstimmungen auf die Notwendigkeit eines ihnen allen zugrunde liegenden – somit für die menschliche Art spezifischen – abstrakten Musters. Obwohl sich die Motivation Chomskys für seine Untersuchungen aus dem Nature-Nurture-Streit ergeben haben mag, kann sein Nachweis eines arteigenen sprachlichen Unbewussten auch als Bestätigung des tiefenpsychologischen Modells gesehen werden. Übrigens sei auch hier auf das terminologische Problem hingewiesen, das sich aus den unterschiedlichen methodischen approaches ergab. Wenn Eibl und Chomsky von einer *Grammatik* des Sozialverhaltens bzw. einer generativen Grammatik sprechen, ist leicht erkennbar, dass es sich um die Benennung jenes Sachverhalts handelt, aufgrund dessen Jung zum Ausdruck *Archetyp* (im Sinn von neuronaler Struktur) gekommen ist. So könnte statt von Archetypen heute auch von einer Grammatik des Welterfassens gesprochen werden.

Bestätigt haben das tiefenpsychologische Modell in der Folge, wie erwähnt, noch drei Disziplinen der akademischen Psychologie: die Kognitive, die Emotions- und die Entwicklungspsychologie.

Die *Kognitive Psychologie* nahm in den späten fünfziger Jahren Gestalt an. Ihr Ziel ist es, das Funktionieren der menschlichen Intelligenz und des menschlichen Denkens zu verstehen. Ihre hauptsächlichsten Forschungsgebiete sind: das Lernen und Erinnern von Tatsachen, das Lösen von Problemen, das Ziehen von Schlussfolgerungen und der Umgang mit Sprache. Dabei herrscht der *Informationsverarbeitungs-Ansatz* vor. Die Kognitionspsychologen bemühen sich, an den erwähnten kognitiven Prozessen eine charakteristische Abfolge von Phasen aufzuzeigen: von Phasen, die jeweils einen Schritt in der Verarbeitung von Information widerspiegeln.

Bezüglich des Lernens zeigte sich dabei, dass die ungeheure Fülle sensorischer Information, die uns unsere Sinnesorgane in jedem Augenblick zuführen, *reduziert* wird, und dass bei diesem Reduktionsprozess der sensorische Input sowohl durch *Komponenten des Mustererkennens* als auch durch *höhere Gestaltungsgesetze* strukturiert wird. Charakteristisch für dieses Strukturieren ist zudem, dass die dabei entstehenden räumlichen Vorstellungsbilder und zeitlichen Vorstellungsmuster zu einer *hierarchischen Ordnung* aufgebaut werden. Nach diesen Ordnungsmustern werden sie sowohl gespeichert als auch wieder abgerufen.

Die Untersuchung des Problemlösungsverhaltens ergab, dass – in der Sprache der Kognitiven Psychologie ausgedrückt – der Problemraum *systematisch abgesucht* wird, wobei bestimmte Prinzipien bzw. *Muster den Prozess steuern.* An diesen wenigen Beispielen lässt sich leicht erkennen, dass diese Prozesse nicht bewusst gesteuert werden: dass sie – ebenso wie die komplizierten Verrechnungsprozesse, welche z. B. die visuelle Wahrnehmung eines sich drehenden Gegenstandes erfordert – *unbewusst* verlaufen.

Da die Kognitive Psychologie in ihrem Informationsverarbeitungs-Ansatz ebenfalls eine Methode besitzt, mit der sie unbewusste Vorgänge erschließen kann, kann auch sie als *Tiefen*psychologie bezeichnet werden. Mit ihrem Konzept von nicht bewussten, durch Komponenten des Mustererkennens und Gestaltungsgesetze gesteuerten Verarbeitungsprozessen kommt sie sogar dem sehr nahe, was im tiefenpsychologischen Modell als Selbst bezeichnet wird. Allerdings scheint das Kognitionspsychologen nicht bewusst zu sein, sonst würden sie – bzw. ihr therapierender Zweig, die Klinische Psychologie, – die Tiefenpsychologie nicht dermaßen bekämpfen. Zudem scheint ihre Kenntnis der Tiefenpsychologie aus den erwähnten Gründen (siehe ›Schicksal der tiefenpsychologischen Theorie‹) nur rudimentär zu sein. Wenn indessen die Kognitive Psychologie als Tiefenpsychologie zu bezeichnen ist, muss doch bedacht werden, dass sie sozusagen auf Schmalspur fährt, da sie mit ihrer Methode – dem Informationsverarbeitungs-Ansatz – *nur ein schmales Segment* aus der Fülle geistigen Lebens, Fühlens und Erlebens herausschneidet.

Eine jüngere Schwester der Kognitiven- ist die *Emotionspsychologie.* Sie entstand in den späten sechziger Jahren. Unter Emotion wird all das verstanden, was ein Mensch fühlt und erlebt, und wie er die momentane Situation bewertet. Indessen ist zu bedenken, dass Kognition und Emotion nur begrifflich auseinandergehalten werden: dass wahrscheinlich alle kognitiven Prozesse emotional eingefärbt sind. Für die Frage, inwiefern die Emotionspsychologie das tiefenpsychologische Modell bestätigt hat, ist vor allem zu beachten, was sie über die *Bewertungsprozesse* erarbeitet hat: darüber, wie der Mensch vorgeht bei der Klärung der Frage: »Ist das gut oder nicht gut für mich und wie soll ich darauf reagieren?« Es hat sich nun gezeigt, dass bei einer solchen Bewertung in einer sehr raschen Folge *ein genetisch fixiertes Evaluationsschema* abgecheckt wird. Die einzelnen Schritte sind:

Neuheitsprüfung: Veränderungen der Situation werden *festgestellt.*
Prüfung der Annehmlichkeit: Ist das Ereignis angenehm oder unangenehm? Ist Annäherung oder Vermeidung angezeigt?
Prüfung der Ziel- oder Bedürfniserheblichkeit:
a) Ist es in Hinblick auf Ziele und Bedürfnisse des Organismus wichtig oder nicht?
b) Stimmt es mit dem zur Zeit erwarteten Zustand überein oder nicht?
c) Ist es dem Erreichen des zur Zeit angestrebten Zieles förderlich oder hinderlich?
Prüfung der Bewältigungsfähigkeit: Ist der Organismus fähig, durch Kampf oder Flucht das Ereignis zu verändern oder sich durch innere Umstimmung dem Endergebnis anzupassen?
Prüfung der Normvereinbarkeit
a) Äußere Normen: Entspricht die Handlung den sozialen Normen, kulturellen Definitionen oder den Erwartungen bedeutender anderer?
b) Innere Normen: Ist die Handlung mit meinem Gewissen vereinbar?

Dieser hochdifferenzierte Evaluationsprozess, der blitzschnell und *unbewusst* abläuft, ist geradezu ein Schulbeispiel eines angeborenen arttypischen Musters. Dass dieses ein *Ergebnis der Phylogenese* ist, haben Emotionspsychologen ebenfalls nachgewiesen, indem sie zeigen konnten, dass die erwähnten Reizverarbeitungsschritte im Verlauf der Bioevolution nacheinander ›in die Existenz getreten‹ sind.

Arttypisch ist übrigens der gesamte Emotionskomplex. Außer der Skala der Reizverarbeitungsschritte sind dies auch die physiologischen Reaktionen (Veränderung der Hautfeuchtigkeit, der Pulsfrequenz usw.) sowie die Ausdrucksbewegungen (zorniges oder trauriges Gesicht, aggressive Haltung, Haltung der Flucht- oder Unterwerfungsbereitschaft usw.) Auch die das Emotionsgeschehen begleitenden subjektiven Gefühlszustände sind typisch für die menschliche Art.

Was zur Kognitiven Psychologie gesagt wurde, gilt übrigens auch für die Emotionspsychologie: Auch diese sollte eigentlich als *Tiefen*psychologie bezeichnet werden, doch fährt auch sie auf schmaler Spur. Dies deshalb, weil sie nur bestrebt ist, allgemeine *Gesetzmäßigkeiten* des Fühlens zu erarbeiten, wobei sie von der in der tiefenpsychologischen Praxis zu erfahrenden und zu berücksichtigen Fülle und Vielfalt individueller Gefühlszustände absehen muss.

Das Vorhandensein unbewusster, arteigener Strukturen hat schließlich auch die *Entwicklungspsychologie* bestätigt. Sie zeigte auf, dass der Mensch im Verlauf seines Lebens verschiedene Entwicklungsphasen durchläuft: Phasen, von denen jede ihre spezifischen Aufgaben hat: Phasen, in denen bestimmte Fähigkeiten erlernt werden können und müssen, und in denen bestimmte Aufgaben der Lebensbewältigung zu lösen sind. Untermauert wurde durch diese Erkenntnis vor allem eine grundlegende Entdeckung der Tiefenpsychologie: die Entdeckung des Individuationsprozesses. C. G. Jung hat erkannt, dass die Kurve psychischer Entwicklung mit dem scheinbaren Lauf der Sonne am Himmel verglichen werden kann: dass die Aufgaben der ersten Lebenshälfte darin besteht, ins Leben hinauszutreten, ein starkes Ich zu entwickeln und soziale Kompetenz zu erwerben. Ferner, dass es nach Überschreiten des Kulminationspunktes der Lebensmitte darum geht, die beim Erlernen des Lebenskampfes zu kurz gekommenen Fähigkeiten nachzuentwickeln: sich vom übermächtig gewordenen Ich zu befreien, indem man sich aus der Identifikation mit der Persona – der Berufsrolle oder dem Amt – löst, sich die verdrängten negativen Eigenschaften bewusst macht und integriert, sowie die Beziehungsfunktion zu anderen Menschen und zum Unbewussten differenziert. Bei der Differenzierung der Beziehung zum Unbewussten bzw. zum Selbst geht es um die Reifung jener Haltung, welche in unserer sprachlichen Tradition als Religiosität bezeichnet worden ist.

Während Jung sich in erster Linie mit dem arteigenen Programm der zweiten Lebenshälfte befasst hat, erforschte die Entwicklungspsychologie dasjenige der ersten Lebenshälfte. Abgesehen von dieser Ergänzung des arteigenen Programms hat sie – was in Hinblick auf das hier zu Zeigende wichtig ist – bestätigt, dass die Entwicklung des Bewusstseins vom Unbewussten her in Gang gebracht und geleitet wird: dass im Unbewussten das Programm für die Ontogenese des Bewusstseins gespeichert ist.

Noch eine weitere Entdeckung einer Fähigkeit des Unbewussten wurde durch positivistische Forschung bestätigt: die Fähigkeit zu außersinnlicher Wahrnehmung. Schon Freud war aufgefallen, dass es telepathische Träume gibt: Träume, die Information darüber enthalten, was ein anderer Mensch denkt oder tut, sogar was sich in der nicht menschlichen Außenwelt abspielt. Freud hat auch von seinen Schülern solche Träume sammeln lassen; er konnte sich jedoch nicht erklären, wie diese zustande kommen. Unterdessen hat die *Parapsychologie* hier einiges erhellt. Obwohl diese Disziplin mit positivistischen Methoden arbeitet, konnte sie nämlich den Nachweis erbringen, *dass* es zwischen Menschen eine Kommunikation gibt, die *nicht* über die bekannten Sinnesorgane geht. Für die Erhellung des tiefenpsychologischen Modells ist nun von besonderer Bedeutung der Nachweis, dass telepathisch empfangene

Information *primär ins Unbewusste* fließt, und dass dieses dann entscheidet, ob es sie – ev. in Gestalt telepathischer Träume oder Visionen – ans Bewusstsein weiterleiten will. Für eine *Theorie* der Telepathie ist die Zeit noch nicht reif. Dies dürfte sich ändern, wenn die (weiter unten zu besprechende) neue Auffassung des objektiv Geistigen – des Geist-Aspekts der Natur – sich durchgesetzt hat.

Aus dem Dargelegten wird ersichtlich, dass die erwähnten positivistischen Disziplinen im Nachhinein die These Jungs von der Artspezifität des Unbewussten mit handfesten Befunden *untermauert haben*. Sie haben sie aber nicht nur untermauert. Mittels ihrer unterschiedlichen Methoden haben sie außerdem das mittels tiefenpsychologischer Methode gewonnene *Wissen* über das Unbewusste beträchtlich *erweitert und bereichert*.

Noch einmal bereichert wurde es durch die *Zellbiologie*: jenen Zweig der modernen Biologie, welcher den Lebensprozess auf molekularer Ebene erschließt. Zellen sind – gemessen an ihrer Leistungsfähigkeit – sehr kleine Gebilde. Ihr Durchmesser variiert zwischen einigen Tausendstel und einigen Hundertstel Millimetern. Trotz dieser Kleinheit enthalten sie – zumindest die eukaryotischen – eine Vielfalt raffiniert angelegter morphologischer Strukturen: die sog. Organellen. Zu diesen gehören der Kern, der das kodierte Erbgut sowie die Enzyme zum Spleißen der Genkopien enthält, ferner die Ribosomen, welche die Proteinketten synthetisieren, das Endoplasmatische Reticulum, in dem diese Ketten gefaltet und mit Zuckermolekülen garniert, sowie der Golgi-Apparat, in dem sie fertiggestellt, sortiert, für den Versand verpackt und adressiert werden. Da sind auch die Vesikel (Bläschen), die ein containerartiges, hochorganisiertes Transportsystem bilden. Ferner seien noch die Mitochondrien erwähnt, welche die der Nahrung entzogene Energie in die Einheitswährung ATP ummünzen. Alle diese Organellen liegen oder bewegen sich im Cytosol: jenem ›großen‹, vom sog. Zellskelett durchzogenen und in Form gehaltenen Raum, in dem – entlang eines hochdifferenzierten Systems von Emzymstraßen – alle abbauenden und aufbauenden Stoffwechselprozesse ablaufen, und in dem der innerzelluläre Containerverkehr stattfindet. Nun sind die Tausende von Prozessen, die in einer Zelle an, in und außerhalb der Organellen ablaufen durch *Programme* – durch festgelegte Abfolgen von Befehlen für Einzelschritte – *gesteuert*. All diese Programme sind sozusagen Miniaturausgaben dessen, was – auf höherer Komplexitätsebene – als Verhaltensmuster bezeichnet wird. Dass das alles unbewusst abläuft, muss wohl nicht eigens erwähnt werden. Allerdings ergibt sich daraus, dass das Bedeutungsfeld des Begriffs ›das Unbewusste‹ – über die landläufige Vorstellung hinaus – beträchtlich ›nach unten hin‹ erweitert werden muss: dass man heute sagen muss, *das, was man das Unbewusste nennt, reiche bis hinab in die einzelnen Zellen.*

2.9.2 Selbstregulation

Das tiefenpsychologische Modell impliziert, wie gesagt, den Begriff ›Selbstregulation‹. Indem Jung die unbewusst-bewusste Psyche als selbstregulierendes System mit einem Haupt- und einem Filialzentrum – dem Selbst und dem Ich – auffasste (vgl. Abb. 7), nahm er die *systemische Naturbetrachtung* um einige Jahrzehnte voraus: jene Sicht der Natur, welche seit den fünfziger Jahren die rein analytische – in den Biowissenschaften insbesondere die mechanistische – abgelöst hat.

Wesentlich zur systemischen Sicht beigetragen hat die Erkenntnis, dass die Natur das Prinzip des rückgekoppelten Regelkreises schon seit über drei Milliarden Jahren angewendet hat. Ins Blickfeld gerückt hat dies vor allem die molekulare Zellbiologie. Sie hat gezeigt, dass die ungezählten programmgesteuerten Prozesse nur deshalb den Lebensprozess aufrechterhalten, weil sie geregelt und die vielen Regelkreise miteinander vernetzt sind. Auch das heute so viel besprochene – und als etwas Selbstverständliches angenommene – chemische Ungleichgewicht bleibt nur dadurch erhalten, dass es geregelt ist: dass – u.a. – trotz fortlaufendem Energieverbrauch immer ca. 10 mal so viele ATP-Moleküle vorhanden sind als solche des entladenen – und in den Mitochondrien wieder aufzuladenden – ADP.
Nach dem Schritt zur Mehrzelligkeit wurde das Prinzip der miteinander vernetzten Regelkreise auf höheren Komplexitätsebenen weitergeführt: auf der der Gewebe, der Organe und Organsysteme sowie des Organismus. Auf Regelung spezialisiert hat sich im Zug der Bioevolution das Nervengewebe. Im Rahmen der innerorganismischen Hierarchie bildete sich nach und nach eine Hierarchie neuraler Regulationszentren aus. Jedes von ihnen ist bis zu einem gewissen Grad autonom, jedoch nur unter Kompetenzabgabe nach oben: an höhere Zentren. An der Spitze der Hierarchie bildete sich eines aus, das die Regulation des gesamten Organismus – sowohl unter dem somatischen als auch dem psychischen Aspekt betrachtet – ausübt.

Wie das Nervensystem auf den verschiedenen Ebenen – schon der des einzelnen Neurons – funktioniert, hat die *Neurobiologie* mit immer leistungsfähigeren Methoden Schritt um Schritt aufgedeckt. Heute ist es so weit, dass ihre Ergebnisse mit denen der tiefenpsychologischen Forschung zusammentreffen. Der Treffpunkt ist das vorhin erwähnte oberste Regulationszentrum, das in der Sprache der Neurobiologie als *Gesamtintegrationssystem*, in der Sprache der Tiefenpsychologie als *Selbst* bezeichnet wird. Damit trafen – aus verschiedenen Richtungen kommend – jene beiden Forschungsstränge zusammen, auf denen sich im 19. Jh. die Entdeckung des Unbewussten angebahnt hat. Erfolgt ist der Durchbruch seinerzeit, wie gesagt, auf dem ›psychischen‹ Strang. Auf dem der Neurobiologie ereignete er sich erst vor wenigen Jahren.

Begonnen hat hier die weiterführende Entwicklung zwar schon 1906, als der Engländer Charles Scott Sherrington, der Entdecker der Funktion des Neurons (Nobelpreis 1932), ein in der Großhirnrinde gelegenes Gesamtintegrationssystem *postulierte.* Bis dieses im Detail *erarbeitet* werden konnte, brauchte es jedoch noch Jahrzehnte neurobiologischen ForschensInsbe sondere musste man sich des hohen Komplexitätsgrads neuronaler *Interaktion* auf dieser obersten Ebene bewusst werden. In den siebziger Jahren war es dann so weit. Auf Anregung seines Lehrers, des Schweizer Nobelpreisträgers Walter Rudolf Hess, der den Sitz der Instinktzentren im Zwischenhirn sowie den Sitz des Schlafzentrums im Thalamus nachgewiesen hatte, unternahm der Neurologe Gino Gschwend die Erforschung des Gesamtintegrationssystems, das er abgekürzt Integrator nennt. Dieser größte Neuronenverband des Gehirns – bestehend aus einem Globalsystem und 18 Teilsystemen – erwies sich als jenes oberste Regulationszentrum, das Nachrichten ›von überall her‹ empfängt – von außerhalb und innerhalb des Organismus – und dem auch die Instinktmotivationen angeboten werden. Aufgrund dieses Inputs und seines phylogenetisch erworbenen Wissens entwirft das Globalsystem fortlaufend situationsgerechte Handlungsmuster, die es in die Muskulatur (auch in die des Sprechapparats) hinausschickt. Gleichzeitig stellt es – über das vegetative Nervensystem – die hierzu nötige Energie bereit. Außerdem sendet es an das aus ihm hervorgegangene Ich jene Impulse, welche in der Sprache der Tiefenpsychologie als Gestaltungen des Unbewussten bezeichnet werden.

Durch diese bei interdisziplinärer humanwissenschaftlicher Arbeit erkennbar gewordene Konvergenz von mit tiefenpsychologischer und neurobiologischer Methode erarbeiteten Forschungsergebnissen wurde der Begriff des Selbst, den Jung einst zur Bezeichnung *beobachteter* psychischer Sachverhalte geschaffen hatte, den aber viele Jungianer dann spekulativ erweiterten und mystifizierten, wieder auf den Boden der Empirie heruntergeholt. Gschwends Nachweis eines Globalsystems, das mit den bis dahin allein bekannten Teilsystemen in Wechselwirkung steht und deren Leistungen *integriert,* – bedeutete übrigens für die Neurobiologie einen Durchbruch. Durch ihn wurde die bis dahin dominierende (und von vielen heute noch vertretene) sogenannte *multimodale* Auffassung vom Funktionieren des Hirns überholt, ebenso das aus diesem Verständnis resultierende Reden vom *Assoziations*kortex.

Einen Integrator besitzen zumindest alle Wirbeltiere. Gemäß der Terminologie der Tiefenpsychologie kann man somit sagen, jede Spezies habe ein Selbst. Was die evolutionäre biologische Kognitionsforschung ins Auge fasst, ist gerade die Komplexitätszunahme dieser Selbste. Das *Auftreten von Bewusstsein* – und damit eines Ich – *bei der Ontogenese des Menschen* stellt sich Gschwend in der Weise vor, dass im Verlauf des ersten Lebensjahres gewisse Neuronen des Globalsystems ihre Ansprechbarkeitsschwelle auf Null herabsetzen und damit auf spezielle Weise spontanaktiv werden. Sobald dies geschieht, beginnt das Globalsystem – in diesem seinem Spontanvermögen – *sich selbst* zu integrieren: es beginnt zu *reflektieren.* Bei der Wechselwirkung zwischen Ich und Selbst, auf die die Tiefenpsychologie ihr Augenmerk richtet, handelt es sich somit um die Wechselwirkung zwischen dem (sehr kleinen) zu Selbstintegration bzw. Reflexion fähigen Bereich des Integrators und jenem (überaus großen) Bereich desselben, der die *unbewusst*e *Gesam*tintegration ausübt.

Durch das Wissen um die Funktionsweise des Gesamtintegrationssystems klärte sich auch das heute noch von vielen diskutierte *Problem der Willensfreiheit.* Das Ich, das ja nicht nur reflektiert, sondern auch ›willentlich‹ handelt – und das im positivistischen Menschenbild als einzige wollende Instanz galt – erweist sich nämlich nicht nur aus tiefenpsychologischer, sondern auch aus neurobiologischer Sicht als ›geführter Führer‹. Wie alle innerorganismischen Regulationszentren außerhalb des unbewusst agierenden Integrators hat auch das Ich nur *relative* Autonomie. Während aber die niedrigeren Zentren – von der Zelle an aufwärts – wie gesagt als relativ autonom unter Kompetenzabgabe *›nach oben‹* bezeichnet werden können, kann man sagen, das Ich (der ›freie Wille‹) sei relativ autonom unter Kompetenzabgabe *›nach unten‹*: an das – evolutionsmäßig betrachtet – ›unter‹ ihm gelegene Gesamtintegrationssystem bzw. Selbst.

Ergeben hat sich dies aus dem Verlauf der Evolution. Während die neuronale Hierarchie von unten nach oben heranwuchs, ist das Ich aus dem Integrator – quasi als Subzentrum – hervorgegangen: von diesem sozusagen nur in eine relative Freiheit entlassen worden. Daraus ergibt sich auch das Verständnis für die Tatsache, dass in den Gestaltungen des Unbewussten dem Ich korrigierende und zielgebende Impulse zufließen.

Das Wissen über den Integrator erhellt auch den *Evolutionsschritt vom tierischen Primaten zum Menschen.* Von der Neurobiologie her betrachtet ergab sich die Fulguration von Bewusstsein dadurch, dass der Integrator über wenige (auf spezielle Weise) spontanaktive Neurone die Fähigkeit zur Selbstintegration erlangte. Die anschließende *Evolution des Bewusstseins* beruhte bei dieser Sicht darauf, dass immer mehr spontanaktive Neurone die Selbstintegration des Globalsystems – als die *sich selbst* organisierende, *sich selbst* regulierende und *sich selbst* strukturierende Instanz – Schritt für Schritt ausgebaut haben. Dabei fulgurierten jeweils neue, sekundäre kognitive Fähigkeiten wie z. B. die Fähigkeit zu Syntax, zu Begriffsbildung und zu Mathematik.

Die *Errungenschaften* der Bewusstseinsevolution wurden jedoch – im Unterschied zur Bioevolution – nicht über das Genom weitergegeben, sondern über die *Tradition.* Jede Generation entnimmt während ihrer Lernphase diesem Depot tradierten Wissens das dort niedergelegte bisherige Ergebnis der Bewusstseins-Evolution. Gewinnt eine Generation neue Einsichten oder macht sie neue Entdeckungen und Erfindungen, legt sie dieses Wissen – als schriftlich oder (neuerdings) elektronisch fixierte geäußerte (exteriorisierte) Bewusstseinsinhalte – in dieses kollektive Depot, aus dem folgende Generationen es sich während ihrer Lernphase wieder aneignen.

2.9.3 Kognition

Der Begriff ›Kognition‹ ist zwar Voraussetzung jeglicher Psychologie, er ist aber auch ein Grundbegriff der modernen Biologie. Als um die Mitte des 20. Jh. das Zeitalter der Biologie dasjenige der Physik ablöste, wurde die Kenntnis des Lebendigen auf zwei zueinander *komplementären* Gebieten gewaltig erweitert. Die Ethologie erschloss, wie gesagt, die *Innerlichkeit*, die Molekularbiologie hingegen *Morphologie und Funktionalität* auf der Ebene der Zelle. Während indessen – pauschal gesagt – die ersten Jahrzehnte moderner Biologie als Zeitalter der Gene und Genprodukte bezeichnet werden kann, tritt nun die Innerlichkeit – insbesondere die Kognition – ins Zentrum des Interesses. Es wird sogar prophezeit, das 21. Jahrhundert werde das Jahrhundert der Kognitionswissenschaft sein.

Damit dürfte jene *anthropische Wende,* die Immanuel Kant seinerzeit eingeleitet hat, zu Ende geführt werden. Kant führte, wie gesagt, die Unterscheidung zwischen Welt und Welt*bild* ein: jene Unterscheidung, aus der das heutige Modewort ›Konstrukt‹ (für Weltbild) hervorgegangen ist. Zentral in Kants Denken war die Frage, *wie* der *Mensch* (als Subjekt) die Welt (die objektive Wirklichkeit bzw. Realität) erkenne. Dabei setzte er sozusagen zwei Marksteine: zum einen die Einsicht, dass die Art und Weise unseres Erkennens durch *angeborene Strukturen* bestimmt wird, zum andern, dass wir wegen der Beschränktheit unseres Erkenntnisorgans das ›Ding an sich‹ – die objektive Wirklichkeit so wie sie *ist* – nicht erkennen können. Anderthalb Jahrhunderte lang blieb die Erkenntnistheorie Domäne der akademischen Naturphilosophen. Es war deren letztes Reservat, nachdem ihnen die empirische Forschung ein Gebiet nach dem andern entwunden hatte. Erhalten blieb dieses Reservat den Naturphilosophen deshalb so lange, weil Naturwissenschaftler sich um erkenntnistheoretische Fragen nicht kümmerten und weiterhin überzeugt waren, sie können die Wirklichkeit so erkennen, wie sie *ist.*

Gezwungen, diesen naiven Realismus aufzugeben, waren im Bereich der Naturwissenschaft zuerst die *Physiker*, als sie sich mit dem Welle-Korpuskel-Problem konfrontiert sahen. Viele von ihnen kauen heute noch daran herum.

Indessen hat schon 1927 Niels Bohr einen Ausweg aus diesem scheinbaren (nur auf der Versuchsanordnung basierenden) Dilemma aufgezeigt, indem er den Begriff *Komplementarität* ›erfand‹. Damit leitete er eine Entwicklung ein, in deren Verlauf den Naturphilosophen noch ihr letztes Reservat entzogen wurde. Endgültig entzogen haben es ihnen die *Biologen*, indem sie die Erforschung des Erkenntnisvorgangs (der ja eine Eigenschaft von *Lebewesen* ist) aus dem Luftraum der Spekulation auf den Boden der Empirie herunterholten.

Dies führte – neben sehr vielem anderen – zur Erkenntnis, dass unsere Sinnesorgane nur zur Wahrnehmung der *mittleren* Dimensionen angelegt sind. Damit erwies sich die im Gefolge der Erforschung subatomarer Teilchen aufgekommene (und von vielen Physikern heute noch vertretene) Meinung, die Unterscheidung zwischen Subjekt und Objekt sei nun aufgehoben, als unhaltbar. Sie ist aus dem Grund unhaltbar, weil Beobachtung im Sinne der Quantentheorie ein Akt der Registration eines Ereignisses durch eine physikalische *Apparatur* ist, wobei Fragen des beobachtenden *Subjekts* ausgeklammert bleiben. Die Überwindung des naiven Realismus im Bereich der Physik bestand lediglich in der Einsicht, dass die auf dem Monitor zu beobachtenden – auf mittlere Dimension umgesetzten – Ereignisse die objektive Wirklichkeit nicht so abbilden, wie sie *ist*.

Die gegenwärtig Gestalt annehmende *Kognitionswissenschaft* ist – als Wissenschaftsverbund – eine prinzipiell *interdisziplinäre* Angelegenheit. Nun ist es unabdingbare Voraussetzung aller interdisziplinären Arbeit, sich darüber klar zu sein, welche ein Segment der Wirklichkeit mit der speziellen Methodik einer Disziplin erschlossen werden kann. Im Fall der Kognitionswissenschaft ist dies – mit Blick auf die Einfügung der Tiefenpsychologie – ganz speziell von Bedeutung, weil es zwei *grundverschiedene* Wege gibt, auf denen man sich dem Erkenntnisvorgang annähern kann: den, welchen Ethologie und Psychologie beschreiten sowie den Weg der Neurobiologie. Jeder erschließt nämlich *nur einen* der beiden *komplementären Aspekte*, unter denen wir Erkenntnisprozesse ins Auge fassen müssen, wenn wir sie ›vollrund‹ erfassen wollen.

So kann z. B. mit den Methoden der Neurobiologie außerordentlich viel Wissen darüber erarbeitet werden, wie das Zentralnervensystem *funktioniert*, sogar, wo und wie in diesem neuronalen Netzwerk Information verarbeitet wird. Der *semantische* Gehalt dessen jedoch, was z. B. im Nervensystem erarbeitet wird, bleibt neurobiologischer Methodik verschlossen. Etwas näher kommt dem allerdings die Neurologie: jene medizinische Disziplin, innerhalb welcher das Gesamtintegrationssystem entdeckt werden konnte, weil Neurologen in den Erkrankungen des Zentralnervensystems die ›grausamen Versuche der Natur‹ zu sehen bekommen: jene ›Versuche‹, die ein Neurobiologe weder durchführen dürfte noch könnte. Trotz dieses ›Privilegs‹ hat jedoch die

Neurologie keinen Zugang zum Erleben: zu dem, was zwar das neuronale Netzwerk ständig modifiziert, dessen Beobachtung jedoch ins Gebiet der Tiefenpsychologie gehört, ja in dieser geradezu einen zentralen Platz einnimmt.

Doppelaspekt des Ausdrucks Information

Die beiden komplementären Zugänge zur Kognition ergeben sich letztlich aus dem Doppelaspekt dessen, was wir Information nennen. An dieser ist nämlich zu unterscheiden zwischen dem Bedeutungs*gehalt* (Semantik) und dem Bedeutungs*träger*. Während der Träger immer aus einer Form von Energie besteht, ist der Bedeutungsgehalt etwas, das mit dem Energiebegriff *nicht* erfasst werden kann. Dieser Doppelaspekt von Information führte denn auch zu *zwei grundverschiedenen Informationstheorien*: zu derjenigen von *Shannon* und zur Semiotik. Claude Shannon, der als Angestellter der Bell-Telefongesellschaft die Kapazität von Nachrichenübermittlugssystemen berechnen musste, befasste sich nur mit dem Trägeraspekt. Vom Bedeutungsaspekt sah er bewusst ab. Ausschließlich mit diesem befasst sich hingegen die Semiotik. Wenn indessen Naturwissenschaftler heute von *der* Informationstheorie reden, meinen sie gewöhnlich die von Shannon. Die andere – die Semiotik – ist wohl den meisten von ihnen unbekannt. Das zeigt sich z. B. darin, dass von Physikern immer wieder der Anspruch erhoben wird, sie können mittels der Quantentheorie allein das Bewusstsein erklären. Wenn diese Versuche auf Leute, die mit Biologie und Tiefenpsychologie vertraut sind, so peinlich wirken, hängt dies vor allem damit zusammen, dass der Bedeutungsgehalt von Information im Denken dieser Physiker keine Rolle spielt. Dazu kommt, dass ihnen in der Regel das feeling für die hohen Komplexitätsgrade des Lebendigen fehlt. Dies vor allem deshalb, weil sie sich nicht bewusst sind, welch riesige Menge von Evolutionsschritten – und damit von Fulgurationen – in den Milliarden von Jahren stattgefunden hat, die zwischen dem Zustandekommen der Atome und dem des Menschen liegen.

Betrachten wir den Informationsfluss im *Menschen*, hilft uns die Unterscheidung zwischen den beiden komplementären Aspekten von Information auch bei der Lösung des *psychosomatischen Problems.* Wie gesagt, dürfen wir beim heutigen Stand der Bewusstseinsevolution – wenn wir uns präzis ausdrücken wollen – nicht mehr wie in archaischer Zeit zwischen *der* Psyche und *dem* Leib (soma) unterscheiden, sondern nur noch zwischen dem psychischen und dem somatischen *Aspekt* des ›an sich‹ einheitlichen Lebewesens Mensch.

Es war ja gerade eine der erhellendsten Erkenntnisse der Kognitionsforschung, dass wir als *bewusste* Subjekte jeweils den Bereich der objektiven Wirklichkeit, den wir assimilieren wollen, in *Begriffspaare* zerlegen *müssen*: dass wir z. B. nicht begreifen können, was ›klein‹ heißt, wenn wir nicht die Bedeutung von ›groß‹ kennen. Darauf aufbauend ergab sich die Einsicht, dass vor allem bei jenen Begriffspaaren, welche *an der Spitze* der aus dem Vordringen hinter die Fassade des Augenscheins sich ergebenden Begriffspyramide stehen – bei Paaren wie ›Leib und Seele‹ sowie ›Materie und Geist‹ – das *komplementäre Denken* anzuwenden ist: dass die damit bezeichneten Sachverhalte lediglich als *Aspekte* der ›an sich‹ einheitlichen raumzeitlichen Gebilde aufzufassen sind.

Was unter materiellem und geistigem Aspekt zu verstehen ist, wird später zu erörtern sein, ebenso, dass unter diesem Begriffspaar dasjenige von somatischem und psychischen Aspekt zu subsumieren ist. Hier sei lediglich daran erinnert, dass das, was wir das Unbewusste bzw. den unbewussten Bereich der Psyche nennen, hinabreicht bis in die Zellen. Wenn festgestellt ist, dass schon auf jener Ebene Informationsverarbeitung stattfindet – dass der Lebensprozess nur durch diese in Gang gehalten wird – muss auch dort zwischen Informationsträger und Informationsgehalt unterschieden werden. Träger sind dort die Moleküle. Moleküle aber sind dem somatischen Aspekt zuzuordnen.

Kennzeichen von Bewusstheit

Die in diesem Abschnitt über Kognition – bzw. in diesem Artikel – behandelte Problematik ergibt sich einzig und allein aus der Tatsache, dass der Mensch ein zu *Bewusstheit* fähiges Lebewesen ist. Unbewusste Lebewesen müssen sich mit solchen Fragen nicht herumschlagen. Nun sind aber Bewusstsein und Unbewusstes nicht, wie das graphisch dargestellte Modell suggerieren könnte, zwei streng voneinander abgegrenzte Bereiche. So sind z. B. nicht alle Leistungen dessen, was man im allgemeinen Sprachgebrauch als Ich (Subjekt) bezeichnet, bewusst. Auch enthält sozusagen alles, was einem Menschen ›durch den Kopf geht‹, zumindest einen unbewussten *Anteil*. Dies ist ja das, womit der Tiefenpsychologe in der Praxis täglich konfrontiert ist: jener Sachverhalt, der im angelsächsischen Sprachraum zur Unterscheidung zwischen aware (gewahr) und conscious (bewusst) geführt hat.

Es stellt sich somit die Frage, was unter Bewusstsein zu verstehen ist: welches *die eigentlichen Kennzeichen von Bewusstheit* sind. Diese Frage beantworten kann nun weder die Neurobiologie noch die Psychologie. Die Neurobiologie kann es nicht, weil sie, wie gesagt, zur Innerlichkeit keinen methodischen Zugang hat. Die Psychologie hingegen kann es deshalb nicht, weil sie nur *heutige* Menschen beobachten kann: Menschen, die schon eine lange *Evolution* des Bewusstseins hinter sich haben, in deren Verlauf, wie gesagt, viele *sekundäre* Eigenschaften erworben worden sind.

Die *Notwendigkeit*, die Frage nach den *wesentlichen* Eigenschaften von Bewusstsein zu klären, ergab sich erst in den siebziger Jahren: mehr als ein Jahrhundert nach dem Zustandekommen der empirischen Bewusstseinspsychologie. Sie ergab sich aus dem Konflikt, in den die Tiefenpsychologie mit der Theologie wegen der unterschiedlichen Auffassung des Offenbarungsvorgangs geraten war. Als ich in diese Auseinandersetzung hineingezogen wurde und zum Ergebnis kam, es hänge mit der *Evolution des Bewusstseins* zusammen – Theologie und Tiefenpsychologie seien Ausdruck zweier phylogenetischer Entwicklungsstufen des Bewusstseins – wurde dies von Theologen und theologischen Religionswissenschaftlern vehement bestritten. Sie sagten, es habe gar keine Evolution des Bewusstseins stattgefunden; die von Kulturwissenschaftlern wie Frazer, Spencer usw. vorgelegten Entwürfe hätten nämlich der Kritik nicht standgehalten. Bei näherem Zusehen wurde indessen ersichtlich, dass dies nur an deren *methodischem Ansatz* lag. Dieser hatte nämlich der Kritik deshalb nicht standgehalten, weil er *kein M*aß für die Bestimmung der Komplexitätszunahme – des Kennzeichens von Evolution – enthielt. Es galt somit einen Ansatz zu finden, der greift.

Dabei war von der Tatsache auszugehen, dass die fortschreitende Komplexitätszunahme (Evolution) eines Systems – sei dieses ein atomares, ein molekulares, ein lebendiges oder ein kognitives – nur nachgewiesen werden kann, wenn man dessen wesentliche Eigenschaften kennt. Da nun aus der Evolutionsforschung bekannt war, dass jeweils beim Schritt zu einem komplexeren System *neue* Eigenschaften und Fähigkeiten in die Existenz treten (fulgurieren), lief die Frage nach den wesentlichen Eigenschaften von Bewusstsein auf die Frage hinaus, welche kognitive Fähigkeit beim Evolutionsschritt vom tierischen Primaten zum Menschen *fulguriert* – zu den schon hochkomplexen (unbewussten) Fähigkeiten der Primaten *hinzugekommen* – sei.

Beantworten konnte diese Frage nur die *evolutionäre biologische Kognitionsforschung:* jener Zweig der *Ethologie*, welcher die Evolution des Verhaltens im Zug der Bioevolution untersucht. Als Schlüsselexperiment für die zu klärende Frage erwiesen sich die Spiegelversuche. Diese ergaben, *dass es die Fähigkeit war, zwischen Ich und Nicht-Ich bzw. zwischen Subjekt und Objekt zu unterscheiden.* Nun kann diese Fähigkeit unter zwei Aspekten ins Auge gefasst werden: zum einen als Fähigkeit, sich seiner selbst als etwas von der Umgebung Getrenntem bewusst zu werden, zum andern als Fähigkeit, an der Umgebung immer mehr Unterscheidungen zu treffen, insbesondere *hinter* die Fassade des Augenscheins vorzudringen. Unter jedem dieser beiden Aspekte konnte dann – anhand kulturhistorischen Materials – der Nachweis erbracht werden, dass eine Evolution des Bewusstseins stattgefunden hat und wie sie verlaufen ist. Dies ist aber hier nicht darzustellen. Hier ging es nur um die Unterscheidung zwischen bewussten und unbewussten kognitiven Prozessen.

Kommen wir noch einmal auf den Integrator zurück, und zwar auf den

Informationsfluss zwischen dem unbewussten und dem bewussten Bereich von dessen Globalsystem: auf das, was in tiefenpsychologischer Terminologie als Wechselwirkung zwischen dem Selbst und dem Ich bezeichnet wird. Erschlossen werden kann dies zwar nur mit *tiefenpsychologischer* Methode, doch muss jetzt gesagt werden, dass die Tiefenpsychologie dies im Grunde genommen nur deshalb kann, weil die evolutionäre *Ethologie* aufgedeckt hat, welches das Charakteristikum bewussten Erkennens ist. Ethologie aber bedient sich des ›psychischen‹ Zugangs zur Innerlichkeit, nicht des neurobiologischen.

2.9.4 Kommunikation

Das tiefenpsychologische Modell impliziert den Ausdruck ›Sprache des Unbewussten‹. In ihr findet die Kommunikation zwischen dem Selbst und dem Ich statt. Zwar wurde bis vor kurzem der Ausdruck ›Sprache‹ – vor allem von Kulturwissenschaftlern – für die menschliche Wortsprache reserviert. Indessen ist es heute selbstverständlich, von Tier-, sogar von Computersprachen zu reden.

Traditionellerweise war Sprache die Domäne der Linguistik. Durch die Erweiterung des Bedeutungsfelds des Ausdrucks ›Sprache‹ wurde das Gesichtsfeld der Linguistik jedoch erweitert zu dem der Semiotik. Seitdem nun die Kognitionswissenschaft – und mit ihr auch der Ausdruck ›Kommunikation‹ – ein biologisches Fundament erhalten hat, gibt es neben der Kultur- auch eine Biosemiotik. In dieser werden Sprachen eingeteilt in exosomatische und endosomatische. Bei dieser Sicht ist die Sprache des Unbewussten den endosomatischen zuzuordnen, ebenso wie die neuronale Sprache sowie die Sprache, in der Zellen miteinander kommunizieren und in der Botschaften innerhalb der Zelle weitergeleitet werden.

Ziehen wir außerdem in Betracht, dass jeder Sprache ein *Code* zugrunde liegt: ein System von Regeln für die Zuordnung von Bedeutung und Bedeutungsträger. In der Sprache der Gene und der Zellen wird ein *haptischer* (abgreifbarer) Code verwendet wie bei der Blindenschrift. Im Nervensystem werden Botschaften in den Axonen durch Frequenzmodulation der elektrischen Signale sowie durch simultane Leitung über verschiedene Bahnen kodiert, wobei sie allerdings an den Synapsen jeweils – in Gestalt der Neurotransmitter – in den haptischen Code umgeschrieben werden. Der Code der Sprache des Unbewussten ist indessen – wie auch der der Wortsprache – ein *Symbolcode*. Während aber die Wortsprache infolge der Bewusstseinsevolution heute stark mit Begriffen angereichert ist, besteht die Sprache des Unbewussten noch zur Hauptsache aus Bildern und Bildabläufen.

Innerhalb der innersomatischen morphologisch-physiologischen *Hierarchie* hat jede Sprache ihren charakteristischen *Ort*. Die des Unbewussten ist bei dieser

Betrachtungsweise zwischen der Sprache der Neuronen und der vom Ich verwendeten Wortsprache anzusiedeln. Im Unterschied zu den ›niedrigeren‹ innersomatischen Sprachen sowie auch den Tiersprachen, denen nur ein *starrer, artspezifischer* ›Wortschatz‹ zur Verfügung steht, sind indessen Wortsprache und Sprache des Unbewussten *generativ*. Dass die Wortsprache generativ ist, hat Chomsky aufgezeigt. Den generativen Charakter der Sprache des Unbewussten kann man schon daran erkennen, dass sich der hermeneutische Zweig der Tiefenpsychologie so reich entfaltet hat und immer noch weiter entfaltet.

Schon aus dieser kurzen Betrachtung über Kommunikation anhand des Begriffs ›Sprache‹ wird wiederum ersichtlich, dass heute die Ergebnisse von Tiefenpsychologie und Biologie konvergieren.

Nun setzt jede Kommunikation auch *Wissen* voraus: sowohl beim Sender als auch beim Empfänger. Was die biologische Innerlichkeitsforschung über Wissen des Lebendigen ans Licht gebracht hat, übersteigt jegliches Begreifen. Je höher auf der Evolutionsskala ein Lebewesen steht, desto mehr Wissen besitzt es. Das hat Konrad Lorenz veranlasst, die Bioevolution als Wissen gewinnenden Prozess zu bezeichnen. Allerdings handelt es sich dabei nicht um theoretisches Wissen, sondern um *Know-how des Lebens*. Theoretisches Wissen ist Sache des Ich. Es ergibt sich aus der für Bewusstsein charakteristischen Fähigkeit, *hinter* die Fassade des Augenscheins vorzudringen: einer Fähigkeit, die Tieren verwehrt ist.

Auf die Frage, wie Lebewesen in den Besitz ihres Wissens gekommen sind, hat Konrad Lorenz eine plausible Antwort gegeben: sie *mussten* es erwerben im Dienst des Überlebens. Diejenigen Varianten, die dies nicht vermochten, hielten der Selektion nicht stand und wurden ausgemerzt. Natürlich bietet diese sog. evolutionäre Erkenntnistheorie keine sehr tiefgreifende Erklärung. Indessen hilft sie uns, Antwort zu geben auf eine von Theologen immer wieder an die Tiefenpsychologie gestellte Frage: die Frage, woher denn das Selbst sein Wissen habe. Offensichtlich steht hinter dieser Frage auf theologischer Seite die Hoffnung, ein Schlupfloch für die *Übernatur* gefunden zu haben. Indessen hat die evolutionäre biologische Kognitionsforschung gezeigt, dass das Wissen des menschlichen Selbst auf völlig *natürliche* Weise zustande kam: dass es – im Verlauf des seit mehr als drei Milliarden Jahren voranschreitenden, Wissen gewinnenden Prozesses der Bioevolution – Schritt für Schritt *angereichert* worden ist.

2.9.5 Spontanität

Zu einer tiefer greifenden Antwort gelangen wir, wenn wir die Spontaneität ins Auge fassen. Mit diesem noch ›jungen‹ Ausdruck wird ein Sachverhalt benannt, der von Tiefenpsychologen in der täglichen Praxis unmittelbar erlebt wird, und der seit einiger Zeit auch im Bewusstsein von Biologen immer mehr Raum gewinnt. Ins Blickfeld des Tiefenpsychologen tritt die Spontaneität als ›innerer Antrieb‹, vor allem in Gestalt der Triebe. Mit diesen befassten sich die Pioniere ja von Anfang an: Freud mit dem Sexualtrieb, Adler mit dem Geltungstrieb, Jung vor allem mit dem Bewusstwerdungstrieb, der aus dem schon bei höheren Tieren zu beobachtenden Neugierverhalten hervorgegangen ist, und der die individuelle Entwicklung sowie die Evolution des Bewusstseins vorantreibt. Ebenso manifestiert sich dem Tiefenpsychologen Spontaneität in dem oft zu Höchstleistungen befähigenden Fasziniertsein, welches auf der Projektion unbewusster – vor allem archetypischer – psychischer Inhalte beruht. Die Einsicht, dass es sich bei der Spontaneität um ein Geschehen handelt, mit dem auch der Biologe konfrontiert ist, breitete sich Hand in Hand mit der Überwindung der materialistisch-mechanistischen Sicht des Lebendigen aus. In der Ethologie wurde man darauf aufmerksam z. B. bei der Entdeckung der Instinktmotivationen und des Appetenzverhaltens. In der Neurobiologie z. B. bei den Deprivationsversuchen (Durchtrennen von Nervensträngen), die Erich von Holst an Fischen durchgeführt hat, wobei er zum Ergebnis kam, das Nervensystem sei nicht einem faulen Esel zu vergleichen, den man nur durch Schläge in Bewegung setzen kann, sondern einem temperamentvollen Pferd, das man zurückhalten muss, damit es nicht durchbrennt. Die Besonderheit der Spontaneität ins Blickfeld der Biologen gerückt hat dann Umberto Maturana, indem er beschwörend wie ein alttestamentlicher Prophet auf das Phänomen der *Autopoiese* mehrzelliger Lebewesen hinwies: auf das ›Wunder‹, dass sich aus einer einzigen befruchteten Eizelle – ohne äußeres Dazutun – ein vollständiger Organismus mit seiner mikro- und makroskopischen Struktur ausbildet: ein Organismus, der aus mehr als hundert Billionen Zellen besteht, die zu ca. 230 verschiedenen Typen differenziert und auf hochkomplexe Weise – als Gewebe, Organe und Organsysteme – räumlich angeordnet und funktionell aufeinander abgestimmt sind.

Es breitet sich gegenwärtig die Einsicht aus, dass Spontaneität *die* Grundeigenschaft des Lebendigen ist: dass sich in ihr jene Dynamis manifestiert, bei deren Erlöschen sich das einstellt, was wir als Tod bezeichnen. Auch mit ihrem Grundbegriff ›Spontaneität‹ fügt sich somit die Tiefenpsychologie nahtlos ins heutige Wissen über Lebewesen ein. Psychodynamik (‹Libido‹) und Biodynamik erwiesen sich als zwei Seiten der gleichen Medaille: als komplementäre Aspekte des Lebewesens Mensch.

2.10 Materieller und geistiger Aspekt der Natur

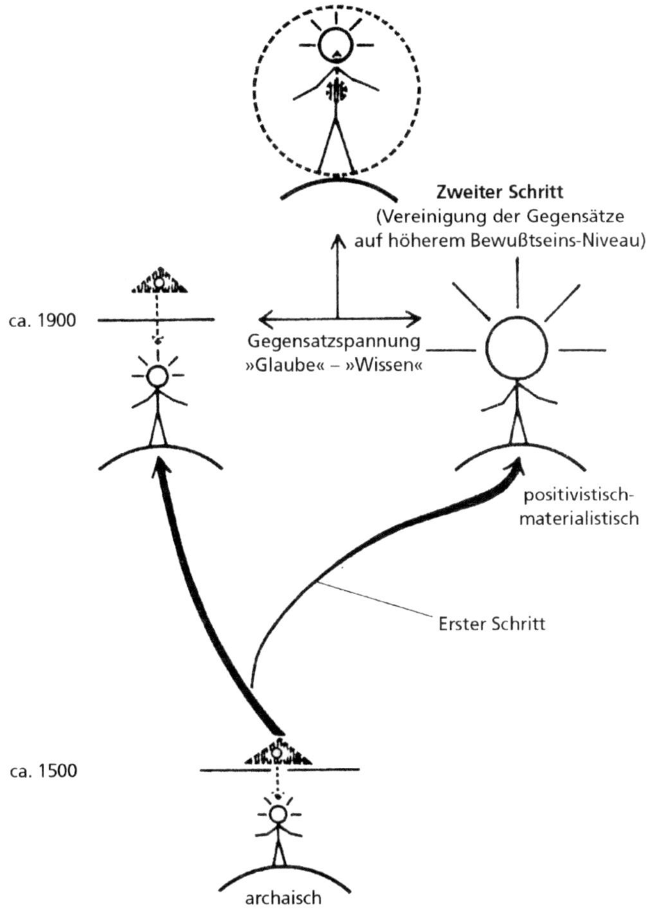

Abbildung 10: Die zwei Schritte der Bewusstseins-Mutation

Nun ist das Feststellen von Tatsachen das eine, deren Interpretation jedoch etwas anderes. Spontaneität lässt sich nämlich bei genauerem Zusehen – ebenso wie Selbstregulation, Information, Kognition und Kommunikation – mit dem Energieparadigma *nicht* vereinbaren. Wir stoßen mit diesen Begriffen auf das, was seinerzeit Wolfgang Pauli im Rahmen der Holismusdebatte der Quantentheorie veranlasste, ein akausales Prinzip zu postulieren, und was Carl Friedrich v. Weizsäcker sagen ließ, mit dem Aufkommen des Begriffs

›Information‹ in der Naturwissenschaft sei deren Materialismus überwunden. In solchen Äußerungen kündigte sich jenes Ereignis an, das ich als *zweiten Schritt der Mutation des Bewusstseins* bezeichne: jener Evolutionsschritt, bei dem sowohl das dualistische archaische als auch das nur monistische materialistische Selbst-und Weltverständnis *relativiert*, und die ›noch brauchbaren Elemente‹ beider zu einer neuen – nunmehr unistischen (unio, Vereinigung von Gegensätzen) – Sicht *integriert* worden sind (Abbildung 6). Dabei kam das unistische *Menschen*bild durch die Entdeckung des Unbewussten zustande, das unistische *Welt*bild hingegen durch die Ergebnisse der modernen Physik, Chemie und Biologie. Blicken wir zuerst auf letzteres.

In den siebziger Jahren formierten sich transdisziplinäre Arbeitsgemeinschaften, welche sich die Aufgabe stellten, ein zeitgemäßes, erfahrungswissenschaftlich (weder theologisch noch akademisch-philosophisch) fundiertes Welt- und Menschenbild zu erarbeiten. In Zürich war dies die Stiftung für Humanwissenschaftliche Grundlagenforschung, von der ich gleich bei der Gründung zur Mitarbeit eingeladen wurde. Als weiterführend sollte sich erweisen, dass der Stifter Marc A. Jaeger postulierte, es seien auch die Ergebnisse der Tiefenpsychologie in den Diskurs einzubeziehen. Nach einem fruchtbaren ersten Jahrzehnt riss dann allerdings ein Positivist die Leitung an sich, wodurch der kreative Impuls zum Erliegen kam. Indessen hatten mir die zehn Jahre genügt um den Nachweis zu erbringen, dass und weshalb sowohl die archaische wie die positivistisch-materialistische Sicht der Dinge überholt ist sowie auch, welch neue Sicht sich jetzt – aufgrund der Ergebnisse empirischen Forschens – abzeichnet.

Wesentlich zu dieser Erkenntnis beigetragen hatte, dass ich die nur geistesgeschichtliche Betrachtung des Wandels verließ und diesen unter dem Blickwinkel der Bewusstseinsevolution ins Auge fasste; nicht der Evolution der Kultur, wie früher versucht wurde, sondern der Evolution jenes kognitiven Systems, das den Menschen befähigt, Kultur zu schaffen: des Bewusstseins. Dieses Hinabtauchen unter die schillernde Oberfläche der Geistesgeschichte ermöglichte eine Komplexitätsreduktion: machte es möglich, die großen Linien des Wandels der Weltsicht zu erkennen sowie die Gesetzmäßigkeit, nach der er verlaufen ist. Später führte dieses Vorgehen sogar zur Einsicht, dass es beim Evolutionsschritt des abendländischen Bewusstseins im Grunde genommen um den Gewinn einer differenzierteren – nicht mehr dualistischen – Auffassung des Begriffspaares von Materie und Geist ging. Nun konnte auch gesehen werden, dass der sog. wissenschaftliche Materialismus lediglich eine notwendige Übergangsphase in diesem dialektisch verlaufenden Prozess war.

Zwischen Materie und Geist *müssen* wir nämlich – beim Vordringen hinter die Fassade des Augenscheins – unterscheiden, weil wir, wie gesagt, die objektive

Wirklichkeit nur mit Hilfe von Begriffs*paaren* ans Bewusstsein assimilieren können. Nun wurde aber bei *archaischer* Weltsicht die Vorstellung eines vom Materiellen zu unterscheidenden Geistigen in der Weise erarbeitet, dass man die Bewohner der ›jenseitigen‹ Welt (Götter, Zwischenwesen und ›weiterlebende Tote‹), die man sich ursprünglich von gleicher Konsistenz vorgestellt hatte wie die ›Diesseitigen‹, Schritt für Schritt *entmaterialisierte*. Weil man sich jedoch die ›Jenseitigen‹ – entsprechend der archaischen Apperzeption des innerlich Wahrgenommenen – als *konkrete*, zu selbständiger Existenz fähige Wesen vorstellte, trug dieses Vorgehen seine Beschränktheit in sich. Wie eine konvergierende Zahlenreihe strebte die Entmaterialisierung nämlich einem *Grenzwert* zu: dem *›rein geistigen‹* Wesen. Nun kann aber ein solcher Grenzwert nie erreicht werden, auch wenn der Abstand zwischen dem letzten Glied der Reihe und ihm kleiner und kleiner wird. Man kann zwar sagen, ein jenseitiges Wesen sei rein geistig, ganz *ohne Stoff* aber kann man sich ein *konkretes* Wesen weder denken noch vorstellen.

Aus diesem Grund drohte die Evolution des Bewusstseins mit der abendländischen Scholastik an einem Plafond anzustoßen. Damit die Entwicklung weitergehen konnte, musste *eine grundlegend neue, nicht mehr konkretistische Auffassung des Geistigen* gefunden werden. Dabei ging es um das sog. *objektiv* Geistige: nicht um das vom Menschen erdachte und als Kultur geäußerte *subjektiv* Geistige, sondern um jenes *in der Natur* wirkende Geistige, das schon da war, *bevor* menschlicher Geist bzw. Bewusstsein fulgurierte.

Der dadurch in Gang gesetzte phylogenetische Evolutionsschritt des Bewusstseins vollzog sich nach der gleichen Gesetzmäßigkeit, die auch bei individuellen (ontogenetischen) Bewusstwerdungsschritten beobachtet werden kann: nach jener Gesetzmäßigkeit psychischen Wandels, die sich in den verschiedensten Kulturen immer schon in Mythen vom Tod und der Wiederauferstehung eines Gottes veranschaulicht hat. Indem seit Beginn unserer Neuzeit durch kausalanalytische Erforschung des Naturgeschehens die Vorstellung vom Einwirken jenseitiger Mächte auf das ›Diesseits‹ *eliminiert* wurde, wurde der für den Wandel notwendige ›Tod‹ der archaischen Vorstellung des objektiv Geistigen bewirkt. Erst als dieser ›Tod‹ durch das Zustandekommen des materialistischen Energieparadigmas endgültig besiegelt war, konnte der evolutionäre Drang nach ›Auferstehung der Geist-Vorstellung in neuer Gestalt‹ sich regen. Das Neue daran ist, dass man sich nun Geist – wie auch Materie – nicht mehr als zwei Wesenheiten vorstellt, die für sich allein existieren können, sondern dass man, wie schon erwähnt – im Sinn des unterdessen gefundenen *komplementären Denkens* – nur noch einen geistigen und einen materiellen *Aspekt* der ›an sich‹ einheitlichen raumzeitlichen Gebilde unterscheidet. Damit ist – nach Verlauf von vier Jahrhunderten – die am Ende des

Mittelalters notwendig gewordene, nicht mehr konkretistische Vorstellung des objektiv Geistigen erreicht worden.

Fraglich war indessen vorerst, *wie* man am heutigen, materialistisch aufgefassten Wissen über die Natur die beiden Aspekte *unterscheiden* kann. Die Lösung ergab sich, als ich hinhörte, wie Physiker Materie definieren. Sie definieren sie nämlich als *geformte bzw. geordnete Energie*. Nun enthält diese Definition offensichtlich zwei Aussagen: zum einen, dass Materie aus Energie *besteht*, zum andern, dass diese *angeordnet* ist. Angeordnetsein und Anordnen lässt sich aber, wie schon Wolfgang Pauli gesehen hat, mit dem Energiebegriff der Physik nicht erfassen. Ein Charakteristikum der Energie ist nämlich, dass sie *bemessen* bzw. *quantifiziert* werden kann. Bei Anordnung hingegen – sei diese morphologisch oder prozessual bzw. Anordnung kondensierter oder freier Energie – handelt es sich um etwas *Qualitatives*. Qualität aber kann nicht quantifiziert werden. Quantität und Qualität bilden ein fundamentales Begriffspaar.

Man kann somit – aufgrund der heutigen Definition von Materie – an jedes raumzeitliche Gebilde *zwei* Fragen stellen:

»*Was* ist angeordnet?« und

»*Wie* ist dieses Was angeordnet?«

Fragt man nach dem Was, erfasst man es unter dem materiellen Aspekt, fragt man nach dem Wie, erfasst man es unter dem geistigen. Gewiß könnte man für die beiden Aspekte auch andere Ausdrücke wählen, doch entsprechen diese zwei unserer sprachlichen Tradition. Während es nun auf die Frage nach dem Was nur eine einzige Antwort gibt – »Energie« – , gibt es auf die Frage nach dem Wie fast unendlich viele.

Diese Vielheit lässt sich indessen in eine *Ordnung* bringen, wenn man den Blick auf die *Evolution* der raumzeitlichen Wirklichkeit richtet. Je höher man nämlich der Evolutionsskala entlang aufsteigt, sieht man diese Vielfalt – aufgrund der bei jedem Schritt zu höherer Komplexität (= komplexerer Anordnung der Energie) erfolgten Fulgurationen – ständig *zunehmen*. Dabei wird der Begriff des objektiv Geistigen immer *facettenreicher*. So tritt z. B. beim Schritt zum Lebendigen – als völlig neue Facette – Innerlichkeit zu den schon vorhandenen *hinzu*. Schon ein Bakterium *erkennt* nämlich seine Nahrung und besitzt das *Know-how*, ihr die Energie zu entziehen und diese so zu lenken, dass die hochkomplexen Prozesse des Stoffwechsels, des Wachstums und der Zellteilung stattfinden können. So muss man denn von der Stufe des Lebendigen an – im Sinn von Oberbegriffen – noch zwischen morphologisch-physiologischer Komplexität und Komplexität der Innerlichkeit unterscheiden. Im Detail kann die fortschreitende Entfaltung des objektiv Geistigen hier nicht beschrieben werden. (Ausführlich dargestellt habe ich sie in meinem Buch *Die Natur, Quelle von Ethik und Sinn*.)

Indessen sei hier noch die *Spontaneität,* welche ja beim Schritt zum Lebendigen ebenfalls fulguriertete, speziell ins Auge gefasst. Dies deshalb, weil sich in dem, was unter diesem Begriff subsumiert wird – innerem Antrieb, Trieben, Appetenzverhalten, Autopoiese, ja Leben überhaupt – *eine ganz besondere Facette des Geist-Aspekts der Natur* manifestiert*: die dynamische*. Nicht nur Angeordnet-*Sein* – wie in den meisten Antworten auf die Frage nach dem Wie – manifestiert sich nämlich in der Spontaneität, sondern Anordnungs-*Streben.* Dieses Streben bzw. dieses Dynamische ist aus dem Grunde dem *Geist*-Aspekt zuzuordnen, weil es sich mit dem Energiebegriff der Physik – und damit mit dem Energieparadigma – ebenfalls *nicht* vereinbaren lässt. Allerdings ist hier Energie nicht in ihrer Eigenschaft als Quantum ins Auge zu fassen, sondern – in der ursprünglichen Bedeutung des Wortes – als etwas Dynamisches. Unter diesem Aspekt betrachtet hat Energie (das, was die Physiker unter Energie verstehen) nur eine einzige natürliche Richtung: *die Tendenz, in die Senke zu fallen* bzw. sich dem entropischen Zustand zu nähern. Energetische *Bergauf*-vorgänge jedoch, wie z. B. synthetisierende (anabole) Stoffwechselprozesse – die Voraussetzung dafür, dass der Lebensprozess zustande kommt und in Gang gehalten wird – sind mit dem Energiebegriff der Physik allein *nicht* erklärbar. Sie kommen nämlich nur durch *Koppelung* zustande: dadurch dass Energie freisetzende (exergonische) Reaktionen mit Energie verbrauchenden (endergonischen) *gekoppelt* werden. *Koppelung aber ist gleichbedeutend mit Anordnung*. Das ist der Grund, weshalb die mit dem Begriff ›Spontaneität‹ erfasste Dynamik des Lebendigen dem *Geist*-Aspekt der Natur zuzuordnen ist.

Außerdem sei darauf hingewiesen, dass ›physikalische‹ Energie – wenn ihr freier Lauf gewährt ist – die *Zerstörung* von Formen nach sich zieht. Man denke nur an Feuer oder Erosion. Jene Dynamik hingegen, die sich im anabolen Stoffwechsel sowie in der Autopoiese manifestiert, *schafft* Form. Biosynthese und Autopoiese gehen Hand in Hand mit *Morphogenese*. Mit ihnen tritt somit nicht nur der dynamische, sondern der im eigentlichen Sinn des Wortes *kreative* Aspekt des objektiv Geistigen ins Blickfeld.

Im Mainstream der Biologie wird zwar noch das thermodynamische Ungleichgewicht der Zelle als genügend zur Erklärung der Morphogenese betrachtet. Demgegenüber sei darauf hingewiesen, dass dieses Ungleichgewicht, wie schon gesagt, nur durch *Regelung* (=Anordnung) zustande kommt und aufrecht erhalten wird; ferner, dass die Entfernung vom thermodynamischen Gleichgewicht *allein* zwar eine notwendige, nicht aber eine hinreichende Voraussetzung für die Morphogenese ist. Man denke z. B. nur an das von Christiane Nüsslein nachgewiesene, hochkomplexe Zusammenspiel (auch eine Anordnung!) der Morphogen-Gradienten sowie an deren fein abgestimmte (=geordnete) Wechselwirkung mit dem umgebenden Gewebe. In die Schublade des Energieparadigmas zwängen lässt sich das Ungleichgewicht der Zelle heute nicht mehr.

Noch deutlicher als bei Betrachtung des *heutigen* Zustands der Natur zeigt sich der kreative Aspekt des Geistigen, wenn wir wiederum die *Evolution* ins Auge fassen. Während nämlich bei der Autopoiese *ein schon vorhandener* – in Genom und Eizelle kodierter – Plan verwirklicht wird, manifestiert sich in der Evolution der raumzeitlichen Wirklichkeit eine seit 15 Milliarden Jahren unaufhaltsam voranschreitende *Tendenz zur Schaffung neuer, immer komplexerer ›Baupläne‹*: Zuerst in Gestalt immer komplexerer Atome, dann komplexerer Moleküle und schließlich immer komplexerer Lebewesen mit immer komplexerer Innerlichkeit bzw. größerem ›angeborenem‹ Wissen.

Die in diesem *kreativen* Geschehen sich manifestierende Dynamik läuft in eine ›Richtung‹, die der mit dem Energiebegriff erfassten diametral entgegengesetzt ist. (Hier von Richtung zu reden ist deshalb gerechtfertigt, weil wir uns Unanschauliches nur räumlich vorstellen können.) Es handelt sich dabei um das, was seinerzeit Wolfgang Pauli als *akausal* Wirkendes – die bisherige Physik in Frage Stellendes – postuliert hat. Der Klarheit halber sei jedoch festgehalten, dass mit all dem nicht gesagt wird, es sei eine neue Kraft entdeckt worden. Es wird lediglich eine Dynamik, die man zwar schon lange festgestellt und erforscht, jedoch bisher unter dem Energiebegriff der Physik *allein* subsumiert hat, *auf differenziertere Weise gesehen und benannt*. Zu allem Überfluss sei indessen festgehalten, dass Wolfgang Pauli, als er von Akausalität sprach, etwas grundlegend anderes meinte als die Akausalität der *archaischen* Weltsicht: als das Einwirken ›jenseitiger‹ Geistwesen auf das ›Diesseits‹ durch bloßes Denken und Wollen. Auch dürfte nach dem Gesagten selbstverständlich sein, dass die beiden Tendenzen, die (bildlich gesprochen) in entgegengesetzte Richtungen streben, nicht für sich allein existieren können. So verbraucht z. B. jede morphologische Anordnung sowie jede funktionelle – jede Regelung, Informationsverarbeitung, sogar jede bewusste geistige Tätigkeit – Energie im Sinn der Physik. Verstehen können wir dieses Paradox zwar nicht, doch *müssen* wir beim heutigen Stand der Bewusstseinsevolution die beiden Tendenzen begrifflich auseinanderhalten, wenn wir die Dynamik jenes raumzeitlichen Geschehens, das wir Naturprozess nennen, ans Bewusstsein assimilieren wollen. Dass wir *nicht* erkennen können, was das, was wir mit solchen Begriffen benennen, ›in Wirklichkeit‹ ist, war ja schon eine der grundlegenden Einsichten von Kant. Indessen ermöglicht uns die Unterscheidung zwischen energetischem (materiellem) und geistigem Aspekt der raumzeitlichen Dynamik *ein tiefer greifendes Verständnis* von Autopoiese und Evolution – auch von Bioevolution als Wissen gewinnendem Prozess – als der heute geläufige, von Naturwissenschaftlern noch thermodynamisch verstandene Begriff ›Selbstorganisation der Materie‹.

Was die Unterscheidung zwischen materiellem und geistigem Aspekt gegenüber der materialistischen Sicht *bringt*, tritt zwar *in vollem Ausmaß* erst dann in Erscheinung, wenn man die *obersten* Stufen der Evolution ins Auge fasst: jene Ebene, auf der das vorkommt, was wir Seelenleben und Bewusstsein nennen. Da verschwindet nämlich offensichtlich das bisher so viel diskutierte Problem der Beziehung zwischen Leib und Seele, ist doch nunmehr, wie schon gesagt, im Sinn der Komplementarität nur noch zwischen dem leiblichen und dem seelischen *Aspekt* des an sich einheitlichen Lebewesens Mensch zu unterscheiden. Dass jedoch die neue Sicht nicht nur das von der archaischen Weltsicht ›geerbte‹ Leib-Seele-Problem, sondern unser *gesamtes* heutiges Wissen über die Natur erhellt, zeigt sich, wenn man bedenkt, dass Angeordnetsein der Energie schon auf den untersten Stufen der Evolution anzutreffen ist: in der Quantelung der Energie, in der Feinabstimmung der Grundkräfte, im Normiertsein der Baryonen und Leptonen sowie im atomaren Muster von Kern und Schale.

Der Schritt zur neuen, nicht mehr konkretistischen Auffassung des Begriffspaares von Materie und Geist, der – im Licht der *Bewusstseinsevolution* betrachtet – als zweiter Schritt der Mutation des abendländischen Bewusstseins erscheint, führte somit zu einer völlig *neuen Grundlagenphilosophie* (im Unterschied zu Lebensphilosophie): zu einer grundlegend neuen, nunmehr *empirisch* fundierten Antwort auf die immer schon gestellte – bei archaischer Weltsicht durch metaphysische Spekulation beantwortete – Frage, was denn die Welt im Innersten zusammenhalte.

2.11. Tiefenpsychologie erschließt neues Menschenbild

Hand in Hand mit dem neuen Weltbild kam ein neues Menschenbild zustande. Halten wir fest, dass auch mit diesen beiden Ausdrücken lediglich zwei Aspekte ein und derselben Sache – des Selbst- und Weltverständnisses – benannt werden. Auch diese beiden Begriffe müssen wir lediglich deshalb auseinanderhalten, weil unserem bewussten Erkennen der Zwang zur Bildung von Begriffspaaren immanent ist. Welt- und Menschenbild auseinanderzuhalten empfiehlt sich hier aber auch deshalb, weil beide auf unterschiedlichen Wegen zustande gekommen sind. Zum einen gingen sie aus unterschiedlichen Forschungssträngen hervor. Während – wie eben gezeigt – die Voraussetzungen für das neue Weltbild mit seiner komplementären Sicht des Begriffspaares von Materie und Geist durch die Arbeit von Physikern, Chemikern und Biologen zustande kamen, ergab sich das neue Menschenbild, wie auch schon gesagt, aus der von Kant initiierten Kognitionsforschung. Zum andern aber ging die Evolution des Bewusstseins dabei verschiedene Wege. Vollzog sich der Wandel der Vorstellung des objektiv Geistigen nach der im Mythologem von Tod und Auferstehung eines Gottes veranschaulichten psychischen Gesetzmäßigkeit, lässt sich das Zustandekommen des neuen Menschenbildes verstehen nach der von C. G. Jung bei individuellen Wandlungsschritten entdeckten Gesetzmäßigkeit von Gegensatzspannung und transzendierender Funktion. Diesem Ausdruck liegt die Beobachtung zugrunde, dass dann, wenn eine Position überholt ist, sich zunächst eine mit ihr unvereinbare Gegenposition einstellt. Hält der Mensch die so entstandene Gegensatzspannung aus – indem er an jeder der beiden Positionen etwas Wertvolles findet, das der anderen fehlt – fällt ihm über die innere Wahrnehmung ein vereinigendes Symbol ein: eine Lösung, welche die miteinander rational unvereinbaren Positionen – indem es den Gegensatz transzendiert – auf höherer Ebene vereint.

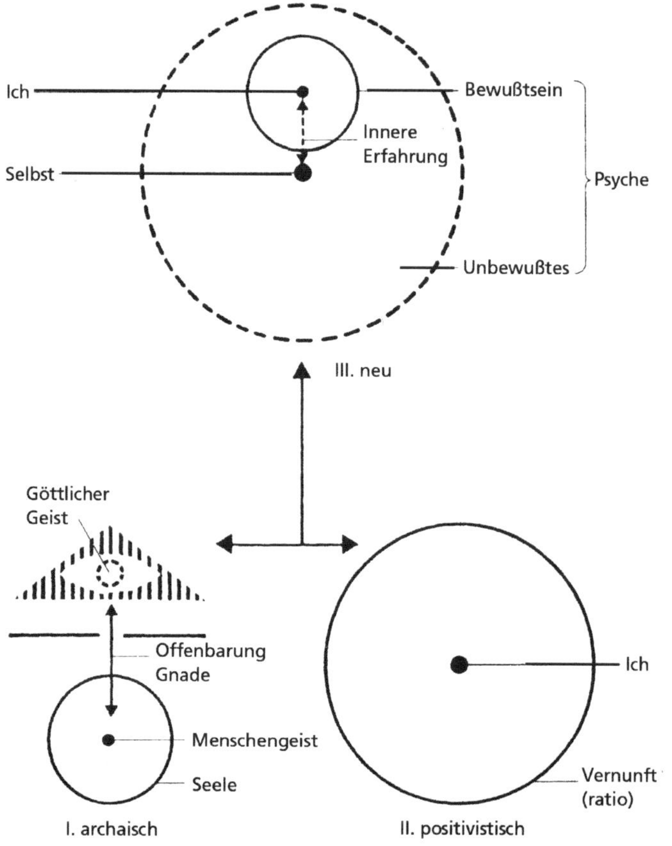

Abbildung 11: Der Wandel des Menschenbildes

Eine Gegensatzspannung zwischen unvereinbaren Arten des Selbstverstehens bestand am Ende des 19. Jahrhunderts: auf der einen Seite die archaische, welcher der Dualismus von Mensch und Gott zugrunde lag: die Vorstellung, der menschliche Geist sei schwach und bedürfe der Erleuchtung durch den göttlichen Geist. Auf der andern Seite das durch empirisch-wissenschaftliche Forschung zustande gekommene positivistisch-materialistische, bei dem man – nach der Elimination der Übernatur – annahm, der menschliche Geist, d. h. die Vernunft (ratio) sei das einzige Geistige in der Welt. Zudem sei sie ein so starkes Licht, dass man mit ihr den hintersten Winkel der Wirklichkeit ausleuchten könne und auch imstande sei zu erkennen, was richtig und unrichtig bzw. gut und böse ist. Am Ende des Mittelalters war eine Gegensatzspannung noch nicht vorhanden. Während nämlich damals das ›Wissen‹ über die ›jenseitige Welt‹ hoch differenziert war, war das Wissen über das ›Diesseits‹ – verglichen mit dem heutigen – rudimentär. Das hatte sich so ergeben, weil die Evolution des Bewusstseins während der archaischen Phase vor allem auf dem *metaphysischen* Zweig – durch Spekulation über jenseitige Welten und Wesen – vorangeschritten war. So musste denn erst einmal die Evolution auf dem *physischen* Zweig nachgeholt werden. Dies geschah in der Folge durch die *empirische* Wissenschaft. Als dann im Zeitalter der Aufklärung Intellektuelle – hauptsächlich französische ›philosophes‹ – über die *Konsequenzen* nachdachten, welche die Ergebnisse empirischen Forschens bis dahin für das Welt-und Menschenbild hatten, entstand, wie gesagt, der *ideologische* Positivismus bzw. der *eliminatorische* – aus der Elimination der Vorstellung vom Einwirken übernatürlicher Wesen sich ergebende – *Materialismus.* Da aber während der ganzen Zeit die archaische Weltsicht im kirchlichen Bereich weitergelebt hatte, kam es am Ende des 19. Jh. zur erwähnten Spannung zwischen den beiden unvereinbaren Menschenbildern. Artikuliert wurde sie als Dilemma zwischen Wissen und Glauben.

Nun kann ein Dilemma nicht rational gelöst, sondern nur *transzendiert* (überstiegen) werden. Dabei kommt der transzendierende Einfall, wie die tiefenpsychologische Forschung ergeben hat – und die Geschichte der Entdeckungen und Erfindungen vielfach belegt, – *aus dem Unbewussten.* Allerdings kommt er nur, wenn das Bewusstsein sich intensiv mit dem Problem befasst hat. Dies war auch vor jener Entdeckung der Fall, durch welche das Dilemma zwischen archaischem und positivistischem Menschenbild transzendiert worden ist: vor der Entdeckung bzw. dem empirischen Nachweis des Unbewussten.

Die Entdeckung des Unbewussten führte indessen nicht zu einem völlig neuen Menschenbild. Die bestehenden wurden nur *relativiert.* Hand in Hand damit wurden die übrig bleibenden, ›noch brauchbaren Elemente‹ zu einem neuen Bild *integriert.* Nun war die ausgereifte Modellvorstellung der unbewusst-bewussten Psyche – das Grundmuster des neuen Menschenbilds – wie gesagt, in zwei Schritten zustande gekommen. Bei jedem dieser beiden Schritte wurde eine der beiden sich für absolut nehmenden Positionen, welche das ›Dilemma zwischen Wissen und Glauben‹ ausmachten, relativiert.

Freuds Nachweis der inneren Wahrnehmung sprengte das Dogma des *ideologischen* Positivismus: die Annahme, was mit den Sinnen nicht wahrnehmbar ist, existiere nicht. Damit wurde jedoch nur die *Ausschließlichkeit* der positivistischen Sicht relativiert: wurde Positivisten sozusagen ein weiterer Horizont ermöglicht. Indem durch den Nachweis der inneren Wahrnehmung der Empiriebegriff erweitert worden war, wurde nämlich der empirischen Forschung ein ihr bisher unzugänglicher Raum erschlossen: das menschliche Unbewusste. All das hingegen, was bis dahin mit positivistisch-empirischer Forschung erarbeitet worden war, wurde davon nicht berührt.

Anders war dies beim archaischen Selbstverständnis. Relativiert wurde dieses, als Jung – im Unterschied zu Freud – auch *Visionen* ins Auge fasste und dabei nachwies, dass bei diesen *der spontane Eindruck trügt*. Ein Visionär ist ja auch heute noch – wenn er sich auf den spontanen Eindruck stützt – fest davon überzeugt, dass sich das in der Vision Geschaute *außen* abgespielt hat (Abb. 8). Jung wies nun nach, dass Visionen Gestaltungen des Unbewussten sind: dass es sich somit bei den in einer Vision geschauten Gestalten, die der archaische Mensch aufgrund des spontanen Eindrucks als konkrete, für sich existierende Geist-Wesen aufgefasst hatte, um Veranschaulichungen unanschaulicher *psychischer* Mächte handelt. Durch diese Entdeckung war die Apperzeption (Auffassung) des in der Vision Geschauten (Perzipierten) um 180 Grad gedreht worden. Da die archaische Vorstellung einer jenseitigen Welt darauf beruhte, dass das Trügerische des spontanen Eindrucks von Visionen noch nicht durchschaut werden konnte, kann man sagen, durch Jungs Entdeckung sei die jenseitige Welt des archaischen Menschen in die menschliche Psyche hereingeklappt worden. Der Ausdruck ›hereingeklappt‹ impliziert indessen schon die Integration zum neuen Menschenbild. Durch die Entdeckung, dass Visionen Gestaltungen des Unbewussten sind, wurde zwar das archaische Weltbild relativiert, indem dessen jenseitige Personen *entkonkretisiert* wurden. Gleichzeitig war aber erwiesen, dass diese nicht nichts sind, wie Positivisten glaubten, sondern dass sie als Veranschaulichungen sehr realer psychischer Mächte, welche vom Unbewussten her auf das Ich einwirken, zu verstehen sind.

Das menschliche *Selbst*verständnis, das bei diesem Bewusstwerdungsschritt zustande kam, wird – zumindest in seinen Grundzügen – durch das tiefenpsychologische Modell der normalen Psyche (S. 76f) umschrieben. Die Konsequenzen, die diese Einsicht für die *existenzielle* Einstellung hatte, wurden allerdings in ihrer vollen Bedeutung bis heute wohl erst von wenigen erfasst.

2.12 Verzögerte Rezeption

Die Relativierung der tradierten Welt- und Menschenbilder fand nämlich damals *nur de facto* statt. Es sind eben, wie schon gesagt, zweierlei Dinge, Entdeckungen zu machen und deren Konsequenzen für das Selbst- und Weltverständnis zu erfassen. Freud blieb bis zum Ende seines Lebens Positivist. Jung sah zwar bis zu einem gewissen Grad das Relativiertsein der archaischen Weltsicht, blieb ihr jedoch im tieferen Bereich seiner Seele weiterhin verhaftet. Dazu kam, dass sich damals im allgemeinen Bewusstsein die beiden überlieferten Arten des Selbst- und Weltverstehens noch als *geschlossene Blöcke* gegenüberstanden. Bis man die Konsequenzen der Entdeckung des Unbewussten voll erfassen konnte, mussten erst einmal beide Positionen *von innen her aufgelockert bzw. ausgehöhlt* werden. Dieser Zersetzungsprozess festgefügter, überholter Positionen, der auch bei individuellen Bewusstseinsentwicklungen beobachtet werden kann, und der weitgehend unbewusst verläuft, wird in der Tiefenpsychologie *Enantiodromie* (Gegenläufigkeit) genannt.

I*m Bereich der empirischen Wissenschaften bzw. des positivistisch-materialistischen Blocks* vollzog sich die Enantiodromie in der Weise, dass zwar – angeregt durch das Zustandekommen des Energieparadigmas – ein Schub neuer Entdeckungen stattfand, dass dabei aber in zunehmendem Maße auch Entdeckungen gemacht wurden, die mit diesem Paradigma *nicht vereinbar* sind. Allerdings wurden diese – entsprechend einer Gesetzmäßigkeit, die schon Thomas S. Kuhn beschrieben hat – erst einmal in die Schublade des herrschenden Paradigmas *abgeschoben* bzw. verdrängt. Von dort aus wirkten sie jedoch, wie gezeigt, untergründig auf wache Geister. Als dann in den siebziger Jahren die zweite Phase der Bewusstseins-Mutation einsetzte, und ich dabei den methodischen Ansatz zur Erarbeitung der neuen Sicht des objektiv Geistigen fand, mussten keine geistigen Fakten mehr entdeckt werden. Man brauchte sie nur noch aus der Schublade hervorzuholen, als etwas mit dem herrschenden Paradigma nicht Vereinbares zu erkennen und mit einem separaten Begriff zu benennen.

Auch im archaischen Block fand eine Enantiodromie statt. Vordergründig ereignete sich allerdings vorerst – in den dreißiger Jahren – ein letztes Sich-Aufbäumen der archaischen Weltsicht. Dieses manifestierte sich darin, dass in der katholischen Kirche – in Gestalt der Christ-Königs-Bewegung – ein Triumphalismus erblühte und in den evangelischen die dialektische Theologie die Ergebnisse der liberalen überschwemmte.

Untergründig aber wurde die archaische Weltsicht durch die Erforschung der Frühgeschichte des Christentums sowie – vor allem – durch die historisch-kritische Bibelforschung ausgehöhlt. Es stellte sich heraus, dass die Bibel nicht, wie die Theologie während all der Jahrhunderte gelehrt hat, auf *übernatürlicher* Offenbarung beruht, sondern dass sie von Menschen auf völlig *natürliche* Weise geschaffen worden ist: z. B. dass die Evangelisten die Botschaft des Jesus (dessen religiöse Einstellung) und die Botschaft über Jesus (den nach der Hinrichtung Jesu innerhalb weniger Jahrzehnte entstandenen christlichen Mythos) zu einem ›historischen Bericht‹ verschmolzen haben.

Es konnte sogar gezeigt werden, über welche Etappen der christliche Mythos im Verlauf der Missionierung der Diaspora-Juden und der Hellenen zu seiner endgültigen Gestalt herangewachsen ist: jener Mythos, der erzählt, dass der göttliche Vater seinen vor aller Ewigkeit gezeugten Sohn zu den Menschen sandte, indem er als Heiliger Geist die Jungfrau Maria befruchtete, worauf diese ein göttliches Kind gebar; ferner, dass dieser inkarnierte Gottessohn den Menschen ein neues Gesetz verkündete, dann den freiwilligen Opfertod starb, um die Menschheit von ihren Sünden zu erlösen; dass er nach drei Tagen aus dem Grabe wieder auferstand und dann, nach vierzig weiteren Tagen, wieder in den Himmel emporstieg, wo er nun zur rechten Hand seines göttlichen Vaters sitzt, bis er am Ende der Zeiten wiederkommen wird, um über die Lebenden und die ›mit dem Leibe‹ auferstandenen Toten Gericht abzuhalten.

Zu all dem ließ die vergleichende Religionswissenschaft noch erkennen, dass diese ›Botschaft über Jesus‹ aus lauter Mythologemen (Mythenmotiven) besteht, die auch in anderen Religionen vorkommen: dem Mythologem vom wesensgleichen Sohn Gottes, der Inkarnation durch Jungfraugeburt, der unscheinbaren Geburt und der Erdenwanderung eines inkarnierten Gottes; ferner dem Mythologem von Leiden, Tod und Auferstehung, gekoppelt mit dem Mythologem vom erlösenden Opfertod eines Gottes usw. Durch diese Forschungsergebnisse, welche von liberalen evangelischen Theologen erarbeitet wurden (katholischen war historisch-kritische Bibelforschung bis 1950 verboten!), war das christliche Dogma nun auch im innerkirchlichen Bereich so weit durchlöchert, dass der evangelische Theologe Rudolf Bultmann die Entmythisierung der Bibel postulieren konnte. Nun schien der Mutation des Bewusstseins nichts mehr im Wege zu stehen. Allerdings verstand bzw. mißverstand Bultmann Mythen noch im Sinne des Positivismus: als ›vom Menschengeist erfundenes, unhaltbares Zeug‹. Immerhin war nun die Enantiodromie wenigstens so weit vorangeschritten, dass beim Einsetzen des interdisziplinären Bemühens um ein neues Selbst-und Weltverständnis, in das auch die Erkenntnisse der Tiefenpsychologie eingebracht werden konnten, das Überholtsein der archaischen Weltsicht ohne weiteres offenkundig wurde.

Heute kann man, wie schon gezeigt, zum einen – aufgrund des unterdessen ›erfundenen‹ komplementären Denkens – an der gesamten raumzeitlichen

Wirklichkeit zwischen einem materiellen und geistigen Aspekt unterscheiden. Zum andern kann man sehen, dass das, was man das menschliche Unbewusste nennt, die im Zug der Evolution zustande gekommene, komplexeste Ausformung der als Innerlichkeit bezeichneten Facette des objektiv Geistigen ist. So fügt sich denn das neue Menschenbild nahtlos ins neue Weltbild ein: schließen sich die beiden zusammen zum neuen, der heutigen Ebene der Bewusstseins-Evolution entsprechenden Selbst- und Weltverständnis.

2.13 Konsequenzen der Bewusstseins-Mutation für die Gottesvorstellung

Spätestens seit Kant wissen wir, dass zwischen Welt und Welt*bild* zu unterscheiden ist. Nachdem sich nun die Vorstellung vom Menschen und der Welt gewandelt hat, und die jenseitigen Geist-Wesen des archaischen Menschen als Veranschaulichungen psychischer Mächte erkannt worden sind, stellt sich für viele die Frage, was denn dabei aus Gott geworden sei. In dieser Form stellt sie sich allerdings nur für Archaiker: für Leute, welche die Bewusstseins-Mutation noch nicht nachvollzogen haben. Passender formuliert ist das Problem, wenn man fragt, wie man sich heute jene Entität vorzustellen hat, welche bei archaischer Weltsicht als Gott bezeichnet wurde.

Die Frage ist insofern berechtigt, als sie mit dem Reden vom Hereinklappen der jenseitigen Welt allein nicht befriedigend beantwortet wird. Dies beruht darauf, dass im trinitarischen Gottesbild des Christentums Gottesvorstellungen unterschiedlicher Herkunft zu einer Einheit verschmolzen sind:

1. die des transzendenten Weltenschöpfers und
2. die des menschennahen, ›lebendigen‹ Gottes: jenes Gottes, der unsere Gebete hört und unser Schicksal lenkt.

Jedem dieser beiden aus archaischer Weltsicht hervorgegangenen Gottesbilder war nämlich im Zug der Bewusstseins-Mutation ein anderes Schicksal beschieden. In die Psyche des Menschen hineingeklappt wurde nur die Vorstellung des *menschennahen* Gottes.

Betrachten wir erst einmal, wie die Verschmelzung zustande kam. Begonnen hatte dieser Prozess schon im altägyptischen Reich: in der Theologie von Memphis. Nachdem dort für den Weltenschöpfer, der bis dahin auch als menschen*naher* Gott gedacht werden konnte, der *Transzendenzbegriff* erarbeitet worden war, stellte sich die Frage, wie dieser nun so ferne Gott – Ptah der sehr Große – noch die Gebete des Menschen hören und dessen Opfer riechen könne. Als Lösung fiel daraufhin jenen Theologen das *Symbol des wesensgleichen Sohnes* ein: einer paradoxen göttlichen Gestalt, die einerseits dem transzendenten Schöpfer wesensgleich ist, gleichzeitig aber den Menschen nahesteht. Die Ägypter ›erkannten‹ diesen Sohn in der Sonne (als Sonnen-Wesen). Als später das Christentum Gestalt annahm, wurde der ›wesensgleiche Sohn Gottes‹ – als inkarniertes Wesen – im Menschen Jesus ›erkannt‹. Außerdem wurde die Vater-Sohn-Dualität durch Einbezug des (ebenfalls menschennahen) Heiligen Geistes zur Trinität verschmolzen: zum Dogma »*Ein* Gott in drei Personen«. Diese Verschmelzung ist es, die heute bei vielen noch archaisch Sozialisierten ein Hindernis für den Nachvollzug der Bewusstseins-Mutation bildet. Als Erstes gilt es deshalb sich bewusst zu werden, dass dabei *Unterschiedliches* verschmolzen wurde. Aufgrund religionswissenschaftlicher Forschung unter Einbezug des tiefenpsychologischen Gesichtspunkts kann heute gesehen werden, dass die beiden Gottesvorstellungen unterschiedlichen Mythenkategorien zuzuordnen sind: die des Weltenschöpfers den naturerklärenden, die des menschennahen Gottes den religiösen.

Die Figur des Weltenschöpfers – als Figur all der ungezählten Schöpfungsmythen – ergab sich aus der Reflexion über die Frage, wie die Welt zustande gekommen sei. Zu Zeiten, als die kognitiven Mittel zur Beantwortung solcher Fragen noch fehlten, ergossen sich jeweils Gestaltungen des Unbewussten – archetypische Bilder und Motive – in das Wissensvakuum hinein. Diese mythischen Erklärungen wurden dann, da man den Projektionsvorgang noch nicht durchschauen konnte, für physisch wahr gehalten. Nun wurden naturerklärende *Mythen* (mythische Theorien über die Natur) im Zug empirisch-wissenschaftlichen Forschens durch *Wissen* (empirisch fundierte wissenschaftliche Theorien) ersetzt. Dem, was der archaische Mensch als Schöpfergott auffasste, entspricht das heutige Wissen um die Evolution der raumzeitlichen Wirklichkeit: genauer gesagt das, was wir heute als kreative Facette des Geist-Aspekts der Natur bezeichnen. Die Figur des Weltenschöpfers wurde durch die Bewusstseins-Mutation zwar naturalisiert – aus der Übernatur heruntergeholt – *nicht* aber in die menschliche Psyche hereingeklappt.

Hereingeklappt wurde, wie schon gesagt, nur die Figur des *menschennahen* Gottes. Diese ist aber nicht wie die des Schöpfers den naturerklärenden Mythen zuzuordnen, sondern den *religiösen*: jenen Mythen, welche von der Beziehung Gottes zum Menschen erzählen und welche das eigentliche ›Glaubensgut‹ der Religionen ausmachen. *Zustande gekommen* ist die Figur des menschennahen Gottes *nicht durch Reflexion* wie die des Weltenschöpfers, sondern durch *Erleben*: durch unmittelbare *innere Erfahrung* einer dem Ich überlegenen, dieses erleuchtenden, aber bei Fehlverhalten auch strafenden Macht. Nach dem ›Hereinklappen‹ – d. h. nachdem der Projektionsvorgang durchschaut werden konnte – erwies sich diese Macht als die im Unbewussten gelegene zentrale Führungsinstanz: als *das Selbst*.

Neophobe Theologen wehren sich gegen diese Aussage vor allem dadurch, dass sie dem Begriff des Selbst eine falsche Bedeutung unterschieben. Die dabei oft gemachte Behauptung, Jung habe gesagt, das Selbst sei Gott, ist wohl zu plump, um näher darauf einzugehen. Subtiler ist indessen ein Vorgehen, das man oft bei theologisch geprägten Jungianern beobachten kann. Diese – unter ihnen sogar Lehranalytiker – sehen im Begriff des Selbst gleichsam einen Schleichweg, auf dem sie ›ihre‹ Übernatur wieder ins naturalisierte neue Menschenbild einbringen können. Indem sie auf verschwommene Weise bald vom Selbst, bald vom Gottesbild, bald von Gott schreiben, evozieren sie im Leser die Vorstellung, Gott existiere nach wie vor *außen*. Er habe indessen ein Bild von sich ins Unbewusste gelegt, über welches er sich den Menschen zu erkennen gebe. Damit aber zäumen diese Archaiker das Pferd am Schweif auf. Von ihrer Ausbildung zum Analytiker her sollten sie ja wissen, dass es gerade umgekehrt ist: dass das Selbst – als Autor der Gestaltungen des Unbewussten – aufgrund seiner sprachschöpferischen Fähigkeit psychische Mächte und Gesetzmäßigkeiten durch Bilder veranschaulicht. Ebenso, dass das Selbst dann, wenn es bei numinosen Erlebnissen sich selber veranschaulicht, dies in jenen Bildern tut, welche Religionswissenschaftler aus archaischen Kulturen unter dem Sammelbegriff ›Gottesbilder‹ zusammengetragen haben.

Es sei deshalb ausdrücklich festgehalten, dass in der neuen Weltsicht der Ausdruck ›Gott‹ nicht mehr vorkommt. Ebenso wie die Begriffspaare ›Theismus-Atheismus‹ und ›Transzendenz-Immanenz‹ ist er durch das Übersteigen des Dilemmas zwischen Wissen und Glauben *obsolet geworden*. Die Mutation des Bewusstseins war eben eine Mega-Mutation. Sie kann verglichen werden mit jenen großen Schritten der Bioevolution, bei denen jeweils ein neuer Bauplan zustande kam: z. B. in der Wirbeltierreihe dem Schritt von den Amphibien zu den Reptilien oder dem von den Reptilien zu den Säugern. Während aber bei diesen Schritten ein neuer morphologisch-physiologischer Bauplan entstand, ergab sich durch die Mutation des Bewusstseins ein neuer *kognitiver* Bauplan: ein *grundlegend* neues Selbst- und Weltverständnis. *Grundlegend* neu ist es, weil durch die Drehung der Apperzeption des innerlich Wahrgenommenen um 180 Grad *Vor*verbindungen des Denkens verändert worden sind: weil seither – wie nach der Umstellung einer Weiche – das Denken über innerlich Wahrgenommenes in eine neue Bahn gelenkt wird.

War das konstituierende Begriffspaar der archaischen Weltsicht das von Mensch und Gott, ist konstituierend für die neue Weltsicht das Begriffspaar von subjektiv und objektiv Geistigem. Dabei ist das Geistige, wie gesagt, als der zum materiellen Aspekt komplementäre geistige Aspekt der (unserem

Erkennen allein zugänglichen) raumzeitlichen Wirklichkeit zu verstehen. Anders herum gesagt: der Ausdruck ›subjektiv Geistiges‹ (Bewusstsein bzw. Ich) entspricht dem, was man bei archaischer Weltsicht Mensch nannte. Der Ausdruck ›objektiv Geistiges‹ entspricht heute dem, was man damals als Gott bezeichnet hat. Er impliziert beide früheren Gottesvorstellungen. Versteht man unter dem objektiv Geistigen jene kreative Potenz, welche die *gesamte* Evolution bewirkt hat, entspricht das dem archaischen Ausdruck ›Schöpfergott‹. Fasst man jedoch nur den obersten Abschnitt der Evolutionsskala ins Auge – die vom Ich über die *innere* Wahrnehmung direkt erfahrbare, im unbewussten Bereich der Psyche gelegene Führungsinstanz (Jung: das Selbst) – entspricht das dem, was man bei archaischer Weltsicht menschennahen Gott (christlich: Sohn des allmächtigen Vaters) nannte.

Es sei aber darauf hingewiesen, dass *religiöse Haltung* – als anzustrebendes Ziel psychischer Reifung – von dieser Naturalisierung der Übernatur nicht betroffen wurde. Für die Echtheit religiöser Einstellung spielt es nämlich keine Rolle, ob man sich die dem Ich überlegene Macht, deren ›Wille‹ zu beachten (religere) ist, im Himmel oder im unbewussten Bereich der Seele vorstellt. Es sei hier auch festgehalten, dass die *direkte Erfahrung* des Selbst in Gestaltungen des Unbewussten *numinoses Erleben* hervorruft: jenes Erleben, das bei archaischer Sicht als Gotteserlebnis gedeutet wurde.

2.14 Was die Tiefenpsychologie sonst noch an Neuem brachte

Indem Freud eine Methode fand, mit der der unbewusste Bereich der Psyche erschlossen werden kann, eröffnete er, wie gesagt, der empirischen Forschung einen Raum, der ihr bis dahin – wegen der Beschränkung der positivistischen Disziplinen auf das sinnlich Wahrnehmbare – verschlossen war. Zwar hat die Tiefenpsychologie, wie gezeigt, kein Monopol für die Erforschung des Unbewussten. Indem sie aber – als neuer Typus empirischer Wissenschaft – über eine Methode zur Erschließung des *innerlich* Wahrgenommenen verfügt, ist ihr ein tieferer Einblick in die menschliche Innerlichkeit möglich als den positivistischen Wissenschaften – sowohl den Kultur- als auch den Naturwissenschaften.

Zwar geht auch die Tiefenpsychologie – ebenso wie die akademische Psychologie – von der *Introspektion* aus, ist doch die Kenntnis der aktuellen Bewusstseinslage der Ausgangspunkt ihrer Feldforschung. Da sie aber ihren Blick auf die Wechselwirkung zwischen Bewusstsein und Unbewusstem richtet und eine Methode besitzt, mit der sie den *Bedeutungsgehalt* der aus dem Unbewussten kommenden Bilder und Geschehensabläufe erschließen kann, hat sie die Möglichkeit, *jene Grenze zu überschreiten*, an der die akademische Psychologie – wegen ihres Beharrens im Positivismus – bei der Introspektion anstößt.

Es sei hier noch einmal festgehalten, dass das Unbewusste per definitionem dem Nicht-Ich, d. h. dem *objektiv* psychischen Bereich zuzuordnen ist: dass es, wie gesagt, die komplexeste Ausformung des *objektiv* Geistigen ist. Bei der Erforschung des Unbewussten handelt es sich somit – ebenso wie bei der gesamten Naturforschung – um Vordringen *hinter* die Fassade des bloßen Augenscheins mit *indirekten* Methoden. Allerdings ist man dabei – im Unterschied zur positivistischen Forschung, welche ihr Objekt in den meisten Fällen aktiv angeht und wenn möglich vom Experiment Gebrauch macht – zu Passivität verurteilt in dem Sinn, dass man die Gestaltungen des Unbewussten nicht willentlich herbeiholen kann: dass sie dann auftreten, wenn es dem Unbewussten ›passt‹, und dass sie das zum Inhalt haben, was das Unbewusste dem Ich gerade mitteilen ›will‹. Das ist ja der Grund, weshalb man sagen kann, der von der Theologie erarbeitete Begriff ›Offenbarung‹ gehöre (allerdings völlig anders verstanden!) zum erkenntnistheoretischen Fundament auch der Tiefenpsychologie. Gewiss kann die Tiefenpsychologie – mit ihrem wissenschaftlichen, d. h. nicht existentiellen Anteil – den *Kognitionswissenschaften* zugeordnet werden. Mit der *inneren* Wahrnehmung steht ihr jedoch eine Informationsquelle zur Verfügung, zu der keine der übrigen in diesem Wissenschaftsverbund vereinten Disziplinen Zugang hat. Wie erwähnt hat das innerlich Wahrgenommene eine ganz andere Struktur als das, was an Information über die Außenwelt mittels der Sinnesorgane ins Bewusstsein gelangt, sind doch die Gestaltungen des Unbewussten *sprachliche* Formulierungen: semantisch und syntaktisch reich strukturierte *Texte.* Der Bedeutungsgehalt dieser Texte, die zu entziffern ja das tägliche Brot des Tiefenpsychologen ist, gibt ganz andere Auskunft über deren ›Verfasser‹ – das Unbewusste – als jene sinnlich wahrnehmbaren Äußerungen desselben, auf die z. B. Kognitive und Emotionspsychologie, Psychophysiologie, Humanethologie, sowie Molekular- und Neurobiologie ihr Augenmerk richten. Vergleicht man die Leistungsfähigkeit des tiefenpsychologischen approachs mit dem, was die positivistischen Methoden für die Erschließung des Unbewussten zu leisten vermögen – auch mit dem, was die von der Theologie noch geübte archaische Apperzeption des innerlich Wahrgenommenen hergibt (beziehungsweise nicht hergibt) – tritt wohl noch deutlicher in Erscheinung, dass mit der Tiefenpsychologie ein neuer, evolutionsmäßig ›höherer‹ Typus von Wissenschaft in die Existenz getreten ist.

Alles in allem kann indessen gesagt werden, dass die Erforschung des Unbewussten – sowohl mit positivistischen als auch tiefenpsychologischen Methoden – den Vollzug der durch Kant eingeleiteten anthropischen Wende und damit die *Überwindung des naiven Realismus* in einem Ausmaß ermöglicht hat, von dem philosophische Erkenntnistheoretiker nicht einmal hatten träumen können.

Den Kulturwissenschaften eröffnete dabei der tiefenpsychologische approach den Zugang zur *Quelle* aller Kultur. Im Unterschied zu dem, was der ideologische Positivismus annahm, hat er zur Erkenntnis geführt, dass alle großen kulturellen Schöpfungen nicht vom Ich bzw. der Ratio allein gemacht wurden, sondern dass sie – am eindrücklichsten die bildende Kunst, die Literatur und auch die großen wissenschaftlichen Entdeckungen und Erfindungen – aus *›Einfällen‹ aus dem Unbewussten* hervorgegangen sind. Damit hat die Tiefenpsychologie auch ein *Verständnis der menschlichen Kreativität* erschlossen, wie es mit positivistischen Methoden allein nie hätte erarbeitet werden können.

2.14.1 Weiterentwicklung der Religionswissenschaft

Zu dem Neuen, das die Tiefenpsychologie den Kulturwissenschaften brachte, gehört auch die *zeitgemäße Religionswissenschaft*. Betrieben wurde so etwas wie Religionswissenschaft zwar schon bei archaischer Weltsicht: vor allem von Missionaren im Zug der Kolonialisierung. Dahinter stand aber in erster Linie das Interesse, den Einstieg zu finden beim Bemühen um Bekehrung der ›armen Heiden‹ zu der ›einzig wahren‹ christlichen Religion. Während jedoch die christlichen Boten immerhin noch *inneren* Zugang zur Religion hatten – wenn auch nur zur eigenen – war dieser Zugang positivistischen Religionswissenschaftlern aufgrund ihres Welt- und Menschenbilds verschlossen. Verschlossen blieb ihnen vor allem das Eigentliche der Religion: die Religiosität. So beschränkten sie sich denn vor allem auf Religionsphänomenologie: auf die bloße *Beschreibung* der an Religionen zu beobachtenden Phänomene.

Den Zugang zum *Innern* von Religion erschloss dem heutigen Menschen erst die Tiefenpsychologie, indem sie zum einen erkannte, dass das Glaubensgut aller Religionen – auch der christlichen – aus Gestaltungen des Unbewussten hervorgegangen ist, zum andern, dass das Bemühen um religiöse *Haltung* zum arteigenen Programm der Bewusstseinsentwicklung gehört. Obwohl durch Erhellung des Projektionsvorgangs (Abb. 8) das konkretistische Verständnis der Mythen überwunden und die ›jenseitigen‹ Personen und Welten ›hereingeklappt‹ wurden, erwiesen sich doch die *religiösen* Mythen – im Unterschied zu den Natur und Geschichte *erklärenden* – als wahr: zwar nicht als physisch wahr, wie man bei archaischer Weltsicht annahm, sondern als *psychisch wahr*: als wahre Aussagen über psychische – für homo sapiens typische – Sachverhalte und Gesetzmäßigkeiten. Die Entdeckung des Projektionsvorgangs – übrigens eine der grundlegenden Entdeckungen der Tiefenpsychologie – erwies sich denn auch als hilfreich bei der *Erforschung der Bewusstseins-Evolution.* Da schien es vorerst nicht möglich, den Grad von Unterscheidungsvermögen, der in früheren Kulturen zum Ausdruck kam, zu bestimmen, weil sich die damaligen Menschen die Welt, sich selber sowie ihre Befindlichkeit in der Welt völlig anders vorstellten als wir. Das *Grundmuster* archaischer Weltsicht, das allen früheren Kulturen – von den steinzeitlichen bis hinauf zu der unseres Mittelalters – zugrunde lag, konnte ich zwar aus dem kulturgeschichtlichen und ethnographischen Material allein herausarbeiten. Die *innere Logik* dieses Selbst- und Weltverstehens zu erschließen gelang jedoch nur dank den Erkenntnissen der Tiefenpsychologie. Nur dank diesen gelang es auch, die Gedankengänge nachzuvollziehen, die den magischen Praktiken und Divinationsverfahren, dem rituellen Tun sowie der Vorstellung von der Wirkmacht des Magiers und des Priesters zugrunde lagen.

2.14.2 Tiefenpsychologie ermöglicht Adaptation der Ethik

Des Weiteren hat die Tiefenpsychologie der heutigen Zeit wieder den Zugang zur *Quelle ethischer Normen* erschlossen, indem sie nachwies, dass *reife* ethische Entscheidungen durch *Kooperation* von Bewusstsein und Unbewusstem – durch *Optimierung* der Strebungen des Ich mit denen des Selbst – zustande kommen. Weil der ideologische Positivismus die Meinung vertrat, der Mensch sei mit der Ratio bzw. dem Ich allein imstande zu erkennen, was richtig und was unrichtig ist, führte er zu einer *subjektivistischen* Ethik. Aus dieser ergab sich dann – als die christlichen Werte wegen der Enantiodromie der archaischen Weltsicht sowie der Entsakralisierung aller Lebensbereiche im allgemeinen Bewusstsein verblassten – der heute so viel beklagte Wertezerfall und die Beliebigkeit im Tun und Lassen. Durch die Erkenntnis, dass die eigentliche Quelle der ethischen Normen bzw. Werte im *arteigenen* Verhaltensmuster von Homo sapiens liegt, wurde die Ethik wiederum in der *objektiven* Wirklichkeit begründet. »Wiederum« kann man sagen, weil auch die archaische Ethik objektiv begründet war. Auch wenn die damalige Vorstellung der Quelle – der Wille der Götter – auf *archaischer* Apperzeption des innerlich Wahrgenommenen beruhte, stützte sie sich doch schon auf jene Botschaften, die aus dem Unbewussten – dem objektiv Psychischen – kamen. Bestätigt wird diese Aussage durch die Feststellung der vergleichenden Religionsforschung, dass sich die Ethiken aller Religionen auf ein gemeinsames – wenn auch entsprechend der Vielfalt der Kulturen stark variiertes – *Muster* zurückführen lassen.

Die Tiefenpsychologie hat aber nicht nur die *Quelle* ethischer Normen aufgezeigt. Sie hat – als *existentielle* Wissenschaft – auch einen *Weg* erschlossen, der heutigen Zeit entsprechende ethische Normen *zu erarbeiten*. Dies zu sehen ist vor allem deshalb wichtig, weil die rasante Entwicklung von Naturwissenschaft und Technologie zwar viele neue ethische Probleme mit sich gebracht hat, positivistische Wissenschaften jedoch – wegen der ihnen zugrunde liegenden ausschließlich objektivierenden Einstellung – nicht in der Lage sind, Normen für das richtige Tun zu finden. Begangen wird der Weg, den die Tiefenpsychologie hierzu erschlossen hat, in der Psychagogik. Wie erwähnt, münden viele Psychotherapien in *Psychagogik* ein: in begleitete Individuationsprozesse, bei denen es darum geht, gemäß den aus dem Unbewussten kommenden Impulsen Aufgaben der psychischen Entwicklung zu lösen, eventuell die Bewältigung der in früheren Epochen versäumten nachzuholen sowie den Sinn des Lebens und situationsgerechte Entscheidungen zu finden. Bei der Sinnsuche ist – wegen des Rückgangs der (unbewussten) Partizipation an der Gruppe infolge der Bewusstseins-Evolution – der Sinn des *eigenen*, nur ein einziges Mal in der Geschichte vorkommenden, *individuellen* Lebens zu finden. Verbal kann dieser meistens nicht gefasst werden, er wird vielmehr intuitiv empfunden. Intuitionen aber fließen dem Ich über die innere Wahrnehmung zu. Bei der Entscheidungsfindung – der praktischen wie der ethischen – gilt es, zuerst alle rationalen Gründe und Gegengründe zu erarbeiten und gegeneinander abzuwägen, vor dem Fällen des Entscheids aber noch hinzuhören, welche Reaktionen hierzu aus dem Unbewussten kommen und beides zu optimieren.

Nun setzt das Finden des Lebensweges und -sinnes sowie der jeweils richtigen ethischen Entscheidung jene existentielle *Haltung* voraus, die bei archaischer Weltsicht als *Religiosität* bezeichnet wurde. Um existentielle Haltung bemüht sich zwar auch der Positivist, doch ist diese – weil im Ich zentriert – nicht als religiöse zu bezeichnen. Im modernen Sprachgebrauch ist das Wort ›Religiosität‹ allerdings – weil es bei vielen den Geruch von Frömmelei hat – durch sein Synonym *Spiritualität* ersetzt worden. Es umschreibt jedoch besser als dieses, worauf es beim Begehen des Individuationswegs ankommt. Religiosität ist abgeleitet von lat. religere, sorgfältig beachten. Die Römer, die den Ausdruck religiositas kreierten, verstanden darunter eine Haltung, bei der der Mensch bereit ist, bei seinen Entscheidungen auch den Willen der Numina – der unsichtbaren Mächte – zu *beachten*. Dazu gehörte allerdings die ›Kunst der Unterscheidung der Geister‹: die Fähigkeit, desintegrierende (zum Überschreiten von Grenzen drängende) und integrierende (zu psychischer Ganzheit drängende) Tendenzen auseinander zu halten und beide – entsprechend der momentanen Situation – mit den bewussten Strebungen zu optimieren. Bei der Begleitung von Individuationsprozessen kann nun festgestellt werden, dass die Sache in dem Moment

›zu laufen beginnt‹ – mehr wird als intellektuelles Gerede, in dem der Schüler zur *Gewissheit* kommt, dass auf die Weisungen des ›inneren Meisters‹ – des Selbst – Verlass ist: dass er sie – *im eigenen Interesse* – auch dann sorgsam zu beachten hat, wenn sie den Intentionen des Ich zuwiderlaufen. In der spirituellen Tradition nannte man dies Gottvertrauen bzw. Glaubensgewissheit (fides, qua creditur). Diese kann man aber nicht willentlich herbeizwingen. Sie *geschieht*. In der spirituellen Tradition wurde dieses Geschehen als Wirken der *Gnade* bezeichnet. Die Tiefenpsychologie hat dafür keinen besseren Ausdruck gefunden, nur versteht sie unter Gnade – erleuchtender wie helfender – nicht mehr etwas, das vom Himmel herabkommt, sondern ein *innerpsychisches*, vom Selbst ausgehendes Geschehen.

Man kann also sagen, die Tiefenpsychologie habe dem westlichen Menschen – nach der areligiösen positivistischen Zwischenphase – wiederum die religiöse Dimension erschlossen. Allerdings handelt es sich bei dieser Religiosität – der heutigen Evolutionsebene des Bewusstseins entsprechend – um *Religiosität ohne Religion:* ohne fides, quae creditur, d. h. ohne Glauben *an* jenseitige Wesen. Dieser ist ja durch *Wissen* um die objektiv psychischen Mächte bzw. den Geist-Aspekt der Natur abgelöst worden. Es könnte somit heute – in Gestalt von Psychagogik – wiederum das heranwachsen, was bei archaischer Weltsicht die Schulen der Spiritualität hervorbrachten: eine Tradition, die zum einen der Reifung der einzelnen Persönlichkeit dient (wozu gemäß arteigenem Muster auch die Reifung der Bezogenheit auf andere Menschen gehört), aus der aber auch – durch das Ringen vieler Einzelner um ethische Entscheidungen – wieder für die Allgemeinheit gültige, auf die Probleme unserer Zeit abgestimmte *ethische Normen* heranreifen können.

2.14.3 Tiefenpsychologie ist Natur- *und* Kulturwissenschaft

Bis zur Entdeckung des Unbewussten waren Natur- und Kulturwissenschaften sozusagen getrennte Kontinente. Die Tiefenpsychologie hat sie dann miteinander verbunden, da sie – aufgrund ihrer inneren Struktur – sowohl Natur- als auch Kulturwissenschaft ist.

Naturwissenschaft ist sie mit ihrem *theoretischen* Zweig, gehört doch die Psyche – ganz besonders deren unbewusster Anteil – zur Natur. So wird denn in der Tiefenpsychologie, wenn es um Erforschung von *Struktur und Funktion der Psyche* geht, in Gedankengängen der Naturwissenschaft gedacht und eine dort übliche Terminologie verwendet. *Gestaltungen des Unbewussten* hingegen – seien dies individuell erfahrene oder geäußerte und vom Kollektiv weiterverarbeitete – gehören zur Kultur. Bei der Arbeit auf dem *hermeneutischen* Zweig der Tiefenpsychologie sind deshalb Methoden und Gedankengänge aus dem Bereich der Kulturwissenschaften erforderlich. Diese Doppelstruktur ergibt sich, weil die Tiefenpsychologie ihren Blick auf jene Stelle richtet, an der Kultur *entsteht.* Zwar ist der Mensch nur wegen des Besitzes von Bewusstsein in der Lage, Kultur – genau gesagt objektunabhängige Kultur – zu schaffen. Während man jedoch infolge des im Ich zentrierten Menschenbildes der Aufklärung der Meinung war, Kultur entstehe aus dem Bewusstsein *allein,* hat die tiefenpsychologische Forschung, wie gesagt, ergeben, dass es Gestaltungen des Unbewussten waren, aus denen die großen kulturellen Schöpfungen hervorgegangen sind.

2.15 Tiefenpsychologie als Basaldisziplin einer integralen Humanwissenschaft

Humanwissenschaft – ein Wissenschaftsverbund, der seit den siebziger Jahren die Ergebnisse all der mit dem Menschen sich befassenden Einzeldisziplinen zu einer *integralen* Sicht des Menschen zusammenführt – ist prinzipiell *transdisziplinär.* Dies aber war die Tiefenpsychologie von Anfang an, da sie den Menschen sowohl als Natur- wie als Kulturwesen ins Auge fasst. Aus diesem Grund allein schon dürfte sie zur Basaldisziplin der Humanwissenschaft werden in dem Sinn, wie die Physik während der analytischen Phase der Wissenschaftsgeschichte Basaldisziplin der Naturwissenschaften gewesen ist.

Dass die Physik das *gewesen* sei, kann man deshalb sagen, weil sie diese Funktion seit dem Aufkommen der systemischen Naturbetrachtung und der Ablösung des ontologischen Reduktionismus durch den *methodischen* eingebüßt hat. Das hat denn auch Wolfgang Pauli gemeint, als er sagte, mit der Holismusdebatte der Quantentheorie sei nicht einfach ein neues Problem in der Physik aufgetaucht, sondern durch das Auftauchen des Problems der Ganzheit und des Werdens ganzheitlicher Ordnung sei *die Physik selber zum Problem geworden.* Allerdings haben jene Koryphäen der Physik, die gegenwärtig den Anspruch erheben, mittels quantentheoretischen Überlegungen allein das Bewusstsein erklären zu können, dies noch nicht bemerkt. Da nun die integrale Humanwissenschaft den Menschen – entsprechend dem neuen Menschenbild – sowohl als unbewusst-bewusstes wie auch als kulturschaffendes Lebewesen auffasst, erfordert sie nicht nur transdisziplinäre *Arbeitsgemeinschaften* – nicht nur das Zusammen*kommen* von Natur- und Kulturwissenschaftlern – sondern auch transdisziplinäres *Denken.* Das ist aber, wie die Erfahrung gezeigt hat, etwas, das von den meisten erst noch erlernt werden muss. *Inter*disziplinarität setzt zwar immer Disziplinarität, das heißt Kompetenz auf dem eigenen Fachgebiet voraus. Darüber hinaus erfordert sie aber auch, dass jeder Teilnehmer sich zumindest über die Grundzüge der anderen Disziplinen ins Bild setzt und sich bemüht, das Bedeutungsfeld der aus den unterschiedlichen Forschungsmethoden resultierenden Terminologien zu erfassen. *Trans*disziplinäre Arbeit erfordert des weiteren – wenn sie fruchtbar sein soll, – dass Naturwissenschaftler sich das Feeling für die Denkweise der Kulturwissenschaftler und diese sich das Feeling für die der Naturwissenschaftler aneignen. Gerade dies aber war seit jeher Voraussetzung für fruchtbare tiefenpsychologische Forschung.

Aber nicht nur weil sie die Kluft zwischen Natur- und Kulturwissenschaften überbrückt, sehe ich die Tiefenpsychologie als zukünftige Basaldisziplin der integralen Humanwissenschaft. Ein weiterer, ebenso wichtiger Grund liegt darin, dass sie – im Unterschied zu allen positivistischen Disziplinen – eine *existentielle* Wissenschaft ist. Ziel humanwissenschaftlichen Bemühens ist ja nicht nur, ein zeitgemäßes, erfahrungswissenschaftlich fundiertes Welt- und Menschenbild zu erarbeiten. Es soll sich daraus auch die Möglichkeit ergeben, dem heutigen Menschen einen *Ausweg aus der Krise der Werte* bzw. aus der Orientierungslosigkeit in Bezug auf das Sollen aufzuzeigen. Gerade das aber können die positivistischen Disziplinen – das, was im heutigen Sprachgebrauch noch unter *der* Wissenschaft verstanden wird – nicht leisten. Sie können es deshalb nicht, weil ihnen durch ihre erkenntnistheoretische Voraussetzung – den eingeengten Empiriebegriff – der Zugang zum innerlich Wahrnehmbaren und damit zur *Quelle* der Werte und Normen verwehrt ist. Dazu kommt, dass die positivistischen Wissenschaften – wegen ihrer ausschließlich objektivierenden Einstellung – auch das zur menschlichen Natur gehörende *Bedürfnis* nach Pflege der existentiellen Einstellung unbefriedigt lassen, ja sogar – wegen der weitverbreiteten Methodengläubigkeit – abblocken. Darin liegt wohl der Grund dafür, dass so viele – auch so viele Wissenschaftler – in die sogenannte Esoterik abgedriftet sind. Diese kommt nämlich – vor allem mit ihren *Praktiken* – dem existentiellen Bedürfnis entgegen. Allerdings stützt sie sich in ihren *theoretischen Vorstellungen* (trotz aller Vermengung mit Begriffen der Quantenphysik) noch auf Elemente der überwundenen *mythischen* Weltsicht: jener Weltsicht, bei der man Mythen – sowohl religiöse als auch naturerklärende – als *physisch* wahre Aussagen auffasste. So müssen denn heutige Esoteriker sozusagen auf zwei Hochzeiten tanzen – in zwei miteinander unvereinbaren Weltbildern leben – was zu seelischen Spannungen, oft sogar zu Neurosen führt. Dem kann gerade durch Einbezug der Ergebnisse der Tiefenpsychologie in die humanwissenschaftliche Arbeit abgeholfen werden, hat diese doch einen der *heutigen* Ebene der Bewusstseins-Evolution entsprechenden, empirisch fundierten Weg zur Pflege der existentiellen Einstellung erschlossen.

Zwar ist auch die Theologie, wie gesagt, eine existentielle Wissenschaft, doch ist sie – als Wissenschaft vom *archaischen* Typ – durch die Bewusstseins-Mutation überholt worden. Aus diesem Grund sind Theologen als ebenbürtige

Gesprächspartner bei humanwissenschaftlicher Forschung aus den Rängen gefallen. Zwar können diejenigen unter ihnen, welche die Mutation des Bewusstseins nachzuvollziehen vermochten, bei humanwissenschaftlichen Gesprächen Information über die christliche Prägung der abendländischen Kultur und über Schulen der Spiritualität beibringen; jene hingegen, welche den Nachvollzug nicht geschafft haben, müssen sich damit abfinden, dass sie nun – ebenso wie einst Indianer und Eskimos – zum Objekt ethnologischer Forschung werden: zu lebenden Beispielen für das Studium archaischer Denk- und Verhaltensmuster.

Wenn die integrale Humanwissenschaft mit der Tiefenpsychologie als Basaldisziplin es fertig bringt, den Menschen auch Hilfe beim Begehen des Individuationswegs zu geben und ihnen auf diese Weise hilft, den heutigen Bedürfnissen entsprechende ethische Normen zu erarbeiten, wird sie gleichzeitig dazu beitragen, die heute grassierende *Wissenschaftsfeindlichkeit abzubauen.* Diese ergab sich ja gerade aus dem Unvermögen der positivistischen Wissenschaften, den Menschen Richtlinien für den *Umgang* mit ihren Entdeckungen und Erfindungen an die Hand zu geben.

3. Fragen an Freud – Wenn Freud heute noch leben würde

Einige Gedanken zur Entwicklung der Psychoanalyse im 20. Jahrhundert

Wolfgang Mertens

3.1 Einleitung

Herr Freud, es bereitet mir ein großes Vergnügen, mit Ihnen heute ein Gespräch darüber führen zu können, wie Sie über sechzig Jahre nach Ihrem Tod einige Themen aus Ihrem Werk einschätzen und an welchen Stellen Sie aus heutiger Sicht Korrekturen anbringen würden, ferner welche der Weiterentwicklungen Ihrer Gedanken Sie schätzen und welche Ihnen vielleicht nicht so behagen. Selbstverständlich können wir heute nur über einen Bruchteil Ihres Werkes diskutieren, das mehr als 20 Bücher und über 270 Aufsätze umfasst.[1] Ich bin davon überzeugt, dass Ihnen einige der Neuerungen überhaupt nicht zusagen, dass Sie aber auch manche Vasallentreue unter den Freunden der Psychoanalyse nicht unbedingt begrüßen. Ich nehme des weiteren an, dass es uns beiden gelingen wird, unseren Lesern deutlich zu machen, dass die Psychoanalyse nicht nur irgendeine Art der tiefenpsychologischen Weltbetrachtung ist, sondern dass der von Ihnen geschaffene Zugang eine beachtliche Weiterentwicklung des Bewusstseins darstellt und dass diejenigen Menschen, die sich diesen tiefenpsychologischen Zugang erarbeiten können, tatsächlich einen anderen Blick auf die Welt, auf ihre Mitmenschen und sich selbst einnehmen können. Insofern bedeutet die psychoanalytische Perspektive nicht nur eine unerhörte Integrationsleistung bei der Betrachtung human- und sozialwissenschaftlicher Phänomene, sondern sie führt auch in einem bedeutsamen Maße zu einer Weiterentwicklung des Bewusstseins bei solchen Menschen, die sich mit ihr auseinandersetzen.

Freud: *Sie kennen meine Vorbehalte gegenüber allen Heilslehren und auch gegenüber gefühlsmäßigem Überschwang, Skeptiker bin auch nach meinem Tod noch geblieben. Aber ich lasse mich dennoch von Ihren Ausführungen und Fragen überraschen.*

Herr Freud, ich werde Sie bei unserem Gespräch, wobei ich mich in etwa an die zeitliche Abfolge Ihrer ersten großen Arbeiten halte, natürlich nur nach einigen wenigen Gedanken und Konzepten fragen können, denn viel zu umfangreich ist das Volumen Ihrer Überlegungen und Hypothesen gewesen. Auch werde ich nur einige der wichtigsten Weiterentwicklungen erwähnen können, aber ich hoffe doch hierbei zentrale anzusprechen. Bevor ich mit der Besprechung Ihrer Arbeiten beginne, gestatten Sie mir einige Vorbemerkungen bzw. Fragen:

In der Rückschau imponiert Ihr Werk zwar immer noch als eine gewaltige Leistung, die das Selbstverständnis des 20. Jahrhunderts enorm verändert hat, doch werden auch die Schultern, auf denen Sie selbst gestanden haben, deutlicher. Einige der ernst zu nehmenden Interpreten Ihres Werks oder einiger zentraler Konzepte (wie z. B. Henry Ellenberger, Frank Sulloway, Peter Swales, Albrecht Hirschmüller, Bernd Nitzschke, Michael Schröter und neuerdings Günter Gödde), auf die wir noch zu sprechen kommen werden, haben bestimmte Traditionslinien herausgearbeitet, die Ihre Leistung als Ganzes zwar nicht schmälern, so aber doch Ihr Werk in einem breiteren Diskussionszusammenhang, der bezüglich der Hysterie, der Sexualität, des Unbewussten, der Abwehr und anderer Themen bestand, deutlicher gemacht haben. Und es konnte auch nicht ausbleiben, dass hierbei nicht nur wissenschaftshistorische sondern auch biographische und familiendynamische Aspekte zur Sprache gekommen sind: Z. B. die auffallende Idealisierung Ihrer Mutter, Ihre Stellung als erstgeborener Sohn, die Eifersucht gegenüber ihrem Bruder Julius, der noch im ersten Lebensjahr verstarb, und auf den Sie einmal Ihre Neigung zu Schuldgefühlen zurückgeführt haben. Letzteres ist vermutlich für eine Anzahl weiterer Besonderheiten Ihres wissenschaftlichen Lebens und vielleicht auch der Organisation der Psychoanalyse als wissenschaftliche Disziplin verantwortlich zu machen: So haben spätere Interpreten ja immer wieder die zum Teil vernichtenden Bruderkämpfe festgestellt und bedauert, wie sehr die psychoanalytische Bewegung unter dieser destruktiven Geschwisterrivalität gelitten hat.[2] Sicherlich konnte nicht alles, was unter dem Dach der Tiefenpsychologie an theoretischen Neuerungen geschah, von Ihnen gutgeheißen werden, aber die Tendenz zu einer starken theoretischen Zersplitterung und zur Generierung immer neuer Theorien ohne einen Abgleich und eine konstruktive Auseinandersetzung mit den bereits bestehenden, hat auch zu einer idiosynkratischen Theorienbildung beigetragen. Ich gehe davon aus, dass Sie mit dem Abstand von über 60 Jahren und natürlich auch nach Ihrer Kenntnis der vielen »Ferndiagnosen«, die über Sie, Ihre Beziehungen und die Auswirkungen auf Ihr Werk gestellt worden sind, vieles nunmehr mit Humor betrachten können und sich vielleicht auch tatsächlich darüber freuen, dass sich viele sog. Schismen und Abfallbewegungen aus heutiger Sicht manchmal, natürlich nicht immer, auch als sehr befruchtend herausgestellt haben.

Freud: *Sicherlich. Trotzdem werden Sie mir gestatten, dass ich auch heute noch mein Unbehagen kräftig äußern darf, wenn ein Autor oder eine Theorie immer noch mein Blut in Wallung bringt. Außerdem wollen wir doch nicht in jenen psychobiographischen Vereinfachungszwang und Reduktionismus verfallen, die mir und einigen meiner Schüler so häufig vorgeworfen worden sind. Gewiss habe ich mit einigen meiner Schüler heftig rivalisiert, aber gab es nicht manchmal auch gute Gründe dafür? Lassen wir also die biographische Dimension so weit es geht beiseite und versuchen wir jenseits von Dichtung und Wahrheit mehr die wissenschaftlichen Fragen zu diskutieren, die es wert sind, aufgegriffen zu werden.*

Es war einst Ihr Traum, eine »psychoanalytische Hochschule« verwirklicht zu sehen, in der nicht nur die klinische Psychoanalyse, sondern auch Disziplinen, wie z. B. (Neuro-) Biologie, aber auch Kulturgeschichte, Religionspsychologie, Mythologie, Literaturwissenschaft, gelehrt würden.[3] Die Psychoanalyse, so führten Sie in Ihrem Aufsatz »Zur Frage der Laienanalyse« aus, sollte nicht dem Schicksal erliegen, schon recht bald als ein bloßes Therapieverfahren unter vielen anderen in einem Lehrbuch der Psychiatrie oder der Psychotherapie als historisches Relikt abgehandelt zu werden. Sind wir heute Ihrem, damals noch für Sie phantastisch klingenden Ziel ein Stück näher gekommen?

Freud: *Das werde ich wohl erst nach unserem Gespräch beantworten können.*

3.2 Zur Auffassung der Aphasie. Eine kritische Studie (1891)

»Jedermann kennt Freud als den Vater der Psychoanalyse, aber die meisten Menschen wissen wenig über die 20 Jahre (1876–1896), als er überwiegend als Neurologe und Gehirnanatom arbeitete.« (Oliver Sacks, 1998, S. 11)

Herr Freud, das Jahr 1891 war ein ereignisreiches Jahr für Sie. Ihr drittes Kind, Oliver, war im Februar auf die Welt gekommen – »Das Gesindel gedeiht prächtig«, hatten Sie Ihrer Schwägerin Minna kurz danach geschrieben –, im Herbst zogen Sie von der Maria-Theresien-Straße in die Berggasse 19, wo Sie dann nahezu ein halbes Jahrhundert blieben. In den zurückliegenden fünf Jahren hatten Sie eine stattliche Anzahl von neurowissenschaftlichen Arbeiten, Dutzende Rezensionen medizinischer Fachliteratur und viele kleinere Artikel, wie z. B. Lexikonbeiträge, vor allem aber auch umfangreiche Übersetzungen der Vorlesungen und Werke von Charcot und Bernheim geschrieben. Seit Ihrer Praxiseröffnung 1886 behandelten Sie Ihre Patienten mit Elektrotherapie und Hypnose. Auf den elektrischen Apparat verzichteten Sie allerdings bald, nachdem klar geworden war, dass seine Wirkung hauptsächlich auf Suggestion beruhte. Im Frühjahr 1891 hatte es Ihnen besonders Ihre Patientin Frau Emmy von N. angetan, die Sie auch gezwungen hat, Ihre Behandlungstechnik der Hypnose zu verändern. Sie hatte Sie aufgefordert, Ihnen zuzuhören, was sie Ihnen spontan zu sagen habe und sie lehnte es wiederholt ab, auf Ihre beschwörenden Fragen, die Sie im Rahmen der Druckprozedur vornahmen, zu antworten. Nach Ihren Besuchen bei Frau Emmy schrieben Sie häufig an Ihrem Aphasie-Buch, manchmal auch während der Besuche in ihrem Haus, die oft Stunden dauerten. Frau Emmy litt unter anderem an Sprachstörungen, wie übrigens auch die von Breuer behandelte Anna O. und eine weitere Patientin von Ihnen, Frau Caecilie M. Diese Symptomatik war sicherlich ein Grund für Sie, sich so eingehend mit Störungen des Sprechens und der Sprache zu befassen.[1] Sie hatten sich allerdings nicht zum ersten Mal mit diesen Fragen beschäftigt. Denn schon als Student hörten Sie 1874 bei Ihrem Lehrer Ernst Wilhelm von Brücke eine Vorlesung über die »Physiologie von Stimme und Sprechen«.[2] Und Sie hatten die Vorlesungen von Charcot nach Ihrer Rückkehr aus Paris für ihn übersetzt, wovon drei allein nur von Aphasien handelten. Und schließlich waren Sie durch Ihre Tätigkeit bei Theodor Meynert mit der neuropsychiatrischen Aphasielehre in Kontakt gekommen. Das Problem der Aphasie war also für sie sehr vertraut; aber noch bedeutsamer dürfte gewesen sein, dass Sie mit diesem Thema zwar einerseits an Forschungsgebiete Ihrer Lehrer anschlossen und gleichzeitig deren

Auffassungen gründlich kritisierten, andererseits aber auch einen Übergang herstellten, von der Neuropathologie Ihrer Studienjahre und Assistentenzeit hin zur Psychopathologie, der Domäne also, mit der Sie sich dann für lange Zeit beschäftigen sollten.

In Ihrem ersten Buch »Zur Auffassung der Aphasien« haben Sie sich nun aber nicht nur gegen die damals vorherrschende Lehre der Sprachstörungen von Wernicke, Meynert, Charcot und anderen Autoren gewandt, sondern etwas viel Wichtigeres ausgearbeitet: Sie haben deutlich gemacht, dass man, um die Störungen Ihrer Patientinnen wirklich verstehen und auch angemessen behandeln zu können, sie als psychische Phänomene im eigenen Recht begreifen muss und sie nicht auf Physiologie und Anatomie reduzieren darf.

ZUR AUFFASSUNG

Der

APHASIEN.

EINE KRITISCHE STUDIE

VON

Dr. SIGM. FREUD

PRIVATDOCENT FÜR NEUROPATHOLOGIE AN DER UNIVERSITÄT WIEN.

Mit 10 HOLZSCHNITTEN IM TEXTE.

LEIPZIG UND WIEN

FRANZ DEUTICKE

1891

Abbildung12: Zur Auffassung der Aphasien

Ihre Veröffentlichung, die Sie Ihrem Mentor Josef Breuer gewidmet hatten, und die bei Franz Deuticke erschien, war verlegerisch ein Misserfolg. Ganze 257 Exemplare wurden von ihr verkauft. Sie selbst haben Ihre Schrift zunächst durchaus geschätzt, obwohl Sie die Reaktion Breuers sehr enttäuscht hatte, der lediglich den Stil gelobt hatte. Später wollten Sie aber nicht, dass diese Publikation in die Gesammelten Werke aufgenommen wird. Zunächst aber schrieben Sie an Ihren Berliner Freund Wilhelm Fließ, dass Sie sich sehr frech vorkommen, wenn Sie Ihre Klinge mit Ihrem Freund Wernicke und anderen Autoritäten auf dem Gebiet der Aphasie-Forschung kreuzen und selbst den hochthronenden Götzen Meynert kratzen.[3]

Freud: *Genauso war es. Und es hat mir neben der intellektuellen Herausforderung auch ein sichtliches Vergnügen bereitet, mich mit dem Choleriker Meynert anzulegen. Denn auf ihn ging es größtenteils zurück, dass mir der Zugang zum hirnanatomischen Laboratorium kurze Zeit nach meinem Vortrag am 15. Oktober 1886 vor der k.u.k. Gesellschaft der Ärzte über meinen Aufenthalt bei Charcot in Paris mit dem Thema der männlichen Hysterie untersagt wurde. Dabei war Meynert nach meiner Einschätzung der männliche Hysteriker par excellence, wie er selbst dann auch kurz vor seinem Tod mir gegenüber zugegeben hat. Aber die Reaktion meiner Zeitgenossen, allen voran Breuers hat mich doch ziemlich stark enttäuscht. Niemand hat nämlich die Klinge mit mir gekreuzt. Die »Aphasie« wurde in der wissenschaftlichen Welt so gut wie totgeschwiegen.[4] Lediglich Siegfried Bernfeld, Ernst Kris und Ernest Jones haben sie über 50 Jahre später wegen des klaren Stils hervorgehoben.*

Auch der kanadische Wissenschaftshistoriker Henry Ellenberger hat sie stark abgewertet, wenn er Ihre Arbeit lediglich mit der Bemerkung kommentierte, dass sie »eine theoretische Erörterung ohne neue klinische Beobachtungen oder neue pathologische Entdeckungen«[5] dargestellt habe.

Freud: *Für mich selbst blieb die »Aphasie« immer ein wichtiges Werk. Auch wenn ich später nicht explizit auf diese Arbeit Bezug genommen habe, hat sie doch den Grundstein für die Konstituierung der Psychoanalyse gelegt.*

Es war übrigens das dritte Mal, dass Sie Professor Meynert, dem Chef der Psychiatrischen Klinik, widersprachen: Einmal in seiner Einschätzung des Hypnotismus, zum zweiten in der Frage der männlichen Hysterie und nun hinsichtlich seiner Auffassung von Bau und Funktion des Gehirns.[6] Obwohl Sie in Ihren späteren Arbeiten niemals explizit auf das Aphasie-Buch eingingen, enthält es doch den Kern ihrer späteren Auffassungen. Das berühmte 7. Kapitel der Traumdeutung (1900) und Ihre Schrift über »Das Unbewusste« (1915) sind auf jeden Fall ganz eng auf Ihre frühe Veröffentlichung bezogen.

Als Sie im Jahr 1891 die Kritik an den Theorien von Wernicke, Lichtheim und Meynert über die Aphasie vornahmen, waren Sie 35 Jahre alt und mittlerweile ein erfahrener Neurologe und Neuropathologe. 40 Jahre zuvor hatte der französische Neurologe Broca den Nachweis geführt, dass eine schwere Störung des artikulierten Sprechens (expressive oder motorische Aphasie) auf eine Schädigung einer Zone im linken Stirnlappen des Gehirns zurückging, obwohl die körperlichen Artikulationsorgane normal funktionsfähig waren. Einige Zeit später hatte Carl Wernicke die Ursache für eine sensorische Aphasie, einen Verlust des Sprachverständnisses, in einer Schädigung des Schläfenlappens entdeckt. Wiederum war die Funktionsfähigkeit des Hörvermögens unbeeinträchtigt.

Carl Wernicke (1848–1905), deutscher Neurologe und Psychologe, der in Wien bei Theodor Meynert am Institut für cerebrale Neurologie studiert hatte, veröffentlichte im Alter von 26 Jahren seine Monographie *Der Symptomenkomplex der Aphasie: Eine psychologische Untersuchung auf anatomischer Basis*. In diesem Werk beschrieb er einen Patienten, der zwar sprechen konnte, aber die Sprache anderer Menschen nicht verstand. Beeinflusst von Meynerts Unterteilung des Cortex in sensorische und motorische, durch Nervenzüge verbundene Areale, nannte er diesen Aphasietyp *sensorisch*.

Obwohl die Phrenologie, also die Auffassung, für jede seelische Tätigkeit ließe sich ein umschriebenes Zentrum im Gehirn finden, längst als Gehirnmythologie galt, schien es in den 80er Jahren des 19. Jahrhunderts so zu sein, dass diese nun wiederum unter dem Namen des Lokalisationismus erneut Auftrieb erhielt.

Wernicke und Lichtheim waren unermüdlich im Aufstellen vermutlicher Verbindungswege zwischen verschiedenen Gehirnzentren, die sie für die unterschiedlichsten neurologischen Störungen verantwortlich machten. Eine ganze Anzahl psychischer Fähigkeiten wurde nun auf der Oberfläche der Hirnhemisphären lokalisiert. Sie, Herr Freud, waren zwar mit der klinisch-anatomischen Lokalisationsmethode psychischer Funktionen bestens vertraut, entwickelten aber zu Recht immer stärker die Auffassung, dass diesem Ausfindigmachen von Zonen im Gehirn etwas Mechanisches anhaftet, so als wäre das Gehirn eine sehr simple Maschine ohne dynamische Organisation und Geschichte.

Phrenologie: Bezeichnung für die gegen Ende des 18. Jahrhunderts von dem Wiener Arzt Franz Joseph Gall (1758–1828) begründete »Schädellehre«. Gall versuchte auf spekulativem Weg geistigen Eigenschaften, Begabungen und Neigungen eines Menschen topographisch fest umschriebene Areale der Großhirnrinde zuzuordnen. Gall verstieg sich sogar zu der Auffassung, dass man an der äußeren Schädelbildung die intellektuellen und charakterlichen Eigenschaften und Fähigkeiten eines Menschen erkennen könne. Seine Auffassung bildete die Grundlage für die sog. Lokalisationstheorie der Gehirnfunktionen. Inspiriert von Galls Ideen entdeckte der französische Chirurg Pierre Broca (1824–1880) im frontalen Bereich der linken Gehirnhälfte im unteren Teil der dritten Stirnwindung das Sprachzentrum.

Obwohl heutzutage im Zeitalter der Positronen-Emissions-Tomographie und der funktionalen Magnetresonanz-Bildgebung nach einer Sichtbarmachung der jeweils verstärkten Aktivität von einzelnen Neuronengruppen nach wie vor gesucht wird, gilt es doch als ausgemacht, dass das Gehirn als ein *hochkomplexes Netzwerk* von Milliarden vielfältig miteinander verknüpfter Nervenzellen auch *aus weit voneinander entfernten Arealen* zu begreifen ist. Trotz der Fokussierung auf einzelne Gehirnareale muss letztlich doch von einer holistischen Sichtweise ausgegangen werden.

Freud: Ein läppisches Kombinationsspiel! [7]

Und vor allem wehrten Sie sich gegen die Lehrmeinung, dass mit der anatomischen Lokalisierung bereits eine Erklärung der psychischen Funktionen stattgefunden habe. Diese Doktrin hatte nämlich bei den deutschen Neurologen die Auffassung zur Folge, dass ohne eine anatomische Läsion auch kein klinisches Syndrom existieren könne. Stattdessen plädierten Sie für ein von der anatomischen und neurologischen Lokalisation unabhängiges Studium psychischer Phänomene, wenn Sie z. B. schrieben: »Die Kette der physiologischen Vorgänge im Nervensystem steht ja wahrscheinlich nicht im Verhältnis der Kausalität zu den psychischen Vorgängen. Die physiologischen Vorgänge hören nicht auf, sobald die psychischen begonnen haben (...), das Psychische ist somit ein Parallelvorgang des Physiologischen (›a dependent concomitant‹)«.[8] Ihre Erfahrungen, die Sie am Allgemeinen Krankenhaus in Wien sammeln konnten, die klinischen Eindrücke, die Sie aus Paris von Charcot mitbrachten, Ihr Interesse an Patienten, die aufgrund eines Schlaganfalls, eines Unfalls oder eines Tumors Störungen der Sprache erlitten hatten, vor allem aber Ihr Kennenlernen der Arbeiten des englischen Neurologen John Hughlings Jackson, hatten Sie in der Ansicht gestärkt, dass es falsch sei, elementare psychische Funktionen an bestimmten Stellen der Großhirnrinde zu lokalisieren und dadurch zu erklären. Zusammen mit dem Prinzip eines Anti-Lokalisationismus traten Sie dafür ein, psychische Strukturen unabhängig von den physiologischen Vorgängen in ihrer eigenen komplexen psychologischen Organisation zu beschreiben und zu erklären. Sie plädierten wie Hughlings Jackson vor Ihnen für eine parallele Betrachtung des Psychischen, für eine Konkomitanz. Das bedeutete natürlich nicht, dass Sie den Zusammenhang mit neurophysiologischen Prozessen abgestritten hätten; das wäre ja auch aufgrund ihrer Ausbildung und Tätigkeit absurd gewesen. Aber Sie machten damit den Weg frei für die spätere psychoanalytische Erforschung der psychologisch bedeutungshaften Ebene. Auch in dieser Hinsicht ist Ihre Veröffentlichung von immenser Bedeutung gewesen.

Freud: *Damit haben Sie etwas ganz Wichtiges angesprochen, was wohl heutzutage im Zeitalter des Gehirns wieder allzu leicht in Vergessenheit gerät: Psychisches lässt sich nicht in neurophysiologischer Begrifflichkeit erklären. Darauf hat eben schon Jackson vor über 100 Jahren aufmerksam gemacht, aber es scheint unter Wissenschaftlern wie Laien dennoch weiterhin einer Art Wunschdenken zu entspringen, dieses in einer Art Kurzschluss zu tun.*

Das Phänomen der Freundschaft lässt sich nicht erfassen, wenn man weiß, welche Neuronengruppen feuern; eine Depression lässt sich zwar vielleicht dadurch lindern, dass wir in den Serotonin-Stoffwechsel eingreifen, aber die tiefenpsychologischen Vorgänge haben wir deshalb keine Sekunde lang begriffen. Wir sind dann zwar neurophysiologisch versiert, aber psychologisch betrachtet bleiben wir Analphabeten. Nicht umsonst haben Sie eben schon damals darum gekämpft, die psychologisch bedeutungshafte Ebene in ihrem eigenen Recht zu erforschen. Heute sind wir auf diesem Gebiet schon erheblich weitergekommen, vielleicht nicht zuletzt mit Hilfe der Psychoanalyse, wenngleich wir immer noch ziemlich wenig wissen. Und eines ist doch ganz klar: Solange uns nur die neurophysiologische Erklärungsebene zur Verfügung stünde, erlebten wir einen Zustand wie Menschen, deren Erleben total dissoziiert ist. Sie wissen zwar dann zukünftig vielleicht alles über ihre Gehirnvorgänge, können ganz genau angeben, welche Zellverbände in welchen Regionen gerade aktiviert sind, wenn sie sich z. B. auf etwas konzentrieren oder depressiv sind, aber von der Bedeutung ihres Erlebens für sich selbst haben sie nichts verstanden. Es tritt dann ein Zustand ein, der sich als Bedeutungsleere beschreiben lässt. Man hat das auch als Homo-Faber-Syndrom bezeichnet. Also einen Zustand, in dem der Betreffende sich selbst nur mehr instrumentalisieren kann, ohne auch nur irgendetwas dabei zu erleben. Es entbehrt übrigens nicht der Ironie, dass erst vor kurzem sog. Spiegelzellen entdeckt worden sind, die für unsere Einfühlung in unser Gegenüber verantwortlich gemacht werden. Diese Spiegelzellen werden vor allem im Broca-Zentrum lokalisiert.[11]

John Hughlings Jacksons Auffassung eines psychophysikalischen Parallelismus: »Erstens: Alle Zustände des Bewusstseins (oder synonym: Zustände des Geistes) sind äußerst verschieden von nervlichen Zuständen; zweitens: Diese beiden Zustände treten zusammen auf – einem Bewusstseinszustand korreliert ein nervlicher

> Zustand–; drittens: Obwohl die beiden Phänomene parallel auftreten, existiert zwischen ihnen keine Interferenz. Dies nenne ich die Doktrin der Konkomitanz«.[9] Bereits 1878 hatte Jackson auf die Gefahr hingewiesen, die sich aus der Auffassung eines monistischen Reduktionismus ergibt und die methodologische Bedeutung seiner von ihm bevorzugten Auffassung eines psychophysikalischen Parallelismus skizziert: »Eine Methode, die auf Klassifikationen beruht, die teilweise anatomisch und physiologisch, teilweise psychologisch sind, schafft eine Verwirrung bezüglich des Problems. Diese konfundierten Klassifikationen führen nämlich zum Gebrauch solcher Ausdrücke, wie z. B., dass eine *Vorstellung* von einem Wort eine *Bewegung* der Sprechmuskeln erzeugt; tatsächlich jedoch kann ein psychischer Zustand, wie die Vorstellung eines Wortes (oder schlicht ein Wort) keine Bewegung erzeugen ... Bei all unseren Untersuchungen des Nervenssystems müssen wir uns gegen die falsche Auffassung zur Wehr setzen, dass materielle Zustände in niederen Zentren sich *zu* psychischen Zuständen in höheren Zentren verfeinern; dass z. B. Schwingungen in den sensorischen Nerven zu Empfindungen *werden* oder dass auf irgendeine Weise eine Vorstellung eine Bewegung hervorruft«.[10]

Interessant war für Ihre Biographen auch, dass Sie die Auffassungen Ihrer deutschsprachigen Kollegen, die allesamt Anhänger der Lokalisationstheorie waren, bekämpft und sich der angelsächsischen Lehrmeinung von Hughlings Jackson angeschlossen haben, zur damaligen Zeit noch ein ziemlich unübliches Vorgehen. Es sprach für Ihren Mut, die vorherrschende Lehrmeinung hierzulande gründlich anzuzweifeln und sich nicht dem Mainstream, z. B. aus Karrieregründen, anzuschließen. Ferner haben Sie sich in Ihrem Buch nicht nur mit neurologischen und neuroanatomischen Theorien befasst, sondern auch mit linguistischen, z. B. mit denjenigen von Berthold Delbruck und Herrmann Paul. Für Valerie Greenberg haben Sie mit Ihrer Aphasie-Studie an einem internationalen Netzwerk transdisziplinärer Forscher teilgenommen, die wie Sie von Störungen der Sprache fasziniert waren, die die herkömmlichen Grenzen der wissenschaftlichen Disziplinen sprengten.[12] Sprachwissenschaftler, Anthropologen, Psychologen, Neurowissenschaftler, Philosophen interessieren sich in der Gegenwart für die Aphasien. Und die modernen minimalinvasiven bildgebenden Verfahren der Neurophysiologie ermöglichen nunmehr noch weitergehendere Aufschlüsse über die Prozesse im Gehirn als vor einhundert Jahren. Bedauernswert wäre nur, wenn dadurch die klinische Erfahrung und ihre Einbettung in eine Beziehung zwischen zwei Menschen an Bedeutung verlieren würde.

***Freud:** Es freut mich besonders, dass eine Professorin für Deutsche Sprache über einhundert Jahre nach dem Erscheinen mein Erstlingswerk offensichtlich mit solch großem Sachverstand gewürdigt hat, ganz im Unterschied etwa zu*

Henry Ellenberger, der mein Werk gründlich missverstanden zu haben scheint.
Laurence Miller, der 1991 ein Buch über die neuropsychodynamische Grund-

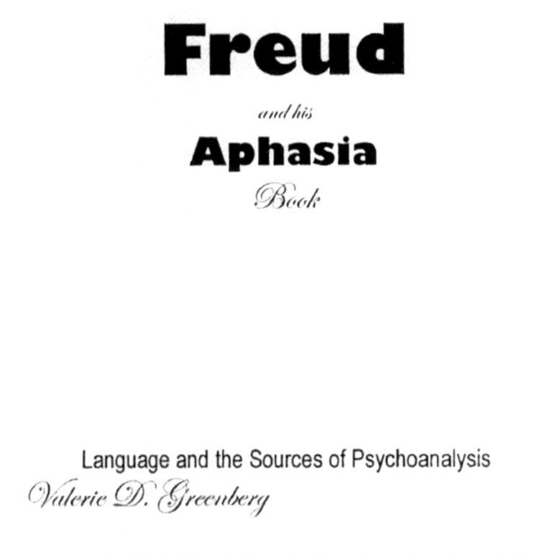

Abbildung13: Freud and his Aphasia Book

legung der Psychoanalyse veröffentlichte, hat die Auffassung vertreten, dass Ihr Name in die Geschichte sowohl der Neuropsychologie als auch der psychodynamischen Persönlichkeitstheorie eingegangen wäre, selbst wenn Sie niemals als Schöpfer der Psychoanalyse bekannt geworden wären.[13] Und damit steht Miller keineswegs allein: In den 80er und 90er Jahren des 20. Jahrhunderts haben der Neurowissenschaftler und Psychoanalytiker Mark Solms und sein Kollege Michael Saling, sowie der Frankfurter Psychoanalytiker Wolfgang Leuschner Ihre Arbeit nicht nur wieder entdeckt, sondern sogar ihre herausragende, wenn nicht sogar epochale Bedeutung für die Neuropsychologie beschrieben.[14] Ja, es wurde sogar dafür plädiert, die »Aphasie« zum Ausgangspunkt für eine Zusammenarbeit zwischen Psychoanalyse und den kognitiven Neurowissenschaften zu nehmen[15], was natürlich sehr zu begrüßen wäre, und worüber wir vielleicht noch anhand des »Projekts« diskutieren können.

Neuropsychologie

Neuropsychologie bezeichnet dasjenige Teilgebiet der Neurowissenschaften, das den Einfluss von Hirnschädigungen auf menschliches Erleben und Verhalten untersucht. Die Hirnschädigungen sind hierbei zumeist Folge von Krankheiten, Unfällen oder neurochirurgischen Eingriffen. Die neuropsychologische Forschung versucht anhand der Analyse der durch die Hirnschädigung hervorgerufenen Störungen, Rückschlüsse auf die Funktion der geschädigten Hirnregion zu ziehen und Modelle der menschlichen Gehirnfunktion zu entwickeln.

Neben den von der kognitiven Psychologie bevorzugten Themen, wie Wahrnehmung, Aufmerksamkeit, Gedächtnis, Sprache und Motorik widmete sich die Neuropsychologie in den letzten Jahren zunehmend auch der Erforschung der neuroanatomischen Grundlagen von Emotion und Motivation (z. B. Damasio, 1994; LeDoux, 1996; Panksepp, 1998). Wurde bislang das Phänomen des Träumens nahezu ausgeklammert, so stellen die Untersuchungen des Londoner Neurowissenschaftlers und Psychoanalytikers Mark Solms (1995, 1997, 1998, 1999, 2003) über die Auswirkungen von Hirnschädigungen auf das Traumerleben die ersten größeren, systematischen, neuropsychologischen Studien des Träumens dar.

Wenn Ihre Schrift weder in die Standard Edition noch in die Gesammelten Werke aufgenommen wurde – lag es vielleicht auch daran, dass sie im Schatten Ihrer anderen Arbeit stand, dem »Entwurf einer wissenschaftlichen Psychologie« (siehe Kap. 3.4) und dass mit der Hereinnahme dieser Schrift anfangs der 50er Jahre geglaubt wurde, dem neurowissenschaftlichen Freud genügend gehuldigt zu haben?

Freud: *Ich glaube, meine Kreativität in diesem Punkt hat mich im nachhinein selbst überrascht. Ich kann mich heute deshalb auch durchaus der Auffassung von Miller anschließen, dass ich mit der Aphasie-Schrift eine neuropsychodynamische Fundierung der Psychoanalyse ausgearbeitet habe. Er hat überzeugend nachgewiesen, wie ich mit meinen damaligen »vorpsychoanalytischen«, neurologischen Theorien die zentralen Konzepte der Psychoanalyse vorweggenommen habe und wie man diese mit den klinischen Befunden und den Theorien der modernen Neuropsychologie synchronisieren kann.*

Und ebenfalls halte ich auch die Einschätzung von Mark Solms und Michael Saling für richtig, dass sich hinsichtlich der »Wissenschaftlichkeit« der von mir geschaffenen Psychoanalyse vor allem deswegen ein grundlegendes Missverständnis ergeben hat, weil die Behauptung aufgestellt wurde, die Psychoanalyse sei aus dem »Entwurf einer wissenschaftlichen Psychologie« hervorgegangen, und dass damit das Fundament, auf dem die Psychoanalyse errichtet wurde, äußerst wackelig sei, weil der Entwurf auf irrigen Annahmen basiere. Stattdessen haben die beiden richtig gestellt, dass meine Schrift über die Aphasie das

Verbindungsstück zwischen der Psychoanalyse und den Neurowissenschaften darstellt. In dieser habe ich mich der Auffassung von Jackson angeschlossen, so dass meine vorherige neurologische Ausbildung gar nicht mehr den Stellenwert hatte, den Kritiker mir unterstellt haben, wie z. B. ich hätte psychische Prozesse nur als Epiphänomen von Gehirnprozessen betrachtet.[16] *Das Gegenteil war vielmehr der Fall: In der Aphasie-Schrift bin ich von einem Parallelismus von seelischen und körperlichen Prozessen ausgegangen. Aufgrund der hellsichtigen und genialen Lehre Jacksons, von der ich in der »Aphasie« beeinflusst war – vor allem von seiner Doktrin der Konkomitanz – sind die Grundgedanken der »Aphasie« ein Vorreiter der modernen Neurowissenschaft geworden.*

Henry Ellenberger z. B. hat Ihren »Entwurf« als Ergebnis und Vermächtnis eines Jahrhunderts der »Gehirnmythologie« bezeichnet und ausgeführt, ich zitiere: »Dies ist wahrscheinlich auch der Grund, warum Freud diesen Entwurf aufgab, sobald er ihn fertig gestellt hatte. Aber viele der im Entwurf formulierten Ideen sollten in verschiedenen neuen Formen in Freuds späteren psychoanalytischen Theorien wieder auftauchen.«[17] Dies ist genau der Punkt, den Miller, Solms und Saling, Leuschner und auch Greenberg korrigiert haben. Die Aphasie-Studie ist in vielerlei Hinsicht prägender für Ihr späteres Werk geworden, als der wegen seiner stark reduktionistischen und physikalistischen Inhalte zu Recht gerügte »Entwurf«, über den wir ja noch sprechen werden.

Reduktionismus: Darunter versteht man das Bestreben, Vorgänge in einer höheren Seinsschicht zu erklären, indem man sie auf Vorgänge in einer tieferen Seinsschicht zurückführt. Die Phänomene der verschiedenen Seinsschichten unterscheiden sich hinsichtlich des Ausmaßes ihrer Komplexität: Sinnstrukturierte Phänomene, wie z. B. menschliches Erleben, sind komplexer als biologische und diese sind wiederum komplexer als physikalische. Psychologische/tiefenpsychologische Phänomene sind zwar ohne die biologischen und physikalischen Gegenstandsbereiche nicht vorstellbar, können aber ontologisch nicht auf diese reduziert werden. Dies hängt vor allem mit dem Theorem der Emergenz zusammen: Emergente Eigenschaften ergeben sich anhand der Wechselwirkungen der Phänomene auf der nächst niedrigen Ebene und führen dazu, dass die höhere Ebene eine größere Komplexität aufweist. Oder anders ausgedrückt: Bei jedem Übergang von einem weniger komplexen Realitätsbereich zu einem komplexeren, z. B. von der Neurobiologie zur Psychologie, treten grundsätzlich neue Phänomene auf, welche emergent sind in Bezug auf das vorausgehende niedrigere Niveau, so dass niemals das höhere Niveau durch das niedrigere theoretisch fundiert und erklärt werden kann.
Die Philosophen sind sich – wie eh und je – auch hier wieder einmal uneins: Jeder

Versuch, Erleben auf reduktionistische Weise zu erklären, ist für den amerikanischen Philosophen Thomas Nagel von vornherein zum Scheitern verurteilt, während für seine Kollegin Patricia Churchland dies durchaus vorstellbar ist. Eine Lösung könnte die Unterscheidung von starken und schwachen Emergenztheorien ergeben: Starke Emergenztheorien behaupten die Irreduzibilität.[18]

Dem Reduktionismus-Argument verwandt ist dasjenige des **Naturalismus**. Da der Mensch nicht nur ein geistiges und kulturell geprägtes Wesen ist, sondern vor allem einen Körper hat, der biologischen Gesetzmäßigkeiten unterliegt, sei es notwendig, ihn auch naturalistisch zu erklären. Den Menschen auch als Naturwesen zu verstehen, muss aber nicht die Konsequenz haben, ihn auf Neurologie und Biologie zu reduzieren.

Angesichts der vielen Attacken auf Ihr Werk oder auch solcher Einschätzungen wie die Psychoanalyse sei dem Typus einer geisteswissenschaftlichen Hermeneutik zuzuordnen, oder – sogar völlig aus der Luft gegriffen – Sie seien überhaupt kein Wissenschaftler, sondern vielmehr ein Scharlatan gewesen,[19] scheint tatsächlich vergessen worden zu sein, dass Sie Ihre Karriere als Neurowissenschaftler begonnen haben. Das Studium des menschlichen Gehirns hat Sie über ein Jahrzehnt mit Beschlag belegt, und einige Dutzend neurowissenschaftlicher Veröffentlichungen sind aus dieser Zeit hervorgegangen. Die »Aphasie« wurde von nahezu allen Aphasiologen im 20. Jahrhundert als ein klassischer Beitrag zu dieser Störung gewürdigt und es gibt zumindest in der zweiten Hälfte des 20. Jahrhunderts nahezu kein neuropsychologisches Einführungswerk in dem nicht Ihr Beitrag erwähnt wird.[20] In diesem Punkt irrte Ihr bekanntester Biograph Ernest Jones also gründlich, wenn er schrieb, dass Sie sich in neurologischen Kreisen damit keinen Namen gemacht hätten.[21]

Solms und Saling haben darauf aufmerksam gemacht, dass der einflussreiche russische Neurologe Alexander Luria, einer der Väter der modernen Neuropsychologie, nach Ihrem Tod die Wissenschaft der dynamischen Neuropsychologie entwickelte, die auf den gleichen grundlegenden Annahmen basierte, wie Ihre Aphasie-Arbeit. Ja, Luria soll so sehr von Ihnen angetan gewesen sein, dass er eine russische psychoanalytische Gesellschaft gründete, in psychoanalytischen Fachzeitschriften veröffentlichte und einige Ihrer Werke ins Russische übersetzte. Luria war übrigens auch ein Anhänger der neurologischen Schule von John Hughlings Jackson und es ist weitgehend ihm zu verdanken, dass die moderne Disziplin einer dynamischen Neuropsychologie entstanden ist. Nicht zuletzt aus diesem Grund erscheint für Solms und Saling eine Zusammenarbeit zwischen Lurias Neuropsychologie und der Psychoanalyse bei einschlägigen Themen sehr wünschenswert zu sein. An der modernen Auffassung, zu der Sie durch Ihre Kritik an der lokalisationistischen Tradition ein gutes Stück beigetragen haben, führt kein Weg mehr vorbei, wie ja auch moderne bildgebende Verfahren hinlänglich bewiesen haben: Das Gehirn besteht aus einem dynamischen und interaktiven Set von Subsystemen, in denen Informationen aus der inneren und äußeren Realität unaufhörlich verarbeitet werden. Heute spricht man bekanntlich davon, dass in diesem informationsverarbeitenden System aus ganz unterschiedlichen Sinnesmodalitäten stammende Informationen gleichzeitig, das heißt parallel verarbeitet werden.

Übrigens hat Mark Solms vor kurzem zusammen mit Edward Nersessian eine interdisziplinäre Zeitschrift, die *Neuro-Psychoanalysis* gegründet. Im Herausgeber-Board finden sich auf der neurowissenschaftlichen Seite so bekannte Namen wie z. B. Antonio Damasio, Eric Kandel, Joseph LeDoux, Benjamin Libet, Detlef Linke, Rudolfo Llinas, Jaak Panksepp, Karl Pribram, Vilayanur Ramachandran, Oliver Sacks, Allan Schore, Wolf Singer. Im psychoanalytischen Board sitzen Jacob Arlow, André Green, Ilse Grubrich-Simitis, Otto Kernberg, Lotte Köhler, Marianne Leuzinger-Bohleber, Arnold Modell, Morton Reiser, Howard Shevrin u.a. Es scheint, als sei die Psychoanalyse zu Ihren Anfängen zurückgekehrt. Eine Entwicklung, die Sie sich damals sicherlich nicht träumen ließen. Aber Ihr Versuch, neuropsychologische Störungen nicht länger reduktionistisch erklären zu wollen, Neurophysiologie nicht mit Psychologie zu verwechseln, sondern die Störungen aus ihrer psychologischen Funktionalität heraus begreifen zu wollen, hat Sie immer stärker in eine eigenständige psychologische respektive tiefenpsychologische Betrachtungsweise geführt.

Es gibt übrigens einen noch weiteren nicht minder bedeutsamen Aspekt Ihrer Aphasie-Arbeit, nämlich eine darin enthaltene Bedeutungstheorie, die Achim Stephan rekonstruiert und damit die Behauptung vertreten hat, dass Sie schon in dieser Schrift die Grundlagen dafür gelegt haben, die Psychoanalyse weder als Hermeneutik noch als eine naturalistische Theorie aufzufassen.[22] Aber die Diskussion darüber würde jetzt wahrscheinlich zu sehr ins Detail gehen.

Im Aphasie-Buch kritisierten Sie den naturwissenschaftlichen Reduktionismus Ihrer Lehrer: Sie selbst plädierten damals bereits für die Eigenständigkeit einer psychologischen, später einer psychoanalytischen Betrachtungsweise. Dabei zweifelten Sie keine Sekunde lang, dass sie sich als Naturwissenschaftler dem Seelischen näherten, und dass vielleicht eines Tages, das Psychische auf ein sicheres neurowissenschaftliches Fundament zu stellen sei. Diese Einschätzung durchzieht wie ein roter Faden ihr Werk und hat Ihre Schüler und Kritiker veranlasst, aus Ihnen einen sogenannten »Szientisten« zu machen, d. h. einen Verfechter eines ziemlich rigiden naturwissenschaftlichen Erkenntnisideals des 19. Jahrhunderts, das nichts anderes gelten lasst, als was sich sehen und messen lässt und der alles auf messbare Quantitäten zurückführen möchte, und so eben auch seelische Qualitäten auf ziemlich mechanische Vorgänge. Allerdings hat Ihnen der Philosoph Jürgen Habermas bescheinigt, dass Sie einem »szientistischen Selbstmißverständnis« aufgesessen seien. Zwar sei die von Ihnen geschaffene Psychoanalyse »das einzig greifbare Beispiel einer methodisch Selbstreflexion in Anspruch nehmenden Wissenschaft«[23], aber in Ihren metapsychologischen Bemühungen – als dessen Beginn wir durchaus schon die Aphasie-Schrift erkennen können – seien Sie einem szientistischen Selbstmissverständnis erlegen und hätten deshalb auch keine Metahermeneutik als Metatheorie ausarbeiten können, weil Sie sich eben – entgegen Ihrem späteren klinisch-tiefenhermeneutischen Vorgehen – als Naturwissenschaftler des Seelischen auszugeben trachteten. Statt Ihre hermeneutische Vorgehensweise als solche zu begreifen und wertzuschätzen, wenn Sie z. B. aus dem Material Ihrer Patienten den verborgenen Sinn zu erraten versuchten, stülpten Sie stattdessen – so Habermas – Ihrer Deutungskunst eine an naturwissenschaftlichen Methoden und Modellen orientierte Theorie über.

Freud: *Es ist zwar richtig, dass ich Zeit meines Lebens daran festhielt, die Psychoanalyse als »Naturwissenschaft des Seelischen« einordnen zu wollen, wenn ich z. B. schrieb: »Die Psychoanalyse ist ein Stück der Seelenkunde der Psychologie. Die Psychologie ist auch eine Naturwissenschaft. Was sollte sie denn sonst sein?«[24], aber Habermas und auch andere Wissenschaftstheoretiker haben dabei wohl völlig übersehen, dass ich eine andere Auffassung von Naturwissenschaft hatte als es im heutigen Verständnis üblich ist. »Naturwissenschaftliche Forschung« bedeutete für mich in erster Linie die methodische Verpflichtung, den Forschungsgegenstand von allen subjektiven Einflüssen und Vorurteilen freizuhalten, geordnet und systematisch vorzugehen, nur solche Hypothesen zuzulassen, die auf wiederholten Beobachtungen beruhen, eine Fülle von Details zu berücksichtigen und im übrigen auch vom Einzelfall auf eine Gesamtheit der Fälle schließen zu dürfen. Ich habe aber sehr wohl Unterschiede zur damaligen medizinischen Wissenschaft oder zur Biologie angenommen. Wie wir bereits diskutiert haben, war ich ganz gewiss kein Anhänger einer einheitswissenschaftlichen Methodologie, sondern habe mit der schrittweisen Entfaltung einer psychoanalytischen Hermeneutik, worüber wir ja bestimmt noch ausführlicher sprechen werden, den naturwissenschaftlichen Positivismus unterlaufen.*

Johann August Schülein[25] hat Ihre damalige wissenschaftstheoretische Position als eines »heimlichen Anti-Szientismus« wahrscheinlich am zutreffendsten charakterisiert. Und er hat differenziert ausgeführt, was diese »Heimlichkeit« und dieses »Doppelleben« für die Generierung der psychoanalytischen Disziplin gebracht haben. Einerseits konnten Sie sich in der Pionierphase der Psychoanalyse vom medizinischen Denken Ihrer Tage, einer mechanistisch- materialistischen Auffassung, die nur quantitativ empirische Methoden zuließ, was zu der angesprochenen weitgehenden Reduzierung des Seelischen auf Physiologie führte, abgrenzen, andererseits wurden Sie aber auch nicht völlig zum Außenseiter. Rückfall in den positivistischen Mainstream hätte den Verzicht auf die Entstehung der Psychoanalyse bedeutet – die allzu offene Propagierung einer neuen Art, Seelisches wahrzunehmen und es zu erforschen, hingegen zum absoluten Außenseitertum, was der Entwicklung der Psychoanalyse bestimmt nicht zum Guten gereicht hätte, wenn wir z. B. daran denken, welch wohlwollende Aufnahme sie später, z. B. in den USA, erlebt hat. Schülein hat dies sehr treffend auf den Punkt gebracht, wenn er schreibt:

Volume 1 1999 Number 1

NEURO-PSYCHOANALYSIS

AN INTERDISCIPLINARY JOURNAL FOR PSYCHOANALYSIS AND THE NEUROSCIENCES

Editors
Edward Nersessian
Mark Solms

International Universities Press, Inc.

Abbildung 14: Volume 1 1999 Number 1 Neuro-Psychoanalysis

»Es war daher eine spezifische Mischung aus Durchlässigkeit und Konsequenz, die die unvermeidlichen Übergangskrisen überhaupt zuließ und ihre Steigerung bis zur Transzendierung erlaubt. Diese wiederum basierte auf einer fundamentalen Identifizierung mit dem naturwissenschaftlichen Wissenschaftsideal, welches jedoch nicht im Sinne von Buchstabentreue, sondern als Prinzip der Orientierung verstanden wurde. Ohne diese lose Verbindung zum herrschenden Wissenschaftsbetrieb, den Vorrang des Prinzips vor praktischen Normen und empirischen Verhältnissen der Wissenschaft hätte ... Freuds Vorstoß ins Unbewusste möglicherweise eine andere Wendung erfahren«.[26]

Johann August Schülein, Professor für Allgemeine Soziologie und Wirtschaftssoziologie an der Wirtschaftsuniversität Wien, Präsident der Sigmund-Freud-Gesellschaft, Wien. Wichtige Veröffentlichungen zur Psychoanalyse: (1978): Probleme und Risiken selbstreflexiver Institutionen am Beispiel der Psychoanalyse, Kölner Zeitschrift für Soziologie und Sozialpsychologie; (1979): Das Gesellschaftsbild der Freudschen Theorie. Frankfurt; (1999): Die Logik der Psychoanalyse. Eine erkenntnistheoretische Studie. Gießen.

Gleichwohl hat Ihnen Schülein aber auch bescheinigt, dass Ihre damaligen Versuche, die Psychoanalyse wissenschaftstheoretisch zu verorten, unzureichend gewesen sind.

Freud: *Ein bisschen was musste ich doch auch noch meiner Nachwelt überlassen.*

Aber diese Nachwelt hatte große Schwierigkeiten mit diesem Ihren Vermächtnis. Zwar gab und gibt es letztlich doch eine ganze Anzahl von Autoren, die sich bemüht haben, den methodologischen Status des psychoanalytischen Vorgehens zu bestimmen, wie z. B. neben dem bereits erwähnten Habermas auch Paul Ricoeur, Wolfgang Loch, Alfred Lorenzer, Jürgen Körner, Alfred Schöpf, Robert Heim, Ingrid Kerz-Rühling, Wolfgang Tress, Carlo Strenger, Hartmut Raguse, Rolf Haubl, Matthias Kettner, Rolf-Peter Warsitz, und doch schwankten diese Autoren hinsichtlich des methodologischen Status der psychoanalytischen Disziplin. Nach Ricoeur z. B. stellt die Psychoanalyse eine gemischte Rede dar, die sich aufgrund ihres energetisch-ökonomischen Aspekts gegen eine ausschließliche Integration in die Hermeneutik sperrt. Habermas bestimmte die Metapsychologie als Metahermeneutik, die sich wegen ihrer Grundannahmen von einer bloßen Hermeneutik unterscheidet. Für andere Autoren verkörpern die in der Psychoanalyse zum Einsatz gelangenden Operationen des Erklärens und Verstehens die methodologischen

Positionen des Szientismus und der Hermeneutik, wie z. B. für Körner. In der tiefenhermeneutischen Vorgehensweise werden die Lücken im Verständnis des Analysanden und dessen Selbsttäuschungen vom Analytiker mit Hilfe projektiver Vorannahmen empathisch zu verstehen versucht; in diese Vorannahmen gehen aber nicht nur die Aktivierungen eigener lebensgeschichtlich erfahrener Bedeutungszusammenhänge mit ein, sondern auch gesetzesmäßige Annahmen über die Natur der Störung, entwicklungspsychologische Abfolgen u.a.m., wobei die Auswahl dieser Theoriebestandteile selbst wiederum mit eigenen Erfahrungen zu tun haben kann.
Eine psychoanalytische Erkenntnistheorie steckt zwar nicht mehr in den Kinderschuhen, aber weist doch noch ein erhebliches Argumentationsdefizit in der Öffentlichkeit auf. Trotz der verdienstvollen Arbeiten ist die spezifisch psychoanalytische Erkenntnistheorie der Psychoanalyse selbst einem aufgeklärten Menschen nicht einfach zu vermitteln. Und umso schwieriger ist es, wenn jemand aufgrund von Ängsten mit starken Vorurteilen an die Beschäftigung mit unbewussten Prozessen herantritt. Nur so ist es zu erklären, dass sich immer noch viele Erörterungen über den Wissenschaftsstatus der Psychoanalyse begriffsdualistisch zwischen Schlagworten bewegen wie »Ist die Psychoanalyse eine Naturwissenschaft oder eine Geisteswissenschaft?« »Verfährt sie nomothetisch oder ideographisch?« »Ist sie eine wissenschaftliche oder eine hermeneutische Theorie?« »Lassen sich ihre Hypothesen falsifizieren oder nicht?«. Das ist nicht nur viel zu einfach gefragt, sondern spiegelt auch einen überholten Stand der wissenschaftstheoretischen Diskussion wider. Trotzdem wird damit auch immer noch erhebliche Polemik gegen die Psychoanalyse betrieben. Unter dem Deckmantel von Objektivität und Wissenschaftlichkeit sind heute wie zu Ihrer Zeit häufig handfeste ökonomische und berufspolitisch geprägte Interessen sowie natürlich auch ganz persönliche Ängste und Abneigungen verborgen.

Das heißt wohl aber auch: Manche Kritiker, die Sie mit der Elle eines rigiden und einseitig empirisch-nomothetischen Wissenschaftsideals messen wollten oder immer noch messen, übersehen, dass Sie bereits in Ihren Anfängen methodologisch erfahrener und kreativer waren, als viele der Anhänger von Mach, Reichenbach, Carnap, Popper und neuerdings Grünbaum, die nicht erkennen können, dass methodologische Auffassungen, wie z. B. der Positivismus des Wiener Kreises, der Neopositivismus, der kritische Rationalismus, und wie die sich wandelnden Doktrinen alle noch lauten, sich ebenfalls die Frage gefallen lassen müssen, wodurch sie sich legitimieren, auch wenn es im Bereich wissenschaftstheoretischer Lehren hin und wieder durchaus einen Fortschritt geben mag.

Trotzdem scheint die Gefahr eines kruden naturwissenschaftlichen Positivismus, der im 19. Jahrhundert so stark war, immer noch nicht ganz ausgestanden zu sein. Und dies obwohl moderne naturwissenschaftliche Erkenntnisprinzipien und Erkenntnisse, wie Relativitätsforschung, Chaosforschung und nichtlineare dynamische Systemtheorie bereits hier und da ins Alltagsbewusstsein eingesickert sind. Dennoch lassen sich weiterhin erstaunliche Regressionen im Denken beobachten. Gegenwärtig ist ja ebenfalls wieder ein Trend zu einer ziemlich naiven Repositivierung wichtiger psychoanalytischer Theoriebestandteile beobachten. So als ob man den schwer fassbaren unbewussten Prozessen immer wieder am liebsten mit Rechenprozeduren auf den Leib rücken möchte, um ihrer endlich habhaft zu werden und damit auch die Angst, die von der Unberechenbarkeit unbewusster seelischer Prozesse ausgeht, berechenbar und damit kontrollierbar zu machen.

Nichtlineare Dyamische Systemtheorie

Ursprünglich aus der Physik, Chemie und Mathematik herkommend wurde die Analyse dynamischer, nichtlinearer, sich selbstorganisierender und sog. chaotischer Systeme auf das Studium komplexer biologischer Systeme übertragen (von Bertalanffy, 1968; Prigogine, 1980; Prigogine und Stengers, 1981). Dynamische Systemtheoretiker wie z. B. Thelen & Smith (1994) beschäftigen sich vor allem mit dem Prozess entwicklungsmäßiger Veränderungen: Wie entstehen Ordnung und Komplexität aus dem Zusammenspiel unendlich vieler Komponenten? Als dynamische Systemtheoretiker herausgefunden hatten, dass geringfügige Vorgänge zu gewaltigen Auswirkungen führen können, war endgültig das Interesse an nicht vorausberechenbaren, »chaotischen« Vorgängen entstanden. Mit ihrer Betonung des permanenten im Prozess befindlichen und vom Kontext abhängigen und beeinflussbaren Geschehens eignet sich diese Betrachtungsweise besonders gut für die Konzeptualisierung psychoanalytischer Phänomene. Psychoanalytiker haben seit jeher ihr besonderes Augenmerk auf den unbemerkten Austausch wechselseitiger, intersubjektiver, synchron ablaufender bewusster, subliminaler und unbewusster Austauschvorgänge gelegt (z. B. Poetzl, Jung, Ferenczi), und diese spielen in der modernen psychoanalytischen Entwicklungspsychologie eine nicht mehr wegzudenkende Rolle (vgl. insbesondere die Pionierarbeiten des amerikanischen psychoanalytischen Entwicklungstheoretikers Louis Sander ab den 60er Jahren (z. B. 1962, 1964, 1975, 1977).
Stolorow (1997) hat eine *intersubjektive* Konzeptualisierung innerhalb einer nonlinearen dynamischen Systemtheorie skizziert, die den Fokus in einer psychoanalytischen Behandlung darstellen sollte: Wie verschränken sich die subjektiven Gefühlswelten der beiden Beteiligten in einem intersubjektiven Prozess? Im Unterschied zu der von der herkömmlichen cartesianischen Denkhaltung eingenommenen Dichotomisierung von intrapsychisch versus interpersonell, one-body- versus two-body-psychology, individual- versus sozialpsychologisch wird in dem intersubjektiven Ansatz der dynamischen Systemtheorie von der Unmöglichkeit einer derartigen

Aufteilung ausgegangen: Die intrapsychischen Erlebniswelten sind immer schon Subsysteme des übergreifenden und umfassenderen intersubjektiven Systems. Was ein Analysand denkt und fühlt ist abhängig von dem, wie und was sein Analytiker denkt und fühlt und vice versa.

Aus dieser Sichtweise folgt auch, dass Entwicklung ungleich stärker interaktions- und kontextabhängig ist, als jemals zuvor gedacht wurde. So wenig wie es in diesem Paradigma vorprogrammierte Entwick-lungsziele gibt, die sich unabhängig vom äußeren Kontext entfalten, so wenig gibt es auch Konflikte und Traumatisierungen, die unabhängig vom intersubjektiven Kontext entstehen. Das psychodynamisch Unbewusste wird von Affektzuständen gebildet, die vom Kind nicht zur Mentalisierung zugelassen werden konnten, weil sie ein traumatisierendes Fehl- oder »Miss«- Attunement erfahren haben. Auf einen gezeigten traurigen Affekt z. B. folgte eine ärgerliche Zurückweisung, auf den Ausdruck von Ärger eine empörte Reaktion, auf Neugierde eine mürrische Ablehnung. Statt von einem statischen Konzept einer Verdrängungsschranke auszugehen, liegt es bei einer dynamisch systemtheoretischen Betrachtung nahe, eher von fließenden Übergängen zwischen bewussten und unbewussten Prozessen auszugehen: Bei gutem Affektattunement ist es möglich, dass die Affekte doch noch eine Mentalisierung erfahren.

Die Pathologie eines Patienten kann andauern, nicht weil intrapsychische Mechanismen innerhalb des Patienten wie statische, unbeeinflussbare Entitäten wirken, sondern weil pathogene Interaktionsmuster des Patienten ebensolche Antworten des Analytikers zunächst nahe legen, bis dieser die Retraumatisierung für seinen Patienten anhand seiner Reaktionen erkennt und sein Verhalten verändert. Erst dann kann es zu einer »Destabilisierung« derartiger »Attraktoren« kommen, die als spezifische Eltern-Kind-Interaktionen bereits von Geburt an entstanden sein können. In der Destabilisierungsphase finden in der Regel massive Ängste statt, weil sich gewohnte Interaktionsmuster auflösen und Patienten zunächst in eine strukturlose Leere abzustürzen meinen, bis sich eine neue Beziehungserfahrung etabliert und stabilisiert hat.

Auch die herkömmliche Dichotomie zwischen Veränderung durch Einsicht und Veränderung aufgrund der erfahrenen Beziehung kann nicht aufrechterhalten werden. Übertragungs- oder genetische Deutungen wirken sich nur dann positiv aus, wenn ein Patient spürt, dass sein Analytiker genügend eingefühlt war, um Retraumatisierungen und allzu große Erschütterungen des Selbstwertsystems zu vermeiden. Ohne ausreichend gutes Attunement sind Deutungen nicht nur zwecklos, sondern sogar schädlich.

Der amerikanische Psychoanalytiker Stanley R. Palombo (1999) hat den psychoanalytischen Veränderungsprozess folgerichtig in Form einer Emergenz als eine Koevolution der beiden Beteiligten beschrieben.

Literatur zum nichtlinearen systemischen Ansatz in seiner Anwendung auf die Psychoanalyse:

Brocher, T. und Sies, C. (1986): Psychoanalyse und Neurobiologie. Zum Modell der Autopoiese als Regulationsprinzip. Stuttgart: Frommann-holzboog.

Fogel, G. (1990): Review of James Gleick's Chaos. Bulletin of the Association of Psychoananalytic Medicine, 29, 89–94.

Galatzer-Levy, R. (1978): Qualitative change form quantitative change: mathematical catastrophe theory in relation to psychoanalysis. Journal of the American Psychoanalytic Association, 26, 921–935.

Galatzer-Levy, R. (1984): Perspectives on the regulatory principles of mental functioning. Psychoanalysis & Contemporary Thought, 6, 255–289.

Galatzer-Levy, R. (1988): On working through: A model from artificial intelligence. Journal of the American Psychoanalytic Association, 36, 125–151.

Galatzer-Levy, R. (1991): Computer models and psychoanalytic ideas: Epistemological applications. Society for Psychoanalytic Psychotherapy Bulletin, 61, 23–33. Grossman, W. T. (1992): Hierarchies, boundaries, and representation in the Freudian model of mental organization. Journal of the American Psychoanalytic Association, 40, 27–62.

Moran, M. G. (1991): Chaos theory and psychoanalysis. International Review of Psychoanalysis, 18, 211–222.

Mosher, P. (1990): Review of James Gleick's Chaos. Bulletin of the Association of Psychoananalytic Medicine, 29, 95–96.

Palombo, S. (1999): The evolving ego. Madison, CT: International University Press.

Sashin, J. (1985): Affect tolerance. A model of affect-response using catastrophe theory. Journal of Sociobiological Structures, 8, 175–202.

Sashin, J. & Callahan, J. (1990): A model of affect using dynamical systems. Annual of Psychoanalysis, 18, 213–231.

Spruiell; V. (1993): Deterministic chaos and the sciences of complexity. Journal of the American Psychoanalytic Association, 41, 3–44.

Stolorow, R. D. (1997). Dynamic, dyadic, intersubjective systems: An evolving paradigm for psychoanalysis. Psychoanalytic Psychology,14, 317–334.

***Freud:** Meinetwegen kann ruhig auch gerechnet werden, solange es Sinn macht. Auch ich hatte ja seinerzeit einen ökonomischen Gesichtspunkt neben dem topographischen und dem dynamischen als wichtig erachtet, also die Betrachtungsweise, welche Quantitäten im Seelenleben eine Rolle spielen. Am wichtigsten bleibt für mich aber bei dieser Thematik wohl bei alledem, dass das Seelische keine Nachgeordnetheit gegenüber der neurowissenschaftlichen Sichtweise erfährt. Denn gerade heute, wo alle Welt wieder über das Gehirn* *spricht, kann man sich manchmal des Eindrucks nicht erwehren, als befänden wir uns immer noch im 19. Jahrhundert, in dem – wie bei meinem damaligen Lehrer Brücke – die Möglichkeiten einer naturalistischen Erklärung des Psychischen immens überschätzt wurden. Auch wenn es heute faszinierende Methoden für Gehirnforscher gibt, dem Gehirn tatsächlich bei seiner Arbeit zuzuschauen, allerdings mit einem sehr distanzierten Blick und mit einer Auflösungsgenauigkeit, die weit davon entfernt ist, befriedigend zu sein, erscheint es umso wichtiger, den Anspruch aufrechtzuerhalten, psychische Sachverhalte als Phänomene sui generis zu untersuchen. Gerade dies darf angesichts der gegenwärtigen Begeisterung für die Neurowissenschaften und ihre bildgebenden Verfahren nicht verloren gehen. Diese Betrachtungsweise schließt aber für mich damals wie heute keineswegs aus, dass psychologische Prozesse Teil einer umfassenderen Ganzheit sind, deren anderes Ende in neurophysiologischen und biologischen Gegebenheiten gründet. Weder dürfen wir Psychologie auf Biologie oder Neurobiologie reduzieren, noch dürfen wir die mit körperlichen Prozessen einhergehenden psychologischen Phänomene von ihren biologischen Vorgängen isolieren. Zwar müssen wir deren Erforschung den dafür zuständigen Wissenschaften überlassen, doch erscheint es mir zunehmend wichtiger, deren Ergebnisse zur Kenntnis zu nehmen, sie für die Psychoanalyse fruchtbar zu machen, aber auch deren Grenzen deutlich zu erkennen, vor allem, wenn sich diese Disziplinen bzw. ihre Vertreter anheischig machen, solche Phänomene erklären oder verändern zu wollen, bei denen in erster Linie unsere Autorität und Kompetenz gefragt sind.*

Ich verstehe Ihre Äußerung als ein starkes Plädoyer für die Stärkung des interdisziplinären Wissenschaftsstatus, den die Psychoanalyse in Ihren Augen ja immer schon aufwies, auch wenn Sie selbst nicht umhin konnten, Ihre naturwissenschaftliche Identität zu betonen.[27] Und ich denke auch, dass es wichtig ist, Ihr Interesse für interdisziplinäre Diskurse auch in der Gegenwart nicht erlahmen zu lassen, allein schon deshalb, weil die derzeitige Konjunktur für die Erforschung des Gehirns auch manche Blüten treibt, die Wolfgang Leuschner treffend als »Neuromythologie« bezeichnet hat.[28] Man muss die Theorien und ihre Verkündigungen allein schon deshalb zur Kenntnis nehmen, weil manche ihrer Erzeuger glauben, im Kurzschluss auf die Vorgänge im Gehirn die psychologische Ebene ausklammern zu können. Aber eine größere Bewusstheit und eine stärkere Reflexions- und Erlebnisfähigkeit können nur errungen werden, wenn man sich mit psychologischen Prozessen auseinandersetzt. Trotz der stärkeren Akzeptanz, welche die Psychologie und die sprechende Medizin in den letzten Jahren erfahren haben, existiert nun die Gefahr, dass erneut eine »seelenlose« Neurowissenschaft angesichts der beeindruckenden Ergebnisse der modernen bildgebenden Verfahren und unterstützt von der pharmazeutischen Industrie den Menschen auf bestimmte Gehirnareale reduziert. Dann interessieren nicht länger sein komplexes psychisches Erleben, seine Lebensgeschichte und sein sozialer Kontext, in dem er sich bewegt, sondern einzig und allein, was sich in kortikalen und subkortikalen Gehirnstrukturen abspielt.

3.3 Studien über Hysterie (1895)

»... daß kein anderer Mensch je ähnlich auf mich gewirkt hat, weiß ich gewiß.« (Brief an Martha Bernays am 24. Nov. 1885 über seinen Aufenthalt bei Charcot in Paris)

»Ich bin nicht immer Psychotherapeut gewesen, sondern bin bei Lokaldiagnosen und Elektroprognostik erzogen worden wie andere Neuropathologen, und es berührt mich selbst noch eigentümlich, daß die Krankengeschichten, die ich schreibe, wie Novellen zu lesen sind, und dass sie sozusagen des ernsten Gepräges der Wissenschaftlichkeit entbehren. Ich muß mich damit trösten, daß für dieses Ergebnis die Natur des Gegenstandes offenbar eher verantwortlich zu machen ist als meine Vorliebe; Lokaldiagnostik und elektrische Reaktionen kommen bei dem Studium der Hysterie eben nicht zur Geltung, während eine eingehende Darstellung der seelischen Vorgänge, wie man sie vom Dichter zu erhalten gewohnt ist, mir gestattet, bei Anwendung einiger weniger psychologischer Formeln doch eine Art von Einsicht in den Hergang einer Hysterie zu gewinnen.« (Freud und Breuer, 1895, S. 131)

Herr Freud, zusammen mit Josef Breuer veröffentlichten Sie im Mai 1895 die *Studien über Hysterie bei* Franz Deuticke. Die *Studien* sind auch als das »Urbuch der Psychoanalyse« bezeichnet worden, denn mit ihm beginnt in den Augen vieler die Psychoanalyse.[1] Dieses Werk war die Frucht Ihrer bisherigen klinischen Erfahrungen in der Diagnostik und Therapie neurotischer Erkrankungen. Verlegerisch war auch dieses Buch ein Misserfolg; in dreizehn Jahren wurden nicht mehr als 626 Exemplare verkauft.

In diesem Buch wollten Sie, wie Sie später in Ihrer »Selbstdarstellung« schrieben, »nicht die Natur der Hysterie ergründen, sondern bloß die Entstehung ihrer Symptome beleuchten«. Wichtig war Ihnen ferner die Bedeutung der Affekte und die Unterscheidung zwischen unbewussten und bewusstseinsfähigen seelischen Prozessen. Mit Hilfe eines sog. dynamischen Faktors erklärten Sie die Entstehung eines Symptoms durch die Aufstauung eines Affekts und mit Hilfe eines ökonomischen Faktors erklärten Sie Konversionssymptome als das Ergebnis der Umsetzung einer seelischen Energiemenge in eine körperliche.

Galten hysterische Symptome bis dahin als Ausdruck einer erblich bedingten Degeneration – immerhin schon ein Fortschritt gegenüber der früheren Auffassung, die sie als Anzeichen eines sündigen Lebens interpretiert hatte –, so zeigten Sie auf, dass hysterischen Symptomen eine psychologische Bedeutung zugrunde liegt, die der betreffenden Person allerdings nicht bewusst ist: Dies war der Beginn einer Sinn und Bedeutung von Leidenszuständen interpretierenden Psychoanalyse.

Um nachvollziehen zu können, wie sich bei Ihnen allmählich das Interesse von der Neuroanatomie, der Anatomie des Zentralnervensystems und der organischen Neurologie hin zum Studium der Neurosen verlagerte, unternehmen wir zunächst wieder einen kurzen Rückblick. Wenden wir uns der Zeit nach Ihrer Promotion, ab dem Jahr 1881 zu.

Damals waren Sie 25 Jahre alt, ein frischgebackener Doktor der Medizin, der sich aber für die damaligen Verhältnisse für das Studium und die Promotion viel Zeit gelassen hatte, denn Sie hatten ja mit 17 Jahren bereits das Abitur erworben. Dafür aber hatten Sie acht Jahre lang gründlich studiert und als Famulus in Brückes Laboratorium ein tiefes Interesse für das Studium des Gehirns, für die mikroskopische Anatomie und die Physiologie des Nervensystems entfaltet. Wenn Ihr Lehrer Sie nicht gedrängt hätte, die brotlose Forschungstätigkeit aufzugeben, wer weiß, ob Sie dann nicht eines Tages ein berühmter Neurowissenschaftler geworden wären. So aber legte Ihnen Brücke nahe, sich um eine klinisch medizinische Ausbildung zu bemühen, die bislang in Ihrem Studium zu kurz gekommen war, um damit auch endlich Geld verdienen – zumindest war das die Hoffnung –, heiraten und eine Familie gründen zu können. 1882 begannen Sie Ihr ärztliches Praktikum am Allgemeinen Krankenhaus in Wien. Während der drei Jahre lernten Sie die Chirurgie, die Innere Medizin, die Psychiatrie, die Dermatologie und die Augenheilkunde kennen. Wichtig wurde für Sie vor allem die Zeit als zweiter Sekundärarzt in Meynerts Abteilung am Allgemeinen Krankenhaus, wo Sie in seinem hirnanatomischen Laboratorium von Mai 1882 bis September 1883 Ihre Studien betrieben.

Nachdem Sie Anfang des Jahres 1885 jeweils einige Wochen in den Abteilungen für Dermatologie und Augenheilkunde verbracht hatten, erfolgte am 18. Juli 1885 Ihre Ernennung zum Privatdozenten für Neuropathologie. Fortan hielten Sie regelmäßig zweimal wöchentlich Vorlesungen über Hysterie. Meynert, auf den Sie später nicht sehr gut zu sprechen waren, unterstützte Ihr Habilitationsvorhaben und ebenso – wie auch Brücke – Ihre Bewerbung um ein Auslandsstipendium für einen Aufenthalt bei Charcot in Paris.[4]

STUDIEN

ÜBER

HYSTERIE

VON

DR. JOS. BREUER UND Dr. SIGM. FREUD

IN WIEN

LEIPZIG UND WIEN

FRANZ DEUTICKE

1895.

Abbildung 15: Studien über Hysterie

Der über dreißig Jahre ältere Charcot, der wie ein Fürst an der Salpétrière, einem ehemaligen Salpeter-Depot, residierte, der »Napoleon der Neurosen«, wie er auch genannt wurde, hat Sie ungemein beeindruckt. »Ich glaube, ich verwandle mich sehr«, hatten Sie im Herbst 1885 an Martha geschrieben, »ich will Dir das einzeln aufzählen, was auf mich einwirkt. Charcot, der einer der größten Ärzte, ein genial nüchterner Mensch ist, reißt meine Ansichten u. Absichten einfach um. Nach manchen Vorlesungen gehe ich fort wie aus Notre Dame, mit neuen Empfindungen von Vollkommenem. Aber er greift mich an; wenn ich von ihm weggehe, habe ich gar keine Lust mehr, meine eigenen dummen Sachen zu machen ... Mein Gehirn ist gesättigt wie nach einem Theaterabend. Ob die Saat einmal Früchte bringen wird, weiß ich nicht; aber daß kein anderer Mensch je ähnlich auf mich gewirkt hat, weiß ich gewiß«.[5]

Die Saat hat sicherlich Früchte getragen, aber es hat doch noch geraume Zeit gedauert. Zunächst einmal stand der Wechsel von der Neurologie zur Psychopathologie und zur Neurosenlehre an. Aber obwohl Sie mit der festen Absicht nach Paris gefahren waren, dort an der Abteilung für Nervenkrankheiten der Salpétrière zu arbeiten, um ihre klinischen Kenntnisse zu erweitern, beschäftigten Sie sich die ersten zwei Monate Ihres Aufenthalts in Paris zunächst wieder mit Ihrer alten Leidenschaft, der Hirnanatomie, und untersuchten unter dem Mikroskop Gehirne von Kleinkindern, wobei Sie aber natürlich auch die Vorlesungen von Charcot besuchten. In Ihrem Nachruf auf ihn wurde noch einmal die Faszination, die für Sie von ihm ausging deutlich, wenn Sie schrieben:

> »Als Lehrer war Charcot geradezu fesselnd, jeder seiner Vorträge ein kleines Kunstwerk an Aufbau und Gliederung, formvollendet und in einer Weise eindringlich, daß man den ganzen Tag über das gehörte Wort nicht aus seinem Ohr und das demonstrierte Objekt nicht aus seinem Sinn bringen konnte«.[6]

Charcot vertrat zuallererst die Auffassung, dass die Hysterie keine eingebildete Krankheit sei, sondern ein Leidenszustand, den man mit Fug und Recht psychologisch untersuchen kann. Hysterische Lähmungen seien nicht durch körperliche Ursachen ausgelöst, sondern durch einen seelischen Schock, mithin also durch psychische Vorstellungen, wie er mittels hypnotischer Suggestionen auch jederzeit beeindruckend nachweisen konnte. Gleichzeitig hielt Charcot aber durchaus an einer erblichen Veranlagung bei der Ätiologie der Hysterie fest. Dennoch war er viel stärker als die Wiener Schule an beobachtbaren Fakten interessiert als an scheinbar unerschütterlichen Theorien.

Aber obwohl Sie so stark von der Persönlichkeit Charcots angetan waren und obwohl Sie in Paris die Gelegenheit hatten, für die Symptome der posttraumatischen Hysterie eine ganz neue Erklärung lernen zu können, überlegten Sie eine Zeitlang, Ihren Forschungsaufenthalt abzubrechen und wieder nach Wien zurückzukehren. Ihre Biographen haben hier über Ihre Motive ziemlich im Dunkeln getappt und allerhand Spekulationen angestellt. War es die anfängliche Enttäuschung, von Charcot nicht genügend beachtet worden zu sein? War es die Faszination von der Neurosenlehre, die zunächst bei Ihnen zu einer Abwehr, zu einer Reaktionsbildung zu führen drohte? Bemerkten Sie, dass Ihr bisheriger neuroanatomischer und –physiologischer Schwerpunkt fur das Verständnis psychischer Erkrankungen in keinster Weise ausreichte? War es die sexuelle Anziehung, die durch die Krankenvorstellungen in Ihnen ausgelöst wurde und Sie zu stark irritierte? Viele der vorgeführten Frauen entwickelten ja hemmungslose und orgiastische Reaktionen. Den Zusammenhang von Hysterie und Sexualität kannten Sie bislang nur vom Hörensagen, in Paris aber waren Sie zum ersten Mal Augenzeuge. Ein junger, sehr verliebter Mann, der Sie damals waren, der all seine sexuellen Regungen sublimieren musste, und der sich selbst den Besuch des Moulin Rouge untersagte – nunmehr konfrontiert mit manchmal fast pornographischen und obszönen Darstellungen ekstatischer Sexualität; Michel Foucault hätte gesagt, der letzte Ausdruck einer noch nicht durch totale Institutionen reglementierten Sexualität, in der sich weibliche Sinnenlust zwar nunmehr unter dem Deckmantel der Krankheit, aber dennoch unverstellt und ungezügelt inszenieren durfte. Die Schaustellungen in der Salpétrière hinterließen sicherlich einen tiefen Eindruck auf Sie, aber mobilisierten vermutlich auch Widerstände, wie Léon Chertok angenommen hat.[7]

Freud: *Wir wollen es doch den Biographen nicht zu einfach machen, oder?*

Was haben Sie aus Paris mitgenommen? Ungemein beeindruckend fanden Sie auf jeden Fall die Fähigkeit von Charcot, hysterische Symptome in großer klinisch phänomenologischer Differenziertheit zu beschreiben, nicht zuletzt auch aufgrund der Überzeugung, keine Läsionen im Zentralen Nervensystem lokalisieren zu können. Sie bewunderten seine Fähigkeit, klinisch genau hinzuschauen, bezeichneten ihn als »Seher«, von dem Sie selbst klinisch sehen gelernt hätten.[8] Nicht minder beeindruckend fanden Sie sicherlich seine Auffassung, dass es ebenso männliche Hysteriker gibt. Beruhigend scheint auf Sie zunächst gewirkt zu haben, dass Charcot die sexuellen Manifestationen der Patienten auf Vorgänge reduzierte, die nichts mit der Beziehung zum Arzt zu tun hatten, er sie also gleichsam als unpersönliche, rein physiologische Vorgänge auffasste. Erst zehn Jahre später konnten Sie sich von dieser Lehrmeinung befreien, als Sie von 1894/5 an den sexuellen Ursprung der Neurosen verkündeten. Allerdings erlaubte Ihnen die Entdeckung des Phänomens der Übertragung ein neues Abwehrphänomen im Umgang mit den Wünschen Ihrer weiblichen Patienten: Deren erotisches Begehren galt – so ihr damaliger »rettender« Einfall – gar nicht der gegenwärtigen Person des Therapeuten, sondern Personen aus der Vergangenheit, zumeist den Eltern des Patienten. Als sie diese Entdeckung Josef Breuer mitteilten, war er endlich bereit, die »Studien über Hysterie« mit Ihnen zusammen herauszugeben. Vorher fand er die erotischen Vorgänge zu anstößig, zumal er bei der Behandlung von Anna O. am eigenen Leibe zu spüren bekommen hatte, wie heftig erotische Wünsche eines Patienten an den

Arzt sein können. Vielleicht aber fiel es ihm ja auch schwer, den Fall Anna O. zu veröffentlichen, weil diese keine wirkliche Heilung erfahren hatte.

Den 14 Jahre älteren Breuer hatten Sie bereits im Jahr 1881 am Physiologischen Institut kennengelernt.[9] Breuer war damals bereits ein geschätzter Arzt, übrigens mit 26 Jahren schon Privatdozent, der aber später auf die Professorenlaufbahn bewusst verzichtet hatte. Breuer war für Sie Freund, Mentor, Vaterfigur, er hat sie oftmals finanziell unterstützt, aber vor allem haben Sie mit ihm sehr viel diskutiert, und er hat Ihnen eines Tages von einer Patientin namens Bertha Pappenheim, der berühmten Anna O., erzählt, die er von Dezember 1880 bis zum Juni 1882 behandelte, also in jenem Zeitraum, in den auch der Beginn Ihrer Freundschaft fällt.[10]

Sie hatten mit Breuer Anfang der 90er Jahre die Idee ausgebrütet, ein Buch über die Hysterie zu schreiben, nachdem Sie schon 1893 einen Artikel mit ihm zusammen verfasst hatten, die sog. »Vorläufigen Mitteilungen«. In diesem sollte er nun vor allem die Krankengeschichte und Therapie der Anna O. darstellen. Breuer hatte im Verlauf der Behandlung die sog. kathartische Methode entwickelt. Anna O.s Symptome verschwanden – so zumindest die damalige Version-wenn unter Hypnose die traumatischen Anlässe der Symptome erzählt und abreagiert werden konnten. Für Sie, der Sie sich immer wieder über die Behandlung der Anna O. von Ihrem väterlichen Mentor erzählen ließen, wurde dieser Fall zum Ausgangspunkt Ihrer eigenen Behandlungspraxis und Ihrer theoretischen Entwürfe. Und sie wurde für Generationen von Psychoanalytikern zum Lehrstück für die damalige Auffassung über die Entstehung und Therapie hysterischer Leidenszustände.

Faktum scheint aber zu sein, dass Anna O. nie geheilt wurde, wie die Nachforschungen von Henri Ellenberger, Albrecht Hirschmüller und Mikkel Borch-Jacobsen seit den 70er Jahren ergeben haben. Dabei war die »Nichtheilung« Bertha Pappenheims in der psychoanalytischen Gemeinschaft eigentlich schon recht bald ein offenes Geheimnis.

Dieser Umstand wurde von gehässigen Kritikern, wie z. B. von dem niederländischen Soziologen Han Israels, zum Anlass genommen, das gesamte Fundament der Psychoanalyse als äußerst wackelig zu bezeichnen. Wieder einmal behauptet jemand, Sie – dieses Mal zusammen mit Breuer – der Lüge überführt zu haben. Die Nebenwirkungen der medikamentösen Behandlung der Symptome Anna O.s – Breuer hatte eine Zeitlang versucht, sie mit Morphium zu behandeln -, machten zunächst einen Morphiumentzug bei ihr erforderlich, und später musste sie wiederholt im Sanatorium Inzersdorf in den Jahren 1883 bis 1887 wegen Hysterie weiterbehandelt werden. Von Heilung kann also in den Augen Ihrer Kritiker nicht die Rede sein, und dass Anna O. sich vollständiger Gesundheit erfreut haben soll, wie Breuer in den

Studien geschrieben hatte, sei sogar eine bewusste Irreführung der Öffentlichkeit.

Freud: *Ich bin immer wieder erstaunt über die Naivität, um nicht zu sagen Dummheit einiger Menschen, die glauben, durch den Nachweis des damaligen unzureichenden Kenntnisstandes den Bewusstseinswandel, den die Psychoanalyse als Ganzes mit sich brachte, schmälern zu wollen oder gar zu verleugnen. Tatsache ist, dass weder Breuers kathartische Methode bei Anna O., noch meine späteren Behandlungsmethoden in den »Studien« aus heutiger Sicht ausreichend waren, eine grundlegende Besserung bei den damaligen Kranken zu erzielen. Was, wenn überhaupt, damals gewirkt hat, war mit ziemlicher Sicherheit die sehr intensive Zuwendung, die wir unseren Patienten zuteil werden ließen, vor allem die Erfahrung, dass ihnen jemand konzentriert zuhörte und der Eindruck, dass sie an einer ganz neuartigen Behandlungsmethodik teilhaben konnten. Aber wir haben den Grundstein für ein Verständnis psychischer Krankheiten gelegt, das eine Revolution herbeigeführt hat, die noch heute in vielerlei Hinsicht nicht begriffen worden ist. Hätte die Psychoanalyse jemals das Licht der Welt erblickt und hätte sie irgendeine Chance der Durchsetzung gegenüber der damaligen Medizin gehabt, wenn wir die vorübergehende Linderung der Symptome von Anna O. mit der nachträglichen Verschlechterung ihres Befindens in einem Atemzug genannt hätten? Übrigens ist meine selbstkritische Einschätzung der damaligen Behandlungserfolge nicht eine erst in der Gegenwart entstandene Rechtfertigung, sondern bereits 1924 schrieb ich in einer späteren Auflage der »Studien über Hysterie« in einem Zusatz anlässlich der Behandlung von Emmy von N... : »Ich weiß, daß kein Analytiker heute diese Krankengeschichte ohne ein mitleidiges Lächeln lesen kann.«*[11] *Und aus meinem therapeutischen Pessimismus habe ich auch in späteren Jahren nie ein Hehl gemacht.*

Wir brauchen uns nicht weiter darüber zu unterhalten. Anna O. hat andere Reinterpretationen erfahren, die für das Verständnis der Entwicklung der psychoanalytischen Theorie und Behandlungspraxis ungleich mehr bringen, als die beckmesserische Behauptung, Sie hätten damals und auch später noch die Unwahrheit gesagt, weil Sie den späteren Krankheitsverlauf von Anna O. unerwähnt ließen und auch noch andere Sachverhalte dazu erfunden hätten. Es ist müßig, darüber zu streiten, weil niemand im Ernst glauben wird, dass es zur damaligen Zeit bereits tiefgreifende Therapieerfolge hätte geben können, noch bevor die eigentliche Psychoanalyse überhaupt begonnen hatte. Aber auch dann mussten noch Jahrzehnte ins Land gehen, bevor man überhaupt daran denken konnte, dass die Psychoanalyse als Therapieverfahren zu

Veränderungen von Leidenszuständen führt. Gehen wir also in unserer Diskussion einen Schritt weiter.

Die damaligen Nervenärzte waren angesichts ihrer – aus heutiger Sicht pseudoneurologischen, neurotischen, somatisierenden und sicherlich auch vielfach traumatisierten – Patienten hoffnungslos überfordert. Bisherige »Heilmethoden« bestanden in der Verschreibung eines Kuraufenthalts, von Massagen, Mastkuren, heißen Bädern, chiropraktischen Maßnahmen und der faradischen Behandlung bzw. der Elektrotherapie. Letztere, mit der die körperlich gelähmten oder anderweitig beeinträchtigten Körperstellen behandelt wurden, und die Sie ja auch eine Zeitlang nach dem Lehrbuch von Erb anwendeten, ist recht bald aus dem therapeutischen Arsenal verschwunden. Allerdings scheint sie gelegentlich noch in anderen Teilen dieser Welt, wie z. B. in den kolumbianischen Anden, aufzutauchen. Matthew Hugh Erdely, der versucht hat, den kognitionspsychologischen Kern Ihrer Lehre herauszuarbeiten, berichtete 1985 von einem jungen Mann in einem kleinen Dorf in den Anden, der in einem Cafe vom Tisch zu Tisch ging und dort eine Wunderheilmethode anpries. Unter dem Arm trug er einen ehemaligen Schuhputzmotor mit Batterien und Kabeln bestückt und hatte innerhalb kürzester Zeit raschen Zulauf von Personen, die offenbar psychische Probleme aufwiesen.[12]

Freud: *Er scheint offensichtlich meine »Selbstdarstellung« nicht gelesen zu haben!*

In der Sie ausgeführt haben, dass das, was Sie »für den Niederschlag exakter Beobachtung«, nämlich der von Erb, gehalten hatten, »eine phantastische Konstruktion« war. Immerhin hat diese Episode Ihnen dazu verholfen, »wieder ein Stück des naiven Autoritätsglaubens abzutragen«.[13] Die scheinbaren oder tatsächlichen Erfolge mit der elektrischen Behandlung ergaben sich aufgrund der ärztlichen Suggestion. Wie aber verhielt es sich mit der Hypnose? Diese praktizierten Sie ja noch geraume Zeit. Und sie wurde damals wie eine Wunderwaffe gehandelt. Sie hatten ihren Gebrauch zunächst bei Charcot kennengelernt und einige Jahre später, bei Liébault und Bernheim in Nancy, die – anders als Charcot – die für das Wirksamwerden der Hypnose erforderliche Suggestibilität nicht auf ein neurologisches Defizit, sondern auf eine allgemeine psychologische Disposition zurückgeführt hatten. Bernheim verzichtete schließlich gänzlich auf den hypnotischen Teil und wandte nur noch die Suggestion an, die ähnliche Wirkungen zu erreichen schien.

Aber in den Jahren 1880 bis 1882 wurde ja noch etwas viel Bedeutsameres erfunden, nämlich die talking cure und zwar von keiner geringeren als von der eben erwähnten Anna O. Diese sogenannte Sprechkur verband

Breuer mit der kathartischen Technik. Zwar wurde in dieser auch von Hypnose und Suggestion Gebrauch gemacht, aber der Unterschied war der folgende: Während in der früheren Vorgehensweise der Therapeut die Symptome des Patienten wegzusuggerieren trachtete, war es das Ziel der kathartischen Technik, den Patienten dazu zu überreden, diejenigen traumatischen Umstände aus der Vergangenheit mit den dazugehörigen Emotionen zu erinnern, die für die jetzigen Symptome verantwortlich waren. Gelang es, die Emotion durch das Erinnern zum vollen Erleben zu bringen, so schwand auch das Symptom.

Es war dies für das Verständnis des Beginns der psychoanalytischen Technik eine ungemein bedeutsame Erkenntnis und ich darf Sie deshalb kurz zitieren:

> »Wir fanden nämlich, anfangs zu unserer größten Überraschung, daß die einzelnen hysterischen Symptome sogleich und ohne Wiederkehr verschwanden, wenn es gelungen war, die Erinnerung an den veranlassenden Vorgang zu voller Helligkeit zu erwecken, damit auch den begleitenden Affekt wachzurufen, und wenn dann der Kranke den Vorgang in möglichst ausführlicher Weise schilderte und dem Affekt Worte gab. Affektloses Erinnern ist fast immer völlig wirkungslos; der psychische Prozeß, der ursprünglich abgelaufen war, muß so lebhaft als möglich wiederholt, in statum nascendi gebracht und dann ›ausgesprochen‹ werden. Dabei treten, wenn es sich um Reizerscheinungen handelt, diese: Krämpfe, Neuralgien, Halluzinationen – noch einmal in voller Intensität auf und schwinden dann für immer.«[14]

Wie ließ sich für Sie erklären, dass die unterdrückten traumatischen Vorgänge die Kraft besaßen, noch Jahre nach dem veranlassenden Vorgang, Symptome zu unterhalten? Wie können längst vergangene Erlebnisse so intensiv wirken, wo sie doch normalerweise verblassen oder affektlos werden? Vor allem wenn diese Erinnerungen dem Kranken häufig gar nicht bewusst sind? Sie erklärten diesen Zustand damit, dass »die pathogen gewordenen Vorstellungen sich darum so frisch und affektkräftig erhalten, weil ihnen die normale Usur durch Abreagieren und durch Reproduktion in Zuständen ungehemmter Assoziation versagt ist.«[15]

In der heutigen gedächtnispsychologischen Terminologie würde dieser Sachverhalt folgendermaßen formuliert werden: Ursprünglich sind mit dem traumatischen Vorgang oder mit mehreren, sich in der Wirkung summierenden Vorgängen sowohl ein explizites Wissen um den Vorfall als sog. autobiographischer Gedächtnisinhalt entstanden, als auch implizite Gedächtnisinhalte, die mit Konditionierungsvorgängen und emotional prozeduralen Vorgängen beschrieben werden. Während das explizite Wissen in der Regel bewusst gemacht werden kann, auch wenn es längere Zeit vorbewusst ist, kann das implizite

Wissen bewusst niemals erinnert werden; trotzdem übt es permanent als Gedächtnisinhalt weiterhin seine Wirkung aus. Sie haben die Existenz multipler Kodierungsarten durchaus geahnt, wenn Sie davon ausgegangen sind, dass Hysteriker z. B. eine besondere Neigung, aber auch Begabung haben, Inhalte des expliziten semantischen Gedächtnisses, also z. B. abstrakte Zusammenhänge sich zugleich auch bildlich vorstellen zu können. Allerdings geht es bei der gegenwärtigen gedächtnispsychologischen Kodierung nicht um die klassisch duale von verbaler und bildlicher Kodierung, sondern um zwei ganz unterschiedliche Organisationsformen des Gedächtnisses, die sich auch entwicklungspsychologisch und gehirnanatomisch unterscheiden lassen. Wir werden auf sie spätestens, wenn wir über Ihre Arbeit über die *Deckerinnerungen* sprechen, noch ausführlicher eingehen.

Freud: *Ich höre mit großem Interesse zu, denn dieses Problem der Zeitlosigkeit unbewusst gewordener Gedächtnisinhalte hat mich mein Leben lang beschäftigt. Das implizite Gedächtnis wäre also eines, das zwar unablässig seinen Einfluss ausübt, aber dennoch niemals bewusst werden kann?*

Genau, so ist es.

Die wichtigsten in den Studien beschriebenen Fallgeschichten:

Cäcilie M. : Die Behandlung beginnt im Jahr 1887; 1889 nimmt Freud sie zu seiner Studienreise nach Nancy zu Bernheim mit

Emmy von N.: 1889 und 1890: Hypnoanalytische Technik: Sie fordert Freud auf, die Hypnose aufzugeben; somit entsteht nach und nach die Technik der Freien Assoziation

Miß Lucy R. : 1892: Verzicht auf die Hypnose, Aufforderung an die Patientin, sich bei geschlossenen Augen zu konzentrieren; Einsatz der Druckprozedur, des von Bernheim bereits praktizierten Stirndrückens; Unzufriedenheit mit bloßer Symptombeseitigung; weitere Anwendung der freien Assoziation – allmählich entwickelt Freud auch eine Vorgehensweise, die er später die gleichschwebende Aufmerksamkeit nennt

Fräulein Elisabeth von R.: ab Herbst 1892 bis Sommer 1993, anfangs kurze Hypnose, später angesichts mangelnder Erfolge Einsetzen der Druckprozedur, des von Bernheim bereits praktizierten Stirndrückens; Freud bezeichnet diese Behandlung als die erste vollständige Analyse, die er unternommen hat. Er beschreibt erstmalig ausdrücklich das Phänomen des Widerstandes, den Elisabeth von R. während des Assoziierens zeigt. Beide räumen das pathogene psychische Material aus. Beide vergleichen das Verfahren mit der Technik der Ausgrabung einer verschütteten Stadt

In den Studien beschrieben Sie selbst ausführlich vier Krankengeschichten und erwähnten zwei kürzere Behandlungen: Frau Emmy von N., Miß Lucy R., Katharina, Elisabeth von R., Rosalie H. und Cäcilie M.

Ab 1888 hatten Sie zunächst mit der hypno-kathartischen Methode Breuers Ihre neurotischen Patienten behandelt. Sie waren damals gerade 32 Jahre alt geworden, Mathilde Ihre erste Tochter, geboren am 16. Oktober 1887, war Ihre große Freude. Beruflich galt es nun mit Ihrem Einkommen eine Person mehr zu ernähren. Ihre Übersetzung eines Buches von Hippolyte Bernheim war so gut wie abgeschlossen, gleichzeitig arbeiteten Sie noch an einer Veröffentlichung über Gehirnanatomie, vor allem aber über die Hysterie. Therapeutisch standen Ihnen neben der hypno-kathartischen Methode auch noch Elektrotherapie, Bäder und Massagen zur Verfügung. Fräulein Cäcile M. – das Pseudonym für die Baroness Anna von Lieben – behandelten Sie seit 1887 wegen einer Gesichtsneuralgie, starker Fußschmerzen, Angstzustände und Halluzinationen und sie begleitete Sie schließlich nach Nancy zu Bernheim, bei dem Sie noch gründlicher die Technik der hypnotischen Suggestion erlernen wollten. Denn die Baroness, zu deren Krankenbett Sie damals fast täglich eilten, ließ nur kurzfristige Erfolge Ihrer damaligen therapeutischen Kunst zu. Aber von ihr lernten Sie auch, dass hysterische Kranke keineswegs intellektuell unterentwickelt seien, wie Charcot gelehrt hatte, sondern dass sie – wie im Fall der Baroness – über außerordentliche Talente, wie Schreiben und Malen verfügen können.

Es war dann aber vor allem Emmy von N., die Ihre Neugierde erweckte, was sich in der Seele einer hysterischen Frau abspielt. In dieser sieben Wochen und ein Jahr darauf noch einmal acht Wochen dauernden Behandlung setzten Sie neben der damals wohl üblichen Ganzkörpermassage auch die hypnokathartische Methode ein. Die Behandlung dauerte nicht wie heute 50 Minuten, sondern jeweils mehrere Stunden. Ein Behandlungssetting, das heute unvorstellbar wäre, weil jegliche Definition eines psychoanalytischen Rahmens – hier Ganzkörpermassage, dort Gespräche – fehlte; wobei es noch Jahrzehnte dauern sollte, bis sich eine exakte Definition des Rahmens in der Psychoanalyse entwickelt hat.

Arbeiten zur Freuds Fallgeschichte Emmy von N. aus den *Studien über Hysterie:*

Andersson, O. (1979): A supplement to Freud's case history of ›Frau Emmy von N.‹ in *Studies on hysteria* 1895. Scandinavian Psychoanalytic Review, 2, 5–16.

De Boor, C. & Moersch, E. (1980). Emmy von N. – eine Hysterie? Versuch einer Re-Evaluierung. Psyche. Zeitschrift für Psychoanalyse und ihre Anwendungen, 34, 265–279

Ellenberger, H. (1977): L'histoire d'Emmy von N. L'Èvolution Psychiatrique, 42, 519–540.

Ellenberger, H. (1993): The story of Emmy von N. A critical study with new documents. In M. S. Micale (Ed.), Beyond the unconscious. Essays of Henri F. Ellenberger in the history of psychiatry (pp. 272–290). Princeton, N.J.: Princeton University Press.

Reicheneder, J.G. (1987): Die Entdeckung der Absicht im Zufall: Über eine frühe Stufe der Entwicklung der psychoanalytischen Methode. Psyche. Zeitschrift für Psychoanalyse und ihre Anwendungen, 41, 307–330.

Tögel, C. (1994): ›... und gedenke die Wissenschaft auszubeuten‹. Sigmund Freuds Weg zur Psychoanalyse. Tübingen: diskord.

Bromberg, P.M. (1996): Hysteria, dissociation and cure: Emmy von N. revisited. Psychoanalytic Dialogues, 6, 55–71.

Tögel, C. (1999): ›My bad diagnostic error‹: Once more about Freud and Emmy v. N. (Fanny Moser). International Journal of Psycho-Analysis, 80, 1165–1173.

Goldstein, J. (2001). The case history in historical perspective: Nanette Leroux and Emmy von N. In M.Dimen & A. Harris (Eds.), Storms in her head. Freud and the construction of hysteria (pp. 143–166). New York. Other Press.

Roth, M.S. (2001): Falling into history: Freud's case of Frau Emmy von N. In M. Dimen & A. Harris (Eds.), Storms in her head. Freud and the construction of hysteria (pp. 167–184). New York. Other Press.

Arbeiten zur Freuds Fallgeschichte Katharina aus den *Studien über Hysterie:*

Reichard, S. (1956): A re-examination of »Studies in Hysteria«. Psychoanalytic Quarterly, 25, 155–177.

Argelander, H. (1976): Im Sprechstunden-Interview bei Freud. Technische Überlegungen zu Freuds »Katharina...«. Psyche. Zeitschrift für Psychoanalyse und ihre Anwendungen, 30, 665–702.

Argelander, H. (1978): Das psychoanalytische Erstinterview und seine Methode. Ein Nachtrag zu Freuds Fall »Katharina ...«. Psyche. Zeitschrift für Psychoanalyse und ihre Anwendungen, 32, 1089–1098.

Meissner, W.W. (1979): Studies on hysteria – Katharina. Psychoanalytic Quarterly, 48, 587–600.

Fichtner, G. & Hirschmüller, A. (1985). Freuds »Katharina« – Hintergrund, Entstehungsgeschichte und Bedeutung einer frühen psychoanalytischen Krankengeschichte. Psyche. Zeitschrift für Psychoanalyse und ihre Anwendungen, 39, 220–240.

Aufgrund der sorgfältigen Nachforschung des schwedischen Psychoanalytikers Ola Andersson weiß man heute, dass die von Ihnen 1888 und 1889 behandelte Emmy von N. die Tochter einer reichen Winterthurer Familie war, die als Fanny Louise Sulzer-Wart im Jahr 1870 als Zweiundzwanzigjährige einen über 40 Jahre älteren und noch reicheren Heinrich Moser heiratete, der aber bereits vier Jahre später starb. Als sie als Fanny Moser 14 Jahre später nach Wien kam, um von Breuer behandelt zu werden, der sie aber an Sie überwies, galt sie als die reichste Frau Europas. Sie muss Ihnen mächtig imponiert haben, denn in der Krankengeschichte schrieben Sie 1895:

> »Wir kannten sie beide ziemlich genau, Dr. Breuer und ich, und durch ziemlich lange Zeit, und wir pflegten zu lächeln, wenn wir ihr Charakterbild mit der Schilderung der hysterischen Psyche verglichen, die sich seit alten Zeiten durch die Bücher und die Meinung der Ärzte zieht ... so hatten wir an Frau Emmy von N... ein Beispiel dafür, daß die Hysterie auch tadellose Charakterentwicklung und zielbewußte Lebensführung nicht ausschließt. Es war eine ausgezeichnete Frau, die wir kennen gelernt hatten, deren sittlicher Ernst in der Auffassung ihrer Pflichten, deren geradezu männliche Intelligenz und Energie, deren hohe Bildung und Wahrheitsliebe uns beiden imponierte, während ihre gütige Fürsorge für alle ihr unterstehenden Personen, ihre innere Bescheidenheit und die Feinheit ihrer Umgangsformen sie auch als Dame achtenswert erschienen ließ«.[16]

Ihre Einschätzung, sehr geehrter Herr Freud, ehrt Sie, zeigt welchen Respekt Sie Ihren damaligen Patienten entgegenbrachten, vor allem auch solchen, die als Hysteriker galten und mit denen man in den Jahrhunderten zuvor und vereinzelt selbst noch zu Ihrer Zeit mit männlichem Sadismus, rationalisiert als Heilungsabsicht, verfahren war, wie z. B. in Form einer Verätzung der Klitoris oder einer Klitoridektomie.

Freud: *Übelste Auswirkungen des damaligen patriarchalischen Denkens und der Psychiatrie als Deutungs- und Ordnungsmacht, die ja wohl im Nationalsozialismus ihren grausamsten und menschenverachtendsten Ausdruck fand.*

Ja, aber noch einmal kurz zurück zu Frau Fanny Moser alias Emmy von N. bzw. Ihrer damaligen Einschätzung, die im Lichte heutiger Erkenntnisse als ziemlich naiv gelten muss. Nach den Recherchen von Ola Andersson, Henry Ellenberger sowie des deutschen Psychoanalytikers Christfried Tögel war Fanny Moser alles andere als eine sittsame Frau, die ihre Sexualität unterdrückte.[17] Ganz im Gegenteil: Die Nachforschungen ergaben, dass sie unentwegt Liebschaften unterhielt, manchmal auch mit Ärzten, die sie während ihrer Kuraufenthalte kennenlernte und die dann auch zu ihr nach Hause auf ihr Schloss nach Au in der Nähe von Wädenswil am Zürichsee kamen und dort einige Zeit verbrachten. Auch Sie besuchten später noch einmal Fanny Moser in der Schweiz, um ihr einen Rat über ihre Tochter zu geben; wer weiß, was sich Frau Moser tatsächlich erhofft hatte. Sie manipulierte Menschen und so auch ihre Ärzte, was aufgrund ihres Vermögens keine Schwierigkeit bereitete. Ihre »Hermeneutik des Verdachts«, Herr Freud, Ihre detektivische Suchhaltung, Ihre erkenntnistheoretische Einstellung, wegen der Vorherrschaft des Unbewussten die Worte und Erzählungen eines Analysanden nicht unbedingt für bare Münze zu nehmen, all dies hat sich offensichtlich erst später bei Ihnen entwickelt.

***Freud:** Frau Moser war damals 40 oder 41 Jahre alt, durchaus noch eine erotisch ansprechende Frau, aber wie Sie wissen, gelang es mir meistens, meine Libido zu sublimieren. Aber dass sie mir nicht gleichgültig geblieben ist, beweist doch auch die ausführliche Krankengeschichte, die ich ihr gewidmet habe und die Tatsache, dass ich später über viele Jahre mit einer ihrer Töchter im Briefwechsel stand.*

Bei der Behandlung von *Miss Lucy R.*, die Sie 1892 als damals 36jähriger Mann behandelten, kamen Sie zu dem bemerkenswerten Ergebnis, dass für die Entstehung der Hysterie eine wesentliche Bedingung erfüllt sein müsse, nämlich dass eine Vorstellung intentional aus dem Bewusstsein verdrängt werden und aus ihrer assoziativen Veränderung ausgeschlossen werden muss.[18] Zusätzlich nahmen Sie an, dass die Ursache der depressiven Symptome von Frau Lucy R. in der unerwidert gebliebenen Liebe für ihren Dienstherrn zu suchen sei. Auch bei der im selben Jahr durchgeführten Behandlung des *Fräulein Elisabeth von R.* gingen Sie von einer sexuellen Verursachung ihrer Symptome aus. Zwar führten Sie damals die sexuellen Einflüsse noch nicht auf die Kindheit, sondern auf gegenwärtige Sexualtraumata zurück, aber unmissverständlich machten Sie deutlich, dass für die Entstehung hysterischer Symptome nicht eine Hirnfunktionsstörung aufgrund einer erblichen Veranlagung, sondern unbewusste Vorstellungen und Affekte verantwortlich seien, welche die Macht besitzen, Symptome hervorzubringen. Ich denke, dass vor allem hierin die Bedeutung Ihrer damaligen Arbeiten zu sehen ist. Unverständliche psychische Symptome sind nicht durch einen Wechsel der Erklärungsebene zu begreifen, sondern nur, indem man sie als Mitteilung und Ausdruck unverarbeiteter seelischer Traumen begreift.

Man hat der Psychoanalyse bis zum heutigen Tag vorgeworfen, dass sie die Symptome eines psychisch kranken Menschen vernachlässigen würde; dieser Eindruck konnte tatsächlich entstehen, weil sie an der Aufdeckung der zugrunde liegenden, zumeist unbewussten Sinnzusammenhänge interessiert ist. Diese sind aus zwischenmenschlichen Verhältnissen hervorgegangen, und Sie waren der erste Forscher, der sich um eine Dechiffrierung der konflikthaften und traumatisierenden Beziehungen wirklich bemüht hat.

***Freud:** Es war mir damals ein ernsthaftes Anliegen, diesen Zusammenhang aufzuzeigen, anstatt eine metabasis eis allos genos vorzunehmen, wie es meine ärztlichen Kollegen in der Regel taten. Charcot war hierbei allerdings eine rühmliche Ausnahme.*

Ihre Feststellung aus den »Vorläufigen Mitteilungen«, »Hysteriker leiden an ihren Reminiszenzen«, ist später z. B. von C. G. Jung dazu benützt worden, Ihre gesamte therapeutische Methode als »Erinnerungszauber« zu apostrophieren. Er hat geflissentlich oder ungewollt dabei übersehen, dass für Sie in späteren Jahren die Erinnerung als solche keineswegs mehr im Mittelpunkt ihrer therapeutischen Vorgehensweise gestanden hat, sondern die Analyse gegenwärtiger Abwehrhaltungen in einem dichten Beziehungskontext. Auch von polemischen Kritikern wurde diese Ihre frühe Überzeugung dazu missbraucht, die Therapiemethode zu entwerten, weil sie ja ihr Ziel angeblich nur im Wiederauffinden von verdrängten Erinnerungen sehe, aber faktisch zu keinen Veränderungen führe.

***Freud:** Gegen solche Verzerrungen seines Werkes ist man nicht gefeit, aber Jung hätte es eigentlich besser wissen können.*

Herr Freud, kommen wir noch zu einigen klinischen Fragen aus heutiger Sicht: Peter Swales, dem die Nachwelt die Kenntnis über die Identität von Cäcilie verdankt, hat vermutet, dass Cäcilie wie auch Breuers Patientin Anna O. nach heutigem Verständnis Borderline-Persönlichkeiten gewesen seien. Auch bei Emmy von N. hat man darüber spekuliert, ob sie nach heutigen Kriterien nicht ebenfalls eine Borderline-Persönlichkeit darstellte. Gewisse Symptome im Rahmen einer deskriptiven Diagnose könnten dies nahe legen.

Eindrucksvoll haben Sie selbst ja beschrieben, wie Emmy von N. mit dem Ausdruck des Grausens und Ekels im Gesicht mit angsterfüllter Stimme die Worte rief: »Seien Sie still, reden Sie nicht – rühren Sie mich nicht an« [19], wobei sie die Hand mit gespreizten und gekrümmten Fingern gegen Sie ausstreckte. Geht man nun z. B. von den Kernbergschen Kriterien einer Borderline-Persönlichkeitsorganisation aus, so wäre zu prüfen ob bei Emmy von N. eine chronische, frei flottierende Angst, multiple Phobien, Zwangssymptome, multiple oder bizarre Konversionssymptome, dissoziative Reaktionen, Depression gepaart mit ohnmächtiger Wut, polymorph perverse Sexualität, episodischer Verlust der Impulskontrolle vorgelegen haben. Allerdings wären diese rein deskriptiven Kriterien für eine psychoanalytische Diagnose bei weitem noch nicht ausreichend. Bedeutsam sind vor allem die Ausprägung struktureller Ich-Funktionen, wie z. B. der Abwehrmechanismen, vor allem der Spaltung, primitiven Idealisierung, Entwertung, projektiven Identifizierung und natürlich auch die Eindrücke, die sich aus der Registrierung von Übertragung und Gegenübertragung ergeben. Clemens de Boor und Emma Moersch[20] haben nun tatsächlich überprüft, ob die massiven Ambivalenzen, die Emmy von N. gegen ihre nächsten Bezugspersonen äußerte, wie z. B. gegenüber Töchtern, Bediensteten und Ärzten als Ausdruck des Abwehrmechanismus einer Spaltung aufgefasst werden könne. Sie kamen jedoch zu dem Schluss, dass es sich bei Ihrer Patientin doch eher um eine Hysterie gehandelt haben mag. Sie machten auch darauf aufmerksam, dass sich zwar die Ausdruckserscheinungen bestimmter Krankheitserscheinungen, wie z. B. einer Hysterie entsprechend den historischen und soziokulturellen Gegebenheiten verändern, dass aber Struktur und Dynamik doch weitgehend gleich bleiben.

Freud: *Ich habe in den Studien allerdings selbst darauf aufmerksam gemacht, dass ich in meinen Fallgeschichten keine reinen Hysterien beschrieben habe.* [21]

Dazu passt dann der Eindruck, dass man einige Ihrer Patientinnen nicht als hysterische Neurotikerinnen, sondern als Patientinnen mit einer Borderline-Störung diagnostizieren würde. Eine sexuelle Ätiologie, z. B. aufgrund von Missbrauchserlebnissen in der Pubertät, ist häufig, wie die neuere Traumaforschung aufgezeigt hat, aber ebenso ist davon auszugehen, dass diese Patientinnen bereits schwerwiegende Störungen aufgrund ihrer Beziehungen in der Kindheit erworben haben.

Freud: *Ich habe noch zu meinen Lebzeiten mit großem Interesse die Arbeiten über Borderline-Störungen verfolgt, so z. B. von Reich, Fenichel, Deutsch, und Stern. Mir ist klar geworden, wie sehr ich schon in den »Studien über Hysterie« traumatische Begebenheiten beschrieben habe, wenn ich davon ausging, dass die Kranken an ihrem eingeklemmten Affekt leiden. Aber für mich lag damals der entscheidende und wesentliche Punkt nicht so sehr in einer genauen Strukturdiagnose, sondern in dem Nachweis, dass Hysteriker an lebensgeschichtlich erworbenen Traumen leiden und nicht an einer Degeneration ihres Nervensystems, wie die damals gängige Einschätzung lautete.*

Die Hysterie ist trotz Ihrer Vorarbeiten auch im 20. Jahrhundert eine schwer verstehbare Neurose geblieben, die bis in die Gegenwart hinein von psychoanalytischen Kollegen immer wieder hinsichtlich ihrer ätiologischen und psychogenetischen Bedingungen zu begreifen versucht worden ist; Arbeiten jüngeren Datums sind beispielsweise die von Brigitte Boothe, Ute Rupprecht-Schampera, Joachim Küchenhoff, Annegret Eckhard-Henn und Sven Olaf Hoffmann.[22] Ganz bestimmt würden Sie auch das Werk von Otto F. Kernberg schätzen, der über einen Zeitraum von 30 Jahren, man kann sagen, sein Lebenswerk darauf verwandt hat, Borderline-Störungen zu erforschen und sie in einer Klarheit, die für viele Psychoanalytiker, Psychiater und selbst für Klinische Psychologen sehr imponierend ist, darzustellen und sie unter anderem von hysterischen Neurosen und histrionischen Persönlichkeitsstörungen zu unterscheiden.

Sicherlich würde Ihnen auch die Hypothese von Rupprecht-Schampera zusagen, dass Personen, die als hysterisch diagnostiziert werden, in ihrer Kindheit Schwierigkeiten hatten, eine doch eher unbefriedigende Beziehung mit ihrer Mutter zu bewältigen und sich dann mit dieser ungestillten Sehnsucht nach einer liebevollen Bindung einem Vater zugewendet haben, der im Fall eines Mädchens die Beziehung sexualisiert und es damit wiederum seiner Tochter erschwert hat, sich in der Adoleszenz von ihm zu lösen. Und bestimmt würde Sie auch das Konzept von Stavros Mentzos ansprechen, der darauf verzichtet, aus der Hysterie eine Krankheitseinheit oder einen einheitlichen Grundkonflikt zu machen und statt dessen von einem hysterischen Konfliktlösungsmodus spricht, den wir alle mehr oder weniger zur Lösung bestimmter Grundkonflikte einsetzen können, so wie wir auch über einen schizoiden oder depressiven Konflikt- oder Problembewältigungsmodus verfügen, den wir in Abhängigkeit von der Situation und von unserem Gegenüber und natürlich auch von unserer individuellen Lerngeschichte aktualisieren.[23] Die von Mentzos beschriebene Abwehrleistung besteht aus einer Veränderung der Selbstrepräsentanz, d. h. jemand macht sich z. B. vor sich selbst unbedeutender, unschuldiger, erotisch und sexuell harmloser, um damit einen befürchteten Angriff seitens des eigenen, mitunter sehr strengen Über-Ichs abzuwehren. Oder es wird in der Inszenierung des Selbst vor anderen Menschen eine Erotisierung dargestellt, obwohl die Person selbst vor Erotik und Sexualität eher Angst hat und sich unbewusst ausschließlich einen verlässlichen und einfühlsamen Partner erhofft. Dieses Bedürfnis nach einer verlässlichen Bindungsperson darf aber nicht geäußert werden, weil der Betreffende vielleicht schon im ersten Lebensjahr gelernt hat, dass seine Bindungswünsche seine Mutter belästigt haben.

Freud: *Die genannten Auffassungen scheinen sich doch ziemlich weit von meinen damaligen Überlegungen entfernt zu haben, was allerdings auch nicht weiter verwunderlich ist.*

In der Tat, denn die ausschließlich ödipale und sexuelle Ätiologie und Psychogenese hysterischer Symptome, die Sie dann in späteren Arbeiten vertreten haben, gilt heute vielen Klinikern als überholt. Stattdessen werden frühe Individuations- und Ablösungskonflikte von der Mutter bei einer missglückten Triangulierung mit dem Vater geltend gemacht, wie z. B. von Rupprecht-Schampera, oder es wird davon ausgegangen, dass ein unsicheres Bindungsmuster mit einer einhergehenden Schwierigkeit, starke Affekte, wie Wut und Sehnsucht ausreichend regulieren zu können, mit Sexualisierung kompensiert wird. Hierbei taucht die Sexualität zwar auf, aber in der Theorie von Schampera sind es die Väter, die ihre Töchter über die frühzeitige und nicht elterngemäße Stimulierung der kindlichen Sexualität inzestuös und narzisstisch an sich binden und in neueren Überlegungen zur Zusammenführung von Bindungstheorie und Psychoanalyse sind es die Möglichkeiten der Affektregulierung, warum Sexualität oberflächlich betrachtet derart wichtig für den Betreffenden wird. In beiden Fällen ist aber die Bindungsunsicherheit, die durch einen Mangel an mütterlicher Feinfühligkeit entsteht, das Primäre.

Bei nichtpsychoanalytischen Klinikern hat die Hysterie ihre Bedeutung als Krankheitskonzept sogar weitgehend verloren. In den international etablierten diagnostischen Manualen, wie z. B. dem *Diagnostic and Statistical Manual (DSM-4)* finden sich Überbleibsel dieser einst so bedeutsamen neurotischen Erkrankung nur noch unter der Konversionsstörung (300.12–300.15) und unter der Histrionischen Persönlichkeitsstörung (301.50). Mittels einer lapidaren und theorielosen Auflistung gilt es z. B. bei der Histrionischen Persönlichkeitsstörung festzustellen, ob folgende Beschwerden und Symptome vorliegen: »Ein durchgängiges Muster übermäßiger Emotionalität oder eines übermäßigen Verlangens nach Aufmerksamkeit. Der Beginn liegt im frühen Erwachsenenalter, und die Störung manifestiert sich in den verschiedensten Lebensbereichen. Mindestens vier der folgenden Kriterien müssen erfüllt sein: Der Betroffene (1) verlangt ständig von anderen Bestätigung (2) ist übertrieben attraktiv und verführerisch im Äußeren und im Gehabe; (3) ist übertrieben besorgt um sein Äußeres; (4) zeigt übertrieben seine Emotionen, umarmt z. B. flüchtige Bekannte übertrieben bei der Begrüßung, schluchzt unkontrolliert in einer wenig sentimentalen Situation, hat Wutausbrüche; (5) fühlt sich unwohl in Situationen, in denen er nicht im Mittelpunkt steht; (6) zeigt rasch wechselnde und oberflächliche Emotionen; (7) ist stark egozentrisch, das Handeln ist auf unmittelbare Befriedigung ausgerichtet, Frustration durch Belohnungsaufschub wird schwer ertragen; (8) hat einen überwiegend impressionistischen Sprachstil, der keine Details kennt. Bei der Beschreibung der eigenen Mutter heißt es z. B. nur: »Sie war eine wunderbare Frau«.[25]

Hier fehlt allerdings jegliches Verständnis darüber, wie es zu diesen Erscheinungsbildern und Symptomen lebensgeschichtlich gekommen ist, und welche unbewusste Bedeutung diese Phänomene für den Betreffenden haben. Es ist, als ob dadurch ein Jahrhundert Psychoanalyse annulliert werden soll und Ihr Anliegen, eine psychologische Bedeutungsebene zu begründen, eine komplette Zurückweisung erfährt. Die einzige offizielle Begründung hierfür lautet: Die Symptome sollen objektiv erfassbar sein, d. h. dass sie von mehreren Diagnostikern einigermaßen übereinstimmend benannt werden können. Ätiologische Theorien seien bislang zu widersprüchlich, empirisch zu wenig erforscht, geschweige denn validiert und deshalb sei auf sie zu verzichten. Der sog. Reliabilität wird eine differenzierte psychologische Betrachtungsweise geopfert.

Ihre Bemühung, die unbewussten Bedeutungen von Symptomen zu dechiffrieren, hat allerdings inhaltlich eine Veränderung der Aufmerksamkeitsrichtung erfahren, was aber Ihre grundlegende Intention, die Phänomene nicht als Fakten zu nehmen, keineswegs an Bedeutung verlieren lässt. Während von Ihnen zunächst sexuelle Traumata, später ödipale Wünsche und deren Abwehr für die Entstehung hysterischer Symptome verantwortlich gemacht wurden, haben spätere Forscher die Bedeutung der Mutter-Kind-Beziehung und hierbei vor allem kumulative Mikrotraumatisierungen entdeckt. Insbesondere verschiedene Objektbeziehungstheoretiker, Selbstpsychologen und neuerdings die Bindungsforscher haben auf mangelhafte Einfühlung, unzureichendes Affektattunement und fehlende Bereitschaft von Eltern, sich in die kindliche Innenwelt zu versetzen, hingewiesen. Sicherlich hat erst der technische Fortschritt, mit Video-Kameras die Mutter-Kind-Interaktion zu studieren, auf die normalerweise fein aufeinander abgestimmten Prozesse in Mimik, Blickkontakt und Vokalisierung aufmerksam gemacht, doch war Ihnen die frühe Mutter-Kind-Beziehung aufgrund Ihrer eigenen Traumatisierungen auch nicht so recht zugänglich.

***Freud:** Meine Selbstanalyse hat mich diesen Altersabschnitt nicht derart achtsam wahrnehmen lassen wie meine ödipalen Jahre. Außerdem, wenn es stimmt, was Sie vorhin über die verschiedenen Gedächtnissysteme angedeutet haben, lag dies gar nicht so sehr an den Verdrängungen meiner Erfahrungen mit einer angeblich wenig einfühlsamen Mutter, sondern vielmehr an der Unmöglichkeit, mich an die ersten zwei bis drei Lebensjahre überhaupt jemals bewusst erinnern zu können. Hier zeigen sich sicherlich auch die Grenzen der Selbstanalyse.*

Herr Freud, Ihre *Studien über Hysterie* haben Sie ja nicht nur zu einem neuen, eben einem psychologischen Verständnis dieser rätselhaften Ausdrucks- und Erlebensform geführt, sondern Sie haben darin auch die Konversion beschrieben, die heutzutage unter das Konzept der somatoformen Störungen in den Klassifikationssystemen der ICD-10 und des DSM-IV subsumiert wird. Eine

Zeitlang wurde die Konversion als Lächerlichkeit abgetan und z. B. auf solche Phänomene wie auf den arc de cercle reduziert, der einer vergangenen Epoche angehöre. Genau genommen haben Sie jedoch im Anschluss an Charcot und andere Forscher zum ersten Mal einen Vorgang beschrieben, bei dem unaussprechbares seelisches Leid und seelische Schmerzen nur noch einen körperlichen Ausdruck erfahren können. Ein Thema, das derzeit von höchster Brisanz ist, wenn man sich z. B. vergegenwärtigt, dass sich im Jahr 1997 in Deutschland an die 20 Millionen Menschen wegen derartiger Schmerzen in ärztliche Behandlung begeben haben und dass ca. die Hälfte aller Rehabilitationsmaßnahmen und ein Drittel aller Frühberentungen aufgrund von Erkrankungen des Haltungs- und Bewegungssystems erfolgen.[26]

Freud: *Hier täte wohl ein wenig mehr Disziplin ganz gut. Dennoch ein nicht zu bagatellisierendes Problem.*

Ja, gewiss. Hiermit ist tatsächlich ein Thema von großer Bedeutung angesprochen; zwar werden heute konversionsneurotische Symptome von muskuloskelettalen und depressiven Somatisierungen, zu letzteren gehören wohl eher die vielen undefinierbaren Schmerzzustände, unterschieden, aber unabhängig von dieser Unterteilung kann man nach wie vor davon ausgehen, dass seelische Konflikte sich körperlich ausdrücken können und müssen, wenn sie psychisch zu wenig repräsentiert sind. Angesichts der referierten Zahlen scheint es mit der psychischen Repräsentations- und Mentalisierungsfähigkeit hierzulande nicht sehr gut bestellt zu sein.

Freud: *Mir ist oftmals angekreidet worden, dass ich trotz meiner Betonung, wie das seelische Ich sich aus dem Körperlichen herausentwickelt und ohne das Körperliche gar nicht sein könnte, und trotz der Kritik, die ich an Descartes Auffassung des Bewusstseins geäußert habe, einer cartesianischen Körper-Seele-Spaltung verhaftet geblieben sei. Nun stelle ich mit einer gewissen Genugtuung fest, dass die Heutigen in der Erklärung, wie es zu diesem rätselhaften Sprung vom Körperlichen ins Seelische bei der Konversion kommt, offensichtlich wohl immer noch weitgehend vor einem Rätsel stehen.*

Dennoch sind wir durch Ihre Entdeckung, dass körperliche Symptome eine Bedeutung haben können, ja dass sie zwischenmenschlich etwas mitteilen, wenn auch in verschlüsselter Form, im Verständnis der Konversion, wie auch der somatoformen, psychosomatischen Störungen und der Hypochondrie erheblich weiter gekommen. Und jenseits der cartesianischen Trennung von Körper und Seele sind wir auf den beseelten Leib gestoßen, der nur in der

Interaktion mit liebevoll fühlenden Eltern zu einem leiblich spürbaren Phänomen für das heranwachsende Menschenkind wird.

Vor allem die philosophische Phänomenologie, z. B. in Gestalt des französischen Philosophen Merleau-Ponty hat auf das Phänomen der leiblichen Intersubjektivität aufmerksam gemacht. Über diese leibliche Kommunikation schreibt z. B. Joachim Küchenhoff:

> »Leibliche Kommunikation ist dadurch ausgezeichnet, dass vor aller Reflexion, im Bereich vorbewussten oder unbewussten Erlebens, die Interaktionspartner sich in der leiblichen Begegnung, in Gesten, Mienenspiel und Ausdrucksverhalten bis hin zu den feinsten vegetativen Reaktionen aufeinander einstellen, und sich spontan und schlagartig aufeinander abstimmen. Merleau-Ponty hat für diese vorgängige Intersubjektivität den ebenso komprimierten wie anschaulichen Begriff der intercorporéité geprägt ... Das Bewusstsein kann sich erst nachträglich auf die Spontaneität leiblicher Kommunikation zurückwenden, ohne sie aber vollständig vor sich bringen zu können. Das leibliche ›Zur-Welt-sein‹ ist für das Bewusstsein undurchdringlich. Hieran kann die Psychoanalyse in ihren Kommunikationsmodellen von Übertragung und Gegenübertragung anknüpfen; denn Übertragung und Gegenübertragung bilden sich in Form von leiblichen affektiven Prozessen, die sich zunächst spontan und außerbewusst zwischen den Gesprächspartnern ereignen. Erst die Reflexion auf die Affekte erlaubt ihre nachträgliche Aneignung und therapeutische Nutzung. Übertragungs- und Gegenübertragungsanalysen sind also Analysen der Zwischenleiblichkeit in der Beziehung zwischen Analytiker und Analysand«.[27]

Diese vorsprachliche Kommunikation der Körper, die lange vor dem sprachlichen Austausch beginnt, hat Sie wiederum nicht sehr stark angesprochen, sieht man einmal von dem »Wonnesaugen« und der Munderotik ab. Und dies obwohl Sie betont haben, dass das Ich zunächst ein körperliches sei. Dafür haben Sie aber mit großer Anschaulichkeit aufgezeigt, wie in der konversionshysterischen Inszenierung unbewusste Phantasien dargestellt und mitgeteilt werden. Stavros Mentzos hat darauf aufmerksam gemacht, dass die Konversion in der zweiten Hälfte des 20. Jahrhunderts nicht mehr primär als ein energetischer Umsetzungsprozess verstanden wurde, sondern in allererster Linie als eine Übersetzung des Verdrängten in eine Symbolsprache.[28] In dieser Übersetzung folgt der Betreffende unbewusst seinen Phantasien und Vorstellungen über seinen Körper und dessen Funktionen und Fähigkeiten. Die intersubjektive Inszenierung wird im besten Fall vom psychoanalytisch versierten Gegenüber hinsichtlich des ihr zugrunde liegenden Wunsches verstanden, während sie dem Patienten selbst unbewusst bleibt. Damit geht aber auch nach Mentzos – wie eben bereits angesprochen – eine Veränderung der Selbstrepräsentanz einher. Die hysterische Frau, die ihren Wunsch nach mütterlichem Gehaltenwerden nur mehr in einer sexuell anzüglichen Körpersprache mitteilen kann, sich bewusst als verführerisch gibt und sich selbst auch so begreift, weiß nicht, dass sie in ihrer leiblichen Selbstdarstellung beim geschulten Gegenüber eher das Bild eines kleinen Mädchens wachruft, das ein heftiges Verlangen danach hat, in den Arm genommen, getröstet, aufgemuntert und bestätigt zu werden.

Küchenhoff hat bezüglich des Verhältnisses von Körper und Leiblichkeit in der menschlichen Begegnung mehrere Dimensionen unterschieden, die neben der Konversion auch die psychosomatischen Erkrankungen und die Hypochondrie berücksichtigt:[29]

Zunächst ist von einer spontanen Zwischenleiblichkeit auszugehen, die sich im Kontakt zwischen dem Kind und seinen Eltern ergibt; dies ist eine vorsprachliche, präreflexive, leibliche und affektive Kommunikation – die ursprüngliche Kommunikation des Kindes ab der Geburt und lange vor der Einführung von Sprache. Allerdings reagieren die Eltern mit ihrer Leiblichkeit, die bereits von der symbolischen Ordnung durchsetzt ist. Und sie reagieren auf den kindlichen Leib mit ihrem eigenen nicht immer bewussten sinnlich sexuellen Begehren und mit ihren aggressiven Wünschen, wie es der französische Psychoanalytiker Jean Laplanche in seiner allgemeinen Verführungstheorie ausgedrückt hat – wir werden darauf sicherlich noch zu sprechen kommen.[30] In dieser vom Kind aus betrachteten vorsprachlichen Zwischenleiblichkeit werden ihm viele rätselhafte Botschaften mitgeteilt, mit denen es sich dann manchmal ein Leben lang beschäftigen muss, rätselhafte Mitteilungen aus seinem Unbewussten, die es nicht zuzuordnen weiß, manchmal vielleicht auch einem archaisch Unbewussten zuschreibt, obwohl die Inhalte doch aus den Anfängen seines Lebens stammen und mit den Mitteilungen und Botschaften seiner Eltern zu tun haben.

Freud: *Eine sehr interessante und sehr konsequente sozialpsychologische Betrachtung darüber, wie die ursprüngliche von Affekten und Triebwünschen beherrschte Körpersprache des vorsprachlichen Kindes mit der Körpersprache und der symbolischen Ordnung, in der die Eltern stehen, in Interaktion bzw. in Kommunikation tritt, wobei aber eben noch keine sprachliche Kommunikation auf Seiten des Kindes vorliegt. Diese unbewusste Kommunikation innerhalb einer Zwischenleiblichkeit, wie Sie es mit Küchenhoff, bzw. mit Merleau-Ponty ausgedrückt haben, war mir damals allerdings noch nicht zugänglich. Ich glaube, dass hier der Cartesianismus in mir noch zu stark war, um dieses Miteinander der Leiber, vor allem ihr kommunikatives Miteinander in letzter Konsequenz erkennen zu können.*

Herr Freud, Sie beziehen sich hier auf jenen Punkt des Cartesianismus, bei dem die Ratio, die klare Entscheidungs- und Handlungsfähigkeit des Menschen durch seine körperlichen Affekte und seine Sinnlichkeit beeinträchtigt werden. Und obwohl Sie gegen diese Auffassung mit Ihrer Lehre vom Unbewussten angekämpft haben, haben Sie, wie Sie eben selbst einräumten, doch ein wenig die konkreten Prozesse der Leiblichkeit bei der Subjektwerdung des Menschen vernachlässigt. Dennoch, und das muss man Ihnen hoch anrechnen, haben Sie ja dann später, z. B. bei der Beschreibung der Vorgänge von Übertragung und Gegenübertragung im therapeutischen Prozess auf die Verschränkung der unbewussten Zwischenleiblichkeit implizit aufmerksam gemacht.

***Freud:** Sie drücken sich sehr vorsichtig aus.*

Aber betrachten wir noch einmal, wie sich die einigermaßen geglückte Zwischenleiblichkeit im Eltern-Kind-Verhältnis weiter entwickelt. Mit der Einführung von Sprache lernt das Kind seine bis dato nichtbewussten, sozusagen subsymbolischen leiblichen und affektiven Kommunikationsweisen in eine symbolische Kommunikation überzuführen. Dies wird freilich selbst im besten Fall nur teilweise gelingen. In unterschiedlichem Ausmaß werden bestimmte leibliche Kommunikationsweisen niemals symbolisiert, bleiben also subsymbolisch, nichtbewusst, sind reflexiv nicht verfügbar und können auch nicht erinnert werden. In der bewussten Wahrnehmung wird dann aus der sinnlichen Fülle des vormals interaktiv beseelten Leibes partiell und manchmal auch zur Gänze ein objektivierbarer, rein biologischer Körper, den der Betreffende mehr oder weniger als Fremdkörper vor sich herträgt, der nach seinen eigenen chemischen und physikalischen Gesetzen funktioniert, so gut wie nichts mitteilt, außer dass er z. B. nicht mehr adäquat funktioniert, wie bei einer psychosomatischen Erkrankung. Oder der Körper übernimmt eine symbolische Funktion, indem er etwas mitteilt, was aber nur dem Gegenüber bestenfalls erfahrbar wird, dem Betreffenden selbst aber verborgen bleibt wie bei der Konversion.

***Freud:** Eine elegante Möglichkeit, das Phänomen der Konversion zu erklären.*

Ja, aber vielleicht noch nicht ausreichend. Mit modernen gedächtnispsychologischen Konzepten lässt sich der Vorgang der Konversion noch genauer konzeptualisieren. Die intersubjektiven leiblichen Erfahrungen haben nämlich im sog. nichtdeklarativen oder impliziten Gedächtnis als leiblich erfahrene Affektmuster ihre Spuren hinterlassen. Und da Affekte immer auch mit vegetativ-autonomen, viszeralen und motorischen Phänomenen einhergehen, können Konversionssymptome auch als dissoziierte Bestandteile des nichtdeklarativen Gedächtnisses aufgefasst werden, die durch bestimmte Hinweisreize ausgelöst werden, ohne dass der Betreffende bewusste autobiographische Erinnerungen an eine bestimmte traumatisierende Szene hat.[31]

Herr Freud, gestatten Sie mir eine weitere Frage zu Ihrem wichtigen Werk, mit dem Sie die Psychoanalyse mehr oder weniger begründet haben. In der Epikrise zur Krankengeschichte der Elisabeth v. R. schrieben Sie den berühmten, oft und oft zitierten Satz, dass es Sie als naturwissenschaftlich erzogener Neuropathologe eigentümlich berühre, »daß die Krankengeschichten, die ich schreibe, wie Novellen zu lesen sind, und daß sie sozusagen des ernsten Gepräges der Wissenschaftlichkeit entbehren«.[32] Man hat an diesem Satz nicht nur den Charme Ihrer schriftstellerischen Begabung festzumachen versucht, nicht nur gerühmt, dass seitdem nie wieder Krankengeschichten von derartiger Differenziertheit, Kompaktheit und literarischer Schönheit in der psychiatrischen und psychotherapeutischen Literatur entstanden seien, nicht nur kritisiert, dass mit den Maßstäben moderner Psychotherapieforschung betrachtet, Krankengeschichten nicht den Ansprüchen exakt audio- und videographierter Texte genügen, sondern an diesem Satz auch Ihr Schwanken zwischen einer naturwissenschaftlichen und einer geisteswissenschaftlichen Seele in Ihrer Brust festzumachen versucht.

Freud: *Das ist sicherlich zutreffend beschrieben. Meine Vorliebe für die Psycho-Archäologie, mein Interesse an Textchiffrierungen und hermeneutischen Auslegungen, wie man es heute nennt, meine Deutungskunst könnten übersehen lassen, dass ich mich als junger Mann eben doch der physiologischen Maschinenwelt der Helmholtz-Schule verpflichtet gefühlt hatte, dass ich eine ganze Zeit lang als Neurologe sozialisiert auf der Suche nach energetisch-physikalischen Prozessen war und Zeit meines Lebens den Wunsch verspürte, die Psychoanalyse auf naturwissenschafliche Beine zu stellen, um aus ihr endlich eine respektable und »wirkliche« Wissenschaft zu machen.*

Gleichwohl waren Sie neben dem »Biologen der Seele« eben auch der »Archäologe der Sinnstrukturen«, wie es der Frankfurter Psychoanalytiker Alfred Lorenzer einmal so treffend formuliert hat.[33]

Er hat erkannt, dass Sie zwar damals noch keine zutreffende Vorstellung vom Charakter der gerade erst entstehenden Wissenschaft der Psychoanalyse hatten, dass aber Ihr therapeutisches Vorgehen, den Patienten frei erzählen zu lassen und dabei das Gespräch nicht steuern zu wollen, sondern nichts zu tun, außer zunächst einmal zuzuhören, den Grundstein für ein hermeneutisches Verfahren gelegt hat, das dann z.T. noch von Ihnen selbst und später von Ihren

Schülern ausgearbeitet wurde und heutzutage als tiefenhermeneutisches Vorgehen bezeichnet wird. Dieses stellt ein hermeneutisches Verfahren sui generis dar, das von anderen sinnauslegenden Methoden beispielsweise in der Geschichtsforschung, der Jurisprudenz, der Kriminalistik usw. zu unterscheiden und in seinen methodologischen Grundzügen im 20. Jahrhundert sehr differenziert beschrieben worden ist.[34] Das Erzählen in der Psychoanalyse unterscheidet sich auch inhaltlich von anderen Erzählformen dahingehend, dass es sich hierbei um unterdrückte, sozial nicht zugelassene Verhaltens- und Lebensentwürfe von Menschen handelt. Allerdings nicht der Inhalt allein, sondern vor allem die Art des Erzählens liefert dem Tiefenhermeneuten Aufschlüsse über das vorläufig Unsagbare und lässt darüberhinaus zumindest in Ansätzen erkennen, wie die subjektiven Leidensgeschichten mit den epochalen Unterdrückungsverhältnissen von Menschen verbunden sind. Dieser von Ihnen in den 80er Jahren des vorvorigen Jahrhunderts initiierte tiefenhermeneutische Zugang zum leidenden Menschen stellte – nebenbei gesagt – einen völligen Bruch mit der bisherigen ärztlichen Forschungs- und Gesprächsmethodik dar.

Lorenzer, Alfred, 1922–2002. Prof. Dr. med. Studium der Medizin, psychiatrische Ausbildung bei Ernst Kretschmer, Lehranalyse bei Margarete Mitscherlich, langjähriger Mitarbeiter an psychiatrischen Einrichtungen. Von 1963 bis 1968 Oberassistent am Sigmund Freud-Institut in Frankfurt unter der Leitung von Alexander Mitscherlich. 1970 Habilitationsschrift: Kritik des psychoanalytischen Symbolbegriffs. Bekannt wurde Lorenzer vor allem durch das Konzept des szenischen Verstehens, das er im Unterschied zu Herrmann Argelander in einer materialistischen Sozialisationstheorie verankerte. Von 1970 bis 1974 Professor für Sozialpsychologie in Bremen. Ab 1974 Professor für Sozialisationstheorie in Frankfurt. Die Spanne seiner Arbeiten bewegt sich vom Traumabegriff über die Kritik am Symbolbegriff und die Entfaltung einer psychoanalytischen Sozialisationstheorie bis hin zu einer tiefenhermeneutischen Kulturanalyse. Seine Arbeiten zielen insbesondere darauf ab, die freudsche Erkenntnis unbewusster Prozesse für human- und kulturwissenschaftliche Belange fruchtbar zu machen.

Wichtigste Veröffentlichungen:

(1966)	Zum Begriff der traumatischen Neurose
(1968)	Methodologische Probleme der Untersuchung traumatischer Neurosen
(1970a)	Kritik des psychoanalytischen Symbolbegriffs
(1970b)	Sprachzerstörung und Rekonstruktion.
(1972)	Zur Begründung einer materialistischen Sozialisationstheorie.
(1973)	Über den Gegenstand der Psychoanalyse oder Sprache und Interaktion.

(1974)	Die Wahrheit der psychoanalytischen Erkenntnis.
(1981)	Das Konzil der Buchhalter. Die Zerstörung der Sinnlichkeit. Eine Religionskritik. (1984) Intimität und soziales Leid. Archäologie der Psychoanalyse.
(1986)	Tiefenhermeneutische Kulturanalyse
(2002)	Die Sprache, der Sinn, das Unbewusste . Psychoanalytisches Grundverständnis und Neurowissenschaften.

Die Einschätzung der Psychoanalyse als Tiefenhermeneutik wurde von den sogenannten Nur-Hermeneutikern unter den Psychoanalytikern im letzten Drittel des 20. Jahrhunderts aber derart forciert, dass für die Forschung vielerorts kein Interesse mehr bestand.

Diese Entwicklung hat der Psychoanalyse wohl eher geschadet, weil sie so etwas wie eine Naturwissenschaftsphobie bei vielen Psychoanalytikern wissenschaftsphilosophisch legitimiert hat. Dieser ausschließliche Rückzug in die Hermeneutik hat ja dann wohl auch dazu geführt, dass sich die Gegner der Psychoanalyse, zu der leider auch viele Psychologen gehören, ins Fäustchen gelacht haben. Während die offiziellen Vertreter dieser Disziplin sich als Naturwissenschaftler betrachten, die more physiko psychologische Themen erforschen und sich beobachtungswissenschaftlicher Methoden und eines naturwissenschaftlichen Schlussverfahrens, des sog. H-O-Schemas befleißigen, klassifizieren sie die Anhänger der Psychoanalyse als geisteswissenschaftliche Weicheier, die sich lediglich für die Kunst der Auslegung interessieren und deshalb keine harte Wissenschaft betreiben würden. Hermeneutische Auslegungskunst sei prinzipiell nicht überprüfbar, da es so viele Auslegungen wie Interpreten gebe.

Noch wichtiger scheint mir für unsere vorliegende Diskussion aber der folgende Punkt zu sein: Man hat ausgehend von Diltheys Ausspruch »Die Natur erklären wir, das Seelenleben verstehen wir« lange Zeit an der Vorstellung festgehalten, dass sinninterpretierende Verfahren bei der Beschreibung und Erklärung von Gegenständen aus der Natur nichts verloren hätten, genauso wie kausal- reduktive Verfahren bei der Interpretation des Sinns menschlicher Handlungen oder sozialwissenschaftlicher Phänomene nicht angebracht seien. Wäre dem tatsächlich so, dann müssten wir sowohl bei der Beschreibung der menschlichen Natur auf szientistische Methoden verzichten und uns bei der Erklärung menschlicher Handlungen mit der Interpretation des Sinns zufriedengeben. Würden wir bei der Erklärung menschlichen Handelns und Erlebens uns nur von außen der menschlichen Natur annähern, würde man zu Recht den Vorwurf des Szientismus und des Biologismus erheben; und würde man den Sinn menschlicher Handlungen zu verstehen versuchen, ohne die aus der Spannung menschlicher Trieb- und Affektnatur gegenüber ihren jeweiligen soziokulturellen Einschränkungen resultierenden Verdrängungen und Selbsttäuschungen zu berücksichtigen, würde gegen uns tatsächlich der Einwand eines lediglich geisteswissenschaftlichen Verstehens, d. h. der Interpretation eines Sinns, der losgelöst ist von fundamentalen Körperprozessen in einer jeweils gegebenen Kultur, erhoben werden können. Sie können sich viel darauf zugute halten, worauf Lorenzer immer wieder hingewiesen hat, dass Sie die Psychoanalyse als eine Wissenschaft *zwischen* einer lediglich aus der Dritten-Person-Perspektive konzeptualisierten biologischen Betrachtungsweise und einer die körperlichen Prozesse zumeist vernachlässigenden geisteswissenschaftlichen Perspektive angesiedelt haben. Und aus heutiger Sicht – so Lorenzer – muss eine angemessene psychoanalytische Methodologie ihren Gegenstand als einen organismischen betrachten, der aber von Beginn an mit der Umwelt in Kontakt steht und durch diese geformt wird, wobei die Resultate des frühesten und allerfrühesten Zusammenspiels wieder auf das neuronale und genetische System zurückwirken. Ergänzend sollte ich auch noch die soziologische Betrachtungsweise nennen, die zum Soziologismus verkommt, wenn nicht bei jeder gesellschaftswissenschaftlichen Fragestellung immer auch das Individuum mit seinen Körperbedürfnissen mitgedacht wird. Der Mensch ist keine tabula rasa, auf die eine Gesellschaft beliebig ihre Forderungen einritzen kann. Vielmehr stehen die individuelle Natur des Menschen und die ihn umgebende Kultur von den ersten Lebensminuten, genauer schon seit der embryonalen und fötalen Existenzweise, in einem Wechselwirkungsverhältnis. Und dies gilt, wie wir heute wissen, und zwar noch viel genauer als Sie dies damals ahnen konnten, bereits auf genetischer und neurophysiolgischer Ebene.

Freud: *Ich pflichte Alfred Lorenzer völlig bei, dass der beobachtungswissenschaftlich-gesetzesbildende Zugang bei der Erforschung neurophysiologischer Vorgänge und die sinninterpretierende hermeneutisch sozialwissenschaftliche Methode zur Erforschung unbewusster Erlebnisfiguren und unbewusster leiblicher Beziehungswünsche konvergieren müssen, um die Grundstrukturen menschlicher Sozialisationsprozesse sowohl von der körperlichen, biologischen und neurophysiologischen Seite als auch von der Seite der Kultur zu erforschen. Ich stimme mit ihm auch vollständig darin überein, dass meine Grundposition damals noch zu einseitig war, insofern ich die gesellschaftlichen Formungsprozesse, die bereits im Fötalalter zu wirken beginnen, als zu gering veranschlagt habe, wenn ich z. B. die Internalisierung von Werten beim Kind erst während der ödipalen Phase, im Alter von drei oder vier Lebensjahren angenommen habe. Ob man mir deshalb eine vollkommene Gesellschaftsblindheit unterstellen muss, wie dies* *vor allem Soziologen immer wieder getan haben, wird uns sicherlich bei der Diskussion meiner kulturtheoretischen Schriften noch intensiver beschäftigen.*

Wenn ich Sie richtig verstehe, sollte die Psychoanalyse sowohl den Körper, das Gehirn, also die biologische und physiologische Betrachtungsebene berücksichtigen, als auch die psychologische und gesellschaftliche Ebene, um weder in eine biologistische noch in eine positivistisch psychologische Position, die von jeglichem geschichtlichen und kulturellen Kontext abstrahiert und den Menschen als ein Variablengefüge definiert, zurückzufallen. Aber auch nicht in eine idealistische Position, die den Geist sich freischwebend fernab jeglicher ökonomischen Realität entwickeln sieht.

***Freud:** Mit der Ökonomie konnte ich zwar noch nie so viel anfangen, aber ich denke, wir sollten sie bei der sozialwissenschaftlichen und gesellschaftlichen Ebene nicht unberücksichtigt lassen.*

Herr Freud, wenn wir schon wieder bei wissenschaftstheoretischen Fragen sind, gestatten Sie mir noch eine Frage. Hat Sie nicht Ihr damaliges Schwanken zwischen natur- und geisteswissenschaftlichen Einstellungen mit Ihrer damit einhergehenden Einschätzung, dass erstere objektiv, letztere subjektiv sei, damals übersehen lassen, dass auch die naturwissenschaftliche Forschungsmethodik nicht eine unabhängig vom menschlichen Forscher existierende Realität erfasst, sondern dass sie, wenn sie angeblich lediglich die Gesetzmäßigkeiten äußerer und innerer Natur beschreibt, dabei völlig ausklammert, dass es Konstitutionsbedingungen von Wissenschaft gibt? Diese beginnt man heutzutage allmählich als wissenschaftspolitische, -ökonomische, -soziologische und -psychologische Zusammenhänge zu begreifen und zu reflektieren. Auch die naturwissenschaftliche Methodik kommt nicht umhin, die Wirklichkeit aufgrund ihrer jeweiligen Modelle und Metaphern zu konstruieren. Die vorherrschende Wissenschaftsauffassung des 19. Jahrhunderts und sicherlich auch noch großer Teile des 20. Jahrhunderts bestand jedoch in dem Glauben, dass ein Forscher die Realität abbilde, so wie sie ist, sofern er sich nur seiner Subjektivität enthalte, seinen eigenen Einfluß, seine persönliche Gleichung u.a.m. kontrolliere, was am besten anhand eines Doppelblind-Experiments zu geschehen habe. Sie waren zwar kein Anhänger der damals vorherrschenden Bewusstseinspsychologie und auch kein Freund der damaligen experimentellen Methodik, aber eine gewisse Naivität bezüglich der Frage, was eine wissenschaftliche Haltung sei, können Sie wohl kaum verneinen.

Freud: *In der Tat berührt mich heute diese Gläubigkeit, die ich damals noch mit wissenschaftlicher Forschung verband. Es war für mich offensichtlich nicht leicht, die Sozialisation, die ich von Brücke erhalten hatte und die den damaligen wissenschaftlichen Mainstream vor allem in Deutschland und natürlich nicht nur von Brücke verkörperte, anzuzweifeln. Aber man täte mir Unrecht, wenn man mir ob dieser Blindheit unterstellen würde, dass ich die von mir gefundenen Phänomene wie unumstößliche Wahrheiten behandelt hätte. Denken Sie nur daran, dass ich z. B. in meinem Aufsatz über »Psychoanalyse und Libidotheorie« aus dem Jahr 1923 geschrieben habe: »Die Psychoanalyse ist kein System wie die philosophischen, das von einigen scharf definierten Grundbegriffen ausgeht, mit diesen das Weltganze zu erfassen sucht und dann, einmal fertig gemacht, keinen Raum mehr hat für neue Funde und bessere Einsichten. Sie haftet vielmehr an den Tatsachen ihres Arbeitsgebietes, sucht die nächsten Probleme der Beobachtung zu lösen, tastet sich an der Erfahrung weiter, ist immer unfertig, immer bereit, ihre Lehren zurechtzurücken oder abzuändern«.*[35]

Und immer wieder habe ich betont, meine metapsychologischen Ausführungen nicht wie ein Dogma zu betrachten, sondern sie, wenn immer es nur geht, zu revidieren. Ich selbst habe dies ja auch einige Male in meinem Leben getan. Aber viel wichtiger scheint mir in diesem Zusammenhang die Frage zu sein, was durch diese meine methodologische Blauäugigkeit der Psychoanalyse an Erkenntnissen und an Kritikmöglichkeiten unter Umständen verloren gegangen ist. Wir werden darauf sicherlich noch an einigen Stellen eingehen können. Soviel möchte ich aber hier bereits dazu sagen: Natürlich war mein damaliges Hysterieverständnis völlig von meiner damaligen patriarchalischen Sichtweise von Familie und Gesellschaft bestimmt. Obwohl ich es nicht, wie mir fälschlicherweise immer wieder unterstellt worden ist, nur auf die Frauen eingegrenzt habe – ich erinnere nur an die Aufnahme meines Berichts über meinen Parisaufenthalt bei Charcot vor der Wiener Ärztlichen Gesellschaft.

Und dennoch bei aller Selbstkritik bezüglich meines damaligen Hysterieverständnisses möchte ich doch noch einmal festhalten, dass es die Hysterien waren, bei denen ich als erster Forscher nachweisen konnte, dass scheinbar sinnlose körperliche Symptome eine verborgene Bedeutung aufweisen; ferner dass, wenn es gelingt, die körperlichen Symptome, egal ob man sie in heutiger Terminologie als Konversions-, Somatisierungs- oder Schmerzstörung bezeichnet, als leiblichen Ausdruck eines unbewussten psychischen Konfliktes oder einer Traumatisierung zu begreifen, zum Verschwinden zu bringen. Denken Sie nur an die Gesichtsneuralgie meiner Patientin Caecilie, der vorher sieben Zähne gezogen worden waren, und ich, nachdem ich verstanden hatte, dass Caecilie eine Beleidigung wie einen Schlag ins Gesicht erlebt hatte, dieses Symptom zum Verschwinden bringen konnte.

Dennoch: Auch wenn Sie unbewusste Bedeutungen der damaligen als »Krankheit« oder »Störung« definierten Phänomene ausfindig machen konnten, blieben Sie dann nicht doch bei der Betrachtung des Individuums stehen? Wenn damals vom Patriarchat unterdrückte und sicherlich auch sich von ihren Müttern in der Kindheit zu wenig geliebt fühlende und gewiss auch in unterschiedlichem Umfang multipel traumatisierte Frauen auf ihr gesellschaftliches und individuelles Elend aufmerksam machen wollten, reduzierte sich dann ein massenhaftes gesellschaftliches Phänomen letztlich nicht doch auf eine »Krankheit des Individuums«? Hat der Medizinalismus des 19., aber auch des 20. Jahrhunderts nicht auch bei Ihnen den Blick dafür verstellt, dass gesellschaftliche Machtinteressen erst zu einer Ausgrenzung der Unvernunft und dann in einem zweiten Schritt zu ihrer ärztlichen Kontrolle führten? Entfernte man früher aufsässigen und um ihre Emanzipation kämpfenden Frauen die Klitoris, werden sie heute als »Essstörungen« oder als »Schmerzpatientinnen« medizinisch und psychotherapeutisch verwaltet. Die eigentlichen Ursachen dieser Leidenszustände sind damit aber nicht begriffen. Allerdings ist die Beantwortung auch dann noch längst nicht erschöpfend geleistet, wenn man z. B. auf den gegenwärtigen Schlankheits- und Fitness-Wahn im Zusammenhang mit Essstörungen hinweist. Vielmehr müsste in einer viel umfassenderen Perspektive der Frage nachgegangen werden, warum vor allem in den wirtschaftlich wohlhabenden Ländern dieser Erde derart viele Menschen mit sich selbst und ihrem Leben so unglücklich sind.

***Freud:** Allzu viel Müßiggang und Luxus sind offensichtlich im Plan der Schöpfung nicht vorgesehen. Sie sind auch keine Kinderwünsche, und deswegen können sie den erwachsenen Menschen nicht glücklich machen. Aber vielleicht sind wir trotz meiner bescheidenen Bemühungen und trotz der Fortschritte, welche die neueren Theorien über die frühe Kindheit auf empirischem Wege erbracht haben, ja immer noch ein ganzes Stück davon entfernt, die komplexen Entstehungsbedingungen psychischen und auch manchen körperlichen Leids verstehen zu können.*

3.4 Entwurf einer Psychologie (1895)

»Was ich habe, ist wohl weder eine Million noch ein Kreuzer, sondern ein Klumpen Erz, in dem unbekannt wieviel Edelmetall steckt.« (Freud, 1985c, S. 188)

Herr Freud, werfen wir zunächst noch einen weiteren kurzen Blick in das Jahr 1895. Soeben war Ihre mit Breuer verfasste Arbeit *Studien über Hysterie* abgeschlossen, da fieberten Sie bereits einem neuem Projekt entgegen, dem »Entwurf einer Psychologie«. Sie waren 39 Jahre alt, Martha hatte Ihr sechstes Kind, Anna, entbunden. Im Sommer gönnten Sie sich Ihre erste Italienreise nach Venedig mit Ihrem Bruder Alexander und erlebten für zehn Tage den »Taumel, in den Venedig jeden versetzt«.[1] Sie waren nach 14monatiger Abstinenz zu Ihrem einzigen Laster, dem Zigarrenrauchen zurückgekehrt, Sie mussten dem »psychischen Kerl« nachgeben, wie Sie sich ausdrückten, weil dieser sich sonst weigerte zu arbeiten, und Sie hatten sich ein Stück weit damit abgefunden, nicht an einer Myocarditis, wie Breuer diagnostiziert hatte, sondern eher an einer Nikotinvergiftung zu sterben.[2] In diesem Jahr ließen Sie auch im Anschluss an Ihre Italienreise eine Verätzung der Nasenschleimhaut durch Ihren Freund Wilhelm Fließ in Berlin vornehmen. Zwischen Schmerzen in der Herzgegegend, Todesängsten, Depressionen und einer großen Euphorie ist Ihr *Entwurf* in nur wenigen Monaten entstanden.

Sulloway hat die Vermutung geäußert, dass Sie sich unter Druck gefühlt haben, das von Breuer verfasste Kapitel über Theoretisches in den *Studien über Hysterie* entsprechend Ihrer eigenen Auffassung neu zu entwerfen.[3] Es war aber nicht nur Ihr Drang, sich von Ihrem väterlichen Mentor Breuer emanzipieren zu wollen, wie manche Ihnen unterstellt haben, sondern vermutlich überwiegend in der Sache selbst begründet. Cordelia Schmidt-Hellerau, die umfangreiche Arbeiten über die psychoanalytische Metapsychologie verfasst hat, vermutet, dass Sie zum ersten Mal einen kühnen Versuch unternommen haben, die bislang »getrennt gedachten Ebenen des Psychischen und des Somatischen« in einer Meta-Position zu erfassen, sozusagen Ihre Vorarbeit zu Ihrer späteren Metapsychologie.[4] Aber bevor wir dazu kommen, noch einmal zu Grundsätzlichem zurück.

Bekanntlich ist der »Entwurf einer Psychologie« von Ihnen in dem Bestreben verfasst worden, »psychische Vorgänge darzustellen als quantitativ bestimmte Zustände aufzeigbarer materieller Teile.«[5] Enthusiastisch schrieben Sie am 20.10.1895 in einem Brief an Fließ bezüglich Ihres »Entwurfs«: »In einer fleißigen Nacht der verflossenen Woche haben sich plötzlich die Schranken gehoben, die Hüllen gesenkt, und man konnte durchschauen vom Neurosendetail bis zu den Bedingungen des Bewußtseins. Es schien alles ineinander zu greifen, das Räderwerk paßte zusammen, man bekam den Eindruck, das Ding sei jetzt wirklich eine Maschine und werde nächstens auch von selber gehen ... Ich weiß mich vor Vergnügen natürlich nicht zu fassen«.[6] Aber bereits fünf Wochen später begannen Sie sich von Ihrer Arbeit zu distanzieren: »Den Geisteszustand, in dem ich die Psychologie ausgebrütet, verstehe ich nicht mehr ... mir erscheint es als eine Art von Wahnwitz«.[7]

Der »**Entwurf einer Psychologie**« wurde von Freud im Herbst 1895 in mehreren Päckchen an Wilhelm Fließ, seinem zwei Jahre jüngeren in Berlin als Facharzt für Hals- und Nasenkrankheiten lebenden Freund geschickt. Freud nannte seine, teils auf Eisenbahnfahrten zustandegekommenen, teils nach Mitternacht geschriebenen Skizzen einige Male »Psychologie für den Neurologen«. Da Freud diese Arbeit nie von Fließ zurückverlangte, blieb sie bei ihm. Zusammen mit anderen Schriften und Briefen wurde diese von Marie Bonaparte bei Fließ entdeckt und von ihr erworben. James Strachey hat den *Entwurf einer Psychologie* 1950 in London unter dem Titel »Projekt für eine wissenschaftliche Psychologie« übersetzt. Nachdem der »Entwurf« im Deutschen bereits 1950 in dem von Marie Bonaparte, Anna Freud und Ernst Kris herausgegebenen Band *Aus den Anfängen der Psychoanalyse* erschienen war, ist er in völlig neuer Transkription von Ingeborg Meyer-Palmedo in dem von Ilse Grubrich-Simitis herausgegebenen Nachtragsband der Gesammelten Werke 1987 erschienen.

Diesen »Wahnwitz« verlangten Sie nicht einmal von Fließ zurück. Aber selbst wenn Sie sich von diesem Werk sehr rasch distanziert haben, es war ja doch wohl etwas, mit dem Sie damals für einige Zeit schwanger gegangen waren. Warum wollten Sie die klinisch psychologischen Befunde – die ja immer schon Erklärungen beinhalten – noch einmal in einem neurobiologischen und neurophysiologischen Rahmen erklären? Nachdem Sie doch vorher – etwa zu der Zeit als Sie sich mit der Kritik an der gängigen Aphasieauffassung beschäftigten –, bereits die Eigenständigkeit des Psychischen betont hatten. War dies ein Rückfall in Ihre positivistisch naturwissenschafliche Prägung bei Brücke und Meynert? War diese Prägung vielleicht doch stärker als die Absicht, das Psychische als eine eigenständige Realitätsebene zu etablieren?

Stimmt es vielleicht sogar, dass Sie – wie manche Kritiker Ihnen vorgeworfen haben – , zum Zeitpunkt des *Entwurfs* psychische Gegebenheiten lediglich wieder als Epiphänomene physiologischer Prozesse aufgefasst haben, also eine Extremposition im Rahmen der klassischen Wechselwirkungstheorie einnahmen, was es erforderlich machen würde, sie mit Hilfe naturwissenschaftlicher Gesetzmäßigkeiten zu erklären? Wenn psychische Begriffe hingegen genau dieselben Ereignisse bezeichnen, die durch neurophysiologische Begriffe charakterisiert werden – Ihre in der Aphasie-Schrift geäußerte Auffassung –, dann wäre es im Grunde legitim, sich als Psychologe oder Psychoanalytiker mit der Erforschung der psychischen Seite zufriedenzugeben, weil diese eine Betrachtungsweise in ihrem eigenen Recht ist, was natürlich nicht ausschließt, die Befunde der Neurowissenschaften zur Kenntnis zu nehmen. Es entfiele dann lediglich der Zwang zum Nachweis einer kausalen Beziehung zwischen psychischen und physiologischen Prozessen.

Freud: *Das ist eine ganze Anzahl von Fragen und äußerst wichtigen Themen. Bevor ich aber überstürzt zum bornierten Materialisten gemacht werde, der trotz der Schaffung seiner psychoanalytischen Lehre im Grunde weiterhin das damalige, einseitig naturwissenschaftliche und deshalb positivistische Weltbild vertreten haben soll, ist es zunächst einmal wichtig, dass wir uns noch einmal das wissenschaftsphilosophische Klima des 19. Jahrhunderts, mit dem ich als Medizinstudent konfrontiert war, verdeutlichen: Denn meine wissenschaftliche Sozialisation kann natürlich nicht abgelöst von den gesellschaftlichen Rahmenbedingungen sowie von den spezifischen wissenschaftshistorischen Voraussetzungen gedacht werden, wie wir vorhin ja festgestellt haben. Erinnern wir uns: Nachdem die Medizin gegenüber anderen technischen Disziplinen in Rückstand geraten war, konnte sie sich nur durch die Übernahme naturwissenschaftlicher Erkenntnishaltungen und durch die Forcierung experimenteller Methoden von der idealistischen Konzeption schellingscher Naturphilosophie emanzipieren. Im Zuge derartiger Ambitionen hielt z. B. Rudolf Virchow (1845) ein programmatisches Referat mit dem Titel »Über das Bedürfnis und die Richtigkeit einer Medizin vom Mechanischen Standpunkt«. In ihm hieß es unter anderem: »Die neueste Medizin hat ihre Anschauungsweise als die mechanische, ihr Ziel als die Feststellung einer Physik der Organismen definiert. Sie hat nachgewiesen, daß Leben nur ein Ausdruck für eine Summe von Erscheinungen ist, deren jede einzelne nach den gewöhnlichen physikalischen und chemischen (d. h. mechanischen) Gesetzen vonstatten geht«. Kennzeichnend für dieses wissenschaftsphilosophische Klima eines naturwissenschaftlichen Materialismus war also in der Tat der Epiphänomenalismus des Psychischen. Dieser ergab sich folgerichtig als eine Konsequenz des descartesschen Dualismus mit seiner Postulierung einer Zwei-Substanzen-Lehre (res cogitans und res extensa). Im Anschluss an die Lehre von Descartes wurde in der Folgezeit bekanntlich vor allem bei den französischen Materialisten die physikalische zu der eigentlich wirklichen und gegenüber der bloß psychischen zur höherstehenden Wirklichkeit erklärt. Die psychische Welt mit ihren Merkmalen des subjektiven Erlebens und Wahrnehmens geht entsprechend dieser Lehre aus der physikalischen, objektiven, erlebnisjenseitigen und -unabhängigen Welt hervor und ist deshalb ein Epiphänomen.*

Folgerichtig müssen psychische Erscheinungen auf physiologische Prozesse reduziert werden. Damit – und das ist das Entscheidende an einer materialistischen epiphänomenologischen Position – werden sie aber auch aus einer wissenschaftlichen Betrachtung eliminiert. Wegbereiter des naturwissenschaftlichen Materialismus waren Jakob Moleschott (1822–1893), der, als ich 18 Jahre alt war, den berühmt berüchtigten Ausspruch tat: »Ohne Phosphor kein Gedanke«, und Karl Vogt (1817–1895), der in seinen physiologischen Briefen schrieb: »Ein jeder Naturforscher wird wohl bei folgerichtigem Denken auf die Ansicht kommen, daß alle sogenannten Seelentätigkeiten nur Funktionen der Gehirnsubstanz sind, oder um mich einigermaßen grob auszudrücken, daß die Gedanken zu dem Gehirn etwa in demselben Verhältnis stehen wie die Galle zu der Leber oder der Urin zu den Nieren«. [8]

Wie Sie wissen, habe ich als junger Mann im Physiologischen Laboratorium von Ernst Wilhelm von Brücke (1819–1892) geforscht, der ein entschiedener Anhänger eines medizinischen Materialismus und Positivismus war. Prototypisch für die Erkenntnishaltung dieses naturwissenschaftlichen Materialismus ist ein Ausspruch von Du Bois-Reymond, der zusammen mit Helmholtz, Ludwig und meinem Lehrer Brücke eine Art wissenschaftlicher Schicksalsgemeinschaft gründete. Dieser Ausspruch, der mir noch heute in den Ohren klingt, lautete: »Brücke und ich haben uns verschworen, die Wahrheit geltend zu machen, daß im Organismus keine anderen Kräfte wirksam sind als die gemeinen physikalisch-chemischen, daß, wo diese bislang nicht zur Erklärung ausreichen, mittels der physikalisch- mathematischen Methode entweder nach ihrer Art und Weise die Wirksamkeit im konkreten Fall gesucht werden muß oder daß neue Kräfte angenommen werden müssen, welche von gleicher Dignität mit den physikalisch-chemischen, der Materie inhärent, stets auf nur abstoßende oder anziehende Komponenten zurückzuführen sind«. [9]

Erkenntnistheoretisch ging nun mit diesem naturwissenschaftlichen Materialismus ein naiver Empirismus einher und methodologisch ist in Nachahmung der objektiven Forschungsmethoden innerhalb der physikalischen Welt eine naturwissenschaftliche Methodik auch für die nichtphysikalischen Wissenschaften erforderlich.

Dies wird ja als sog. einheitswissenschaftlicher Standpunkt noch bis zum heutigen Tag übrigens auch von vielen Psychologen und Sozialwissenschaftlern für diese Disziplinen gefordert. Eine Unterscheidung zwischen einem szientistischen Paradigma und einem Sinn-Paradigma ist ihnen nicht nachvollziehbar. Aber ich habe Sie unterbrochen.

Freud: *Ich habe über diese meine wissenschaftsphilosophische Prägung, die ich vor allem durch meinen damals auch sehr bewunderten Lehrer Brücke zwischen meinem zwanzigsten und sechsundzwanzigsten Lebensjahr erhielt,* *als älterer Mann noch einmal nachgedacht und wir können ja vorwegnehmen, was ich als Siebzigjähriger über diese Zeit geschrieben habe: »Die Mediziner waren in der alleinigen Hochschätzung anatomischer, physikalischer und chemischer Momente erzogen worden. Für die Würdigung des Psychischen waren sie nicht vorbereitet, also brachten sie diesem Gleichgültigkeit und Abneigung entgegen. Offenbar bezweifelten sie, daß psychische Dinge überhaupt eine exakte wissenschaftliche Behandlung zulassen. In übermäßiger Reaktion auf eine überwundene Phase, in der die Medizin von den Anschauungen der sogenannten Naturphilosophie beherrscht wurde, erschienen ihnen Abstraktionen wie die, mit denen die Psychologie arbeiten muß, als nebelhaft, phantastisch, mystisch; merkwürdigen Phänomenen aber, an welche die Forschung hätte anknüpfen können, versagten sie einfach den Glauben. Die Symptome der hysterischen Neurose galten als Erfolg der Simulation, die Erscheinungen des Hypnotismus als Schwindel. Selbst die Psychiater, zu deren Beobachtung sich doch die ungewöhnlichsten und verwunderlichsten seelischen Phänomene drängten, zeigten keine Neigung, deren Details zu beachten und ihren Zusammenhängen nachzuspüren. Sie begnügten sich damit, die Buntheit der Krankheitserscheinungen zu klassifizieren und sie, wo immer es nur anging, auf somatische, anatomische oder chemische Störungsursachen zurückzuführen. In dieser materialistischen oder besser: mechanistischen Periode hat die Medizin großartige Fortschritte gemacht, aber auch das vornehmste und schwierigste unter den Problemen des Lebens in kurzsichtiger Weise verkannt.«*[10]

Ich denke, hieraus geht doch eindeutig hervor, dass ich dem einseitig naturwissenschaftlichen Denken der Medizin, das zwar meine Studien- und Assistentenzeit bestimmt hat, mein Leben lang sehr skeptisch gegenübergestanden habe. Ja, die Psychoanalyse hätte doch überhaupt nicht entstehen können, wenn ich mich nicht von diesem medizinischen Positivismus emanzipiert und eine neue methodologische Auffassung begründet hätte.

Nun könnte man aber durchaus die Ansicht vertreten, dass ich wohl im Jahr 1895 noch von der Idee besessen gewesen sei, dass es eben doch sinnvoll sein könne, eine naturwissenschaftliche Psychologie ausschließlich in der Sprache der Physik und der Neurobiologie zu begründen – vielleicht die letzten Nachwehen meines einst so sehr bewunderten Lehrers Brücke.

Dies hat später z. B. Peter Amacher (1965) behauptet. Aber auch wenn Sie spätestens mit der »Traumdeutung« eine genuin psychologische Betrachtungsweise und Methodologie begründeten, haben Sie doch Ihr Leben lang an der Überzeugung festgehalten, dass es irgendwann einmal, wenn die Wissenschaft vom Gehirn weiter fortgeschritten sein wird, möglich und auch sinnvoll sein werde, die Psychologie wieder auf eine neurobiologische Betrachtung zurückzuführen.

Lauerte der positivistische Materialist gleichsam nur im Hintergrund? War möglicherweise das Interesse an der Eigenständigkeit des Psychischen nur etwas Vordergründiges, ja sogar Aufgesetztes? So lautete eine häufige Kritik, die an Ihnen geübt worden ist, nicht erst von heutigen interpersonellen Psychoanalytikern, die sich einer postmodernen Wissenschaftsauffassung verpflichtet fühlen, sondern schon recht bald, z. B. von einem Ihrer Biographen, Siegfried Bernfeld. Der mechanistische Materialismus in der Medizin des 19. Jahrhunderts habe seine Spuren in Ihrem Gegenstandsverständnis, in Ihrer Methodologie und Theorienbildung und damit auch in der gesamten Psychoanalyse Ihrer Nachfolger und Schüler hinterlassen. Peter Gay hat Ihren Entwurf »newtonisch« genannt und meinte damit, dass Sie den Versuch unternommen haben, Psychisches den Gesetzen der Bewegung zu unterwerfen, wie z. B. dem ersten der drei Newtonschen Axiome, dem Beharrungsgesetz: Ein materieller Körper verharrt in Ruhe oder in Bewegung mit gleichbleibendem Geschwindigkeitsbetrag und gleicher Richtung, falls nicht weitere Einflüsse, genannt Kräfte, auf ihn einwirken.[11]

Peter Gay, seit 1939 aus Berlin emigrierter Jude in New York lebend ist Professor für Geschichte an der Yale-Universität in New Haven und Ehrenmitglied der Amerikanischen Psychoanalytischen Gesellschaft. Seine fast 1000 Seiten umfassende, 1987 in New York, 1989 in deutscher Übersetzung erschienene Freud-Biographie (*Freud. Eine Biographie für unsere Zeit)* gehört neben den Arbeiten von Jones, Bernfeld und Clark zu den wichtigsten Bausteinen der Freud-Biographik. Von ihm erschienen außerdem noch die Bände: *Freud für Historiker* (1985/1994), *»Ein gottloser Jude«. Sigmund Freuds Atheismus und die Entwicklung der Psychoanalyse* (1987/88) und *Freud entziffern* (1990/92).

Ellenberger bezeichnete Ihren »Entwurf« als »das Ergebnis und Vermächtnis eines Jahrhunderts der ›Gehirnmythologie‹« und vertrat die Auffassung, dass viele der im Entwurf formulierten Ideen, wie z. B. das Lust-/Unlustprinzip, der Primär- und Sekundärvorgang, die Besetzung, die Regression, die Realitätsprüfung in Ihren späteren Theorien wieder auftauchten, so dass die Logik des »Entwurfs« helfen kann, den Ursprung mancher psychoanalytischer Konzepte zu verstehen.[12]

Vor allem aber Ihrer Vorstellung eines in sich relativ abgeschlossenen Apparats, in dem zwar Reize von außen einströmen können, die dann so bald wie möglich nach einer Reizabfuhr verlangen, war doch auch die Vorstellung vom Menschen als einer nach mechanischen Prinzipien wirkenden Maschine inhärent. Dieses Maschinenmodell des Psychischen war der im 19. Jahrhundert noch dominierenden Leitwissenschaft der Physik geschuldet. In der naturwissenschaftlichen Intelligenz überwog damals die Maschinenmetapher, was nach der erfolgreichen industriellen Revolution natürlich kein Wunder war. In der naturwissenschaftlich orientierten Medizin galt es, im Gefolge Descartes' den Körper als res extensa nicht anders als die naturwissenschaftliche Materie nach physikalischen und chemischen Gesetzen zu studieren. Keine naturphilosophische Vorstellung eines beseelten Leibes sollte nunmehr dieses Unterfangen stören. Und das psychische Erleben oder die sog. geistigen Entitäten hatten keine wissenschaftliche Existenzberechtigung mehr.

Freud: *So wie der vorhin bereits erwähnte Physiologe Emil Du Bois-Reymond im Jahr 1882 in einer Rektoratsrede Goethe vorwarf, sein Faust hätte lieber statt im Reich der Mütter herumzugründeln, eine Luftpumpe erfinden sollen, weil er der Auffassung war, dass Goethes Distanz zur Schulphysik im deutschen Bildungsbürgertum die Vorurteile gegenüber den Naturwissenschaften und der Mathematik kräftig genährt habe. Dabei war Deutschland damals bereits die führende Wissenschaftsnation.*

Die immer wieder bewegenden Fragen hinsichtlich des Leib-Seele bzw. Gehirn-Bewusstsein-Problems in moderner Begrifflichkeit:

Wie kann erklärt werden, dass »Innerlichkeit«, subjektiv erfahrene Erlebniszustände, wie Gefühle, Gedanken, Vorstellungen (die sog. Qualia), die sich intuitiv und aus der sog. Perspektive der *ersten Person* völlig unterschiedlich von physikalischen Eigenschaften materieller Prozesse darstellen, dennoch aus der Materie hervorgehen?

Kann etwas rein Geistiges/Mentales ohne Gehirnvorgänge existieren oder ist dies unvorstellbar? Wenn es einen materieunabhängigen menschlichen Geist gibt, warum sollte dieser dann aber das einzige Phänomen sein? Müsse es dann nicht viele außerphysikalische Kräfte geben?

Bewirkt das naturalistische Konzept von materiellen Prozessen eine zu enge Auffassung von Natur, aus dem geistige Phänomene eliminiert worden sind? Gibt es jenseits der derzeitig vorherrschenden naturwissenschaftlichen Auffassung einen Naturbegriff, in dem der gegenwärtig einleuchtende Dualismus von Natur und Geist aufgehoben ist?

Wenn Erlebniszustände auf körperliche/neuronale Prozesse einwirken, was ohne Zweifel der Fall ist, wie kann dieses Einwirken von Qualia auf materielle Prozesse verstanden werden, wenn die Qualia selbst aus der Materie hervorgehen?

Wie lässt sich dem Vorwurf entgegnen, die Qualia würden naturwissenschaftlich reduktionistisch auf materielle Prozesse zurückgeführt und seien somit reine Epiphänomene? Muss diese Rückführung notwendig zu einer epiphänomenologischen Auffassung führen?

Braucht es zu einer vollständigen naturwissenschaftlichen Erklärung von Qualia tatsächlich den Rückgriff auf Gehirnstrukturen und den damit verbundenen funktionellen Eigenschaften? Verliert damit eine psychologische Fragestellung ihre Berechtigung oder kann beides nebeneinander existieren?

Liegt der Sorge um einen Reduktionismus bei der Rückführung psychischer/mentaler Prozesse auf physikalische/chemische/biologische Vorgänge ein mittlerweile veraltetes Konzept von Materie als »statisch«, »kalt«, »primitiv« zugrunde? Wie würde sich diese Sorge darstellen, wenn eine zeitgenössische Charakterisierung von biologischer Materie als »autopoietisch«, »dynamisch«, »äußerst komplex« und »bewusstseinsfähig« zugrunde gelegt würde?

Beruht das subjektiv plausible Erleben eines »freien Willens«, d. h. frei von vorgängigen neuronalen Aktivitäten, die uns nicht bewusst werden, auf einer Illusion des (westlichen) Menschen? Täuscht uns hierbei unsere uns so evident erscheinende Introspektion über die vermeintliche Autonomie psychischer Prozesse?

Freud: *Es verwundert mich erneut, wenn Sie aus mir einen Cartesianer machen wollen. Denn der war ich nun beileibe nicht mehr! Zwar könnte man zu dem Schluss gelangen, ich sei zur Zeit des »Entwurfs« doch noch davon ausgegangen, dass auch das Seelische als res extensa zu begreifen sei, doch habe ich den Dualismus von Descartes tatsächlich niemals mitgemacht.*

Man hat sogar von einem galileo-newtonschen Maschinenmodell in ihrem »Entwurf« gesprochen: Die Gesetze der Mechanik gingen auf Galilei zurück, die Bewegungsgesetze auf Newton. Dieses Maschinenmodell erforderte eine methodologische Konzeptualisierung des Psychischen entsprechend den experimentellen Methoden der damaligen mechanischen Physik. Um etwas naturwissenschaftlich erklären zu können, muss es als ein geschlossenes System, bei dem der Input, d. h. die zu manipulierende unabhängige Variable kontrolliert werden kann, aufgefasst werden. Obwohl Sie später ein entschiedener Kritiker dieses engen experimentellen Verständnisses wurden, hat doch die zugrunde liegende Erkenntnislogik auch zu einer entsprechenden Modellierung ihres Erkenntnisgegenstandes geführt.[13]

Freud: *Wir sollten hierbei doch verschiedene Ebenen unterscheiden. Zum einen geht es um die Frage, inwieweit es sinnvoll sein kann, psychische Phänomene einer vollständigen Erklärung zuzuführen. Natürlich können wir es bei einer psychologischen Erklärung belassen. Aber da wir als Menschen nun einmal Naturwesen sind, eine Tatsache, die sich vor allem als die Annahme einer Psyche in einem Körper darstellen lässt, können wir erst dann von einer vollständigen Erklärung sprechen, wenn wir auch diese Ebene berücksichtigt haben. Es geht hier um das Ausmaß der Vollständigkeit. Diese hat mich immer gereizt. Aber wie Sie wissen, steckte die Hirnforschung zu meiner Zeit noch in den Kinderschuhen.*

Eine andere Frage, die Sie aufgeworfen haben, hängt mit dem zeitbedingten Wandel unserer Modellvorstellungen zusammen. Ich habe nie ein Hehl daraus gemacht, dass die von mir entworfenen Modelle verbesserungsbedürftig sind. Ich glaube, dass manche meiner Anhänger und Kritiker dies übersehen haben. Natürlich besaßen zu meiner Zeit die newtonschen Bewegungsgesetze eine gewisse Anziehung für einen naturwissenschaftlichen Geist, so wie heute die Vorstellungen von Selbstorganisation, Autopoiese u.a.m. Wissenschaftler faszinieren. Aber ich habe nie meine Modelle mit der Realität gleichgesetzt. Das haben mir eher meine Kritiker unterstellt. Natürlich würde ich, wenn ich heute theoretische Modelle aufstellen würde, z. B. nicht mehr vom Wunderblock sprechen, um die Arbeitsweise unseres Gedächtnisses zu erklären, auch nicht mehr von einem Computer, denn diese Modellannahme ist ja bereits auch schon wieder überholt. Der Vorwurf, dass ich Modelle und Metaphern des 19. Jahrhunderts verwendet habe, um komplizierte abstrakte Vorgänge anschaulich zu machen, dürfte also bei genauerer Betrachtung seine Berechtigung sehr schnell verlieren.

Etwas anderes ist es hingegen, wenn mir vorgehalten wird, dass ich mich immer dafür eingesetzt habe, auch die naturwissenschaftliche Erklärungsebene nicht aus den Augen zu verlieren. Wie bereits gesagt: Wenn wir der psychologischen bzw. tiefenpsychologischen Erklärungsebene ihre eigene Berechtigung und Dignität zugestehen und sie nicht nur als Epiphänomen betrachten, gibt es keinen Hinderungsgrund für die Betrachtung einer zusätzlichen Erklärung. Nur wenn wir vor lauter Ungeduld angesichts der immensen Komplexität des Psychischen und wie im Fall klinischer Themen auch aus Angst vor den erlebnismäßigen Abgründen, die sich auftun, wenn wir uns z. B. mit dem depressiven Erleben beschäftigen, auf die neurophysiologische Ebene springen und glauben, die psychologische darüber vergessen zu können, haben unsere Kritiker mit dem Reduktionismus-Vorwurf Recht.

Mit meinen metapsychologischen Überlegungen, als deren Beginn ich meine Gedanken aus dem »Entwurf« betrachte, habe ich den Anspruch nicht aufge-

geben, psychische Sachverhalte als Phänomene sui generis zu untersuchen. Diese Betrachtungsweise schloss aber für mich andererseits keineswegs aus, dass psychologische Prozesse Teil einer umfassenderen Ganzheit sind, deren anderes Ende in neurophysiologischen und biologischen Gegebenheiten gründet. Weder versuchte ich damit, Psychologie auf die Biologie zu reduzieren, wie mir immer wieder unterstellt worden ist, noch wollte ich damit die mit körperlichen Prozessen einhergehenden psychologischen Phänomene von ihren biologischen Vorgängen isolieren.

Ich versuche noch einmal, mein Anliegen als eine Frage zu formulieren, die Ihnen vielleicht als zu provozierend erscheinen mag: Inwieweit versuchten Sie in Ihrem psychoanalytischen Werk, psychische Prozesse trotz anderslautender Absichtserklärungen dennoch nach Art einer naturwissenschaftlichen Methodologie zu erklären? Frank Sulloway, ein junger ehrgeiziger Wissenschaftshistoriker, der zusammen mit dem Soziobiologen Edward O. Wilson, dem späteren Ameisenforscher, studierte, hat Sie als »Kryptobiologen der Seele« eingeschätzt. Damit verband er die Absicht, die hagiographische Tendenz, die angeblich das Werk einiger Ihrer Biographen durchzieht, gründlich zu destruieren. Er vertrat nämlich die Überzeugung, Sie seien wissenschaftshistorisch ein Abkömmling Darwins und zwischen Darwin und Wilson einzuordnen. Zurückzuweisen sei somit die Behauptung, Sulloway spricht von einem Mythos, Sie seien ein *psychologischer* Denker gewesen, der dem im 19. und auch noch im 20. Jahrhundert vorherrschenden positivistischen Reduktionismus, Psychisches auf physikalische, chemische und biologische Prozesse zurückzuführen, tapfer widerstanden und gegen den damaligen Mainstream mutig angekämpft hätten. Mit Ihrem Kampfruf »Wir bleiben auf psychologischem Boden«, mit dem Sie sich für die Eigenständigkeit einer wissenschaftlichen Betrachtung psychischer Phänomene eingesetzt haben, hätten Sie im Grunde nur verschleiert, dass Sie nach wie vor der Neurobiologe geblieben sind, der Sie kraft Ihrer universitären Ausbildung nun einmal von Anfang an waren. Die Reduktion menschlichen Erlebens auf elementare Triebpartikel, wie Libido oder Selbsterhaltung, sei der schlagende Beweis dafür.

Freud: *Offensichtlich hat mein Entwurf bei meinen Interpreten doch rege Phantasien ausgelöst. Bezeichnet mich der eine als Newtonianer, so der andere als Kryptobiologe. Quod capita, tot sensa!*

Zur Klarstellung dieser widersprüchlichen Einschätzung möchte ich nun die Arbeiten von Cordelia Schmidt-Hellerau erwähnen. Sie hat davon gesprochen, dass von allen Ihren Schriften der *Entwurf* das »größte Irritationspotential«[14]

enthalten zu haben scheint. Ich finde ihre Interpretation, dass man Ihren *Entwurf* auch als »Meta-Psycho-Physiologie« auffassen kann, durchaus zutreffend. Ich zitiere sie:

»Das Interessante an diesem Text ist nämlich, dass Freud hier durch das Einführen dreier Konstrukte, der Systeme φ (phi), ψ (psi) und ω (omega), eine neue übergeordnete Argumentationsebene einrichtet, die den Meta-Status seiner Theorie begründet. Diesen Systemen φ, ψ und ω entspricht nichts Konkretes, Reales mehr, sie bezeichnen weder bestimmte neuro-anatomische Strukturen im Gehirn, noch irgendwelche psychischen Erlebniseinheiten; sie sind vielmehr abstrakte Konzepte, die es ermöglichen, im Rahmen eines *Modells* eine gesetzmäßige Ordnung innerhalb komplexer (psychischer) Prozesse überhaupt einmal zu *denken*. Mit ihrer Hilfe gelingt es Freud, die Grundlinien einer Theorie zu skizzieren, welche die *Organisationsprinzipien* des lebendigen Organismus auf einer *übergeordneten Ebene* im Sinne eines dynamisch stabil regulierten Systems darstellt; und es sind genau diese Annahmen über die Maßnahmen des Systems zur Aufrechterhaltung seines inneren Gleichgewichts, die gleichermaßen auf das Psychische wie auf das Somatische bezogen werden können – weshalb man diese Theorie durchaus auch als Meta-Psycho-Physiologie auffassen kann«[15]

Cordelia Schmidt-Hellerau, Dr. phil. Dipl.-Psych. Lehrbeauftragte am Institut für Klinische Psychologie der Universität Zürich. Habilitation 2002. Lebt seit 2001 in Brookline, MA, USA. Psychoanalytikerin in freier Praxis. Arbeitsschwerpunkt: Psychoanalytische Metapsychologie.

Veröffentlichungen zur Metapsychologie:

Schmidt-Hellerau, C. (1993). Überbau oder Fundament? Zur Metapsychologie und Metapsychologiedebatte. Psyche. Zeitschrift für Psychoanalyse und ihre Anwendungen, 47, 1–30.

Schmidt-Hellerau, C. (1995a). Lebenstrieb & Todestrieb. Libido & lethe. Ein formalisiertes konsistentes Modell der psychoanalytischen Trieb- und Strukturtheorie. Stuttgart: Verlag Internationale Psychoanalyse.

Schmidt-Hellerau, C. (1995b). Die Geburt der Metapsychologie. Zur Aktualität des »Entwurfs einer Psychologie« (1895). Psyche. Zeitschrift für Psychoanalyse und ihre Anwendungen, 49, 1156–1195.

Freud: *Die Metapsychologie also als eine Art Metaphorik, so dass meine Äußerungen keinen tatsächlichen seelischen oder körperlichen Vorgang mehr betreffen? Das wäre fürwahr eine elegante Lösung. Übrigens die viel gescholtenen*

Triebe waren für mich ohnehin immer Konstrukte, mythologische Wesen. Das einzig Beobachtbare und der Stoff für die Psychologie waren für mich die Manifestationen der Triebschicksale. Mag sein, dass der Ausdruck heutzutage für manche Ohren anstößig klingt, wo man doch viel stärker von der soziokulturellen Textur, der Gender-Perspektive und dergleichen spricht. Aber man kann doch nicht davon absehen, dass es mir immer darum ging, wie eine biologische Kraft im konkreten Leben eines Einzelnen, d. h. aufgrund seiner Beziehungen zu seinen Eltern, Geschwistern und anderen Personen geformt wird. Wenn man das bereits als Biologismus bezeichnet, dann müssen sich meine Interpreten die Frage gefallen lassen, ob wir nicht aneinander vorbeireden. Und wer glaubt, ohne das Konzept eines Triebs auskommen zu können, das allerdings nicht mit dem des Instinkts verwechselt werden darf, hat vom Menschen nicht viel verstanden. Immer wieder habe ich doch darauf aufmerksam gemacht, dass es für mich ein Leichtes gewesen wäre, in einen naturwissenschaftlichen Reduktionismus zu verfallen. So schrieb ich z. B. in der Traumdeutung: »Wir wollen ganz beiseite lassen, daß der seelische Apparat, um den es sich hier handelt, uns auch als anatomisches Präparat bekannt ist, und wollen der Versuchung sorgfältig aus dem Wege gehen, die psychische Lokalität etwa anatomisch zu bestimmen. Wir bleiben auf psychologischem Boden und gedenken nur der Aufforderung zu folgen, daß wir uns das Instrument, welches den Seelenleistungen dient, vorstellen wie etwa ein zusammengesetztes Mikroskop, einen photographischen Apparat u.dgl. Die psychische Lokalität entspricht dann einem Orte innerhalb eines Apparats, an dem eine der Vorstufen des Bildes zustande kommt. Beim Mikroskop und Fernrohr, sind dies bekanntlich ideelle Örtlichkeiten, Gegenden, in denen kein greifbarer Bestandteil des Apparats gelegen ist«.[16]

Ja, aber Ihre Sprache, Herr Freud, Ihre Sprache. Merken Sie nicht, wie es auch in diesem Zitat vor naturwissenschaftlichen Metaphern nur so strotzt und wie Sie Ihre Analogien ausnahmslos aus ihrer unmittelbaren Arbeitsumwelt als Gehirnanatom und Neuropathologe bezogen haben?

Freud: *Mit dem Fernrohr habe ich zwar nicht geforscht, aber natürlich muss ich rückblickend einräumen, dass ich in den damaligen Jahren meine Metaphern einem naturalistischen Wissenschaftsverständnis entlehnt habe. Aber denken Sie daran, was ich vorhin über Metaphern gesagt habe. Das Sender und Empfänger-Modell psychologischer Kommunikationstheorien, die heutzutage meinem angeblich physikalistischen »psychischen Apparat« gegenübergestellt werden, stammt aus der Fernmeldetechnik, die systemtheoretischen Rückkoppelungs-Modelle, aus der Heiztechnik. Wir kommen also gar nicht umhin, in Metaphern zu denken und verwenden im Alltag und in der Wissenschaft* *meistens solche, die wir aus unserem täglichen Verständnis kennen, und dieses ist nun einmal von der modernen Technik geprägt. Und denken Sie auch an die Ausführungen über die Metapsychologie. Diese stellte eine Modellsprache auf einer Meta-Ebene dar, die sich Analogien befleißigte. Unabhängig davon habe ich aber dennoch die Idee nie ganz aufgegeben, dass man die metapsychologischen Modelle eines Tages mit Neurologisch-Meßbarem in Verbindung bringen kann, um mich vorsichtig auszudrücken. Mir war aber in jenen Jahren auch klar, dass dies angesichts des damals noch unbedeutenden Standes der neurologischen Forschungsmethoden absolut verfehlt gewesen wäre, eine solche Fundierung vorzunehmen. Über ein Jahrhundert später lässt sich diese Frage nun wohl anders beantworten. Die Metapsychologie bedeutete aber gerade nicht einen neurobiologischen Reduktionismus, sondern ebenso wie der Triebbegriff ein begriffliches Zwischenreich, eben zwischen dem Erlebbaren und der neurowissenschaftlichen Ebene angesiedelt und doch beide Begriffsebenen miteinander verbindend.*

Sie sähen jetzt also erstmals eine Möglichkeit für eine psychoanalytische Neurowissenschaft? So dass Ihr Traum aus dem »Entwurf« doch noch in Erfüllung gehen könnte? Die neuen Methoden der Bildgebung der Hirnfunktionen könnten doch durchaus faszinierende Möglichkeiten für die Psychoanalyse eröffnen, wenn man hierbei die unterschiedlichen Seinsbereiche nicht miteinander konfundiert?

Freud: *Ich weiß nicht, ob mir dieser Traum heute noch so wichtig wäre. Aber ich denke, dass es in der Gegenwart eine Anzahl von Kollegen gibt, die fasziniert sind von den modernen Bildgebungsverfahren und den fast täglichen Meldungen über neue Befunde bezüglich der vermuteten Leistungen bestimmter Hirnfunktionen. Außerdem wächst gegenwärtig leider wieder einmal der Legitimationsdruck für sinninterpretierende Wissenschaften, sich auch naturwissenschaftlich zu verankern, wie dies zu meiner Zeit ja nicht anders war. Neben dem genuinen wissenschaftlichen Interesse, mehr über die Verbindung von Psyche und Gehirn zu erfahren, gibt es somit wohl auch handfeste wissenschaftspolitische und ökonomische Interessen. Aus diesen Gründen finde ich es wichtig, die Diskussion über Psyche und Gehirn aufmerksam mitzuverfolgen, nicht nur um über die Möglichkeiten und Grenzen auf dem Laufenden zu bleiben, sondern auch um möglichen Gefahren vorbeugen zu können.*

Herr Freud, Sie haben mit Ihrer damaligen Konzeption eines psychischen Apparats, so sehr diese Begrifflichkeit auch aus heutiger Sicht in ihrer Metaphorik an das Maschinenzeitalter des 19. Jahrhunderts erinnert, doch einen eminent wichtigen Zugang zur menschlichen Seele gefunden. Es ist allerdings nicht mehr der »brodelnde Kessel der Triebimpulse«, der uns von Ihrem Modell der menschlichen Psyche angezogen sein lässt, sondern viel mehr, dass Sie den Weg dafür bereitet haben, die affektive Dynamik unbewusster Konflikte zu erkennen, die zeitüberdauernd Menschen bewegt, die aber auch immer die Prägung der jeweiligen zeit-, kultur- und gesellschaftspezifischen Konflikte trägt. Im Industriekapitalismus des 19. Jahrhunderts litten Menschen unter anderen Konflikten als in den postmodernen Gesellschaften der Gegenwart, auch wenn es kultur- und gesellschaftsinvariante Konfliktkonstellationen gibt, wie z. B. ein Bedürfnis des Menschen nach Selbstbestimmung und Unabhängigkeit, das in Konflikt zu politischen und kulturellen Institutionen geraten kann. Die affektive Dynamik des Unbewussten ist heute Gegenstand der experimentellen und psychoanalytischen Affektforschung, der empirischen und psychoanalytischen Kleinkindforschung, der Neuroentwicklungsbiologie, der Neurowissenschaften überhaupt. Während Sie den Affekt noch hauptsächlich als Repräsentant der Triebe betrachtet hatten, haben Sie dennoch auf die eminent wichtige Rolle hingewiesen, die Affekte in unserem Seelenleben spielen.

Einige Arbeiten, die sich mit Freuds »Entwurf« beschäftigt haben

1967: Jacques Derrida, der aus Algerien stammende und in Paris lehrende Philosoph, weist auf die Bedeutung des *Entwurfs* für alle späteren Arbeiten Freuds hin

1976: Karl Pribram, ein Neurowissenschaftler, und Merton M. Gill, ein Psychoanalytiker, nehmen eine umfassende Neueinschätzung des *Entwurfs* vor. Für alle an einer Verbindung von Neurologie und Psychologie Interessierten bezeichnen sie Freuds Arbeit als »a rosetta stone«

1990: Myron Hofer, Psychobiologe, der sich um eine interdisziplinäre Zusammenarbeit von Psychobiologie und Psychoanalyse bemüht, spricht von einer unheimlichen Vorahnung Freuds im *Entwurf*, was die Entwicklung neuer wissenschaftlicher Disziplinen betrifft

1995: Die Psychoanalytikerin Cordelia Schmidt-Hellerau beschäftigt sich eingehend mit dem *Entwurf*

1997: Der Psychoanalytiker Allan N. Schore stellt die These auf, dass die Vernachlässigung des neurowissenschaftlichen Anliegens im *Entwurf* zu einer Metapsychologie führte, die den damaligen revolutionären interdisziplinären Gehalt des *Entwurfs* verschleierte. Der Fortschritt in der Neurowissenschaft mache nunmehr eine Wiederannäherung zwischen ihr und der Psychoanalyse sinnvoll und wünschenswert

1998: Oliver Sacks, Professor für Neurologie am Albert Einstein College of Medicine in New York würdigt den *Entwurf* als einen von mehreren herausragenden Arbeiten aus Freuds neuroanatomischer und –physiologischer Zeit

2003: Mark Solms, Psychoanalytiker und Dozent für Neurochirurgie und Karen Kaplan Solms, Sprachpathologin, Neuropsychologin und Psychoanalytikerin in Ausbildung skizzieren die Vorarbeiten Freuds, insbesondere auch des *Entwurfs*, in ihrer Bedeutung für eine neue Disziplin der »deep neuropsychology«

Herr Freud, bereits im »Projekt« klang bei Ihnen ein Thema an, das Sie dann bis zum Ende Ihres Schaffens begleitet hat, die Dichotomie zwischen dem Lust- und Realitätsprinzip, dem »brodelnden Es« und dem um Vernunft ringenden Ich, dem zügellosen Ausleben der Triebe und ihrer Sublimierung und Beherrschung. Der Neurotiker vermag dem Lustprinzip nicht ausreichend zu widerstehen und kann deshalb auch nicht erwachsen werden. Statt seine kindlichen Triebimpulse in angemessenes, erwachsenes Handeln umzusetzen, bleibt der neurotische Mensch an diese fixiert und befriedigt sie weitgehend in seiner Phantasie und Tagträumen. Sind diese wiederum zu beschämend, bleibt ihm nur noch der Ausweg von Symptomen und Charakterzügen. So wird aus dem Kind, das z. B. seine sadistischen Impulse nicht genügend sublimieren kann, möglicherweise eine Person, die als Erwachsene eine übermäßige Lust verspürt, ihre Mitmenschen zu kontrollieren, auszuforschen und zu überwachen.

Ihre Sichtweise, Herr Freud, oder Ihre Weltanschauung ist von dem in Tel Aviv tätigen Psychoanalytiker Carlo Strenger als *klassisch* im Gegensatz zu *romantisch* bezeichnet worden.[17] Das klassische Weltbild hat seine Wurzeln in der Aufklärung, die romantische Weltanschauung lässt sich auf Rousseau (1712–1778), teilweise auch auf Goethe und vor allem auf C. G. Carus (1789–1869) zurückführen.

In der romantischen Weltsicht besteht das oberste Ziel in der Entwicklung der Individualität. Jeder Mensch ist einzigartig, unteilbar und trägt sein Entwicklungsgesetz bereits ab der Geburt in sich. Die Grundlagen ethischen Handelns sind nicht im Verstand zu finden, wie bei dem Aufklärer Kant, sondern in den Gefühlen. Vor allem seine Auffassung, dass das Sich-Identifizieren mit dem Leiden und Kummer des anderen, also seine prosozialen und empathischen Fähigkeiten, wie man heute sagen würde, genauso angeboren sei wie sexuelle Leidenschaft oder Hunger, führte Rousseau zu dem Glauben, dass der Mensch von Natur aus gut sei und erst durch seine Erzieher, letztlich durch die Gesellschaft verdorben werde. Das Kind, das im Zustand des »edlen Wilden« auf die Welt komme, werde durch die Sozialisation nicht zu einem sublimierungsfähigen Menschen, sondern im Gegenteil eher zu einem schwierigen, egoistischen, triebhaften und unsozialen Wesen. Ließe man ihn weitgehend unbehelligt von den Anforderungen seiner jeweiligen Gesellschaft in Ruhe aufwachsen, dann würde er sich entsprechend dem in ihm angelegten Gesetz, seiner Entelechie gemäß, entfalten.

Freud: *Das erinnert mich sehr an die Auffassung meines einstigen Kronprinzen Carl Gustav Jung! Gewiss war er dann auch der romantischen Tradition verpflichtet. Und einer unserer massivsten Streitpunkte war ja, dass er mir die sexuelle Triebhaftigkeit des Menschen, mit Darwin gesprochen, die Ermöglichung seiner Existenz, zu vernachlässigen schien und die menschliche Antriebskraft, die ich als Libido bezeichnete, in eine diffuse geistige Kraft ummodeln wollte, die in einer Wolke mystischer Spiritualität in höhere Seinssphären entschwand oder sich in einer nebulösen platonischen Ideenlehre scheinbar objektivierte.*

Man merkt, dass Ihnen die Enttäuschung mit Jung wohl immer noch nahe geht. Aber wir müssen noch ein bisschen sublimieren. Denn Jung wird erst bei der Behandlung des Jahres 1907 ausführlich Thema sein. Deshalb noch einmal zur Romantik gefragt: Ähnlich wie Goethe trugen Sie auch zwei Seelen in Ihrer Brust: Trotz Ihrer klassischen, dem Aufklärungsideal verpflichteten Sichtweise waren auch Sie ein Romantiker, vielleicht ein Krypto-Romantiker, der sich gerade wegen seiner heimlichen Sehnsucht immer wieder umso heftiger davon befreien musste und dann an Kollegen wie z. B. an Jung kritisierte, dass diese dem Mystischen verfallen seien, während Sie das Licht der Vernunft hochzuhalten trachteten.

Dieses für Sie damals noch ungeklärte Problem zeigt sich auch in einer anderen Thematik: War die Zeit des »Entwurfs« für Sie nicht auch ein schöpferisches Ringen mit der methodologischen Frage, wie Sie den naturwissenschaftlichen Zugang, nennen wir dies den distanzierten Blick, mit dem des teilnehmenden Beobachters also des mitfühlenden und sich einfühlenden Therapeuten und analytischen Forschers verbinden konnten? Bei der naturwissenschaftlichen Erkenntnis cartesianischer Prägung sind der Erkennende und das Erkannte, Selbst und Objekt, deutlich voneinander getrennt, die klassische Subjekt-Objekt-Trennung, die in der Naturwissenschaft der Neuzeit von Bacon mit seinem Kampfruf: »Von uns selbst aber schweigen wir«, methodisch verfestigt wurde. Es ist – wie moderne Neurowissenschaftler bevorzugen zu sagen – die Dritte-Person-Perspektive.

In der teilnehmenden Beobachtung ist diese Distanz aufgehoben. Sie besteht aus einem Wechsel zwischen der Einfühlung in die Perspektive eines anderen Menschen, dem Nachempfinden, welche Gefühle und Bedeutungen hierbei in einem selbst entstehen und in dem erneuten Hinübergehen zum anderen mit der Frage, ob dieser ebenfalls diese Bedeutungen erfahren kann oder ob diese ihm nicht zugänglich sind. In diesem Vorgang finden Bedeutungszuschreibungen statt, die zunächst sehr stark mit einem selbst zu tun haben, die dann aber Schritt für Schritt zurückgenommen werden – ein permanenter Abgleich von Eigenem und Fremdem sozusagen. Allerdings sind Sie davon ausgegangen, dass die Einfühlung durch den Widerstand des Patienten außer Kraft gesetzt werden kann. Dann wechselt der Beobachter von einer teilnehmenden in eine distanzierte Position über. Er stellt gleichsam hinter dem Rücken des Patienten klinische Überlegungen darüber an, welche Ängste oder Schamgefühle die Abwehr ausgelöst haben können. Diese Hypothesen geschehen vor dem Hintergrund der Metapsychologie.

Auch Sie, verehrter Herr Freud, übertrugen damals noch Vorstellungen aus der Mechanik auf seelische Vorgänge. Sie wichen jedoch in einem wesentlichen Punkt vom cartesianischen Dualismus ab: Durch das Konzept unbewusster Prozesse wurde die Gleichsetzung des Bewusstseins mit dem handelnden Subjekt überwunden. Aber in anderer Hinsicht blieben Sie sehr wohl Cartesianer, was ihnen heutzutage vor allem die Intersubjektivisten, wie z. B. der vorhin erwähnte Stolorow, vorhalten. Zwar überwanden Sie die Auffassung, dass es einen denkenden, nur sprachlich-rationalen Geist geben könne, indem Sie diesen in den triebhaften Körper situierten und die Dominanz des sekundärprozesshaften Denkens in unterschiedlichem Ausmaß durch die Irrationalität des Primärvorgangs eingeschränkt sahen. Aber dennoch galt Ihnen das Körperliche in Gestalt des Triebhaften als etwas, das mühsam sublimiert und dem Geistigen unterstellt werden müsse, nicht hingegen als gleichwertige und unverzichtbare Basis unseres Erlebens und unserer Vernunft. Der Primat des Sprachlichen in der Psychoanalyse – allerdings nicht in den Anfängen Ihrer frühen klinischen Zeit – war eine notwendige Folge aus diesem kryptocartesianischen Denken. Vielleicht noch bedeutsamer war jedoch, dass Sie die psychologische Binnenhaftigkeit des denkenden Individuums postulierten, auch wenn es hier und da bereits Risse und Zweifel an diesem Menschenbild gab. So bleibt der Mensch bei Ihnen im Grunde ein einsames Ich, das mit seinen Triebwünschen zwar Brücken zu einem Mitmenschen bauen kann, aber eigentlich in seiner Innenwelt eingeschlossen bleibt. Die innere Welt ist die Welt der Triebrepräsentanzen und Phantasien, des einsamen Probehandelns und der innerhalb einer Person stattfindenden Abwehrvorgänge. Intersubjektive Theorien, die dieses Theorem der Binnenhaftigkeit seelischer Vorgänge am deutlichsten von allen psychoanalytischen Schulrichtungen überwunden haben, postulieren stattdessen eine gemeinsam geteilte Welt. Menschen sind sich in ihren psychischen oder mentalen Subjektivitäten viel mehr verbunden, als sie es im allgemeinen ahnen.

Nicht nur Kinder reagieren auf ihre Mitmenschen mit einer erstaunlichen Affektresonanz und affektiven Verbundenheit, auch Erwachsene teilen unmittelbar eine gemeinsame Welt miteinander. Nur scheinbar besteht z. B. das menschliche Sprechen nur aus denotativen Symbolen. »Darunter« oder »daneben« ist der ganze Reichtum an gefühlsmäßigen Konnotationen, der lange vor dem Gebrauch der Wörter gelernt wurde und in jedem Dialog unsere Befindlichkeit reguliert.

Freud: *Alles soll mit allem verbunden sein? Das klingt wie eine Neuauflage der romantischen Philosophie. Da fehlen nur noch die Geisterseher und wir haben wieder das ganze Panoptikum an Wahrsagern, Scharlatanen, Wünschelrutengängern, telepathischen Visionären, Hypnotiseuren und anderem Spuk beieinander.*

Mit dem Unterschied, dass wir dieses Mal allerdings die Naturwissenschaftler auf unserer Seite haben. Obwohl die Abkehr von einem cartesianischen Weltbild, die bereits zu Beginn des 20. Jahrhunderts in der Physik geschah, zwar nicht zum psychologischen Commonsense gehört, da ist vielmehr immer noch der Einfluss des Cartesianismus ganz deutlich zu vernehmen, lassen sich in der Gegenwart die paradigmatischen Veränderungen nicht mehr übersehen.

Grundzüge des cartesianischen Weltbildes

- Aufspaltung in zwei Seinsbereiche, den Bereich des Materiellen (res extensa) und den des Seelischen oder des Bewusstseins (res cogitans).
- Seele und Welt werden durch eine radikale Zäsur in zwei Substanzen getrennt. Das Wesensattribut der Seele besteht aus dem Denken oder dem Bewusstsein (cogitatio), die Seele wird darum als res cogitans, als denkendes Ding, definiert. Die körperlich materielle Welt verfügt von ihrem Wesen her über eine räumliche Ausdehnung (extensio); Gegenstände dieser Art, die als res extensae bezeichnet werden, unterliegen physikalischen Gesetzen. Auch die Tiere gehören zu den seelenlosen res extensae.
- Der Materie (res extensa) wird jegliche geistige Bedeutung abgesprochen, die Natur wird entseelt und »entzaubert«.
- Der menschliche Körper wird als Teil der »res extensa« ebenfalls zum Objekt. Der menschliche Organismus kann deshalb als eine Maschine verstanden werden, die ausschließlich mechanischen Gesetzmäßigkeiten unterworfen ist.
- Das erkennende, körper- und affektlose Subjekt steht dieser Maschine in einer objektivierenden Haltung gegenüber.
- Das Körperliche wird instrumentalisiert und funktioniert nach den Gesetzen des Verstandes more geometrico et physiko; einen beseelten Leib, der sich intersubjektiv konstituiert, gibt es folglich nicht.

- Die Beobachtungen des denkenden Subjekts haben keinen Einfluß auf die beobachteten materiellen Prozesse.
- Bewusstsein kann nur als vollständig bewusstes gefasst werden, d. h. der cartesische Bewusstseins- und Subjektbegriff umfasst nur die rationale Erkenntnisfähigkeit des Menschen.
- Das Ich, bzw. das Bewusstsein wird deshalb konzeptuell von allen leiblichen Spuren gereinigt.
- Das einzig Gewisse ist das einsame, denkende, introspektive Ich.
- Die Introspektion unterliegt im Prinzip keinen Einschränkungen.
- Wenn die Körperlichkeit samt ihren Leidenschaften und Affekten in der Sphäre des rationalen Bewusstseins nicht länger stört, ist auch von einem Primat eines prinzipiell vernünftigen Willens auszugehen.
- Es herrscht eine Binnenhaftigkeit des Seelischen und eine Weltlosigkeit des Bewusstseins vor: Die dualistische Teilung führt zu der Auffassung von der Binnenhaftigkeit des Seelischen: Die Seele wird gedacht als abstraktes Bewusstsein, das außerhalb und neben der Welt liegt und unbeeinflusst von allen zwischenmenschlichen und sozialen Einflüssen ist.
- Es dominiert die Zuschauerperspektive des Selbst: Ein einsames, nur denkendes Ich beobachtet aus der Abgeschlossenheit seines inneren Wahrnehmungs- und Denkraumes heraus, den der Philosoph Daniel Dennett (1991) das »Cartesische Theater« nennt, die äußere Welt.
- Die Wahrheit der Erkenntnis ist an die Befolgung rationaler Regeln gebunden.
- Die Erkenntnis ist im optimalen Fall ein Abbild der Wirklichkeit.
  Das Erkenntnis- und Wissenschaftsideal ist die Berechenbarkeit und Vorhersagbarkeit derWelt.
- Der Cartesianismus ist auch die Wurzel der physiologistischen und behavioristischen Psychologie geworden, die nicht von sinnhaften und bedeutungsvollen psychischen Inhalten ausging, sondern die res extensa, die körperlich physiologischen Prozesse und das messbare Verhalten zum Thema der Psychologie erklärte.
- Mit seiner methodischen Empfehlung, die Wissenschaften more geometrico zu betreiben, wurde Descartes auch zum Urvater des neopositivistischen Operationalismus, in dem der Glaube an die Allmacht der Messoperationen seinen Höhepunkt gefunden hat.
- Die cartesianische Aufteilung in das denkende Bewusstsein und in die seelenlose Natur hatte zur Folge, dass die Natur – und auch die Körper der Frauen, und häufig die Frauen überhaupt –, als bedeutungslose Materie eingeschätzt wurde, die erst vom Geist und vom Denken des männlichen Wissenschaftlers geformt und gezähmt werden müsse. Die Eroberung der Natur, die ungerichteten Kräften folgt, ist eine notwendige Konsequenz dieses Dualismus;

Vernunft und moralische Ordnung müssen deshalb kraft des männlichen Denkens dem Chaos abgetrotzt werden.

- (Männlicher) Geist und Natur sind somit unüberbrückbare Gegensätze und lassen sich nicht als Einheit begreifen.
- Diese Aufspaltung wurde sehr schnell auf andere Bereiche generalisiert: Neben den Dualismus von Natur und Kultur, trat derjenige von Frau und Mann, Emotion und Intellekt, Sinnlichkeit und Abstraktion, Subjektivität und Objektivität, unmittelbare Erfahrung und quantifizierende Absicherung.
- Die negativen Konsequenzen dieses Dualismus sind heutzutage vor allem an der Instrumentalisierung innerer und äußerer Natur, wie z. B. an der allgegenwärtigen Umweltzerstörung, mehr als deutlich geworden; erst in einem sehr bescheidenen Umfang beginnt männliches Denken bei seinem ökonomischen Handeln ökologische Gesichtspunkte zu berücksichtigen und deren Rückwirkung auf menschliches Wohlbefinden zu bedenken.

Auswirkungen des cartesianischen Weltbildes bis in die Gegenwart?

Für die derzeitig progressiv voranschreitende »Vernaturwissenschaftlichung« unserer Welt mit den Folgen einer Geringschätzung der sog. Humanwissenschaften, einer Enthistorisierung des Menschen und einer Vernachlässigung der ethischen Dimensionen von Wissenschaft und Technik werden von vielen die bis in die Gegenwart andauernden Nachwirkungen des cartesianischen Weltbildes verantwortlich gemacht. Methodologisch resultierten aus dem Cartesianismus im Bereich der Humanwissenschaften die Bestrebungen des Materialismus, Positivismus und Behaviorismus.

Wie auch schon die britischen Empiristen und die berühmten Naturwissenschaftler seiner Zeit emanzipierte Descartes die Wissenschaft von der Philosophie, indem er durch die Vorgabe eines angeblich zweifelsfreien methodologischen Fundaments die selbständige Forschung ermöglichte.

Das Streben nach vollkommener Sicherheit der Erkenntnis fand seinen Ausdruck im Zweifel an allem bislang für wahr Gehaltenen. Der Primat des Methodischen erübrigte eine genauere Gegenstandsreflexion. Deshalb konnte Descartes auch für eine einheitliche Universalwissenschaft plädieren. Inwieweit die Methode dieser Universalwissenschaft im engeren Sinne mathematisch ist, bleibt bei Descartes selbst unklar, da er die Messung und Berechnung auf den Bereich der (einfachen) materiellen Dinge (res extensa), nicht aber auf die res cogitans anwendet. Die im engeren Sinn mathematische Vorgehensweise hat sich erst in der klassischen Physik durchgesetzt; ihr Erfolg veranlasste ab dem frühen 19. Jahrhundert auch andere Wissenschaften zur Anwendung messender und berechnender Verfahren. Auch das Experiment gewann parallel dazu eine herausragende Bedeutung, so dass im 19. und 20.

Jahrhundert in vielen Bereichen Wissenschaftlichkeit mit experimentellem Vorgehen gleichgesetzt wurde.

Die cartesianische Methode und das ihr entsprechende Wissenschaftsverständnis mit dem Streben nach zweifelsfreier Gewissheit bzw. abstrakter Klarheit und Deutlichkeit und mit der zweifelnden Distanzierung von der (erlebten) Welt gehen einher mit einer Dekontextualisierung der Erkenntnis, d. h. der zu erkennende Gegenstand wird abgelöst von seinem historischen Kontext, dessen charakteristischen Besonderheiten und Bedürfnissen, abgelöst aber auch von den Werthaltungen und Motiven des erkennenden Forschers. Das baconsche Postulat: »Von uns selbst aber schweigen wir« führte zur Vernachlässigung der subjektiven Motive von Forschung und der Reflexion der ethischen Implikationen und Folgen. In den Humanwissenschaften hat man folglich von einer »Haltung der Nichtbetroffenheit« gesprochen. In der naturwissenschaftlich und behavioristisch orientierten Psychologie hat dies z. B. dazu geführt, dass sie den Menschen weder im Sinne seines Um-sich-selbst-Wissens kennt, noch als Mitmenschen; stattdessen wurde er im 20. Jahrhundert lange Zeit reduziert auf ein bloßes experimentelles Objekt, an dem Stimulus-Response-Kontingenzen – oder neuerdings rationale sprachanaloge Informationsverarbeitungsvorgänge – zu studieren sind.

Der hervorstechendste Zug des Cartesianismus ist sein Dualismus – die Trennung des Seienden in die beiden Substanzen res cogitans und res extensa. Dies hatte tiefgreifende Konsequenzen für die Medizin und die Psychologie bis zum heutigen Tag. In der modernen Kognitionswissenschaft z. B. war die Computermetapher bis in die Gegenwart hinein führend; erst allmählich erkennt man, dass der menschliche Geist nur innerhalb eines Körpers, eines biologischen Systems und tiefenpsychologisch und phänomenologisch: innerhalb einer intersubjektiven Leiblichkeit funktioniert. Im Zuge des Cartesianismus wurde das Bewusstsein nicht nur auf die rationalen Erkenntnisfunktionen reduziert (die Tiefenpsychologie hat als erste Disziplin im 20. Jahrhundert systematisch aufgezeigt, dass es auch unbewusste psychische Erkenntnismodi gibt), sondern es wurden auch die Emotionalität und Leiblichkeit des Menschen aus der Betrachtung weitgehend ausgeschlossen. Heute müssen wir hingegen auch aufgrund der neuesten Befunde der Neurowissenschaften (z. B. Damasio, 1995) davon ausgehen, dass jede scheinbar nur rationale Entscheidung von Emotionen maßgeblich bestimmt ist. Auch in jeder anderen Handlung spielen Emotionen und der Ausdruck von Emotionen eine bedeutende Rolle, wenngleich dies häufig nur im nonverbalen Bereich zum Tragen kommt. Emotionalität und Leiblichkeit geschehen zudem immer in einem intersubjektiven Kontext. Die Kognitionswissenschaften haben im letzten Jahrzehnt des 20. Jahrhunderts ihr bisheriges kognitives Paradigma revolutioniert und sprechen nunmehr von einer »embodied« (verkörperten) Cognitive Science. Dies macht sie für eine moderne Psychoanalyse wieder interessant, während vor allem der Behaviorismus, aber auch noch die Anfänge der Kognitionspsychologie von psychoanalytischen Forschern als eine Sackgasse betrachtet wurden.

Die Vorherrschaft des cartesianischen Weltbildes hat nach Auffassung gegenwärtiger Philosophen verhindert, dass der Humanismus der Renaissancephilosophen Einfluss auf die Gestaltung der Moderne nehmen konnte. Der Physiker und Philosoph Stephen Toulmin hat deshalb von den »unerkannten und uneingelösten Aufgaben der Moderne gesprochen«. Es sei höchste Zeit, sich wieder auf die Weisheit der Humanisten des 16. Jahrhunderts zu besinnen. Zwar hat das unter dem Einfluss des Cartesianismus praktizierte Streben nach mathematischer Exaktheit und logischer Strenge Europa und die industrialisierte Welt zu den glänzendsten technischen Erfolgen geführt, doch zur gleichen Zeit auch zum schlimmsten menschlichen Versagen.[18]

In den zurückliegenden Jahrzehnten hat es gewaltige Veränderungen in den Naturwissenschaften und damit auch in unserem naturwissenschaftlichen Weltbild gegeben. All diese Veränderungen haben gezeigt, dass unser bisheriges Verständnis von Realität nicht mehr gilt: Die Wirklichkeit ist unendlich viel komplexer, als wir bisher zu denken gewagt haben und unser menschliches Erkenntnisvermögen stößt hinsichtlich dieser Komplexität an deutliche Grenzen. Versuche, dieses komplexe Gefüge aufzuschneiden und lediglich Teile davon zu analysieren, was in der newtonschen Physik die gängige Praxis war, gilt vor allem dann nicht mehr, wenn man lebende Systeme studiert. Friedrich Cramer, der langjährige Direktor am Göttinger Max-Planck-Institut für experimentelle Medizin, hat diese prinzipiell nicht reduzierbare Komplexität des Lebendigen »fundamentale Komplexität« genannt und sie der heisenbergschen Unschärferelation als makroskopisches Analogon zur Seite gestellt.[19] Das naturwissenschaftliche Weltbild versprach uns eine immer größere Freiheit von Naturkatastrophen und menschlichem Elend. Es wollte die äußere Natur kontrollierbar machen und dann auch die innere Natur befreien von Aberglauben, Mythos und den Irrationalitäten der Religionen. Es versprach sozialen Fortschritt und menschliches Glück für alle. Die Wirklichkeit ist demgegenüber ernüchternd. Trotz all des erreichten technischen Fortschritts, den wir natürlich keineswegs missen wollen, werden wir jeden Tag mit neuen Hiobsbotschaften konfrontiert: Die Weltbevölkerung steigt unaufhörlich ebenso die damit verbundenen Probleme des Ressourcenverbrauchs. Es kommt zu einem immer größeren Abstand zwischen reichen und armen Ländern, der zu einem größeren Teil menschengemachte Klimawandel ist nicht mehr zu übersehen und wird weltweit zu gewaltigen Katastrophen führen. Statt zunehmender Vernunft und Aufgeklärtheit zwischen den Volkern und Religionsgemeinschaften war das 20. Jahrhundert das grausamste und kriegerischste der bisherigen Geschichtsschreibung. Statt mehr Vertrauen in das technisch und politisch Machbare zu bekommen, haben viele Menschen statt dessen den Glauben an die Politik immer mehr verloren; trotz der unbestreitbaren wissenschaftlichen Errungenschaften zweifeln immer mehr Menschen an dem Sinn wissenschaftlicher Erfindungen für ein besseres und friedlicheres Leben. Der Weg der Moderne, dessen Geisteskind Sie ja auch waren, hat sich für viele gegenwärtige Denker als eine Sackgasse herausgestellt, aus der nur eine intensive Besinnung darüber, welche Aufgaben in der rasanten naturwissenschaftlichen Entwicklung der letzten drei bis vier Jahrhunderte auf der Strecke geblieben sind, heraushelfen kann. In der Gegenwart wenden sich die Waffensysteme der hoch entwickelten Industrienationen gegen diese selbst zurück, indem sie in den Händen von Terroristen diejenigen Unterdrückten rächen sollen, die von ökonomischen Eliten weltweit ausgebeutet werden. Statt sich als integralen Teil einer Erdengemeinschaft zu begreifen, versuchen Polykraten, sich den Rest der Menschheit gefügig zu machen und begreifen dabei nicht, dass aus dem Gleichgewicht geratene Systeme auch die eigenen Existenzgrundlagen vernichten.

Freud: *Glauben Sie wirklich, dass dies alles auf den Cartesianismus zurückzuführen ist? Sind diese Entwicklungen nicht eher dem menschlichen Destruktionstrieb geschuldet?*

Wie Sie später selbst postuliert haben, lässt sich das Triebhafte im Menschen immer nur als Triebschicksal begreifen, d. h. als eine komplizierte Wechselwirkung von biologischen Dispositionen und Sozialisationsfaktoren. Letztere müssen aber immer vor dem Hintergrund der kulturellen, ökonomischen, wissenschaftlichen und religiösen Ideologien studiert werden. Alles andere wäre ein kruder Biologismus, gegen den Sie sich selbst verwahrt haben. In vielem war und ist die cartesianische Ideologie neben anderen Einflüssen tatsächlich sehr prägend für das Selbstverständnis westlicher Gesellschaften.

Noch einmal zurück zum veränderten postcartesianischen Wissenschafts- und Praxisverständnis: Viele Kollegen haben mittlerweile über die Konsequenzen dieses veränderten Verständnisses auf unsere Disziplin nachgedacht, wie z. B. in Hinblick auf die folgenden Fragen: Was können wir über unsere Analysanden überhaupt wissen? Was ist an die Stelle von Objektivität und Wahrheit zu setzen? Ist das, was Analytiker über einen anderen Menschen, wie über einen Analysanden, aussagen können, nicht immer intersubjektiv, d. h. dass es eine Realität darstellt, die zwischen diesen beiden Subjekten erzeugt worden ist und sich in einem anderen Kontext anders manifestiert? Die amerikanische Psychoanalytikerin Elisabeth Lloyd Mayer hat dies kürzlich dahingehend ausgedrückt, »dass wir grundlegend neu darüber nachdenken müssen, wie wir uns bis jetzt die Existenz eines zuverlässigen, sicheren, absoluten, objektiven, kausalen oder vorhersagbaren Wissens vorgestellt haben«.[20] Mit der totalen Neukonzeptualisierung bisheriger naturwissenschaftlicher Methoden und des damit erfahrbaren Wissens fällt auch die jahrzehntelange Auseinandersetzung, ob Psychoanalyse eher eine naturwissenschaftliche oder eine hermeneutische Methodologie verfolge, in sich zusammen. Denn in dieser Debatte war vor allem impliziert, dass nur eine empirische Methodik, die auf objektive Weise Fakten messe, berechtigt sei, als naturwissenschaftlich zu gelten. Da dies die Psychoanalyse aber nicht, nur unzureichend oder nur selten tue, sei sie keine Naturwissenschaft. Und da nur die Naturwissenschaft eine wirkliche Wissenschaft verkörpere, sei die Psychoanalyse keine Wissenschaft und habe von daher keinen Anspruch darauf, ernst genommen zu werden.

Freud: *Es ist selbst für einen Naturwissenschaftler alter Schule wohltuend, dies zu hören. Ich nehme auch mit Genugtuung zur Kenntnis, dass das szientistische Weltbild endgültig der Vergangenheit angehören sollte, vor allem, weil es uns genügend Probleme beschert hat. Und es ist zweifelsohne zutreffend, dass ich mit einem Bein im Lager der damaligen positivistischen Naturwissenschaft gestanden habe. Aber ich glaube, Sie werden mir auch einräumen, dass ich – ohne es damals bereits auf den richtigen Begriff gebracht haben zu können –, die Wende für eine andere Epistemologie eingeläutet habe. Und trotz all der Kritik an der positivistischen Erkenntnistheorie würde ich mich dennoch nicht zum Anhänger der derzeitigen postmodernen Intersubjektivisten erklären. Denn ich bin der Überzeugung, dass diese das Kind mit dem Bad ausschütten und den Zuber noch hinten drein werfen.*
Aber darauf werden wir sicherlich noch zu sprechen kommen, wenn wir über die psychoanalytische Kur diskutieren. Auf jeden Fall freue ich mich, dass sich mittlerweile offensichtlich viele Denker und Wissenschaftler von dem positivistischen Weltbild der Moderne, also der zurückliegenden drei bis vier Jahrhunderte abzulösen beginnen oder zumindest reflexiver damit umgehen.

Kritik am Szientismus im Postpositivismus und Postulate einer »postmodernen« Epistemologie

- Das Erkenntnisobjekt existiert nur abhängig vom erkennenden Subjekt.
- Es gibt keinen archimedischen Punkt der Erkenntnis.
- Die Realität wird als eine soziale Konstruktion aufgefasst.
- Das sog. objektive Wissen entsteht aufgrund sozialer Vereinbarungen innerhalb einer Sprachgemeinschaft.

- Es ist deshalb sinnlos, über »Wesenheiten«, unhinterfragbare Wahrheiten, »unveränderbare Inhalte« zu sprechen; es gibt vielmehr nur perspektivische Wahrheiten.
- Ein einheitliches Ich oder ein Selbst ist eine Illusion; Selbst und Identität sind in einer ständigen Bewegung.
- Postmoderne Auffassungen sind auch eine Reaktion auf die uneingelösten Versprechungen der Moderne, auf den Positivismus der Aufklärung mit seinem Primat des rationalen Wissens und empirisch positivistischer Methoden.
- Die Postmoderne ist auch eine Antwort auf den Anspruch und den Glauben der Moderne, die Welt unabhängig vom erlebenden und erkennenden Subjekt begreifen zu können.

Der Glaube, Wissen als absolute Wahrheit etablieren zu können, war eine männliche Illusion im Patriarchat. Das als absolut wahr angesehene Wissen half, die Vormachtstellung des Mannes zu festigen, nicht umsonst wurden damals Frauen noch weitgehend von der Wissenschaft ferngehalten. Mittels komplizierter, als männlich definierter Prüfkriterien wurde der Anspruch auf wahres Wissen verteidigt. Es kam deshalb schon einer ziemlichen Revolution gleich, als der Wissenschaftsphilosoph Karl Popper die Theorieabhängigkeit der experimentellen Prüfkriterien, das sog. Friessche Trilemma aufzeigte.[21] Noch bestürzter reagierten viele Wissenschaftler, als der französische Philosoph Michel Foucault den männlichen Anspruch auf Allgemeingültigkeit angeblich unverbrüchlicher sozialer und psychologischer Gesetzmäßigkeiten dekonstruierte und die Abhängigkeit all unserer gesellschaftlichen Routinen und kulturellen Gepflogenheiten von männlichen Machtstrukturen aufzeigte.[22]

Freud: *Aber meine Vernunft sagt mir, dass die Auffassungen der Moderne und der Postmoderne keine Dichotomien darstellen.*

Man hat in der Tat von der sog. Postmoderne als einer »Moderne ohne Illusionen« gesprochen.[23] Und für die gegenwärtige psychoanalytische Erkenntnistheorie bedeutet dies, dass wir darauf verzichten müssen, mit allzu einfachen Modellen der Erkenntnis, von denen Ihre Zeit noch ausgegangen war (naiver Realismus, empiristischer Fundamentalismus), Wissen begründen zu wollen, aber dass es angesichts der postmodernen Zumutungen hinsichtlich des Aushaltens von Pluralität, Ambivalenz und Ungewissheit auch eine Ausflucht darstellen würde, in einen erkenntnistheoretischen Relativismus zu flüchten, bei dem sich keine objektiv verbindlichen Gewissheiten mehr feststellen lassen. Vielmehr scheint es wichtig zu sein, zwischen dogmatischem Realismus und einem unverbindlichen (idealistischen) Konstruktivismus einen Kompromiss zu finden.

Freud: *Dieser Auffassung kann ich nur zustimmen. Und es spricht sicherlich einiges dafür, dass man auch mein »archäologisches Modell der analytischen Erkenntnis« nunmehr dem positivistischen Weltbild zuordnen könnte. Natürlich ging ich nicht nur davon aus, dass der Analytiker wie ein unbeeinflusster Beobachter erkennen kann, was zwischen ihm und seinem Analysanden und in diesem vor sich geht. Selbstverständlich haben hierbei auch nicht nur die klassischen Kriterien von Rationalität und Objektivität Pate gestanden. Sondern ich habe später ja auch bewusst von Konstruktionen in der Analyse gesprochen. Und dennoch habe ich mich später auch noch oft genug über Jungs verschwommenen Beziehungsbegriff, dass alles mit jedem zusammenhänge, aufgeregt. In dieser Hinsicht würde ich übrigens auch die heutigen Intersubjektivisten kritisieren.*

Herr Freud, im Unterschied zu den damaligen Auffassungen gehen postmoderne Erkenntnistheoretiker davon aus, dass das Auffinden von Bedeutungen einen Konstruktionsprozess darstellt, der Bedeutungen konstruiert, die historisch allein schon durch die Sprachgemeinschaft, der Analytiker wie Analysand angehören sowie durch den interaktiven Kontext zweier miteinander im Austausch stehender Individuen bedingt sind. Sprache spielt eine viel größere Rolle, als dies der Positivismus des 19. Jahrhunderts ahnen konnte. Trotzdem waren Sie mit Ihrer starken Beachtung der sprachlichen Eigentümlichkeiten Ihrer Patienten, der sprachlichen Fehlleistungen und der Lücken im »Text«, die diese aufgrund ihrer Verdrängungen produziert, sicherlich einer der Vorreiter des sog. linguistic turn in der Erkenntnistheorie.

> ***Linguistic turn:*** Dieser einem Buchtitel des amerikanischen Philosophen Richard Rorty entlehnte Ausdruck steht für die revolutionäre Auffassung, dass erkenntnistheoretische Fragen grundsätzlich als Fragen der philosophischen Sprache behandelt werden müssen. Neben Wittgenstein, Carnap, Ryle, Strawson, Quine sind hierbei vor allem auch John L. Austin und Roger Searle zu nennen, deren Theorie der Sprechakte von Psychoanalytikern aufgegriffen und für klinische Zwecke elaboriert worden sind.[24]

Freud: *Ich habe meinen Nachkommen doch noch ein paar Entdeckungen übrig gelassen.*

Der Großteil der Neurowissenschaftler im 20. Jahrhundert war in dem Bestreben, die neuronalen Mechanismen aufzuklären, die den kognitiven Funktionen, wie Wahrnehmen, logisches Denken, Einspeichern und Erinnern zugrunde liegen, dem Umstand ausgewichen, dass Menschen in ihrer Selbstorganisation emotionale Wesen sind. Grund hierfür war nicht nur das jahrhundertealte durch die Aufklärung und den Positivismus entstandene Vorurteil, dass Emotionen den rationalen Ablauf der menschlichen Denktätigkeit stören und beeinflussen, sondern auch dass sich im Zuge der immer stärkeren Verbreitung von Computermodellen und der Computerisierung von Forschung kognitive Informationsverarbeitungsvorgänge einfacher modellieren ließen. Der New Yorker Neurologieprofessor Antonio Damasio ist in seinem Buch *»Ich fühle, also bin ich. Die Entschlüsselung des Bewusstseins«* mit seiner Zunft streng ins Gericht gegangen. Obwohl sich Ende des 19. Jahrhunderts Charles Darwin, William James und später vor allem Sie, Herr Freud, ausführlich mit Emotionen, insbesondere mit der Angst, beschäftigt haben, hätten ihnen die Neurowissenschaft und die Kognitionswissenschaft während des gesamten 20. Jahrhunderts die kalte Schulter gezeigt: »Man hätte erwarten können, dass die aufsteigenden Neurowissenschaften die Emotion auf die Tagesordnung setzen und die damit verbundenen Probleme angehen würden. Doch nichts dergleichen geschah ... Über weite Strecken des 20. Jahrhunderts duldete man die Emotion nicht in den wissenschaftlichen Labors. Die Emotion sei zu subjektiv, hieß es. Sie sei zu schwer fassbar und zu verschwommen. Die Emotion bilde den äußersten Gegensatz zur Vernunft, die ja wohl eindeutig die vornehmste menschliche Fähigkeit sei und im Übrigen völlig unabhängig von der Emotion. Das war eine wunderliche Umkehrung des romantischen Menschenbilds. Die Romantik hat die Emotion in den Körper und die Vernunft ins Gehirn verlegt. Die Wissenschaft des 20. Jahrhunderts hat den Körper außen vor gelassen und die Emotion wieder ins Gehirn befördert, sie aber in die unteren neuronalen Schichten verbannt, die mit gering geachteten Vorfahren in Verbindung gebracht werden. Am Ende war nicht nur die Emotion nicht vernünftig, sondern auch ihre Untersuchung nicht«.[25] Mit dieser Vernachlässigung der Emotionen korreliert nach Damasio auch das Fehlen einer evolutionären Perspektive bei der Untersuchung von Gehirn und Geist. Neurowissenschaft und Kognitionswissenschaft seien so vorgegangen, als hätte es die Erkenntnisse Darwins nie gegeben. Und ebenso seien auch homoöstatische Prozesse, wie z. B. die automatische Regulation von Temperatur, Sauerstoffkonzentration und pH-Werten, stiefmütterlich behandelt worden. Zwar hätten zahlreiche Wissenschaftler sich bemüht, die Neurophysiologie der Homöostase zu verstehen, doch hätte dieses Verständnis wenig Einfluss auf die Ansichten über die Funktionsweise von Gehirn oder Geist gehabt. Es überrascht nicht, dass Emotionen ein wesentlicher Bestandteil der homöostatischen Regulation sind und diese wiederum nach Auffassung von

Damasio ein Schlüssel zum Verständnis der Biologie des Bewusstseins ist. Und schließlich fehle in der Kognitions- und Neurowissenschaft über weite Strecken das Konzept eines Organismus. Statt das Gehirn als Teil eines komplexen lebenden Organismus zu betrachten, wurde es – als hätte es nie eine Kritik am cartesianischen Weltbild gegeben – konsequent vom Körper getrennt. Erst in den 90er Jahren sind Neurowissenschaftler diese massiven Defizite in ihrer Theoriebildung angegangen: Gerald Edelman z. B. hat in seiner Theorie der neuronalen Grundlagen des Geistes sowohl evolutionäre Aspekte berücksichtigt als auch die homöostatische Regulation einbezogen. Ebenso sind hier neben Damasio die Arbeiten von Joseph LeDoux, Particia Churchland, Jerome Kagan und Jaak Panksepp zu nennen. Der vermeintliche Gegensatz von Emotion und Vernunft werde nun nicht mehr fraglos hingenommen, ja es werde jetzt sogar anerkannt, dass die Emotion ein integraler Bestandteil von Denk- und Entscheidungsprozessen ist. Damasio kommt deshalb auch zu dem Schluss, dass eine Beeinträchtigung im Erlebenkönnen von Gefühlen für vernünftige Entscheidungsprozesse mindestens ebenso nachteilig ist wie allzu heftige Emotionen bzw. Gefühle. Auch wenn Emotionen die Vernunft nicht ersetzen können, so ist »vernünftiges Denken ohne den Einfluss der Emotion nicht möglich«.[26] Und sein New Yorker Kollege, Joseph LeDoux schreibt in seinem 1998 erschienenen Buch »Das Netz der Gefühle«, dass die Neuro- und Kognitionswissenschaftler ein eindimensionales Bild des menschlichen Geistes gezeichnet hätten, weil sie die Emotionen total vernachlässigt hätten. »Ein Geist ohne Emotionen ist aber überhaupt kein Geist. Es handelt sich um Seelen auf Eis – kalte leblose Geschöpfe, die weder Begierden noch Ängste, weder Kummer noch Leid, noch Freuden kennen«.[27]

Übrigens hat jüngst Dietrich Dörner, ein Bamberger Psychologie-Professor, die in Teilen immer noch vorherrschende kognitionspsychologische Ausrichtung der modernen Psychologie kritisiert, weil in ihr Motivation und Emotion eine immer noch zu geringe Rolle spielten[28]; ja noch gravierender, die Beschäftigung damit werde sogar explizit abgelehnt. Emotion und Motivation – oder wie es psychoanalytisch heißt: Gefühle, Bedürfnisse und Wünsche, die übrigens nicht triebhaft zu sein brauchen – werden als störendes Kanalrauschen (sic!) bezeichnet. Wahrnehmungs- und Gedächtnisprozesse bilden den Schwerpunkt der kognitiven Psychologie; erst seit kurzem haben Kognitionspsychologen die Bedeutung der Emotionen eingestanden und erkannt, dass sie in der Vergangenheit auf einen Großteil der Determinanten des Ablaufs kognitiver Prozesse verzichtet haben. Dies ist aber beileibe keine harmlose Gegenstandsverfehlung. Vielmehr wurde z.T. aus Unkenntnis, z.T. aus ideologischer Voreingenommenheit, z.T. aus berufspolitischer Attitüde an einem kognitivistisch verzerrten Menschenbild festgehalten mit der Folge einer grotesken Fehlkonzeptualisierung psychologischer Phänomene.

Dörner schlägt eine bestimmte Theorie vor, die sog. Ψ-Theorie, welche die menschliche Handlungsregulation mit bestimmten Bedürfnissen, Emotionen und Gedächtnisvorgängen verbindet. Jede Handlung, jede Handlungsantizipation ist nicht nur motiviert, sondern auch von Gefühlen durchwirkt.

Freud: *Das soll wirklich das Neue an dieser Theorie sein?*

Nein, das Neue an Dörners Ψ-Theorie ist nun, dass bei diesem längst fälligen »Embodiment« auch die Konstruktionsprinzipien des Emotionalen für berechenbar gehalten werden, genauso wie die bislang erforschten kognitiven Algorithmen. Um dies zu erreichen, werden die Berechnungen in einem neuronalen Netzwerk vorgenommen. Neuronale Netze lassen sich als Modelle für Gehirnvorgänge begreifen. Die Begrifflichkeit, die dafür gewählt wird, wird als Aktivierungs-, Inhibierungs,- Verknüpfungs- und Entknüpfungsprozess bezeichnet.

Freud: *Das klingt ja wie meine Neuronentheorie in neuer Auflage?*

Bei genauerer Betrachtung hat die Ψ-Theorie von Dörner tatsächlich sehr viel Ähnlichkeiten mit Ihrem *Entwurf* von 1895. Aber natürlich verfügt er dank des Fortschritts unseres Wissens über andere Möglichkeiten der Modellierung derartiger als subsymbolisch angenommener Prozesse in neuronalen Netzwerken. Die Simulation einer Theorie, d. h. eine Modellbildung, ermöglicht vor allem mit einer großen Menge von Wenn-Dann-Aussagen, die in einem komplexen Zusammenhang stehen, elegant umzugehen. Denn für die Psychologie gilt, dass man z. B. nicht wie in den klassischen Naturwissenschaften mit einigen wenigen Wenn-Dann-Aussagen bereits Phänomene erklären kann, sondern eine große Anzahl von gesetzesähnlichen Annahmen benötigt, um einem Sachverhalt gerecht zu werden. Für eine erfolgreiche Simulation muss man auch über Programmiersprachen verfügen. Aber es ging mir bei diesem Punkt lediglich darum aufzuzeigen, wie über ein Jahrhundert nach Ihrem *Entwurf* Psychologen sich daran machen, eine Theorie des Seelischen aufzustellen, die in subsymbolischer Begrifflichkeit ein Robotermodell des Psychischen entwickelt, das durchaus Ähnlichkeiten mit Ihren ökonomischen und energetischen Annahmen hat, von denen Sie in Ihrer damaligen Arbeit ausgegangen sind. Und im Unterschied zu einem »kognitiven Wasserkopf« früherer psychologischer Theoretiker berücksichtigt die Ψ-Theorie von Dörner ausdrücklich Bedürfnisse,

Wünsche und Emotionen und kommt darin den vermuteten Vorgängen im Menschen schon recht nahe.

***Freud:** Wenn ich das höre, tut es mir fast Leid, dass ich meinen »Entwurf« damals nicht mehr weiterverfolgt habe. Aber Teile davon sind ja in meinem späteren Werk wieder aufgetaucht, wie z. B. in meiner Traumdeutung.*

Dabei gilt es aber Folgendes zu berücksichtigen: Es kann wie gesagt nicht um eine unkritische Anlehnung oder gar Übernahme neurowissenschaftlicher, kognitionswissenschaftlicher, sozialwissenschaftlicher u.a. Theorien und Modelle gehen. Herkömmliche kognitionswissenschaftliche Modelle, wie z. B. der kürzlich diskutierte Konnektionismus[29], berücksichtigen nach Auffassung einiger Kritiker zu wenig oder gar nicht die intersubjektive Modellierung des Gehirns, die wiederum von einer gegenwärtig sich weiter entwickelnden Kognitionswissenschaft zu einer »embodied cognitive science« ins Zentrum ihrer Aufmerksamkeit gerückt wird. Ein »monadologisch verengter Konnektionismus«[30] ist also genauso wenig für eine metatheoretische Begründung der psychoanalytischen Theorie geeignet wie andere Metaphern einer solipsistischen Neurophysiologie in denen die intersubjektive Konstituierung des Menschlichen, nicht nur des Psychischen, sondern gerade auch des menschlichen Gehirns unberücksichtigt bleibt.[31]

Konnektionismus:
Bezeichnung für neuronale Netzwerkmodelle, die sich mit dem Austausch und der Verarbeitung von Informationen beim Wissenserwerb, Lernen, intelligentem Verhalten, Sprache und Wahrnehmung befassen und hierfür in Anlehnung an Gehirnprozesse parallel verarbeitende, in Netzwerken operierende Aktivitäten unterstellen. Entsprechend dieser Modellierung sind mentale Konstrukte netzwerkartig miteinander verbunden und werden nicht gemäß einer Ja-Nein-Logik aktiviert wie beim digitalen Computer, sondern in Analogie zu den Nervenzellen entsprechend der Stärke der Verbindungen gewichtet. Auf die Annahme einer zentralen Steuereinheit wird verzichtet. Grundlegende Annahmen konnektionistischer Modelle sind Kontextabhängigkeit und Interaktionsgeschichte i. S. der historischen Muster der Input-Daten. Im Unterschied zu semantischen Modellen der Informationsverarbeitung werden im konnektionistischen Modell keine Symbole oder Symbolfolgen verarbeitet, sondern Aktivierungswerte mit beschränkter Genauigkeit.

So müssen alle vorschnell festgestellten Analogien zwischen Ihren Vorstellungen im »Entwurf« und einer Theorie künstlich neuronaler Netzwerke wie im Konnektionismus sorgfältig daraufhin überprüft werden, nicht nur inwieweit sie noch dem gegenwärtigen Stand neurobiologischen Wissens überhaupt entsprechen, sondern auch inwieweit sie mit den Grundgedanken der Psychoanalyse, die im Kern von Ihnen auch schon – zumindest bei einzelnen Konstrukten – als intersubjektiv angedacht waren, es bestimmt aber in der modernen intersubjektiven Psychoanalyse sind, übereinstimmen.

3.5 Zur Ätiologie der Hysterie (1896)

> »Die Erwartung des ewigen Nachruhms war so schön und des sicheren Reichtums, die volle Unabhängigkeit, das Reisen, die Hebung der Kinder über die schweren Sorgen ... Das hing alles daran, ob die Hysterie aufgeht oder nicht.« (Brief an Fließ vom 21. Sept. 1897)

Herr Freud, Ihre Schrift »Zur Ätiologie der Hysterie« war der vorläufige Endpunkt einer Anzahl von Arbeiten, die sich mit klinischen Themen befassten.

1894a	Die Abwehr-Neuropsychosen. Versuch einer psychologischen Theorie der acquirierten Hysterie, vieler Phobien und Zwangsvorstellungen und gewisser halluzinatorischer Psychosen.
1895b	Über die Berechtigung, von der Neurasthenie einen bestimmten Symptomenkomplex als »Angst-Neurose« abzutrennen
1895d	(zus. mit Breuer, Josef) Studien über Hysterie
1895f	Zur Kritik der Angstneurose
1895g	Über Hysterie
1895h	Über den Mechanismus der Zwangsvorstellung(en) und Phobien
1896a	L'hérédité et l'étiologie des névroses
1896b	Weitere Bemerkungen über die Abwehr-Neuropsychosen
1896c	Zur Ätiologie der Hysterie
1898a	Die Sexualität in der Ätiologie der Neurosen

In den Jahren 1894 bis 1896 schufen Sie eine klinische Neurosentheorie, die sich nach Auffassung der Berliner Psychoanalytikerin Ulrike May-Tolzmann[1] von vergleichbaren Theorien der damaligen Neuropathologie und Psychiatrie unterschied und somit die Besonderheit der psychoanalytischen Theorie ausmachte. Gleichwohl war Ihnen daran gelegen, einen kooperativen Beitrag zu den genannten Disziplinen zu entwickeln und sich in der Welt der akademischen Medizin mit Ihren Auffassungen zur Geltung zu bringen. Der Eindruck einer »splendid isolation« ergab sich erst am Ende dieser Schaffensperiode, entsprach aber selbstverständlich nicht Ihrer ursprünglichen Absicht. May-Tolzmann hat zu Recht hervorgehoben, dass Ihre metapsychologischen Arbeiten, vor allem die Ursprünge derselben viel mehr Aufmerksamkeit erhalten haben als die Anfänge der klinischen Theorie, abgesehen von der Verführungstheorie, auf die wir noch zu sprechen kommen werden. So findet sich in der umfangreichen Biographie von Jones kein Wort über Ihre Absicht, eine umfassende klinische Theorie zu entwickeln, ebenso nicht bei Ernst Kris, Ronald W. Clark oder Peter Gay. Einzig und allein Ola Andersson[2] Kenneth Levin[3] und Michael Schröter[4] haben diesen Sachverhalt gewürdigt, letzterer vor allem am Beispiel des sogenannten Neurasthenieprojekts.

> ***Ulrike May-Tolzmann***, Psychoanalytikerin in freier Praxis (DPV), veröffentlichte neben vielen Aufsätzen zur Geschichte der Psychoanalyse 1995 das Buch: *Freuds frühe klinische Theorie (1894–1896) Wiederentdeckung und Rekonstruktion*. Hier unternahm sie anhand einer Freudimmanenten Textanalyse und der Methode der Kontextualisierung (d.i. die Wiederherstellung von Bezügen zu den damaligen Wissenschaften der Neuropathologie und Psychiatrie, die in Freuds Texten stillschweigend vorausgesetzt wurden) eine Rekonstruktion der Anfänge einer klinischen Psychoanalyse.

In den genannten drei Veröffentlichungen stellten Sie eine These auf, für die Sie in den letzten Jahren vor allem in den USA hart kritisiert worden sind, Ihre sog. Verführungstheorie. Bei jedem hysterischen, aber auch bei jedem zwangsneurotischen Patienten sollte Ihrer damaligen Auffassung nach ein sexueller Missbrauch in der Kindheit vorgefallen sein, entweder von Eltern, nahestehenden Verwandten, Hausangestellten, Geschwistern oder anderen Kindern. Sie glaubten damals den »Ursprung des Nils« gefunden zu haben. Dabei machten Sie vermutlich als Zugeständnis an Charcot geltend, dass als Zusatzbedingung noch eine »hereditäre Prädisposition« hinzukommen müsse, denn nicht jeder Missbrauch müsse zwangsläufig zu den oben genannten Störungen führen. Allerdings dürfe das gemeinsame Vorkommen hysterischer Störungen bei Geschwistern nicht als Beleg für eine gemeinsame erbliche Anlage missverstanden werden, sondern vielmehr als Ergebnis der Lerngeschichte im selben Elternhaus. Klinische Forschung in den 80er und 90er Jahren des 20. Jahrhunderts hat zu einer bestürzenden Bestätigung der Häufigkeit von sexuellem Missbrauch quer durch alle Gesellschaftsschichten geführt und in der Folge wurde dieser sogar für die Borderline-Störungen und die posttraumatischen Belastungsstörungen als wichtiger, wenn nicht sogar als zentraler ätiologischer und psychogenetischer Faktor angesehen. Umso überraschender war es, dass Sie kurze Zeit spater bereits die Verführungstheorie wieder verworfen und in Ihrem Brief an Fließ vom

21.9.1897 den resigniert klingenden Satz geschrieben haben: »Ich glaube an meine Neurotica nicht mehr«.

Wien, 21. Sept. 97

Dr. Sigm. Freud
IX., Berggasse 19
Dozent für
Nervenkrankheiten
a.d.Universität

Teurer Wilhelm!
Hier bin ich wieder, seit gestern früh, frisch, heiter, verarmt, derzeit beschäftigungslos, und schreibe dir zuerst nach hergestellter Wohnbarkeit. Und nun will ich Dir sofort das große Geheimnis anvertrauen, das mir in den letzten Monaten langsam gedämmert hat. Ich glaube an meine Neurotica nicht mehr. Das ist wohl nicht ohne Erklärung verständlich; Du hast ja selbst glaubwürdig gefunden, was ich Dir erzählen konnte. Ich will also historisch beginnen, woher die Motive zum Unglauben gekommen sind. Die fortgesetzten Enttäuschungen bei den Versuchen, eine Analyse zum wirklichen Abschluß zu bringen, das Davonlaufen der eine Zeitlang am besten gepackten Leute, das Ausbleiben der vollen Erfolge, auf die ich gerechnet hatte, die Möglichkeit, mir die partiellen Erfolge anders, auf die gewöhnliche Art zu erklären: dies die erste Gruppe. Dann die Überraschung, daß in sämtlichen Fällen der Vater als pervers beschuldigt werden mußte, mein eigener nicht ausgeschlossen, die Einsicht in die nicht erwartete Häufigkeit der Hysterie, wo jedesmal dieselbe Bedingung erhalten bleibt, während doch solche Verbreitung der Perversion gegen Kinder wenig wahrscheinlich ist. (Die Perversion muß unermeßlich häufiger sein als die Hysterie, da ja Erkrankung nur eintritt, wo sich die Ereignisse gehäuft haben und ein die Abwehr schwächender Faktor hinzugetreten ist.) Dann drittens die sichere Einsicht, daß es im Unbewußten ein Realitätszeichen nicht gibt, so daß man die Wahrheit und die mit Affekt besetzte Fiktion nicht unterscheiden kann. (Demnach blieb die Lösung übrig, daß die sexuelle Phantasie sich regelmäßig des Themas der Eltern bemächtigt.) Viertens die Überlegung, daß in der tiefgehendsten Psychose die unbewußte Erinnerung nicht durchdringt, so daß das Geheimnis der Jugenderlebnisse auch im verworrensten Delirium sich nicht verrät. Wenn man so sieht, daß das Unbewußte niemals den Widerstand des Bewußten überwindet, so sinkt auch die Erwartung, daß es in der Kur umgekehrt gehen müßte bis zur völligen Bändigung des Unbewußten durch das Bewußte.«[5]

Allerdings hat die Öffentlichkeit erst gut zehn Jahre später die Gründe erfahren, warum Sie die Verführungstheorie zurückgenommen haben. Sie konnten damals nicht ahnen, dass Sie damit auch vielen späteren Psychoanalyse-Gegnern einen großen Raum zur Spekulation eröffneten. So trugen z. B. der Wissenschaftsjournalist Ronald W. Clark, die Soziologin Marianne Krüll, der Sanskrit-Professor Jeffrey Masson viele Mutmaßungen und Unterstellungen vor, die von den Medien begierig aufgegriffen wurden, und das zu einer Zeit, als man nahezu jeden Mann, jeden Vater eines Sexualdelikts verdächtigte. Wir werden über Ihre wirklichen Gründe für die von Ihnen vorgenommene Revision der Verführungstheorie noch zu diskutieren haben.

Eine Paradoxie besteht nun darin, dass Sie im heutigen Amerika als der Urheber eines Missbrauchs im Umgang mit Erinnerungen hingestellt werden. Eine sog. »false memory«-Bewegung wehrt sich vehement dagegen, dass unschuldige Familienväter des sexuellen Missbrauchs an ihren Töchtern bezichtigt werden, nur weil Therapeuten ihren Patientinnen suggerieren, dass ihre Symptome und Beschwerden auf ihre sexuell missbrauchenden Väter zurückgehen. Hierbei werde aber die Täuschungsanfälligkeit des Gedächtnisses überhaupt nicht berücksichtigt und die Glaubwürdigkeit der Aussage per Augenschein validiert. Statt dessen müsse man die Veridikalität der Erinnerung sehr stark anzweifeln. Dies geschehe aber bei den betreffenden Therapeuten nicht, was zur Folge habe, dass viele Väter des Missbrauchs bezichtigt werden, obwohl sie sich niemals an ihren Kindern sexuell vergangen haben. Ob Lebensunlust, Versagen im Job, sexuelle Probleme, Schwierigkeiten mit Freunden und Kollegen, Arbeits- und Leistungsstörungen aufgrund grandioser Ansprüche – stets lautet die Erklärung von offensichtlich mangelhaft ausgebildeten Therapeuten: sexueller Missbrauch in der Kindheit. Sie, verehrter Herr Freud, werden bezichtigt, zu dieser Praxis maßgeblich durch Ihre damalige Verführungstheorie beigetragen zu haben. Man wirft Ihnen vor, Sie seien den Erinnerungen Ihrer damaligen Patienten naiv aufgesessen, bzw. hätten ihnen sexuellen Missbrauch suggeriert, anstatt den Wahrheitswert der Erinnerungen anzuzweifeln.

Freud: *Aber nichts Geringeres habe ich getan, als ich die Verführungstheorie widerrief!*

Genau. Aber das scheinen die Herrschaften, die Sie lautstark als eine Geißel bezeichnen, von der Amerika befreit werden solle, – so z. B. ein Herr Frederick Crews –, nicht zur Kenntnis genommen zu haben. Statt dessen behauptet dieser Professor für Literaturkritik, dass sehr viele amerikanische Therapeuten Ihnen in dieser Vorgehensweise gefolgt seien. Dass Sie sich vor über einhundert Jahren bereits mit dem Problem auseinandergesetzt und dabei eine starke Krise erfahren haben, bleibt gänzlich unberücksichtigt. Statt nun das Vorgehen mangelhaft ausgebildeter Therapeuten zu kritisieren, schlägt man auf Sie als den angeblichen Urheber dieser therapeutischen Kurz- und Schnellschüsse ein. Und zur selben Zeit gibt es eben auch solche Autoren, wie die oben bereits genannten, die Ihnen absurderweise genau das Gegenteil vorwerfen, nämlich dass Sie die Verführungstheorie zurückgenommen haben, anstatt der Wahrheit weiterhin mutig ins Auge zu sehen. Der Wahrheit nämlich, dass viele Väter und viele Männer quer durch alle Gesellschaftsschichten ihre eigenen Kinder sexuell missbrauchen. Statt dessen hätten Sie aus karrieristischen Gründen die Augen davor verschlossen und später sogar die Tatsachen völlig verdreht, indem Sie unschuldigen Kindern sexuelle Motive unterstellt haben, um damit die Väter moralisch in Schutz zu nehmen.

Freud: *Offensichtlich scheint dieses Thema meine Kritiker doch sehr stark zu berühren, wenn Sie so vehement die Tatsachen entstellen müssen. Keiner dieser Autoren scheint meine Argumente für die Zurückweisung wirklich genau zur Kenntnis genommen zu haben.*

Ja, das ist zu vermuten. Aber bevor wir Ihre damaligen Argumente betrachten, blicken wir zunächst einmal wieder auf Ihre persönliche Situation zurück.

1896: Ein Schicksalsjahr! Bis zu Ihrem vierzigsten Geburtstag wollten Sie es geschafft haben, endlich berühmt zu werden, indem Sie ein großes Rätsel der Menschheit, mehrere tausende Jahre alt, die Hysterie, deren Ursache unsere Vorfahren auf eine wandernde Gebärmutter zurückgeführt hatten, aufgeklärt haben. Das »Caput nili« gefunden zu haben – und dann stünde in der Zeitung, »Privatdozent Dr. Sigmund Freud löst ein uraltes Menschheitsrätsel!« Dann hätten die starken Stimmungsschwankungen und die gelegentliche Todesangst, unter der Sie vor allem Anfang April 1896 wieder einmal litten, endlich ein Ende. Ihr Biograph, Ernest Jones, der sonst eher ein idealisiertes Bild von ihnen entworfen hat, schrieb hierzu dieses Mal wohl ziemlich realistisch: »Seine Stimmung schwankte zwischen Perioden des Hochgefühls, der Erregung und des Selbstvertrauens und solchen schwerer Niedergeschlagenheit voller Zweifel und Hemmungen. Während der letzteren konnte er weder schreiben noch seine Gedanken konzentrieren (ausgenommen während seiner Berufstätigkeit). Er wußte dann nicht, was anfangen, schnitt Bücher auf, betrachtete Landkarten des antiken Pompeji, legte Patiencen und spielte Schach, ohne lang bei etwas zu bleiben – ein Zustand rastlosen Gelähmtseins«.[6] In jenen Tagen hatten Sie sich mit dem Bildhauer Victor Tilgner identifiziert, der fünf Tage vor der Enthüllung der von ihm geschaffenen Mozart-Statue gestorben war. Waren alle erfinderischen

Köpfe und Eroberernaturen dazu verurteilt, zu sterben bevor sie ihr eigentliches Werk vollendet haben? War diese Mischung aus dem intensiven Drang, sich endlich unter die großen Entdecker einreihen zu können und der Angst, dies nicht mehr erleben zu dürfen, vielleicht mit ein Grund für die starke emotionale Verunsicherung, aus der heraus Ihre Entdeckung der Verführungstheorie geboren wurde?

Vieles war bereits in diesem Frühjahr 1896 passiert. Aber der Höhepunkt sollte zweifelsohne der 21. April werden. An diesem Abend fand Ihr Vortrag über »Die Ätiologie der Hysterie« vor dem Verein für Psychiatrie und Neurologie statt. Ihre insgeheime Hoffnung war, dass diese Arbeit den letzten Baustein für den in Ihren Augen längst überfälligen Aufstieg in der akademischen Karriere liefern sollte.

Der Durchbruch schien geglückt zu sein. Mit dem zurückgekehrten Selbstgefühl des stolzen Entdeckers schrieben Sie selbstbewusst: »Ich stelle also die Behauptung auf, zugrunde jedes Falles von Hysterie befinden sich – durch die analytische Arbeit reproduzierbar, trotz des Dezennien umfassenden Zeitintervalles – *ein oder mehrere Erlebnisse von vorzeitiger sexueller Erfahrung*, die der frühesten Jugend angehören. Ich halte dies für eine wichtige Enthüllung, für die Auffindung eines *caput* Nili der Neuropathologie ... «.[7] Sie hatten Ihre Behauptung aufgrund eines ausführlichen klinischen Fallmaterials von insgesamt 18 Patienten, zwölf Frauen und sechs Männern, gewonnen, die Sie in drei Gruppen einteilten:

> »In der ersten Gruppe handelt es sich um Attentate, einmaligen oder doch vereinzelten Mißbrauch meist weiblicher Kinder von Seiten erwachsener, fremder Individuen. Eine zweite Gruppe bilden jene weit zahlreicheren Fälle, in denen eine das Kind wartende erwachsene Person – Kindermädchen, Kindsfrau, Gouvernante, Lehrer, leider auch allzu häufig ein naher Verwandter – das Kind in den sexuellen Verkehr einführte und ein ... förmliches Liebesverhältnis, oft durch Jahre, mit ihm unterhielt. In die dritte Gruppe endlich gehören die eigentlichen Kinderverhältnisse, sexuelle Beziehungen zwischen zwei Kindern verschiedenen Geschlechts, zumeist zwischen Geschwistern ...«[8]

Aus heutiger Sicht erscheint diese Zusammenstellung durchaus repräsentativ für das Insgesamt sexueller Traumatisierungen unterschiedlichen Ausmaßes, mit dem einzigen Unterschied, dass wir in der Gegenwart bei der Betrachtung der Ätiologie und Psychogenese psychischer Erkrankungen nicht nur sexuelle Traumatisierungen berücksichtigen.

Aber es kam alles ganz anders als erwartet. In einem Brief an Fließ teilten Sie einige Tage später Ihre starke Enttäuschung über den Ausgang des Abends mit:

»Ein Vortrag über Ätiologie der Hysterie im Psychiatrischen Verein fand bei den Eseln eine eisige Aufnahme und von Krafft-Ebing die seltsame Beurteilung: Es klingt wie ein wissenschaftliches Märchen. Und dies, nachdem man ihnen die Lösung eines mehrtausendjährigen Problems, ein caput nili aufgezeigt hat! Sie können mich alle gern haben, euphemistisch ausgedrückt.«[9]

Ihr Gefühl des Gekränktseins war so groß, dass Sie zu keinen Sitzungen dieses Vereins mehr gegangen sind. Und noch fast 20 Jahre später erinnerten Sie sich voller Zorn an das Unverständnis Ihrer damaligen Wiener Kollegen:

»Ich trat ahnungslos in der Wiener Fachvereinigung, damals unter dem Vorsitz von v. Krafft-Ebing, als Redner auf ... ich behandelte meine Entdeckungen wie indifferente Beiträge zur Wissenschaft und hoffte dasselbe von den anderen. Erst die Stille, die sich nach meinen Vorträgen erhob, die Leere, die sich um meine Person bildete, die Andeutungen, die mir zugetragen wurden, ließen mich allmählich begreifen, daß Behauptungen über die Rolle der Sexualität in der Ätiologie der Neurosen nicht darauf rechnen könnten, so behandelt zu werden wie andere Mitteilungen. Ich verstand, daß ich von jetzt ab zu denen gehörte, die ›am Schlaf der Welt gerührt haben‹, nach Hebbels Ausdruck, und daß ich auf Objektivität und Nachsicht nicht zählen durfte«.[10]

Was kann es gewesen sein, das die Entrüstung Ihrer damaligen Kollegen so sehr hervorgerufen hatte?

War es Ihre These, dass sich die hysterische Symptomatik auf gewisse traumatisch wirksame Erlebnisse der betreffenden Patienten zurückführen lässt, dass also Jahre, manchmal erst Jahrzehnte später diese Erlebnisse als Erinnerungssymbole reproduziert werden? Dass man folglich die Aufmerksamkeit des Patienten »vom Symptom aus auf die Szene zurückzuleiten (hat), in welcher und durch welche das Symptom entstanden ist?«[11] Damit widersprachen Sie ihrem so verehrten Lehrer Charcot, der allein die Heredität als die wirkliche Ursache der Hysterie gelten ließ. Aber warum sollte das ausgerechnet die Wiener derart schockieren?

War es Ihre auch weit über Breuers These hinausgehende ätiologische Behauptung, hinter jeder hysterischen Symptomatik lassen sich psychologisch verstehbare und rekonstruierbare Traumatisierungen vor allem sexueller Art auffinden, mit der Sie »am Schlaf der Welt gerüttelt« hatten, so dass Krafft-Ebing und die Kollegen vom Verein für Psychiatrie und Neurologie derart ablehnend reagierten? Aber Krafft-Ebing war als Psychopathologe und Sexualforscher weitaus Schockierenderes gewohnt und wer das damalige Wien kannte, wie wir es z. B. aus Stefan Zweigs Roman *Die Welt von Gestern* erfahren haben, weiß, dass sich nahezu in jeder dritten Straße Wiens einschlägige Etablissements befanden, in denen fast jede menschliche Leidenschaft und Perversion ihre heimliche Befriedigung fanden.

Oder war vielleicht die Ablehnung der Wiener Kollegen gar nicht so eisig, wie Sie es Fließ gegenüber dargestellt hatten? Immerhin war es derselbe Krafft-Ebing, der Sie ein Jahr später doch für eine Professur vorgeschlagen hat. Brauchten Sie vielleicht das Gefühl, ein einsames, verkanntes Genie zu sein, das sich mit seinen heroischen Phantasien in eine »splendid isolation« zurückziehen konnte, um die wissenschaftlichen Größenphantasien des jungen Erwachsenen zu einer wirklich kreativen Leistung zu transformieren?

Der in Jerusalem tätige Psychoanalytiker Yoram Yovell, der für einige Zeit am Zentrum für Neurobiologie an der Columbia Universität bei dem bekannten Nobelpreisträger Eric Kandel studiert hat, stellte jüngst eine weitere Vermutung auf: Vielleicht hat Krafft-Ebing ja auch deshalb auf Ihre Ausführungen so ungläubig reagiert, weil Sie von Erinnerungen gesprochen haben, die noch nach vielen Jahren gleichsam unverändert auftauchen können und welche die Ursache der Leidenszustände in der Gegenwart darstellen: »Hysteriker leiden unter ihren Erinnerungen«. Wie kann es sein, dass Erinnerungen an ein Trauma, sei es nun sexuell oder auf ein anderes Erleben zurückgehend, nach vielen Jahren sich wie eine »schlafende Schönheit« erheben können, zwar oftmals nur noch ein Fragment des ursprünglichen Erlebens beinhaltend, unzusammenhängend und häufig auch widersprüchlich, aber unübersehbar doch eine Erinnerung an das damalige Erleben aufbewahrend?[12]

Aufgrund der neurobiologischen Erforschung des Gedächtnisses in den letzten 30 Jahren wissen wir heute, dass es zwei verschiedene, aber in der Regel aufeinander abgestimmt arbeitende Gedächtnissyssteme gibt: das nichtdeklarative oder implizite und das deklarative oder explizite Gedächtnissystem. Normalerweise bewahren wir für jedes Ereignis, das für uns gefühlsmäßig bedeutsam ist, sowohl nichtdeklarative Eindrücke in unserem emotional prozeduralen Subsystem auf, als auch deklarative Eindrücke in unseren episodischen und autobiographischen Subsystemen – letzteres allerdings erst ab einem gewissen Lebensalter.

Des weiteren sind die Erkenntnisse über die Auswirkungen von traumatischem Stress auf das deklarative Gedächtnis von Bedeutung. Zum einen kann traumatischer Stress die Eindrücke besonders prägnant erinnern lassen, wie z. B. in den sog. Blitzlichterinnerungen. Zum anderen kann traumatischer Stress aber auch zu einer traumatischen Amnesie führen, so dass der Betreffende überhaupt keine deklarativen Erinnerungen mehr aufweist. Das gesteigerte Erinnerungsvermögen während emotional stressreicher Erlebnisse geht auf die Aussendung von Adrenalin und Noradrenalin zurück, die den Hippocampus und die Amygdala aktivieren. Beide Substanzen sind verantwortlich für die Blitzlichterinnerungen. Aber warum werden dann traumatische Erinnerungen vergessen? Wie kann ein derart einprägsames und herausragend traumatisierendes Erlebnis wie ein sexueller Missbrauch, das doch eine Adrenalinausschüttung zur Folge hat, einer totalen Amnesie anheimfallen? Und wieso kommt es zu einer Dissoziation, zu einem Auseinanderfallen von normalerweise miteinander zusammen auftretenden Gedächtnisinhalten, wie es so typisch war für Ihre damaligen sog. hysterischen Patienten und für die heutigen posttraumatischen Belastungsstörungen? Waren es diese zu Ihrer Zeit nicht erklärbaren Gedächtnisphänomene traumatischer Art, die unglaublichen »Erinnerungsymbole« von in ihrer Kindheit sexuell belästigter und missbrauchter Frauen, die Krafft-Ebing ungläubig reagieren ließen?

Heute wird für die Diagnostik der Symptome, die damals zu der Bezeichnung Hysterie führten, der aus der amerikanischen Psychiatrie stammende Begriff der *Posttraumatischen Belastungsstörung* benützt. Es scheint offensichtlich eine genetische Disposition für diese Erkrankung zu geben, so dass Charcot mit seiner Postulierung einer biologischen Ätiologie nicht völlig daneben lag.

Zehn Jahre später räumten Sie ein, dass Sie nicht nur die Häufigkeit der sexuellen Verführung durch Erwachsene oder ältere Kinder überschätzt hatten, vielleicht auch, weil in Ihrem damaligen Klientel überzufällig solche Fälle aufgetreten waren, sondern auch, dass Sie zum damaligen Zeitpunkt überhaupt nicht in der Lage waren, »die Erinnerungstäuschungen der Hysterischen über ihre Kindheit von den Spuren der wirklichen Vorgänge sicher zu unterscheiden«. Erst zu einem späteren Zeitpunkt sei es Ihnen geglückt, »so manche« – wohlgemerkt schrieben Sie nicht jede – »Verführungsphantasie als Abwehrversuch« gegen die Erinnerung der eigenen sexuellen Betätigung aufzulösen. Mit dieser entscheidenden Revision gab es auch keine einfache Zuordnung von sexueller Traumatisierung in der Kindheit zur späteren neurotischen Erkrankung mehr. Hysterische Symptome »erschienen nun nicht mehr als direkte Abkömmlinge der verdrängten Erinnerungen an sexuelle Kindheitserlebnisse, sondern zwischen die Symptome und die infantilen Eindrücke schoben sich nun die (meist in den Pubertätsjahren produzierten) Phantasien (Erinnerungsdichtungen) der Kranken ein, die auf der einen Seite sich aus und über den Kindheitserinnerungen aufbauten, auf der anderen sich unmittelbar in die Symptome umsetzten. Erst mit der Einführung des Elements der hysterischen Phantasien wurde das Gefüge der Neurose und deren Beziehung zum Leben der Kranken durchsichtig«.[13]

Und in Ihrer Selbstdarstellung (1925) schrieben Sie den für die tiefenhermeneutische Grundlegung der Psychoanalyse so entscheidenden Satz, dass Sie nach dem Erkennen Ihres damaligen Irrtums die Schlüsse zogen, »daß die neurotischen Symptome nicht direkt an wirkliche Erlebnisse anknüpften, sondern an Wunschphantasien, und daß für die Neurose die psychische Realität mehr bedeute als die materielle«.[14]

Allerdings haben daraus einige Autoren aus diesen und ähnlichen Feststellungen die irrigen Schlüsse gezogen, dass Sie den Einfuss traumatischer Kindheitserlebnisse überhaupt nicht gelten ließen, dass alle neurotischen Symptome ausschließlich auf das Phantasieleben zurückzuführen seien, und dass die psychische Realität so gut wie nichts mit dem tatsächlich Erfahrenen zu tun habe. Damit würde aber die Dialektik von äußeren und inneren Faktoren zugunsten einer einseitigen Determinationsthese still gestellt und der konstruktivistische Charakter der autobiographischen Erinnerung wieder theoretisch abgeschafft werden.

Faktum war aber, dass Sie mit dieser für Sie damals sehr schmerzlichen Abkehr von einer eher mechanischen Traumatheorie – mechanisch deshalb, weil das sexuelle Trauma unmittelbar die hysterischen Symptome bewirken sollte, und der Organismus lediglich passiver Rezipient äußerer Stimuli ist – die genuin psychoanalytische Auffassung von der Bedeutung der psychischen Realität erstmals begründet hatten. Nicht die alleinige Betrachtung des Außen, der von außen auf die Psyche einwirkenden Reize ist in erster Linie für die psychische Realität bedeutsam, sondern die innerseelische Wirklichkeit mit ihrer eigendynamischen, im Körperlichen wurzelnden Emotionalität und Triebhaftigkeit, die sich stets von Neuem mit der Realität arrangieren muss und die von außen kommenden Eindrücke auf dem Hintergrund körperlich situierter Phantasien und Vorstellungen verarbeitet. Man hat das dann später auf die griffige, aber auch zu Missverständnissen Anlass gebende Formel zu bringen versucht: *Trieb versus Trauma*, und damit zum Ausdruck gebracht, dass es in der Psychoanalyse auf die unter dem Einfluss von Wünschen und Affekten stehende seelische Realität ankommt gegenüber den eher behavioristisch von außen zu beoachtenden Einwirkungen, so traumatisierend diese auf einen außenstehenden Beobachter auch immer wirken mögen. Die meisten Psychoanalytiker haben darin folglich die Geburtsstunde der Psychoanalyse erblickt, weil hiermit ein ganz neuer Gegenstandsbereich für eine wissenschaftliche Betrachtung eröffnet worden ist: Die Frage gilt jetzt dem, was ein bestimmter Mensch *erlebt*; und das ist eben keine reine Widerspiegelung der äußeren Wirklichkeit und auch keine bloße Reaktion darauf, sondern ein eigener intrapsychischer Wirklichkeitsbereich. Dieser empfängt natürlich seine Eindrücke auch aus dem Außen, besitzt aber eben auch eine eigene Dynamik und eigene Textur, die nicht zuletzt durch die biologisch korperliche Seite bedingt ist, eben durch die Wünsche und Gefühle des Menschen. C. G. Jung hat diese Sichtweise dann später noch auszuweiten versucht, indem er auch das kollektiv Unbewusste, also die subjektive Seite unserer aus der Phylogenese stammenden Instinktresiduen mit einbezog, aber lassen wir das noch für einen Moment zur Seite. Auf jeden Fall war dieser Zugang zum Psychischen ein bis dahin noch niemals wissenschaftlich thematisierter Bereich, der sowohl erkenntnistheoretisch als auch methodologisch ganz neue Fragen aufgeworfen hat.

***Freud:** So kann man es sicherlich sehen.*

Diese epistemologische Wende, die man heute auch als konstruktivistische Wirklichkeitsauffassung bezeichnet, die aber von Nichtpsychoanalytikern immer noch kognitivistisch verkürzt wird, weil sie nur auf das rationale Erkennen abzielt und emotionale und motivationale Aspekte weitgehend außen vorlässt, hat Sie allerdings auch in eine tiefe Krise gestürzt.

Am deutlichsten kam Ihre Gemütsverfassung in einem Brief an Fließ zum Ausdruck, dem Sie folgendes schrieben:

> »Wäre ich verstimmt, unklar, ermattet, so wären solche Zweifel, wohl als Schwächeerscheinungen zu deuten. Da ich im gegensätzlichen Zustande bin, muß ich sie als Ergebnis ehrlicher und kräftiger intellektueller Arbeit anerkennen und stolz darauf sein, daß ich nach solcher Vertiefung solcher Kritik noch fähig bin. Ob dieser Zweifel nur eine Episode auf dem Fortschreiten zur weiteren Erkenntnis darstellt? Merkwürdig ist auch, daß jedes Gefühl von Beschämung ausgeblieben ist, zu dem doch ein Anlaß sein könnte. Gewiß, ich werde es nicht in Dan erzählen, nicht davon reden in Askalon, im Lande der Philister, aber vor Dir und bei mir habe ich eigentlich mehr das Gefühl eines Sieges als einer Niederlage (was doch nicht recht ist).«[15]

> »Nun setze ich meinen Brief fort. Ich variiere das Hamlet'sche Wort »To be in readiness« – Heiter sein ist alles. Ich könnte mich ja sehr unzufrieden fühlen. Die Erwartung des ewigen Nachruhms war so schön und des sicheren Reichtums, die volle Unabhängigkeit, das Reisen, die Hebung der Kinder über die schweren Sorgen, die mich um meine Jugend gebracht haben. Das hing alles daran, ob die Hysterie aufgeht oder nicht. Nun kann ich wieder still und bescheiden bleiben, sorgen, sparen, und da fällt mir aus meiner Sammlung die kleine Geschichte ein: Rebekka, zieh das Kleid aus, Du bist keine Kalle mehr. Aber ich bin trotz alledem sehr heiter und zufrieden, daß Du ein ähnliches Bedürfnis empfindest mich wiederzusehen wie ich Dich«.[16]

Freud: *Es war eine Mischung aus bitterer Resignation, aber auch aus Zuversicht. Auch darüber, dass mich mein Ehrgeiz nicht auf falsche Pfade hat locken können, sondern dass meine wissenschaftliche Einstellung, sine ira et studio zu forschen, doch die Oberhand behalten hatte. Wenn das Unbewusste nicht zwischen Faktum und Fiktion unterscheiden kann, wie sollte dann ein Patient zwanzig oder dreißig Jahre später zuverlässig darüber befinden können, ob in seiner Kindheit eine sexuelle Traumatisierung stattgefunden hat oder nicht?*

Ja, und trotzdem haben Sie später unmissverständlich klar gemacht, z. B. in einer im Jahr 1924 hinzugefügten Fußnote in der Arbeit »Weitere Bemerkungen über die Abwehrneuropsychosen« von 1896, dass nicht alles im Text Enthaltene zu verwerfen sei, denn »der Verführung bleibt eine gewisse Bedeutung für die Ätiologie gewahrt, und manche psychologische Ausführungen halte ich auch heute noch für zutreffend«.[17] Dennoch brachte die Aufgabe bzw. die erhebliche Revision der Verführungstheorie, die Ihre erste ätiologische Theorie der Neurosen hätte darstellen sollen, eine deutliche Zuspitzung der depressiven Verstimmung mit sich. Peter M. Newton hat in vielen Details die Krise herausgearbeitet, in der Sie sich in den Jahren 1897 bis 1899 nach der Aufgabe Ihrer Verführungstheorie befanden, Ihre Selbstanalyse durchführten und an Ihrem Traumbuch arbeiteten.

Peter, M. Newton, Professor für Psychologie am Wright Institute in Berkeley. Wissenschaftliche Forschungsschwerpunkte von Newton sind die Entwicklung im Erwachsenenalter und die Theorie der psychoanalytischen Behandlung. 1995 erschien sein Buch: *Freud: From youthful dream to midlife crisis.*

Freud: *In der Tat waren diese Jahre eine schwierige Zeit für mich und ohne Fließ und unsere »Kongresse« hätten mich sicherlich meine kreativen Geister nicht so stark beflügeln können, sondern mich vermutlich für geraume Zeit verlassen. Vergessen Sie nicht, dass mich der Tod meines Vaters im Jahr 1896 auch noch ziemlich lang beschäftigt hat.*

Über den Sie schrieben: »Auf irgendeinem der dunklen Wege hinter dem offiziellen Bewußtsein hat mich der Tod des Alten sehr ergriffen. Ich hatte ihn sehr geschätzt, sehr genau verstanden und er hat viel im meinem Leben gemacht, mit der ihm eigenen Mischung von tiefer Weisheit und phantastisch leichtem Sinn... ich habe nun ein recht entwurzeltes Gefühl«.[18] Sie selbst und verschiedene Ihrer Biographen haben Ihre gefühlsmäßigen Einstellungen nach dem Tod Ihres Vaters vor allem auf Ihre ödipale Ambivalenz zuruckgeführt. Aber die neuere Biographieforschung hat noch einen anderen Aspekt ausfindig gemacht, der mit Ihrer Mutter-Beziehung zu tun hat. In diesem nicht leichten, durch zahlreiche Schwangerschaften und Geburten beeinträchtigten Verhältnis bedeutete die Anwesenheit und psychische Präsenz Ihres Vaters sicherlich einen starken Halt und Trost in einer Zeit, in der Sie manche depressive Verstimmung und intensive Angst erleiden mussten. Sein Ableben hat Sie sicherlich unbewusst an diesen emotional stark bewegenden Lebensabschnitt in ihrer Kindheit erinnert. Aber kommen wir zum Inhaltlichen zurück.

Denn nun kam die eigentliche Sensation, als Jeffrey Masson im Jahr 1984 behauptete, nachdem er sich Zugang zum Freud-Archiv in London verschafft hatte, dass diese Wende zur psychischen Realität keine Großtat von Ihnen war, sondern eher das Gegenteil, nämlich eine pragmatische, ja sogar feige Rücknahme Ihrer Verführungstheorie.

Am meisten aber hat Sie der holländische Soziologe Han Israels auf die Anklagebank gesetzt und Ihnen vorgeworfen, dass die Geburt der Psychoanalyse aus der Lüge stattgefunden habe. Er stellte die Behauptung auf, dass Sie nicht an den Berichten Ihrer Patientinnen zu zweifeln begannen, sondern an Ihrer Überzeugung, die tiefer liegende Ursache für die Entstehung einer Hysterie seien verdrängte Erinnerungen an sexuellen Mißbrauch in der Kindheit. Ihre Patientinnen hätten Ihnen dies niemals berichtet, sondern Sie hätten diese Berichte erfunden, um ihre damalige Annahme zu stützen. Als Sie gemerkt hätten, dass sich die Annahme einer sexuellen Ätiologie nicht belegen ließ und zudem zu keinem therapeutischen Erfolg führte, gaben Sie diese Irreführung Ihres Publikums als große theoretische Wende aus. Und nachdem Sie mit Ihren Patienten nicht weiterkamen, wählten Sie sich gleichsam selbst als Patient und Versuchsperson aus und erfanden den Ödipuskomplex.

> **Han Israels,** Studium der Soziologie, Dozent für Geschichte der Psychologie an der Universität von Amsterdam schrieb zwei als polemisch einzuschätzende Bücher über Freud: *Schreber: Vater und Sohn* (1989) und *Der Fall Freud. Die Geburt der Psychoanalyse aus der Lüge* (1999)

Freud: *Ich glaube, es ist schade um unsere Zeit. Abgesehen von den gehässigen Unterstellungen, auf die ich mich nicht einlassen möchte, kann Israels nicht erkennen, dass mir meine damaligen Patienten natürlich nicht von ihrer sexuellen Verführung erzählt haben, sondern dass ich diese in den allermeisten Fällen erschlossen bzw. rekonstruiert habe.*

Herr Freud: Interessanter als die Unterstellungen von Han Israel sind deshalb die Überlegungen von George Makari [19], der ausgeführt hat, dass in den 80er und 90er Jahren des 19. Jahrhunderts die Theorie körperlicher und seelischer

Traumata allmählich an Bedeutung zunahm, um die weit verbreiteten psychischen Erkrankungen des Industriezeitalters zu erklären und zwar in deutlichem Gegensatz zu der vorherrschenden These einer degenerativen Erblichkeit. Die Degenerationshypothese ließ sich natürlich auch für antisemitische Vorurteile einsetzen.

Freud: *Deswegen war es mir ein Anliegen, diese These der vererbten seelischen Entartung zu wiederlegen. Darin lag vermutlich auch der Hauptgrund, warum Richard von Krafft-Ebing auf meine damalige These einer sexuellen Verführung in der Kindheit so eisig reagierte und meine Theorie ein wissenschaftliches Märchen nannte. Er war nämlich ein entschiedener Anhänger der These von der degenerativen Erblichkeit seelischer Krankheiten. Außerdem nahm er an meiner These einer singulären spezifischen Krankheitsursache, eben der sexuellen Verführung, Anstoß. Ich gebe zu, dass ich als junger Mann zu ziemlichen Vereinfachungen neigte. Dies stammte, und hier pflichte ich Makari bei, aus meiner laboratoriumsexperimentellen Zeit, in der ich gewohnt war, die Fülle der Phänomene auf einige wenige Ursachen zu reduzieren.*

Richard von Krafft-Ebing (1840–1902), weltberühmter Sexualforscher, der sich vor allem bei der Erforschung von sexuellen Perversionen einen Namen gemacht hat.

Herr Freud, machen wir einen Sprung in die Gegenwart. Sexuelle Verführung bzw. sexueller Mißbrauch und auch körperliche und seelische Mißhandlung von Kindern ist gegenwärtig ein ganz wichtiges Thema. Viele Jahre ist dieser Sachverhalt auch in der psychoanalytischen Forschung und Therapie ungenügend beachtet worden. Erst der Feminismus hat in den 70er und 80er Jahren des 20. Jahrhunderts verstärkt auf intrafamiliäre Gewalt und auf den sexuellen Missbrauch, vor allem auf den von Mädchen aufmerksam gemacht. Wenn man von Übertreibungen absieht, die der Feminismus mit sich brachte, bleibt eine beängstigend hohe Anzahl von Missbrauchsopfern bestehen, die häufig für ihr Leben gezeichnet und psychisch zerstört sind. Hat nicht Ihre Betonung der Wichtigkeit der psychischen Realität, die Konzentration auf das Innere zu dieser Ausblendung von der erschreckenden Wirklichkeit in vielen Familien beigetragen? Haben nicht auch viele psychoanalytische Kollegen eine Zeitlang die Augen davor verschlossen, wie häufig sexueller Missbrauch und körperliche Misshandlungen selbst in vielen von außen als mustergültig betrachteten Familien vorkommen?

Freud: *Es hat mich selbst überrascht, in welchem Ausmaß psychoanalytische Kollegen manchmal die Wirklichkeit ausgeblendet haben. Ich habe ja die*

Bedeutung von Traumata im Kindesalter nie in Abrede gestellt, ich habe aber den wichtigen Punkt der Aneignung und Verarbeitung eines Traumas hervorgehoben – ein Vorgriff auf eine konstruktivistische Wirklichkeitsauffassung. Sicherlich ist dies aber im Fall von Extremtraumatisierungen noch auf andere Weise zu begreifen. Das Konzept der Dissoziation ist ja seitdem wieder zu Ehren gekommen, das viele Jahre im Schatten meiner Verdrängungslehre gestanden hat. Ich bin heute natürlich davon überzeugt, dass das Verständnis für seelische Dissoziationen mindestens genauso wichtig ist wie das für Verdrängungen. Ich bin aber auch nicht traurig, dass ich Janet mit seinem Dissoziations-Begriff damals an die Seite gedrängt habe, sonst hätten wir wohl niemals eine tiefenpsychologische Sichtweise von Abwehrprozessen erarbeiten können, sondern wären bei einer erblichen Degenerationstheorie stehengeblieben.

3.6 Über Deckerinnerungen (1899)

Herr Freud, mit der Frage nach den Erinnerungen und der Fähigkeit des Gedächtnisses, sich an vergangene Ereignisse und Erlebisse korrekt zu erinnern, sprachen Sie eines der wichtigsten Themen der Psychologie, aber auch der klinischen Psychoanalyse an. Denn das Thema der Zugänglichkeit von Erinnerungen und ihres historischen Wahrheitsgehaltes entscheidet über den Wert von therapeutischen Rekonstruktionen. Zumindest war dies die lange Zeit geltende Schulmeinung innerhalb der psychoanalytischen Disziplin. Sie haben sich mit diesem Themenkomplex in verschiedenen Arbeiten auseinandergesetzt und waren sich, wie wir anlässlich der Verführungstheorie besprochen haben, hinsichtlich des Wahrheitsgehalts von Erinnerungen im Zweifel. Das Unbewusste kennt keine Unterscheidung zwischen Realität und Phantasie, betonten Sie immer wieder. Dennoch waren Sie sich sicher, dass es ebenso Erfahrungen gibt, die niemals vergessen werden, und sich unbemerkt im unbewussten Handeln als Gedächtnisphänomene manifestieren, wie z. B. in der Übertragung. Damit war ein spannendes Themenfeld abgeschritten: Wie lässt sich erklären, dass manche Erinnerungen hinsichtlich ihres historischen Wahrheitsgehaltes überhaupt nicht als zuverlässig gelten können – es handelt sich dabei zumeist um solche, die bewusst und explizit erinnert werden und von denen der Betreffende im Brustton der Überzeugung berichtet, diese Erinnerungen seien so und nicht anders gewesen – und dass es andererseits Erinnerungsphänomene gibt, deren Spuren noch nach vielen Jahren nahezu unverändert vorhanden sind und die sich zumeist in Phänomenen bemerkbar machen, die der Person bewusst gar nicht als Erinnerungen auffallen. Und wie lässt sich erklären, dass das »Nur-Sprechen« über vergangene Kränkungen, wie Sie in Ihrer Arbeit über die Hysterie bereits festgestellt hatten, kaum oder nur sehr mühsam zu therapeutischen Veränderungen führt, zumindest bei solchen Personen, deren Leiden »tiefer« verursacht zu sein scheint? Später erinnerten Sie immer wieder daran, dass nur dasjenige Wissen, das in der Übertragung agiert wird – heute würde man von einer bottom-up-Strategie sprechen im Unterschied zu einer top-down-Erinnerungsauslösung – diejenigen Erinnerungen wachruft, die zusammen mit der gegenwärtigen Neubewertung in der aktuellen therapeutischen Situation zu einer Veränderung führen. Kurzum, ein für die gesamte Veränderungsthematik äußerst bedeutsames Forschungsgebiet.

***Freud:** Diese Fragen haben mich in der Tat vom »Entwurf« und von den frühen Hysteriearbeiten angefangen bis hin zu meinen letzten Veröffentlichungen fast mein ganzes Leben lang beschäftigt. Deshalb bin ich auch sehr gespannt, was die Nachwelt zu diesen Problemen ans Tageslicht gefördert hat.*
Sie waren während Ihrer Selbstanalyse auf Erinnerungslücken gestoßen, die Sie Ihrer kindlichen Amnesie zugeordnet und damals überwiegend mit psychodynamischen Faktoren erklärt hatten. Deckerinnerungen aber scheinen eine Ausnahme von dem sonst regelmäßig anzutreffenden Befund zu sein, dass die meisten Menschen keine Erinnerung an ihre ersten Lebensjahre haben. So führten sie z. B. in *Erinnern, Wiederholen und Durcharbeiten* aus:

> »In manchen Fällen habe ich den Eindruck empfangen, daß die bekannte, für uns theoretisch so bedeutsame Kindheitsamnesie durch die Deckerinnerungen vollkommen aufgewogen wird. In diesen ist nicht nur einiges Wesentliche aus dem Kindheitserleben erhalten, sondern eigentlich alles Wesentliche. Man muß nur verstehen, es durch die Analyse aus ihnen zu entwickeln. Sie repräsentieren die vergessenen Kinderjahre so zureichend wie der manifeste Trauminhalt die Traumgedanken«.[1]

Aber nicht nur bei Ihrer eigenen Person haben Sie Deckerinnerungen beschrieben, auch in Ihrer Studie über Leonardo da Vinci und Goethe. Bei dem letzteren stellten Sie die interessante Hypothese auf, dass seine Erinnerung, als Drei- bis Vierjähriger nach und nach das gesamte Küchengeschirr durchs Fenster auf die Straße geworfen zu haben, eine Deckerinnerung für seine Todeswünsche gegen seine nachgeborenen vier Geschwister war, die bis auf seine Schwester Cornelia tatsächlich alle in zartem Alter starben.[2]

Aber zurück zu Ihnen. Wenden wir uns noch einmal kurz dem Jahr 1898 zu. Auch in diesem Jahr hatten Sie Ihre Selbstanalyse fortgesetzt und schrieben in jeder freien Stunde an der *Traumdeutung*. Die Enttäuschung darüber, dass man Sie wieder einmal bei der Ernennung zum Professor übergangen hatte, verlieh Ihnen zusätzliche Kraft, nach einem zehn-, manchmal auch elf- oder gar zwölfstündigen Arbeitstag noch an Ihrem Werk zu schreiben, das spätestens im nächsten Jahr fertig werden sollte. Wenn man berücksichtigt, dass Sie nicht die entspannten Arbeitsbedingungen eines ordentlichen Professors hatten, dem neben Lehre, Forschung und Verwaltung immer noch Zeit für seine Publikationen zur Verfügung steht, sondern dass Sie den Lebensunterhalt für Ihre Familie ausschließlich mit Ihrer therapeutischen Praxis verdienen mussten und dennoch ein äußerst umfangreiches Werk hinterließen, weiß man Ihre Leistung umso mehr zu schätzen.

Ihr kleiner, etwas mehr als 20 Seiten umfassender Aufsatz über die Deckerinnerungen nimmt auf ein eigenes Kindheitserlebnis Bezug, das Sie während Ihrer Selbstanalyse entdeckten. Allerdings offenbarte es sich Ihrer Erinnerung anfänglich nur als eine relativ bedeutungslose Szene mit mehreren kleinen Bildern, die periodisch wiederkehrte, wobei diese erst in Ihrer Jugendzeit auftauchte. Wie kann es sein, so fragten Sie sich, dass eine relativ harmlose Erinnerung aus einer Zeit, die normalerweise einer totalen Amnesie anheimgefallen ist, nämlich die ersten drei bis vier Lebensjahre, mit derartiger Deutlichkeit viele Jahre später in der Erinnerung auftaucht? Sie kamen zu dem Schluss, dass es sich hierbei wohl um eine Deckerinnerung handeln müsse, also um die Konstruktion einer Erinnerung, deren Gedächtniswert nur dadurch zustande kommt, dass sie in Beziehung zu einem anderen Gedächtnisinhalt steht, der aufgrund seines anstößigen Inhaltes verdrängt werden musste.

Freud: *Ein gewisses Erlebnis der Kinderzeit kommt zur Geltung im Gedächtnis, nicht etwa weil es selbst Gold ist, sondern weil es bei Gold gelegen hat.*[3] *In dem von Ihnen angesprochenen Fall sollte allerdings ein späteres, aus den wilden Pubertätsjahren stammendes Erlebnis mit Fragmenten einer harmlosen Kindheitserinnerung gedeckt werden.*

Deckerinnerungen scheinen sich, so Ihre Auffassung, der sonst üblichen Amnesie entzogen zu haben, betreffen häufig den Zeitraum der ersten Lebensjahre, drängen sich mit imperativer Deutlichkeit auf, können erstaunlich viele Details enthalten und in einem deutlichen Kontrast zu ihrem wiederholten Auftreten und ihrer Beharrlichkeit zumeist relativ nichtssagende Details enthalten. Sie stellten fest, dass diese Deckerinnerungen unbewusst motiviert sind und sich als unbewusste Kompromissbildungen begreifen lassen. Und zwar hinsichtlich des Konfliktes zwischen dem Wunsch, sich zu erinnern, und dem Wunsch zu vergessen, wobei die Verschiebung vom angstmachenden Wunsch auf harmlose, assoziativ mit dem Wunsch aber verbundene Wahrnehmungseindrücke eine wichtige Rolle spielt. In Deckerinnerungen können sich viele angstmachende Kindheitseindrücke verdichtet haben. Als Grund dafür, warum diese Gedächtnisphänomene bislang noch nicht beschrieben worden waren, führten Sie an, »daß unser psychisches Leben, insofern es Objekt unserer bewußten inneren Wahrnehmung wird, von diesen Vorgängen nichts erkennen läßt«.[4] Nur wenn man die Phänomene des Konflikts, der Verdrängung und der Kompromissbildung berücksichtigt, lässt sich ein Verständnis für dieses unbewusst ablaufende Erinnerungsgeschehen gewinnen. In Ihrem ausführlichen Beispiel, in dem Ihre findigen Biographen sehr rasch Sie selbst identifizierten, machten Sie das Wesentliche einer Deckerinnerung noch einmal deutlich, dass sie »ihren Gedächtniswert nicht dem eigenen Inhalt, sondern dessen Beziehung zu einem anderen unterdrückten Inhalt verdankt«[5], und unterschieden dann noch je nach dem Verhältnis zwischen Deckendem und Gedecktem eine »rückläufige« und eine »vorgreifende« Deckerinnerung[6] und später auch noch eine zeitlich synchrone Deckerinnerung. Sie glaubten mit dem Konzept der Deckerinnerung auch eine Antwort auf die Frage gefunden zu haben, warum »die für alle Zukunft wirksamsten Eindrücke kein Erinnerungsbild zu hinterlassen brauchen« und kamen zu dem mit der modernen Gedächtnistheorie völlig übereinstimmenden Schluss, dass der ursprüngliche Eindruck eine Überarbeitung erfahren hat: »Es sieht so aus, als wäre hier eine Kindheits-Erinnerungsspur zu einer späteren (Erweckungs-) Zeit ins Plastische und Visuelle rückübersetzt worden«.[7] In einer kühnen Ausweitung Ihres ursprünglichen Gedankengangs sprachen Sie davon, dass wahrscheinlich viele Erinnerungen aus der Kindheit Erinnerungsfälschungen seien und »der Verdrängung und Ersetzung von anstößigen oder unliebsamen Eindrücken dienen«[8], was den Abstand zwischen den Deckerinnerungen und den übrigen Erinnerungen, die eben häufig Erinnerungsfälschungen sein können, verringere. Und gegen Ende stellten Sie in einem seitdem berühmten Zitat die Veridikalität unserer Erinnerungen überhaupt in Frage:

> »Vielleicht ist es überhaupt zweifelhaft, ob wir bewußte Erinnerungen aus der Kindheit haben, oder nicht vielmehr bloß an die Kindheit. Unsere Kindheitserinnerungen zeigen uns die ersten Lebensjahre, nicht wie sie waren, sondern wie sie späteren Erweckungszeiten erschienen sind. Zu diesen Zeiten der Erweckun sind die Kindheitserinnerungen nicht, wie man zu sagen gewohnt ist, aufgetaucht, sondern sie sind damals gebildet worden, und eine Reihe von Motiven, denen die Absicht historischer Treue fern liegt, hat diese Bildung sowie die Auswahl der Erinnerungen mitbeeinflußt.«[9]

Mit dieser Arbeit vertraten Sie nicht nur den Grundgedanken einer konstruktivistischen Gedächtnisauffassung, sondern Sie leisteten damit auch einen bedeutsamen Beitrag zu der Frage des Quellengedächtnisses, wie die heutige Bezeichnung für dieses Phänomen lautet. Woher stammen unsere Erinnerungen? Zumeist glauben wir ja, die Herkunft oder die Quelle unserer autobiographischen Erinnerungen exakt zuordnen zu können. Die Deckerinnerungen sind jedoch ein Beispiel dafür, wie sehr wir uns hinsichtlich der Herkunft täuschen können. Ein bekanntes, immer wieder erzähltes Beispiel hierzu stammt von Jean Piaget, dem großen Schweizer Psychologen. Er war bis zu seinem 15. Lebensjahr felsenfest davon überzeugt, als Kind beinahe das Opfer eines Kidnapping gewesen zu sein. Mit beeindruckender Deutlichkeit glaubte er sich an eine Szene zu erinnern, die er als Zweijähriger erlebt hatte. Auf einem Spaziergang mit seiner Amme wollte ihn ein Kindsentführer aus seinem Kinderwagen herausnehmen. Nur weil sich das Kindermädchen heftig widersetzte, konnte die Entführung von ihr verhindert werden. Jahrelang erinnerte Piaget diese Geschichte lebhaft, bis das Kindermädchen eines Tages gestand, das Ganze erfunden zu haben. Piaget hatte offensichtlich die ihm von seinen Eltern erzählte Geschichte falsch erinnert und sie für eine echte Erinnerung, für die Wirklichkeit gehalten.

***Freud:** Ein treffliches Beispiel dafür, dass sich Erinnerungen nicht ihrem Wahrheitswert verdanken, sondern häufig konstruiert werden.*

Erstaunlicherweise haben sich nur wenige Psychoanalytiker in der Folgezeit mit Ihrem Konzept gründlich auseinandergesetzt. Dennoch schlugen aber einige Kollegen interessante Ausweitungen ihrer ursprünglichen Vorstellungen vor. So bezeichnete z. B. Ernst Kris mit dem Konzept des *persönlichen Mythos* eine zusammenhängende autobiographische Geschichte eines Menschen, die dieser zur »Erklärung« seiner gegenwärtigen Lebensprobleme und Konflikte heranzieht und die – ganz im Unterschied zu anderen lebensgeschichtlichen Erinnerungen, die sich ständig mit dem jeweils gegenwärtigen Selbst- und Weltverständnis verändern – über die Jahre hinweg ziemlich gleich bleibt und auch mit entsprechender Überzeugung vertreten wird. Der persönliche Mythos kann eine eindeutige Abwehrfunktion haben und ist um Deckerinnerungen und unbewusste Phantasien herum organisiert. Mit dem Festhalten an einem persönlichen Mythos klammert der Betreffende somit einerseits wichtige lebensgeschichtliche Erfahrungen aus der bewussten Verfügbarkeit seiner reflexionsfähigen Biographie aus, bringt aber andererseits den Gehalt unbewusster Phantasien deutlich zum Vorschein. Kris vertrat die Auffassung, dass entsprechend seiner klinischen

Erfahrung dieser persönliche Mythos nur bei zwanghaften Charakterstrukturen, bei denen eine frühreife Ich-Entwicklung frühe Verinnerlichungsvorgänge fördert und es zu einer lebhaften Phantasietätigkeit kommt, auftrete und thematische Variationen des Familienromans zum Inhalt habe.[10]

Andere Psychoanalytiker sprachen von Deckaffekten, von Deckidentität, von Deckidentifikationen, ja sogar von einem »Deckhunger«.[11] Edward Glover beschrieb noch zu Ihren Lebzeiten die Deckfunktion von traumatischen Erinnerungen. Traumatische Erinnerungen können noch gravierendere Traumatisierungen verdecken. Phyllis Greenacre widmete mehrere Arbeiten den entwicklungspsychologischen Besonderheiten von Deckerinnerungen und empfahl ihren Kollegen, bei der genetischen Rekonstruktion stärker auf das Phänomen der Deckerinnerungen zu achten. Das Ehepaar Mahon vertrat die Auffassung, dass das vielleicht wichtigste Kriterium für die Beendigung einer Analyse die Durcharbeitung von Deckerinnerungen darstelle.[12] Allerdings ist in letzter Zeit die Bedeutung einer genauen Rekonstruktion von autobiographischen Erinnerungen in der Psychoanalyse in den Hintergrund getreten. Denn wichtiger als die Erinnerungsarbeit wird stattdessen der Erwerb neuer Beziehungserfahrungen und das Umlernen bzw. die Löschung alter emotionaler Beziehungsregeln betrachtet.[13]

***Freud:** Der Feind kann nicht in effigie oder in absentia erschlagen werden! Was soll an dieser Erkenntnis neu sein?*

In der Tat enthält diese Formel von der Wichtigkeit des Erwerbs neuer Beziehungserfahrungen Ihre alte Übertragungsauffassung. Neu daran ist wohl nicht so sehr die Erkenntnis, wie wichtig das direkte Lernen in der Beziehung ist, sondern die Erkenntnis, dass die autobiographische Erinnerung nur *einen Teil* der zu rekonstruierenden Phänomene umfasst. Der andere Teil unbewusster Gedächtnisprozesse – oder sagen wir lieber nichtbewusster Gedächtnisvorgänge, um von vornherein deutlich zu machen, dass es sich hierbei nicht um Verdrängungen autobiographischer Erinnerungen handelt, die prinzipiell bewusstseinsfähig wären – inszeniert sich zwar auch in der Übertragung, ist aber der Erinnerung überhaupt nicht zugänglich, weil es sich eben um ein vor der Sprachentwicklung entstandenes Gedächtnissystem handelt, in dem neben einer anderen Bewusstseinsmodalität auch andere Formen der Gedächtniskodierung bestehen. Hier kommen Konditionierungen von Erwartungen zur Geltung, die bereits im Kleinkindalter grundgelegt worden sind. So lernt z. B. ein einjähriges Kind, dass sich seine Mutter in Bezug auf seine vitalen und affektiven Äußerungen auf eine bestimmte Art und Weise in der Beziehung zu ihm verhält. Diese regelhaften Erfahrungszusammenhänge, zumal diejenigen, die Angst auslösen und dann zu Handlungen führen, die Angst vermeiden helfen, werden von ihm dauerhaft gespeichert. In den letzten Jahren ergeben sich nun sehr interessante Möglichkeiten, Ihre bahnbrechenden Gedächtniskonzepte mit Modellvorstellungen aus der Cognitive Science in Verbindung zu bringen. Jahrzehntelang konnten akademische Gedächtnisforscher ja mit Ihrer Auffassung nichts anfangen, weil sie es nicht zulassen konnten, dass es unbewusste Prozesse bei der Erinnerung gibt, vor allem dass es unbewusst motivierte Vorgänge beim Gedächtnisabruf bzw. der Erinnerungsrekonstruktion gibt. Der Gedächtnisforscher Bartlett[14] war mit seiner Arbeit über die Erinnerung im Jahr 1932 eine einsame Ausnahme in der damaligen behavioristischen Psychologie. Er hatte die Argumentation ausgearbeitet, dass die erworbenen Gedächtnisschemata in einem gewissen Ausmaß die Qualität der Wahrnehmung neuer Stimuli bestimmen. Damit formulierte er in psychologischen Begriffen die psychoanalytische Basisannahme, dass das Gedächtnis keine veridikale Wiedergabe der Realität darstellt, weil auch dynamisch defensive Faktoren in unterschiedlichem Ausmaß die Erinnerung verzerren können. Allerdings wurde in der nichtpsychoanalytischen Gedächtnispsychologie, die im weiteren Verlauf des 20. Jahrhunderts vor allem von Piaget beeinflusst worden war, der Blick stärker auf die kognitiven Entwicklungen gelenkt, die Gedächtnisleistungen in der Kindheit überhaupt ermöglichen. Mittlerweile ist die akademische Gedächtnispsychologie aber ihren Kinderschuhen entschlüpft und hat ab den 80er Jahren des vorigen Jahrhunderts eine weitere Revolution erfahren. Die erste bestand ja darin, dass die sehr restriktive Methodologie des Behaviorismus durch die kognitive Revolution abgelöst wurde, in der die bisherige behavioristische Leitmetapher, die einer fernmeldetechnischen Black box, durch einen Computer ersetzt wurde. In dieser Zeit gab es bereits einige kleinere Annäherungen zwischen kognitionspsychologischen Hypothesen und psychoanalytischen Auffassungen. Ungleich spannender und für den Dialog mit der Cognitive Science viel ergiebiger sind nun aber die Vorstellungen, die sich aufgrund der zweiten kognitiven Revolution ergeben haben.

Im Zuge dieser frappanten Weiterentwicklung der Kognitionspsychologie, die sich auch mit neurobiologischen Befunden auseinandersetzte, kam es zu einer Ablösung der Computer-Metapher, die kognitive Psychologen in den 60er Jahren begeistert aus den Computerwissenschaften übernommen hatten, zumal damals die Entwicklung von immer leistungsstärkeren Computern eine unerhört rasante Kommunikationstechnologie nach sich zog. Unter dem Eindruck der Neurowissenschaften haben sich kognitive Wissenschaftler nun aber eine neue Leitmetapher ausgewählt: Die Psyche als Gehirn. Folglich wurde das Gedächtnis nicht mehr in Begriffen von Speichern, wie Arbeits-, Kurzzeit- und Langzeitspeicher abgebildet, sondern als parallel arbeitende Potentiale neuronalen Feuerns, die unter bestimmten Umständen aktiviert werden, wobei Stärke und Schwäche eines Potentials davon abhängig sind, wie oft diese Erinnerungseindrücke in der Vergangenheit aktiviert worden sind.

Zweitens hat sich die Gedächtnisforschung in den 90er Jahren des 20. Jahrhunderts dem wirklichen Leben zugewandt und das heißt vor allem, dass nicht mehr Experimente mit sinnlosen Silben durchgeführt, sondern Gedächtnisprozesse studiert werden, die für den Betreffenden Bedeutung haben, d. h. vor allem, dass solche Phänomene erforscht werden, die mit Gefühlen einhergehen und wichtige Motive einer Person ansprechen. *Drittens* geht die neuere Gedächtnisforschung auch von einer parallelen statt allein von einer seriellen Informationsverarbeitung aus. Cognitive Science Forscher erkannten, dass die nichtbewusste Informationsverarbeitung nicht nacheinander stattfindet, dann wäre sie nämlich viel zu langsam, sondern parallel und zwar mit ungeheurer Geschwindigkeit. Daraus folgt unmittelbar eine weitere anfänglich nur ungern eingeräumte Notwendigkeit: Ein Großteil der Informationsverarbeitung geschieht nichtbewusst. Selbst bei noch so angestrengtem Nachdenken können wir uns die allermeisten dieser Prozesse nicht bewusst machen. Dieser Zustand hängt *viertens* vor allem damit zusammen, dass wir – wie bereits schon des öfteren erwähnt – verschiedene Gedächtnissysteme haben, die sich evolutionär entwickelt haben, wobei wahrscheinlich jedes Gedächtnissystem für bestimmte Aufgaben eine optimale Anpassung darstellt. Wenn wir nach einer bestimmten Erinnerung suchen, werden zudem nicht Engramme aus einem einzigen Langzeitspeicher ins Bewusstsein befördert, sondern multiple Gedächtnismodule aktiviert, wie z. B. Form-, Farb-, Bewegungsverarbeitungs-Module, gleichzeitig parallel akustische Verarbeitungs-Module, emotionale Module und vieles andere mehr. Dabei gibt es *fünftens* zwei grundsätzlich verschiedene Systeme des Gedächtnisses mit unterschiedlichen Eigenschaften und neuronalen Substraten, das deklarative/explizite und das nichtdeklarative/implizite Gedächtnis, die wiederum neurologisch unterscheidbare Subsysteme aufweisen.[15]

Eine weitere wichtige Erkenntnis geht mit diesen Veränderungen einher: Viele Jahre wurde in der Psychoanalyse wie auch in der Gedächtnispsychologie die Speichermetapher benutzt. In dieser auch Abbildtheorie genannten Auffassung stellt das menschliche Gedächtnis ein System dar, um Informationen zu speichern und im Vorgang der Erinnerung wieder abzurufen. Aber bei Ihnen, Herr Freud, finden sich neben der Speichermetapher bereits Überlegungen zu einer modernen Gedächtnistheorie, wenn Sie Erinnerungsvorgänge nicht nur als Archivierungs-, sondern auch als Konstruktionsprozess auffassten.

Allerdings musste von diesen ersten Erkenntnissen bis zu den Hypothesen einer zeitgenössischen »embodied cognitive science« noch eine ziemliche

Wegstrecke zurückgelegt werden, deren Vertreter, wie z. B. Edelman[16] , das Gedächtnis als eine sich ständig neu schreibende Geschichte verstehen: Erinnerungsprozesse geschehen in der erzählenden, aktuellen, sensomotorisch-affektiven Interaktion mit einem wichtigen Gegenüber[17]; und je nachdem, welches unser Gegenüber ist, werden andere Erinnerungen konstruiert. So werden die Gedächtniskarten vor allem im deklarativen Gedächtnis immer wieder neu gemischt. Aber natürlich knüpfen sie an vorhandene »Spuren« bzw. Verbindungen an.

Insbesondere mit Ihrem psychodynamischen Konzept der Deckerinnerung hatten Sie bereits erkannt, dass Erinnern nicht nur einen Abruf archivierter Gedächtnisfragmente, sondern auch eine Konstruktion im Sinne einer Kompromissleistung darstellt. Denn Erinnern ist allenfalls bei »trockenen« semantischen Inhalten ein überwiegend rationaler Vorgang. Ansonsten aber spielen viele emotionale Einflüsse eine Rolle, die immer auch von defensiven Prozessen begleitet sind. Aber ebenso stellten Sie in Ihren späteren Konzepten des Wiederholungszwangs und des Agierens fest, dass es kein Vergessen des einmal Erlebten geben kann – sofern es sich in heutiger Terminologie ausgedrückt um Inhalte des nichtdeklarativen/ prozeduralen Gedächtnisses und nicht des deklarativen/ autobiographischen Gedächtnisses handelt.

Ebenfalls hatten Sie bereits erkannt, dass es schwierig ist, Phantasien über Vergangenes von Erinnerungen an tatsächliche Ereignisse unterscheiden zu können. Berichte über sexuelle Verführungen in der Kindheit hatten sich im Nachhinein als unwahr herausgestellt. Diese manchmal auch unwissentliche und unbewusste Vermischung von Phantasien über die Vergangenheit und exakter Erinnerung daran brachte Sie dazu, das Konzept der psychischen Realität, als eines der wesentlichsten Bestimmungsstücke der Psychoanalyse zu postulieren. Diese bekam somit den Status eines Handlungsgrundes. Es ist also nicht die veridikale Wahrnehmung der äußeren Realität, es sind auch nicht die Nachwirkungen von (Gedächtnis-)Spuren vergangener Erfahrungen im Umgang mit der Realität, sondern es ist die angeeignete Wirklichkeit auf der Folie von mehr oder weniger exakter Realitätswahrnehmung, die als Grund von Erleben und Handeln anzunehmen ist und die natürlich auch Anlass für mannigfache Selbsttäuschungen bei der Analyse von Handlungen bietet.[18] Allerdings bezieht sich dieses Postulat bei Ihnen wohl überwiegend auf das deklarative Gedächtnissystem. Dennoch hielten in der Folgezeit viele psychoanalytische Kollegen daran fest, dass es möglich sei, autobiographische Erinnerungen aus der Kindheit ziemlich wirklichkeitsgetreu zu rekonstruieren. Und immer wieder wurde daran festgehalten, dass es allein die Einsicht in genetische und biographische Zusammenhänge sei, die zu einer Veränderung psychischer Leidenszustände führe.

Freud: *Die Verteilung von Menükarten lindert noch keine Hungersnot.*

Ja. Zumal die Rekonstruktion von biographischen Vorfällen zweierlei voraussetzt. Erstens, dass unser autobiographisches Gedächtnis bis in unsere früheste Lebenzeit zurückreicht, und zweitens, dass eine genetische Rekonstruktion überhaupt möglich ist. Spätestens seit den Arbeiten der Kris-Gruppe in den 50er Jahren wurde aber evident, dass wir wohl niemals ein Erlebnis im autobiographischen Gedächtnis exakt zurückdatieren können.[19]

Dennoch hat es diese Lehrmeinung ja durchaus in der Geschichte der Psychoanalyse gegeben und auch Sie, Herr Freud, vertraten die Auffassung, dass es im Einzelfall durchaus möglich sei, eine präzise gedächtnismäßige Rekonstruktion vornehmen zu können. Vor allem als C. G. Jung gegen sie einwendete, dass mit großer Evidenz erlebte Kindheitserinnerungen lediglich eine Projektion gegenwärtiger Konflikte auf das frühere Leben sei[20] – eine Variante ihres Deckerinnerungs-Konzepts – versuchten Sie, z. B. in der Fallgeschichte des Wolfsmannes den Nachweis zu erbringen, dass die kindliche Neurose Ihres Patienten ihren Ursprung im Miterleben des elterlichen Geschlechtsverkehrs im Alter von 18 Monaten hatte, auch wenn dies erst nachträglich als bedeutsame Erinnerung erkannt wurde. Ihrem Patienten war es natürlich nicht möglich, sich explizit daran erinnern zu können und so musste er ihre Rekonstruktion einfach annehmen. Über Jahrzehnte hinweg haben sich Psychoanalyse-Kritiker auch in Unkenntnis Ihres Nachträglichkeitskonzepts darüber amüsiert, dass Sie auf einen derart abstrusen Einfall gekommen waren, Ihrem Patienten eine derartige Erinnerung zu unterstellen. Wenn man diese Erinnerung als autobiographische einstuft, haben die Kritiker sogar Recht. Denn die Fähigkeit zur autobiographischen Erinnerung entwickelt sich beim Kind erst Ende des dritten Lebensjahres, obwohl es natürlich erstaunliche Ausnahmen gibt. Wenn man nun aber das nichtdeklarative/implizite Gedächtnis mit heranzieht, was Psychoanalytiker übrigens lange vor dieser Unterscheidung auch als Körpergedächtnis oder als sensomotorisches Gedächtnis in Anlehnung an Piaget bezeichnet haben, dann ist Ihre Rekonstruktion gar nicht mehr so unwahrscheinlich. Denn im nichtdeklarativen Gedächtnis können einmalige schreckhafte Erinnerungen traumatisierender Qualität sehr wohl aufbewahrt werden und den Ausgangspunkt für eine Deckerinnerung bilden, wie z. B. isolierte sensorische Empfindungen, wie sie beim Miterleben der Urszene vorkommen können. Die Unterscheidung dieser beiden Gedächtnissysteme ist also auch für die Frage, in welchen Formen lebensgeschichtlich sehr frühe Eindrücke aufbewahrt und unter Umständen in Deckerinnerungen sogar über Jahrzehnte konserviert werden können, von großer Bedeutung.

Psychoanalytiker haben also in den letzten Jahren damit begonnen, die Rolle des Gedächtnisses bei den Fragen, was sich in einer Psychoanalyse verändert und warum Veränderungsprozesse Zeit brauchen, intensiv zu studieren. Dabei konnten sie zunächst auf solche wichtigen gedächtnispsychologischen Konzepte wie Deckerinnerung, Telescoping und Nachträglichkeit zurückgreifen; ferner auf die Arbeiten der bereits erwähnten Kris-Gruppe, dass wir wohl niemals eine autobiographische Erinnerung exakt zurückdatieren können, auf die in den 80er Jahren erfolgte fruchtbare Unterscheidung zwischen dem Vergangenheits-Unbewussten und dem Gegenwarts-Unbewussten des Ehepaars Sandler.[21] Es wurde auch deutlich, dass sich daraus bedeutsame Konsequenzen für das Verständnis von Rekonstruktion oder für die Veridikalität der Erinnerung, von Urteilsfehlern und mangelhaften Heuristiken bei der Zuordnung von rekonstruierten Erinnerungen zu bestimmten Lebensphasen ergeben. Erkennbar wurde aber auch, dass Psychoanalytiker in der Vergangenheit noch kein ausreichendes Wissen darüber hatten, wie frühe Erfahrungen gespeichert werden.

Freud: *Ich höre sehr aufmerksam zu und allmählich wird mir auch immer klarer, warum Sie auf diese Unterscheidung zweier Gedächtnissysteme so großen Wert legen.*

Gedächtnis war in der klassischen Gedächtnispsychologie und auch in der Psychoanalyse ein einheitliches System, das zwar von Ihnen topographisch in bewusst, vorbewusst, unbewusst unterschieden, von Sandler und Sandler in ein sog. »three box-Modell« differenziert wurde, aber immer handelte es sich dabei um die Annahme eines einheitlichen Systems, auch wenn Psychoanalytiker zwischen verbal und nonverbal oder sensomotorisch – wie z. B. Annemarie Sandler[22] – differenziert hatten.

In der klassischen Gedächtnispsychologie unterschied man mehrere Speicher, wie sensorische Registrierung, Kurzzeitgedächtnis, Langzeitgedächtnis – aber auch hierbei handelte es sich immer um Speicher innerhalb eines einheitlichen Gedächtnissystems. Erst aufgrund neuropsychologischer Befunde wurde die Entdeckung gemacht, dass das Gedächtnis aus unterschiedlichen Systemen besteht. Das hat nun gewichtige Konsequenzen für das psychoanalytische Verständnis von Phänomenen wie unbewusste Phantasie, Übertragung, Gegenübertragung, Abwehr, Widerstand, Symbolisierung, Veränderung.

Einige wichtige gedächtnispsychologische Arbeiten von Psychoanalytikern und psychodynamischen Forschern:

(1944) Rapaport explizierte das psychoanalytische Gedächtniskonzept und stellte die Hypothese auf, dass ein großer Teil ursprünglicher Wahrnehmungen in ihrer sensorischen Form unverändert erhalten bleibt, nicht jedoch wenn sie als »episodische Erinnerungen« gespeichert worden sind.

(1949) Greenacre weitete das Konzept der Deckerinnerung Freuds aus.

(1956) Kris schuf das Konzept des persönlichen Mythos als einer psychodynamischen Konstellation der autobiographischen Erinnerung.

(1978) Palombo entwickelte ein neues psychoanalytisches Traummodell basierend auf dem Mehrspeicher-Modell von Atkinson und Shiffrin.

(1979) Erdely und Goldberg nahmen eine gedächtnispsychologische Umformulierung des Konzepts der Verdrängung vor.

(1982) Spence rekurrierte zur Abstützung seiner These von der Unmöglichkeit veridikaler Rekonstruktionen von Gedächtnisinhalten auf die Experimente der kognitiven Gedächtnisforscherin Elizabeth Loftus, übersah dabei aber die fehlerhaften Schlussfolgerungen dieser Forscherin hinsichtlich der Permanenz von Erinnerungen.

(1983) Mahon und Battin-Mahon verfolgten das Schicksal von Deckerinnerungen im Verlauf einer psychoanalytischen Behandlung.

(1985) Sandler und Sandler konzeptualisierten eine psychoanalytische Version eines diachronen Multi-Speicher-Modells des Vergangenheits- und des Gegenwarts-Unbewussten.

(1986) Wetzler und Sweeney diskutierten die gedächtnispsychologischen Befunde zur Encodierung im linearen Mehr-Speicher-Modell von Atkinson und Shiffrin.

(1990) Spero untermauerte das psychoanalytische Deckerinnerungskonzept mit Befunden zum impliziten Gedächtnis von Jacoby et al. (1988).

(1992) Clyman diskutierte zum ersten Mal die Konsequenzen der Unterscheidung von implizitem und explizitem Gedächtnissystem für therapeutische Veränderungsprozesse.

(1994) Granzow untersuchte das autobiographische Gedächtnis anhand kognitionspsychologischer und psychoanalytischer Perspektiven.

(1997) Sandler und Sandler glichen das Modell des Vergangenheits- und Gegenwarts – Unbewussten mit den Multi-Gedächtnis-System-Modellen von Tulving, Cohen, Squire, Kandel, Shacter ab.

(1997) Bucci entwarf ein multiples Kodierungsmodell.

(1997) Dornes besprach die Arbeiten Clymans und ordnete sie in den Kontext einer modernen psychoanalytischen Entwicklungspsychologie ein.

(1998) Koukkou,Leuzinger-Bohleber und Mertens befassten sich aus interdisziplinärer Sicht mit dem Gedächtnis und versuchten, die gewonnenen Erkenntnisse auf eine psychoanalytische Behandlung zu beziehen.

(1998) Köhler konzeptualisierte die Entwicklungslinie des autobiographischen Gedächtnisses.

(1999) Fonagy betonte die Bedeutung des prozeduralen Gedächtnisses und stellte die Bedeutung der Rekonstruktion des deklarativen autobiographischen Gedächtnisses sehr stark in Frage.

(2001) Davis arbeitete die Wechselwirkungen von prozeduralen und deklarativen Gedächtnissystemen heraus.

(2002) Schüssler fasste die neuen Forschungsergebnisse der Gedächtnispsychologie zusammen und verwies auf die theoretischen und therapeutischen Implikationen.

(2002) Leuzinger-Bohleber und Pfeifer demonstrierten die Fruchtbarkeit des Edelmanschen Konzeptes für die psychoanalytische Klinik.

(2002) Westen und Gabbard wiesen auf die wechselseitige Befruchtungsmöglichkeiten der embodied cognitive science (zweite kognitive Revolution) mit psychodynamischen Konzepten hin.

(2002) Talvitie und Ihanus kritisierten die Auffassung von Davies (2001), den nichtdeklarativen und den deklarativen Systemen jeweils eine implizite und explizite Abruffunktion zuzuordnen. Ferner nahmen sie eine Neukonzeptualisierung der Verdrängung vor.

(2003) Fonagy und Blum setzten sich in einem Streitgespräch über den therapeutischen Nutzen von Einsicht und Rekonstruktion biographischer Kindheitserlebnisse auseinander, wobei Fonagy – ausgehend von den modernen Befunden über nichtdeklarative und deklarative Gedächtnissysteme starke Zweifel an der klassischen psychoanalytischen Position von Blum äußerte.

Als ab den 70er Jahren Gedächtnisforscher, wie z. B. Tulving,[23] die sog. Modularität des menschlichen Gedächtnisses aufzeigten, sahen Psychoanalytiker, wie z. B. Clyman[24], Sandler und Sandler[25], Köhler[26], Fonagy[27], Davis[28], Westen und Gabbard[29] hierin nun eine wertvolle Möglichkeit, sich auf deren Forschungsergebnisse zu beziehen und sie für klinische Zwecke zu elaborieren. Von jeher hatten Psychoanalytiker angenommen, dass das präverbale Erfahrungswissen anderen Gesetzmäßigkeiten der Erinnerung unterliegt als das spätere, verbal organisierte Wissen, das vergessen und – vor allem für klinische Zwecke relevant – aus psychodynamischen Gründen verdrängt werden kann. Aber sie konnten nicht genau erklären, warum dies so war. Erst die Unterscheidung von zwei Systemen, die des nichtdeklarativen und des deklarativen Gedächtnisses führte zu einer Neukonzeptualisierung psychoanalytischer entwicklungspsychologischer

Annahmen. So haben z. B. Sandler und Sandler[30] auf fruchtbare Weise ihr Modell des Gegenwarts- und des Vergangenheits-Unbewussten mit den Auffassungen über das nicht-deklarative/prozedurale und das deklarative/autobiographische Gedächtnissystem verbunden.

Vor allem die Erkenntnis, dass die Inhalte des prozeduralen Gedächtnisses nichtbewusste Wissens- und Fühlstrukturen über das Selbst und andere Personen sowie unbelebte Objekte sind, die zu Beginn des Lebens noch nicht psychodynamisch organisiert sind und folglich auch nicht verdrängt oder unbewusst im psychodynamischen Sinn werden können, sondern aufgrund von Konditionierungsprozessen entstehen, wobei sich das prozedurale Gedächtnis bereits pränatal entwickelt, schloss an psychoanalytische Konzeptualisierungen an, die sich seit geraumer Zeit mit dem »ungedacht Bekannten«[31] in den ersten zwei bis drei Lebensjahren befasst haben. Das deklarative, autobiographische Gedächtnis ist hingegen jenes Erinnerungssystem, auf das eine archäologisch orientierte Psychoanalyse in früheren Jahrzehnten abzielte, wenn sie von einer kindlichen Amnesie sprach, die durch die Ereignisse der ödipalen Lebenszeit entstanden sei, und die es veridikal zu rekonstruieren gälte, um eine historische Wahrheit zu erzielen.

Neurobiologisch und -psychologisch betrachtet sind nichtdeklaratives/implizites und deklaratives/explizites Gedächtnissystem vollständig unabhängig: Subcorticale Strukturen, wie vor allem die Amygdala, sind für das prozedurale Gedächtnis verantwortlich, der Hippocampus für das deklarative und autobiographische Gedächtnis. LeDoux[32] hat vermutet, dass der Hippocampus in den ersten Lebensjahren noch kein ausgereiftes abrufbares Gedächtnis für explizit deklarative Inhalte bereitstellt, während das prozedurale Gedächtnis bereits funktionsfähig sei. Aus diesem Grund können unter ähnlichen Auslösebedingungen sehr frühe, z. B. angstmachende Erfahrungen reaktiviert werden, ohne dass aber der dazu gehörige Kontext mnestisch zugänglich gemacht werden kann.[33] Nur mit Hilfe des Kontextes – oder mit anderen Worten einer deklarativ vorgenommenen Bedeutungszuschreibung – können die frühen prozeduralen Gefühlskonditionierungen unterbrochen werden, allerdings nur wenn sie in just den Fühl- und Beziehungskontext gebracht werden, in dem sie entstanden sind – eine einzigartige Bestätigung Ihrer Erkenntnis von der Bedeutung der Übertragung als das sine qua non einer erfolgreichen Psychoanalyse. Psychoanalytisch betrachtet muss deshalb eine sprachliche Symbolisierung des vorher sprachlosen und ohne reflexive Bewusstheit ablaufenden Geschehens erfolgen. Im gelungenen Fall können Eltern kraft ihres Einfühlungsvermögens in ihr Kind entweder traumatisierende Überstimulierungen verhindern oder wenn diese dennoch geschehen, z. B. aufgrund innerer Reize, diese mit beruhigenden Bedeutungen versehen.

Wenn dies jedoch nicht geschieht, bleibt ein Kind den überwältigenden Ängsten ausgeliefert und kann sich, selbst wenn das deklarative Gedächtnis bereits ausgereift ist, keine erklärenden und beruhigenden Erinnerungen vergegenwärtigen. Je früher diese prägenden Erlebnisse stattgefunden haben und je traumatisierender derartige traumatisierenden Gedächtnisinhalte waren, desto schwieriger wird später die Veränderung dieser Konditionierungsmuster innerhalb einer Therapie sein.

***Freud:** Ich habe Ihnen jetzt lange schweigend zugehört, weil ich wirklich beeindruckt bin von der Hypothese, zwei Gedächtnissysteme unterscheiden zu können. Diese Unterscheidungsmöglichkeit löst für mich eine Anzahl von Fragen, die mich Zeit meines Lebens sehr beschäftigt haben, nicht nur in Bezug auf die Deckerinnerung oder die Verdrängung, sondern auch hinsichtlich des Wiederholungszwangs, der Dissoziation, der Übertragung und einiges andere mehr.*

Es ist auf jeden Fall erstaunlich, mit welcher Intuition Sie all diese Phänomene aus klinischer Sicht bereits beschrieben haben, für die wir erst jetzt, ein dreiviertel Jahrhundert später, neuroanatomische, neurobiologische und gedächtnispsychologische Erklärungen aufstellen können.

3.7 Die Traumdeutung (1900)

> »Der Hauptpatient, der mich beschäftigt, bin ich selbst« (Freud, Brief 136 an Wilhelm Fließ vom 14. 8. 1897)

> »Die Psychoanalyse ist sozusagen mit dem zwanzigsten Jahrhundert geboren; die Veröffentlichung, mit welcher sie als etwas Neues vor die Welt tritt, meine ›Traumdeutung‹ trägt die Jahreszahl 1900.« (Freud, 1924f, S. 405)

Herr Freud, zwischen Ihrem 40. und 43. Lebensjahr entstand Ihr opus magnum. Bescheiden machten Sie die Träume Ihrer Patienten für dessen Entstehung verantwortlich. Aber Sie selbst hatten sich ja schon seit geraumer Zeit mit Träumen und deren Verständnis beschäftigt. Wann auch immer der genaue Beginn der ersten Gedanken und deren schriftlicher Fixierung gewesen sein mag, feststeht auf jeden Fall, dass es für Sie Ihr Jahrhundertbuch wurde. Und zwar nicht nur deshalb, weil Ihr Verleger die Jahreszahl 1900 auf das Titelblatt drucken ließ, sondern auch, weil Sie in diesem Buch die psychoanalytische Deutungskunst zum ersten Mal anhand der Trauminterpretation ausführlich und sozusagen auch mit ihrem ganz persönlichen Herzblut beschrieben.

Nicht die Traumdeutung als solche, sondern die psychoanalytische Herangehensweise kann als Ihr bleibendes Verdienst betrachtet werden. Denn die Auseinandersetzung mit dem Traum hatte ja schon viele Forscher vor Ihnen in ihren Bann gezogen. Aber erst Ihnen gelang unter ständigem Rückgriff auf die Deutung Ihrer eigenen Träume im Rahmen Ihrer Selbstanalyse der systematische Nachweis, dass sich in den scheinbar sinnlosen und rätselhaften Traumproduktionen abgewehrte Sinnzusammenhänge äußern, die in einen sinnhaften Bedeutungshorizont eingegliedert werden können. Dieser Sinn hat unmittelbar mit dem Leben des Träumenden zu tun, mit seinen durch Tagesereignisse ausgelösten Konflikten, Problemen und Hoffnungen, aber vor allem – so Ihre damalige Lehre – mit den durch die Erziehung, durch Anstand und Moral zwar abgewehrten, aber letztlich doch unsterblichen Kinderwünschen. Aber dieser Sinn zeigt sich nicht in einem schnellen Deutungseinfall oder mittels einer einfachen Symbolübersetzung, wie uns dies Traumratgeber bis zum heutigen Tag weismachen wollen. Vielmehr gilt es, dieses Sinns erst anhand einer sinnverstehenden Arbeit habhaft zu werden. Mit Hilfe von vielen eigenen Träumen, wie z. B. dem berühmten Initialtraum der Psychoanalyse, dem Traum von Irmas Injektion, zeigten Sie auf, dass der manifeste Traumtext gleichsam nur die äußere Schale, aber beileibe noch nicht das Ganze des Traums ausmacht.

Und immer wieder riet Ihnen Wilhelm Fließ, dem Sie kontinuierlich die Ergebnisse Ihrer Selbstanalyse in Träumen über die Jahre zukommen ließen, davon ab, Ihre eigenen Träume en detail zu veröffentlichen. Wenn man berücksichtigt, wie Sie später von Ihren Gegnern bloßgestellt wurden, hatte er wohl nicht ganz Unrecht. Manchmal gaben Sie seinen Einwänden nach und verzichteten auf die vollständige Analyse eines Traumes, machmal aber widersetzten Sie sich Ihrem Zensor und veröffentlichten doch intime Einfälle zu einem Traum. Später haben Kritiker Ihnen vorgeworfen, dass Sie bei der Analyse von Wunschregungen häufig im Erwachsenenalter stehengeblieben seien, obwohl Sie doch in der Theorie so sehr die Bedeutung der Kinderwünsche betont hätten. C. G. Jung bemängelte, dass die Überzeugungskraft Ihrer Argumentation darunter leide, dass Sie zu wenig Beispiele von Patienten verwendet hätten, was Sie anlässlich einer späteren Neuauflage eine Zeitlang mit der Idee schwanger gehen ließ, Ihre *Traumdeutung* durch ein neues unpersönliches Traumbuch zu ersetzen.[1] Und André Breton hat Ihnen viele Jahre später vorgeworfen, dass Sie wie ein scheinheiliger Bourgeois zwar die sexuellen Motive bei anderen aufgezeigt, aber Ihre eigenen bei der Traumanalyse wohlweislich verschwiegen hätten.[2]

Ausgehend vom manifesten Traumbericht, den Einfällen des Träumers bestehend aus Tagesresten und biographischen Erinnerungen und in der psychoanalytischen Situation noch zusätzlich anhand der Beziehung zwischen Analysand und Analytiker lässt sich – so die Quintessenz Ihrer Lehre – der latente Trauminhalt rekonstruieren. Damit verlor die Oberfläche und auch die bloß symbolische Übersetzung eines Traumfragments ganz stark ihre Bedeutung, die sie vor allem bei den Symbolisten hatte. Vielleicht lag gerade in dieser strukturalistischen Logik das Innovative Ihrer Traumdeutung.

DIE

TRAUMDEUTUNG

VON

DR. SIGM. FREUD.

„FLECTERE SI NEQUEO SUPEROS,
ACHERONTA MOVEBO."

LEIPZIG UND WIEN.
FRANZ DEUTICKE.
1900.

Abbildung 16: Die Traumdeutung von Dr. Sigm. Freud

Freud: *Ja, auch Jahre später war für mich die ›Traumdeutung‹ noch meine bedeutendste Schrift. Immer wieder habe ich sie über die Jahre hinweg anhand von Einschüben und Fußnoten auf den neuesten Erkenntnisstand gebracht.*

Das hat u.a. dazu geführt, dass sie, wie Ilse Grubrich-Simitis jüngst kommentiert hat, nicht »ein im herkömmlichen Sinne schönes, sorgsam komponiertes« Buch wurde, sondern eher »ein wildes Buch«.[3] Aber wir sollten nicht vergessen hinzuzufügen, dass Frau Grubrich-Simitis schrieb »ungeachtet vieler unvergesslicher sprachmächtiger Passagen« sei die *Traumdeutung* eher ein wildes Buch.

Revisionen der Traumdeutung [4]

1909 Zweite Auflage: Hinzufügung einiger theoretischer Gedanken, weitere Auseinandersetzung mit den »Schultern«, auf denen die freudsche Traumdeutung von 1900 aufruhte

1911 Dritte Auflage: Einbeziehung der Beiträge seiner Mitarbeiter; Einarbeitung von weiterentwickelten neurosenpsychologischen und sexualtheoretischen Konzepten. Stärkere Gewichtung der Bedeutung der Symbolik für die Traumbildung und für das unbewusste Denken überhaupt

1914 Vierte Auflage: Starke Überarbeitung. Hereinnahme von zwei Beiträgen von Otto Rank »Traum und Dichtung«, »Traum und Mythos«

1919 Fünfte Auflage: Hinzufügung weiterer, zumeist eigener Träume; Verweis auf die während des Ersten Weltkrieges geschriebenen *Vorlesungen zur Einführung in die Psychoanalyse* mit elf Kollegs über den Traum; Würdigung der experimentellen Arbeiten von Otto Poetzl

1921 Sechste Auflage: Bis auf das von Rank vervollständigte und fortgeführte Literaturverzeichnis unveränderter Nachdruck

1925 Siebte Auflage: Eine Zweiteilung wird innerhalb der erstmaligen Gesamtausgabe des freudschen Werkes in 12 Bänden vorgenommen: Band II der Gesammelten Schriften enthält nun die Traumdeutung in ihrer Urgestalt; in Band III wurden die bisherigen Ergänzungen und zusätzlich neues Material aufgenommen

1930 Achte Auflage: Die Zweiteilung wird wieder aufgegeben, in der einbändigen Präsentation werden die bisherigen Zusätze wieder integriert

Freud: *Ich nehme es dankbar zur Kenntnis, dass jemand sehr Kompetenter nicht nur den Inhalt meiner Traumdeutung lobt, sondern auch meinen Stil. Die Entdeckungen, die ich damals machen durfte – »Einsichten wie diese werden dem Sterblichen nur einmal in seinem Leben zuteil«, schrieb ich im Vorwort zur dritten englischen Ausgabe der Traumdeutung – haben zumindest in manchen Passagen tatsächlich auch meinen Stil beflügelt.*

Die Traumlehre blieb auch mein konstantester Theorieteil. Deshalb schrieb ich in der 29. Vorlesung der ›Neuen Folge der Vorlesungen zur Einführung in die Psychoanalyse‹: »Die Traumlehre ist seither auch das Kennzeichnendste und Eigentümlichste der jungen Wissenschaft geblieben, etwas wozu es kein Gegenstück in unserem sonstigen Wissen gibt, ein Stück Neuland, dem Volksglauben und der Mystik abgewonnen. Die Fremdartigkeit der Behauptungen, die sie aufstellen musste, hat ihr die Rolle eines Schiboleths verliehen, dessen Anwendung entschied, wer ein Anhänger der Psychoanalyse werden konnte und wem sie endgültig unfaßbar blieb. Mir selbst war sie ein sicherer Anhalt in jenen schweren Zeiten, da die unerkannten Tatbestände der Neurose mein ungeübtes Urteil zu verwirren pflegten. So oft ich auch an der Richtigkeit meiner schwankenden Erkenntnisse zu zweifeln begann, wenn es mir gelungen war, einen sinnlos verworrenen Traum in einen korrekten und begreiflichen seelischen Vorgang beim Träumer umzusetzen, erneuerte sich meine Zuversicht, auf der richtigen Spur zu sein.«[5]

Man hat als das Besondere an Ihrer *Traumdeutung* hervorgehoben, dass sie wissenschaftliches Werk und Autobiographie zugleich war; was diese Leistung bedeutet, wird an dem folgenden Umstand unmittelbar ersichtlich: Noch einhundert Jahre nach der Veröffentlichung des Irma-Traums, des Initialtraums der Psychoanalyse, beschäftigen sich Interpreten mit den von Ihnen verschwiegenen und Ihnen zumindest teilweise selbst unbewusst gebliebenen biographischen Hintergründen. Aber auch Ihre anderen in der Traumdeutung veröffentlichten Träume waren Anlass für viele Reinterpretationen zahlreicher Entwicklungslinien und Konflikte Ihrer Person. Ihre Biographen, wie Ernest Jones, Max Schur, Didier Anzieu, Alexander Grinstein und Peter Gay, haben in der Traumdeutung die Veröffentlichung Ihrer Selbstanalyse erblickt. Diese vermittelt unter anderem einen tiefen Einblick in Ihren Ehrgeiz, der wesentliche Impulse aus dem Erleben der Zurücksetzung und narzisstischen Kränkung Ihres Vaters wegen seines Judentums erhielt.

Freud: *Dabei war ich ja keineswegs der Erste und Einzige, der seine eigenen Träume systematisch beobachtet hat. Andere vor mir haben bereits ausführliche Traumtagebücher verfasst und ihre Träume systematisch ausgewertet.*

Dennoch waren Sie der Erste, der seine Träume hinsichtlich seiner verborgenen Wünsche in dieser Detailliertheit und Aufrichtigkeit analysierte. Damit hatten sie allerdings auch eine Messlatte errichtet, an die Ihre Nachfolger nur schwer herankommen konnten. Entweder wirkte alles Spätere peinlich oder es blieb doch ein ganzes Stück hinter der Differenziertheit Ihrer Traumdeutung zurück, indem die betreffenden Autoren doch wieder auf die symbolische Deutung des ganzen Traums oder auf die Chiffriermethode rekurrierten. Nicht umsonst hat der Philosoph und Theoretiker der Dekonstruktion Jacques Derrida die Frage aufgeworfen, wie es geschehen konnte, dass ein autobiographischer Text, entstanden in den Abgründen einer unvollendeten Selbstanalyse, zum Anstoß für eine weltweite psychoanalytische Bewegung werden konnte.[6]

Aber blicken wir noch einmal kurz auf den wichtigsten Anlass für ihre Selbstanalyse zurück: Der Tod Ihres Vaters, die zeitlich damit einhergehende starke Revision der Verführungstheorie als Erklärung für die Ätiologie der Hysterie, die Entfremdung von Breuer und der neue ungewisse Status führten zu dem, was Henry Ellenberger Ihre »schöpferische Krankheit« genannt hat.[7] Zusammen mit Ihrer Selbstanalyse bildete sie den Nährboden, aus dem die Gedanken für die Traumdeutung geboren wurden.

Weder Ihre bisherigen neurologischen Publikationen noch der erwartbare finanzielle Erfolg, den eine Privatpraxis einbringen konnte, entsprachen Ihren ehrgeizigen Hoffnungen. Ihrer Frau Martha und Ihnen war bei der Empfängnisverhütung ein Fehler unterlaufen mit der Folge, dass Martha mit einem sechsten Kind schwanger geworden war. Die Sexualität musste nun eingeschränkt werden; Verhütungsmittel gab es damals noch nicht; probate Mittel im Patriarchat, wie eine junge Geliebte, ein Dienstmädchen oder den Gang zu den Huren, lehnten Sie ab.

Neben den bereits erwähnten Motiven, die Selbsterforschung auf dem Weg der Traumdeutung voranzubringen, den Tod Ihres Vaters zu verarbeiten und ein guter Therapeut zu werden, spielte sicherlich auch der Wunsch, berühmt zu werden, indem Sie das herkömmliche wissenschaftliche Denken Ihrer Disziplin aufsprengten, eine wichtige Rolle. Ihre mit großer Offenheit mitgeteilten Einfälle zu Ihren Träumen waren ein Vorgriff auf die Haltung der systematischen Selbstreflexion, die später in dem Konzept der Gegenübertragung, vor allem in deren systematischer Bewusstmachung und Reflexion zu einem Grundpfeiler der psychoanalytischen Erkenntnishaltung geworden ist.

Am 23. Oktober 1896 war, wie gesagt, Ihr Vater gestorben, über den Sie geschrieben hatten:

> »Er ist freilich ein Riesenkerl ... innerlich sehr glücklich ... überhaupt ein nicht gewöhnlicher Mensch.«[8]

Während die wachsende Industrialisierung und die damit einhergehende Außerhäusigkeit des Vaters zu der noch zu Ihren Lebzeiten diagnostizierten »Vaterlosigkeit« geführt hatten, konnten Sie sich darüber nun in keinster Weise beklagen. Weder hat es Ihnen an dem real vorhandenen, noch an den um das seelische Wohlergehen seines Sohnes besorgten Vater gemangelt. Eher erfuhren Sie ein Zuviel an Vater, was Ihnen aber nicht geschadet zu haben scheint. Ihr Vater hatte Sie jahrelang privat unterrichtet und offenbar so gut, indem er z. B. stundenlang mit Ihnen die Bibel las, dass Sie auf dem Gymnasium sieben Jahre lang der Klassenbeste waren. Er war ungemein stolz auf Sie und hielt große Stücke auf seinen dritten Sohn, den ersten, den er mit Ihrer Mutter, Amalia, gezeugt hatte. Wen wundert es, dass Sie zu einem äußerst passionierten Leser wurden, der schon als 10jähriger die Klassiker lernbegierig und wissensdurstig in sich aufnahm. Die wechselseitige Verbundenheit zwischen Ihnen und Ihrem Vater kann wohl in jenen Jahren nicht größer gewesen sein. Er war ja auch zu alt, um Sie, wie sonst so oft, als Konkurrenten in der Gunst um Ihre Mutter zu erleben. Im Gegenteil: Er amüsierte sich oft darüber, mit welcher Verzückung Sie auch von Ihrer Mutter hofiert wurden. Wäre es anders gewesen, hätten Sie Ihren Vater furchteinflößend oder streng und abweisend erlebt, hätten Sie vermutlich eine lebenslange Ablehnung gegenüber dem Lesen davongetragen. So aber wurden Sie zu einem homme de lettres, zu einem vielseitig gebildeten und auch mehrere Sprachen sprechenden Mann, der für seinen Schreibstil nicht umsonst den Goethe-Preis erhalten hat.

Freud: *Wäre mein wissenschaftliches Werk entsprechend honoriert worden, wäre mir dies bedeutend lieber gewesen. Aber die damalige Fachwelt hat auf meine Traumdeutung überwiegend negativ reagiert. William Stern, ein Professor für Psychologie in Breslau äußerte ein ziemlich vernichtendes Urteil über mein Buch. Lediglich von Künstlern und Literaten war ein positives Echo zu vernehmen. Aber das war nicht die Bezugsgruppe, deren Reaktion mir in erster Linie wichtig war. Erst im Jahr 1909 wurde eine zweite Auflage meiner Traumdeutung nötig, während z. B. von Charles Darwins Ursprung der Arten bereits am ersten Erscheinungstag die gesamte Auflage von 1.250 Exemplaren verkauft war.*

Rezension des Breslauer Psychologie-Professors William Stern aus dem Jahr 1901:

»Wir müssen gestehen, dass diese neuartige Betrachtung des Traumlebens und seine an vielen Stellen vorgenommene Analogisirung zu pathologischen Zuständen uns manche interessanten Perspectiven eröffnet, obgleich die Theorie aus gleich zu besprechenden Gründen Ablehnung finden muß. Werthvoll erscheint mir vor Allem das Bestreben, sich bei der Erklärung des Traumlebens nicht auf die Sphäre des Vorstellungslebens, des Associationsspiels, der Phantasiethätigkeit, der somatischen Beziehungen zu beschränken, sondern auf die mannigfachen, so wenig bekannten Fäden hinzuweisen, die in die kernhaftere Welt der Affecte hinunterleiten und vielleicht erst in der That die Gestaltung und Auswahl des Vorstellungsmaterials verständlich machen werden. Auch sonst enthält das Buch viele Einzelheiten von hohem Anregungswerth, feine Beobachtungen und theoretische Ausblicke; vor Allem aber ein außerordentlich reichhaltiges Material an sehr genau registrirten Träumen, das jedem Arbeiter auf diesem Gebiete hochwillkommen sein muß.

Dagegen muß leider der Hauptinhalt des Buches als verfehlt und unannehmbar bezeichnet werden. Wie nämlich beweist Verf. seine oben geschilderte Theorie? Durch eine Reihe durchgeführter Deutungen von Träumen seiner selbst und seiner Patienten. Diesen Deutungen aber steht der nüchterne Leser zuerst abwartend, dann zweifelnd, endlich aber mit einem immer energischeren Schütteln des Kopfes gegenüber ...

An diesem Verfahren ist nicht weniger als Alles zu bestreiten. Weder ist die ›Selbstbeobachtung‹ eine so einfache Sache, namentlich, wenn man, wie der Verf. durch seine Theorie, und wie seine Patienten durch sehr eindringliche Ausfragung und Belehrung, über den Wunschcharakter des Traumes, beeinflußt ist; noch ist auch nur die geringste Veranlassung dafür vorhanden, in den Wachphantasien eine Wiederholung der Traumarbeit zu sehen und das, worauf jene als End- oder Knotenpunkt zufällig gestoßen, bei dieser als unbewußten Ausgangspunkt anzunehmen. Hier wird einfach eine Behauptung an Stelle des Beweises gesetzt. ›Legt ihr's nicht aus, so legt ihr's unter‹.

Die Unzulässigkeit dieser Traumdeuterei als wissenschaftlicher Methode mußte mit aller Schärfe betont werden, denn die Gefahr ist groß, daß unkritischen Geistern dieses interessante Vorstellungsspiel behagen könnte und wir damit in eine völlige Mystik und chaotische Willkür hineingeriethen – man kann dann mit Allem Alles beweisen.

Nicht unerwähnt will ich lassen, daß eine Bibliographie von 78 Nummern und eine sehr übersichtliche Einleitung über die bisherigen Erklärungsversuche der Traumphänomene orientieren.«[9]

»Alles mit allem beweisen«. Der Vorwurf der mangelnden Beweisbarkeit war für einen sich wissenschaftlich dünkenden Geist wie William Stern, einem zur damaligen Zeit noch relativ unbekannten Professor für Psychologie in Breslau, der als Dreißigjähriger eine Rezension über Ihre *Traumdeutung* schrieb, natürlich nicht anders zu erwarten. Übrigens war Stern Assistent von Ebbinghaus und mit ihm von Berlin nach Breslau gegangen. Bedeutsamer als der Vater wurde sein Sohn, ein tiefschürfender philosophischer Geist, der unter dem Pseudonym Günter Anders ein Buch über die *Antiquiertheit des Menschen* geschrieben hat. Anders als das Werk seines Vaters, den Sie einmal das »Ekel« nannten, hätte dieses sicherlich auch Ihr Interesse gefunden. Stanley Hall hatte im Jahr 1909 nicht nur Sie, Ferenczi und Jung nach Amerika zur 20-Jahrfeier der Clark University eingeladen, sondern auch William Stern. Dieser Umstand hatte die Freude über die Einladung, Ihre Psychoanalyse in der neuen Welt vorstellen zu können, etwas geschmälert, vor allem als Sie sich daran erinnerten, wie dieser junge akademische Schnösel Ihr »Jahrhundertwerk« kommentiert hatte.

Freud: *Sie haben meine damalige Empfindsamkeit trefflich erkannt, auch meine Gefühle auf der Amerikareise. Im Alter habe ich mich mit Stern allerdings ausgesöhnt und sein Schicksal bedauert. Er musste Deutschland schon 1933 verlassen und starb 67jährig in den Vereinigten Staaten. Hätte ich die Resonanz, die die ›Traumdeutung‹ im 20. Jahrhundert dann doch gefunden hat, schon damals geahnt, hätte ich sicherlich gelassener reagiert und weniger in der Pose des verkannten Genies reagiert.*

Dennoch musste sich die Beschäftigung mit der nächtlichen Traumwelt den Eintritt in den hehren Wissenschaftstempel erst einmal verdienen. Am Auszählen von bestimmten Aktivitäten zum Beispiel oder an der Feststellung des Grades der Übereinstimmung der im Traum angetroffenen Personen mit dem im wirklichen Leben vorhandenen, war Ihnen nicht gelegen. Das haben später dann die Psychologen besorgt, anfangs noch mit spitzen Fingern, weil der Traum für die damalige positivistische Psychologie nun einmal per se ein kaum greifbares Thema darstellte, später, als sie dann geeignete Methoden der Messung bestimmter Traumaktivitäten gefunden hatten, dafür mit umso mehr wissenschaftlichem Eifer. Dennoch wurde Ihr Werk auch damals schon in der akademischen Welt beachtet, es erhielt, wie Gerd Kimmerle recherchiert hat, durchaus in angemessener Anzahl Rezensionen.[10] Und mehrere später berühmt gewordene Tiefenpsychologen, sind über das Lesen der Traumdeutung überhaupt auf Sie und die Psychoanalyse aufmerksam geworden, wie z. B. ihr späterer Ziehsohn Carl Gustav Jung.

Freud: *Ziehsohn? Von Erziehung war bald nicht mehr viel zu spüren!*

Es hat später viele Gedanken darüber gegeben, warum Ihr epochales Werk trotzdem insgesamt wenig gewürdigt worden ist. Die Ethnopsychoanalytiker Mario Erdheim und Maya Nadig[11] z. B. haben vermutet, dass es nicht so sehr die Erkenntnisse der Traumdeutung waren, welche die damalige Fachwelt schockierten, sondern die Art des von Ihnen eingeschlagenen Diskurses. Noch niemals hatte ein Psychiater, geschweige denn ein Naturwissenschaftler, so offen über sich selbst gesprochen; die Traumdeutung anzuerkennen hätte geheißen, denselben Anspruch auch für sich akzeptieren zu müssen, und dazu waren Wissenschaftler damals wie heute nicht bereit. Zutiefst haben diese das baconsche Ideal des »Von uns selbst schweigen wir« verinnerlicht.

***Freud:** Andere Tiefenpsychologen sind diesen Weg auch gegangen. Denken Sie z. B. nur wiederum an Jung.*

Oder später an Heinz Kohut[12], der seine eigene Krankheitsgeschichte als den Fall des Mister Z. veröffentlichte, wozu auch viel Mut gehört hat, weil er damit rechnen musste, dass dies recht bald entdeckt werden würde.

Ihre in der *Traumdeutung* vertretene Lehre, dass Träume psychologische Gebilde seien, die keine sinnlosen Begleiterscheinungen physiologischer Gehirnprozesse darstellen, sondern bedeutungsvoll sind, ja sogar viele Schichten an Bedeutungen aufweisen, war zwar nicht unbedingt revolutionär, doch Ihr Versuch, auf wissenschaftliche Weise den Beweis dafür antreten zu wollen, dass dem so ist, war ungemein mutig. Denn wie wollten Sie einem Wissenschaftler beweisen, dass Träume nicht nur sinnlose Gebilde darstellen, sondern etwas mit dem Leben des Betreffenden zu tun haben? Ja noch viel genauer: Nicht nur etwas mit dem Leben zu tun haben, sondern seine unterdrückten Wünsche, seine unbewussten Konflikte, seine speziellen Abwehrformen, seine Hoffnungen und Lösungsansätze zur Geltung bringen und in einem nachweisbaren Zusammenhang mit Konflikten der zurückliegenden Tage stehen. Dies hatte noch kein Forscher vor Ihnen gewagt, und niemand hatte den Nachweis angetreten, dass es sich so verhält. Bei dieser Aufgabe einer präzisen Begründung hatten Sie recht bald gemerkt, dass man einen Menschen äußerst genau kennen muss, um die vielen subtilen Regungen, die zu einem bestimmten Traum und vor allem zur Kaschierung seiner anstößigen, für das Selbstwertgefühl manchmal nur schwer erträglichen Gefühle führen, identifizieren zu können. Oder anders ausgedrückt, dass ein Mensch über eine herausragende Introspektions- und vor allem Reflexionsfähigkeit verfügen muss, um genügend seelische Inhalte symbolisieren und verbalisieren zu können. Und dass er vor allem einen guten Zugang zu seinen Gefühlen benötigt, um die gefühlsmäßige Bedeutung von Assoziationen hinsichtlich ihrer Plausibilität erfahren zu können. Seit Ihrer *Traumdeutung* weiß man, wie wichtig die erlebte Evidenz für einen Deutungseinfall ist; eine Deutung oder besser eine Interpretation eines vermuteten Wunsches muss gefühlsmäßig unmittelbar einleuchten, um als stimmig erlebt werden zu können, vor allem wenn sie dem Selbstwertgefühl manchmal nur wenig schmeichelt. Sie stellt keine logische Deduktion dar. Auch aus diesem Grund tut sich vermutlich ein faktenorientierter Mensch schon generell schwer mit der Traumdeutung, aber noch viel schwerer mit Ihrer Art der Herangehensweise, bei der eine Bedeutung supponiert werden muss und sich nicht durch eine formalisierte Übersetzung von Zeichen oder Symbolen auf logischem Weg ergibt.

Weil Ihnen dies bei Ihrer damaligen Arbeit mit Patienten schwerfiel – Ihre Analysanden wiesen nur sehr bedingt die Fähigkeit zur Selbstreflexion auf, die man für Ihre Methode benötigte –, machten Sie sich selbst zum Objekt ihrer Trauminterpretationen. Was man Ihnen in der nichtpsychoanalytischen Welt oft verübelt hat, so als hätten Sie damit ein Sakrileg verletzt. Oder als wäre dies der letzte Ausweg, ja gleichsam ein übler Trick gewesen, eine – in den Augen Ihrer Kritiker – unwissenschaftliche Methode vor ihrem endgültigen Scheitern zu bewahren. Das Gegenteil war der Fall: Aufgrund Ihrer damaligen Selbstanalyse gelang es Ihnen, wichtige Zusammenhänge zwischen Kindheitswünschen und gegenwärtigen Konflikten überzeugend nachzuweisen. Dass Ihre Selbstanalyse noch begrenzt war, wird man Ihnen nicht ankreiden können. Jeder, der sich nur ein wenig mit sich selbst auseinandergesetzt hat, weiß, dass die Selbsterforschung ein ganzes Leben lang dauert und oftmals auch ein anstrengender Prozess ist. Hätten Sie das heutige Theoriewissen zur Verfügung gehabt, hätten Sie mit Ihrer selbstanalytischen Kompetenz uns vermutlich viele weitere, überraschende Sinnzusammenhänge vorgeführt. Natürlich sind hier aber auch der Mitteilung gewisse Grenzen gesetzt.

Freud: *Ob die Analyse eines Traums, selbst wenn sie mit dem heutigen Wissen durchgeführt würde, eine lückenlose Indizienkette erbringen kann, würde ich heute wie damals bezweifeln. Und dass Trauminterpretationen innerhalb eines gewissen Rahmens immer noch einen Spielraum auch für etwas andersgeartete Interpretationen lassen, liegt in der Natur der Sache. Trotzdem würde ich auch noch heute den Anspruch aufrechterhalten wollen, dass die Wünsche, die Träumen zugrunde liegen, nicht gänzlich beliebig interpretierbar sind.*

Dann sind Sie sicherlich auch nicht der Auffassung, dass sich die Erinnerungen chamäleonhaft verändern, je nachdem, wem man seinen Traum erzählt. Und sind auch vermutlich der Überzeugung, dass die Argumentation der narrativen Beliebigkeit, Bedeutungen würden erst im Zuge der Darstellung interaktiv erfunden, übertrieben ist.[13]

***Freud**: Vielleicht bleibe ich zumindest in dieser Hinsicht doch ein unverbesserlicher Positivist.*

Herr Freud, noch einmal eine Frage zur Traumentstehung, bevor wir zum Thema der Traummitteilung und –interpretation kommen. Wie der bereits erwähnte Frank Sulloway herausgearbeitet hat, wollten Sie sich von den sieben Autoren, die den Wunschcharakter der Träume bereits vor Ihnen hervorgehoben hatten, unbedingt unterscheiden, was Ihnen durch die Hypothese gelang, dass *jeder* Traum als Wunscherfüllung, bzw. als Versuch derselben zu gelten habe. So schrieben Sie:

> »Wenn ich nun die Behauptung aufstelle, daß Wunscherfüllung der Sinn eines jeden Traumes sei, also daß es keine anderen als Wunschträume geben kann, so bin ich des entschiedensten Widerspruches im vorhinein sicher. Man wird mir entgegenhalten: ›Daß es Träume gibt, welche als Wunscherfüllungen zu verstehen sind, ist nicht neu, sondern längst von den Autoren bemerkt worden ... Daß es aber nichts anderes geben soll als Wunscherfüllungsträume, das ist wieder eine ungerechtfertigte Verallgemeinerung, die sich zum Glück leicht zurückweisen läßt. Es kommen doch reichlich genug Träume vor, welche den peinlichsten Inhalt erkennen lassen, aber keine Spur irgendeiner Wunscherfüllung‹.«[14]

Aber man kann dieses scheinbar zwingende Argument entkräften, wenn man – so argumentierten Sie damals – die These von der Ubiquität der Wunscherfüllung nicht auf den *manifesten* Traum, sondern auf den *latenten* Trauminhalt bezieht. Diese für Ihr Verständnis des Traums ungemein wichtige Unterscheidung erfordert, der Traumentstellung und -zensur eine größere Aufmerksamkeit zu widmen. Es muss dem Träumenden gelingen, seine latenten, aber selbst noch während des Träumens als anstößig und verboten erlebten Traumwünsche derart zu maskieren, dass davon im manifesten Traum so gut wie nichts übrig bleibt, ja dass im Gegenteil manchmal Peinlichkeit und Angst die vorherrschenden Gefühlstöne sind, die dann beim Aufwachen auch noch deutlich erinnert werden können.

Sie stellten sich vor, dass der bewusste Wunsch nur dann zum Traumerreger werden kann, wenn es ihm gelingt, einen ähnlichen Wunsch im Unbewussten zu wecken, durch den der bewusste Wunsch nun eine Verstärkung erfährt. Diese unbewussten Wünsche warten gleichsam auf die günstigste Gelegenheit, sich Ausdruck zu verschaffen und übertragen dann ihre große Intensität, die ihnen als imperativer Kindheitswunsch zu eigen ist, auf die schwächere bewusste Regung. Dem Bewusstsein erscheint es dann so, als hätte sich allein der bewusste Wunsch realisiert. Aber ummissverständlich hielten Sie daran fest: »Der

Wunsch, welcher sich im Traum darstellt, muß ein infantiler sein«.[15]

Aber warum ist der in infantiler Zeit geprägte Wunsch der »Motor der Traumbildung«? Warum ist dies nicht ein Tagesrest, der die Lösung eines gegenwärtigen dringlichen Problems verlangt? In den *Vorlesungen zur Einführung* ließen Sie einen skeptischen Zuhörer oder Leser fragen:

> »Zugegeben, daß der Traum jedesmal einen Sinn hat, und daß dieser Sinn durch die analytische Technik aufgedeckt werden kann, warum muß dieser Sinn aller Evidenz zum Trotze immer wieder in die Formel der Wunscherfüllung gepreßt werden? Warum soll der Sinn dieses nächtlichen Denkens nicht so mannigfaltig sein können wie der des Denkens bei Tage, also der Traum das eine Mal einem erfüllten Wunsch entsprechen, das andere Mal, wie Sie selbst sagen, dem Gegenteil davon, einer verwirklichten Befürchtung, dann aber auch einen Vorsatz ausdrücken können, eine Warnung, eine Überlegung mit ihrem Für und Wider, oder einen Vorwurf, eine Gewissensmahnung, einen Versuch, sich für eine bevorstehende Leistung vorzubereiten usw? Warum gerade immer nur einen Wunsch oder höchstens noch sein Gegenteil?«[16]

Zwar sei es ganz richtig, dass der Traum all die obigen Intentionen zum Ausdruck bringen könne, aber man dürfe eben nicht den Tagesrest mit dem latenten Traumgedanken verwechseln. Denn Sie vertraten damals unmissverständlich die Überzeugung, dass immer dann ein Traum gebildet wird, wenn ein verdrängter Triebimpuls aus dem Unbewussten hervorzubrechen droht. Ein Traum kann somit auch nur dann entstehen, wenn die *Triebenergie* eines unbewussten Wunsches zur Verfügung steht. Letztlich sind dies aber die unsterblichen Kinderwünsche, die vom Kind in unterschiedlichem Ausmaß wegen unerträglicher Angstgefühle aufgegeben werden mussten, aber damit keineswegs für immer verschwunden sind. Vielmehr streben sie bei jeder Gelegenheit dahin, sich zur Geltung zu bringen. Und weil im Traum die Gewähr dafür gegeben ist, dass es zu keiner motorischen Abfuhrhandlung kommen kann, der Trauminhalt nur auf einer halluzinatorischen Ebene verbleibt, ist die Abwehr gegen die Kinderwünsche gelockert. Aber welcher verdrängte Kinderwunsch überhaupt das Traumbewusstsein erreichen darf, ist nicht beliebig, sondern hängt davon ab, ob am Tag zuvor eine Anspielung auf diesen Wunsch im Wachbewusstsein stattgefunden hat. Um überhaupt im Traumbewusstsein auftauchen zu können, benötigt der unbewusste Triebimpuls somit andere Bestandteile psychischer Aktivität als Transportmittel. Er hängt sich gleichsam an entsprechende Tagesreste, z. B. in Form von erlebten Problemen, Befürchtungen Vorsätzen usw. an, um Zugang zum Traumbewusstsein zu finden. Träumen ermöglicht deshalb eine partielle Befriedigung der unterdrückten

Wünsche und lindert somit den neurotischen Druck der betreffenden Person, mit Symptomen und charakterlichen neurotischen Einstellungen tagsüber reagieren zu müssen, in denen kompromisshaft unterdrückte und verdrängte Impulse zum Ausdruck kommen. Aber auch durch das Träumen allein erfahren diese keine Klärung. Dennoch zeigen sie dem Träumer an, wenn er den Inhalt seines Traums zu deuten versteht, mit welchen Konflikten er sich auseinandersetzen muss, wenngleich diese durch das Träumen selbstverständlich noch nicht verschwinden.

Vor allem auf Ihre Hypothese, dass im Träumen unterdrückte Kindheitswünsche versteckt zum Ausdruck kommen, reagierten viele Menschen bis zum heutigen Tag wie der Teufel auf das Weihwasser. Triebreduktionismus, Sexualisierung, vergangenheitsorientiert, deterministisch u.a.m. lauteten die Vorwürfe und Einwände. Nur zum Teil lassen sich diese verurteilenden Einschätzungen damit erklären, dass Ihre Theorie einseitig und falsch rezipiert wurde, so als seien alle Kinderwünsche ausschließlich sexueller Natur. Zu vermuten ist vielmehr, dass das Erinnertwerden an unsterbliche Kinderwünsche viele Menschen traurig macht, wenn der Abstand zum heutigen Erwachsenenleben wahrgenommen wird, und deshalb die Erinnerung an kindliche Wünsche abgewehrt werden muss. Es entspricht auch nicht dem immer noch weit verbreiteten cartesianischen Ideal eines ausschließlich vernunftbegabten Erwachsenen, der sich von kindlichen Sehnsüchten, triebhaftem Begehren und infantiler Ausgeliefertheit an körperliche Bedürfnisse und Emotionen befreit hat – eine Auffassung, die Ursprung aller Doppelmoral und Heuchelei bis zum heutigen Tag ist.

Freud: *So empfinde ich es noch heute.*

Zwar spielen die unerledigten und unbefriedigten Kinderwünsche für die Psychologie des Traums nach wie vor eine bedeutsame Rolle, trotzdem wissen wir heute spätestens seit der experimentellen Traumforschung die mit Aserinski und Kleitman in der 50er Jahren des 20. Jahrhunderts begann, dass das selbst im Schlaf noch unermüdliche Wirken unserer geistigen Tätigkeit nicht allein auf die Funktion der Stillung von Kindheitsbedürfnissen zurückgeführt werden kann. Das wäre ganz gewiss ein zu großer Luxus der Natur, wenn das nächtliche Traumbewusstsein ausschließlich für diese Aufgabe reserviert sein würde.

Freud: *Sie glauben wirklich, das Träumen erfüllt auch noch andere Funktionen, wie meine damaligen großen Widersacher behauptet haben? Prophetie und kompensierende Reparatur des Seelischen? Dieser Gedanke würde mir immer noch Kopfschmerzen bereiten. Jegliche seelische Tätigkeit geht doch letztlich auf Wünsche zurück. Alles andere ist Magie!*

Später haben Sie ja selbst ihre Wunscherfüllungshypothese abgeschwächt, indem Sie in der *Neuen Folge der Vorlesungen* schrieben, dass jeder Traum *den Versuch* einer Wunscherfüllung darstellt, der folglich auch scheitern kann. Ferner waren Sie zuvor schon auf die traumatischen Träume gestoßen und hatten in *Jenseits des Lustprinzips* eine Einschränkung der Behauptung vorgenommen, dass nur unbewusste Wünsche die treibende Kraft bei der Traumbildung darstellen. Vielmehr seien die traumatischen Träume, in denen von schweren Traumata in der Vergangenheit (wie z. B. einer Teilnahme am Kriegsgeschehen) geträumt wird, Ausnahmen von dieser Regel.[17] Sehen wir einen Moment noch davon ab, dass Ihnen einige Ihrer Schüler hierin widersprochen und selbst noch in den traumatischen Träumen den Versuch einer Wunscherfüllung erblickt haben.

Sie selbst haben also Ihre ursprüngliche Hypothese aufgrund Ihrer klinischen Erfahrungen gleichsam falsifiziert. Hätte der junge Karl Popper Ihr Werk gründlicher gelesen, hätte er seine These von der Immunisierung Ihrer Theorie gegen anders lautende Befunde nicht so einfach aufrechterhalten können. Und schon gar nicht, wenn er die psychoanalytischen Arbeiten, die noch zu Lebzeiten erschienen sind – über einige werden wir nachher noch sprechen – zur Kenntnis genommen hätte. Aber seine Immunisierungsthese zeigte Wirkung.

Der 17jährige **Karl R. Popper** (1902–1994) stellte 1919 die These auf, dass die psychoanalytische Theorie von keinem vorstellbaren Ereignis widerlegt werden könne und deshalb unwissenschaftlich sei. Diese Unwiderlegbarkeit sei deshalb keine Auszeichnung, sondern eine Untugend. Weil die Psychoanalyse gegen den Grundsatz der Falsifizierbarkeit verstoße, sei sie lediglich eine Pseudowissenschaft. An dieser Einschätzung hielt Popper, der als Begründer des Kritischen Rationalismus gilt und das Konzept eines konsequenten Falsifikationismus in Auseinandersetzung mit induktivistischen Geltungsbegründungen entwickelte, sein ganzes Leben lang fest – ein seiner eigenen Lehre völlig zuwiderlaufendes Beispiel dafür, wie wenig er selbst seine Meinung einer falsifizierenden (Lese-)Erfahrung auszusetzen bereit war und wie rigide er bei seinem einmal gefassten Vorurteil blieb. Seine Auffassung von der Nichtfalsifizierbarkeit psychoanalytischer Theoreme wurde am stringentesten von Adolf Grünbaum[18] widerlegt.

Noch heute bedienen sich Kritiker, die einem Ideal von empirischer Forschung anhängen, wie man sie heutzutage nicht einmal mehr Erstsemester lehrt, dieses Arguments. So z. B. erst jüngst wieder der Bamberger Psychologe Herbert Selg, der anlässlich der Einschätzung Ihrer *Traumdeutung* schrieb:

> »Die psychoanalytische Theorie von den Träumen und ihrer Bedeutung ist gegen wissenschaftliche Überprüfungen perfekt immunisiert; das heißt spätestens seit

Popper (1969) aber auch: Die Theorie ist unwissenschaftlich. Ein Analytiker, der hartnäckig eine bestimmte Deutungshypothese verfolgt, wird sich immer im Recht wähnen.«[19]

Man könnte so jemanden als einen Armen im Geiste abtun, wenn es nicht immer wieder Menschen geben würde, die nicht nur von simplifizierenden, sondern vor allem von irreführenden Argumenten tatsächlich angesprochen werden.

Freud: *Sie erkennen daran, dass meine Einschätzung, man wehre sich gegen die Psychoanalyse und damit auch gegen die ›Traumdeutung‹ nicht nur meiner damaligen Haltung eines einsamen Hero entsprach, der die »Verschwörung des Schweigens« um sich herum wie ein Lebenselixier benötigte, sondern tatsächlich auch in der Sache selbst, in der Beschäftigung mit unbewussten Wünschen, begründet war und wohl immer noch ist, wenn derartige Vorbehalte gegenüber meinen damaligen Hypothesen nach wie vor bestehen.*

Die noch dazu als *die* psychoanalytische Theorie vom Traum ausgegeben und dem nichts ahnenden Leser damit suggeriert wird, dass Psychoanalytiker – bei allem Respekt vor Ihrer ursprünglichen Leistung – immer noch exakt denselben Auffassungen über die Entstehung, die Funktionen und die Deutung von Träumen anhängen. Aber würden diese Kritiker sich tatsächlich einmal mit Ihrem Werk beschäftigen und nicht immer nur von anderen abschreiben, wären sie in diesem Fall darauf gekommen, dass Sie sich bereits ausführlich mit dem beliebten Argument auseinandergesetzt haben, das spätestens seit Sterns Suggestionsvorwurf immer wieder den Höhepunkt der angeblichen Kritik gegen Ihr Deutungsvorgehen ausmachte. Der Vorwurf nämlich, Patienten träumten ihren Therapeuten zuliebe entsprechend deren jeweilige Lieblingstheorien. In der *XV. Vorlesung zur Einführung in die Psychoanalyse* setzten Sie diesem auf den ersten Blick ja durchaus berechtigten Einwand die Auffassung gegenüber, dass dies – sofern es geschieht, wobei es nach klinischer Erfahrung keineswegs derart häufig ist, wie es gemeinhin dargestellt wird – für den manifesten Traum durchaus zutreffen könne. Aber wer Ihre Unterscheidung von manifestem und latentem Traum, von Traumarbeit und unbewusstem Traumwunsch kennt, weiß, dass die letzteren sich nicht einer sozialpsychologischen Beeinflussung verdanken, sondern sich autonom im Träumer ereignen. Nur die Tagesreste und Teile der latenten Traumgedanken, sofern sie vorbewusst sind, die zum Baumaterial des manifesten Traums gehören, tauchen in diesem wieder auf, nicht jedoch der Vorgang der Traumbildung selbst und der unbewusste Traumwunsch. Umso notwendiger erscheint damit Ihr Vorgehen der Dekonstruktion des manifesten Traums.

Hat der Traum nur die Funktion der verhüllten Befriedigung eines Kindheitswunsches?

- Kompensation bewusster Mängel (C. G.Jung)
- Integrationsversuch des Ichs, um einen gegenwärtigen (fokalen) Konflikt zu lösen (French und Fromm)
- Informationsverarbeitung (Breger, Dewan)
- Gedächtniskonsolidierung (Greenberg, Palombo)
- Verarbeitung von Informationen, die aus unbewussten Phantasien stammen (Bion, Segal, Meltzer)
- Narzisstischer Restitutionsversuch (U. Grunert)
- Signalentdeckung (Fiss)
- Konsolidierung des Selbst (Fiss)
- Mastery (Wright und Koulack)
- Stimmungsregulierung (Kramer)
- Bereitstellung divergenten Denkens und Kontextualisierung (Hartmann)
- Identitätsstärkung und Selbstaufrichtung (Fosshage)
- Reorganisation emotionaler Gedächtnisnetzwerke (Cartwright)
- Abgleichung des jetzigen Wachzustandes mit den Denkstrategien und Kontexterinnerungen, die sich zustandsabhängig im Zuge einer funktionellen Regression während des Schlaf- und Traumbewusstseins einstellen (Zustands-Wechsel-Modell von Koukkou & Lehmann)
- Schutz vor affektiven Gefahren – ein Up-dating von Freuds ursprünglicher Hüter des Schlafs-These (Solms)
- Problemlösung (Moser und v. Zeppelin)

Die ab der Mitte des 20. Jahrhunderts einsetzende psychophysiologische Schlaf- und Traumforschung hat den Beweis dafür erbracht, dass wir nahezu die ganze Nacht über träumen, allerdings in unterschiedlicher Intensität und in unterschiedlichen Formen. Ging man seit den sensationellen Entdeckungen von Aserinski und Kleitman zunächst davon aus, dass wir nur während der REM-Phasen träumen, so entdeckte man später, dass dies auch während der NREM-Phasen geschieht. Allerdings sind die Träume in den REM-Phasen emotionaler – in Ihrer damaligen Terminologie stärker dem Primärvorgang verhaftet. Die Tatsache, dass wir den größten Teil unserer Schlafzeit träumen, führt zu einer großen Vielgestaltigkeit in formaler und inhaltlicher, aber auch in funktionaler Hinsicht, die sich zwar nach bestimmten Gesichtspunkten wiederum reduzieren lässt, die aber doch mannigfaltiger ist als die Unterscheidung von Wunschträumen und traumatischen Träumen. Das konnten Sie selbstverständlich noch nicht wissen. Etwas anderes haben Sie allerdings schon recht deutlich geahnt und ja auch als sekundäre Bearbeitung des geträumten

Traums bezeichnet, die Tatsache nämlich, dass die Bearbeitung unseres Traumbewusstseinsstromes mit Hilfe sekundärer und tertiärer Umarbeitungen erfolgt. D. h. unser traumerinnerndes Bewusstsein greift sich bestimmte Elemente unseres nächtlichen Traumkontinuums heraus, und gestaltet daraus beim Aufwachen ein Traumnarrativ. Was wir beim Aufwachen oder manchmal auch Stunden später erinnern, ist zumeist eine ziemlich elaborierte Geschichte, die sich zwar auf Elemente des ursprünglichen geträumten Traums stützt, aber die narrative Struktur und damit auch die Struktur des sozialen Austausches und der Handlungskompetenzen aus dem verbal zugänglichen deklarativen Gedächtnissystem des Betreffenden bezieht. Bilder, die zum Teil Mittler zum nichtdeklarativen Gedächtnis sind, weil sie z. B. gefühlte Emotionsregeln beinhalten, müssen ja in die verbale Symbolik übersetzt werden, um eine narrative Struktur zu erhalten.

Kommen wir zu einigen Widersprüchen in Ihrer Traumdeutung, die nachfolgende, ernst zu nehmende Interpreten ihres Werks irritiert haben:

Auch Sie waren offensichtlich nicht ganz frei von dem Wunsch, Träume nach dem Modell positivistischer Wissenschaften aufzufassen, nach dem bestimmte im Traum auftretende Symbole eine feststehende Bedeutung haben sollen; Herrschaftswissen zeichnet sich unter anderem dadurch aus, dass es immer und überall gelten soll und dass es keine individuellen Bedeutungen geben darf, die sich dem Zugriff staatlicher und wissenschaftlicher Autoritäten entziehen. Demgegenüber steht ein Verständnis, nach dem Bedeutungen stets aufs neue von einem bestimmten Menschen erfunden werden und nicht nur oder überhaupt nicht unter bestehende Bedeutungsschemata subsumiert werden, die zentral verwaltet, katalogisiert und verrechnet werden können, um sie bürokratischen Herrschaftsinteressen gefügig zu machen. In den späteren Auflagen Ihres Buches fügten Sie Ihre bei Laien wohl am meisten bekannte, berühmt-berüchtigte Sexualsymbolik hinzu, nach der bestimmte Traumsymbole auf die männlichen oder weiblichen Genitalien verweisen. Dass Sie zuvor von einer Auffassung ausgegangen waren, der zufolge unverständliche Trauminhalte und -symbole nur im Rahmen einer für den betreffenden Träumer vorzunehmenden, umfassenden Traumanalyse zu verstehen seien und bei der Vorgänge, wie Verdichtung und Verschiebung, einer differenzierten Aufschlüsselung bedürfen und nur dann angemessen verstanden werden können, wenn man sich mit den individuellen Sinnzusammenhängen des jeweiligen Träumers auseinandersetzt, ging dabei mehr oder weniger verloren.

Freud: *Ich würde zwar nicht jeden Versuch, etwas Allgemein-Menschliches zu finden, was uns als Gattungswesen Mensch gemeinsam ist, bereits mit einem Positivismus-Verdikt belegen, aber ich ahne, worauf Sie hinauswollen: Meine Anpassung an die damaligen Strömungen, die überzeitliche, überindividuelle,* *enthistorisierende Symbolbedeutungen vorgeschlagen haben, verletzte auch meine eigene ursprüngliche Interpretationsmethode, die ich ja gerade von dem damals im Volksmund üblichen oder von antiken Traumdeutern vorgezeichneten Auffassungen unterschieden haben wollte.*

Ihre Traumdeutung knüpfte einerseits an den Volksglauben an, dass Träume einen Sinn in sich bergen, ja mitunter sogar eine prophetische Kraft aufweisen, andererseits war sie gegen den Szientismus Ihrer Tage gerichtet, dass Träume Schäume seien, bedeutungslose sinnlose Gebilde. Diese Auffassung, die auch schon zu Ihrer Zeit vor allem im naturwissenschaftlichen Lager zahlreiche Anhänger hatte, ist auch heute wieder en vogue. Vor allem die Lehre der beiden Neurowissenschaftler Hobson und McCarley[20] hat diesem weitverbreiteten Vorurteil wieder neue Nahrung gegeben. Ihre so genannte Aktivations-Synthese-Theorie, der gemäß Zufallsaktivationen aus dem Hirnstamm vom Schlafbewusstsein zu einer irgendwie plausibel erscheinenden, letztlich aber doch bizarr bleibenden Traumgeschichte zusammengefügt werden, die aber überhaupt nichts mit dem Leben des Träumers zu tun hat, wurde in den 80er Jahren vehement gegen Ihre Traumlehre gerichtet. Mittlerweile hat aber Hobson seine ursprüngliche Hypothese immer stärker abgeschwächt, so dass sie jetzt sogar mit modernen psychoanalytischen Auffassungen kompatibel erscheint.[21] Insbesondere der Psychoanalytiker und Neurowissenschaftler Mark Solms hat sich in den letzten Jahren mit der Aktivations-Synthese-Theorie auseinandergesetzt und aufgrund seiner eigenen klinischen Erfahrungen aufgezeigt, dass sie sich in ihrer ursprünglichen Form nicht halten lässt.[22]

Herr Freud, machen wir nun einen ziemlich großen Sprung in die Gegenwart. Die Deutung von Träumen besteht heutzutage nicht mehr allein in der Aufspürung verdrängter Kinderwünsche, sondern vielmehr – und dies stellt eine entscheidende Korrektur und Präzisierung gegenüber Ihrer ursprünglichen Lehre dar – in dem Ausfindigmachen konfliktträchtiger Probleme, die den Betreffenden in der Gegenwart beschäftigen, und hinter denen sich verdrängte Wünsche und Traumatisierungen seines Selbst, sowie Kompensationen dieser Einschränkungen und Verletzungen, aber auch ansatzweise geglückte Konfliktlösungen und Traumabewältigungen aus früherer Zeit verbergen. Der Tagesrest, der Anlass zum Traum gibt, ist damit nicht ein relativ beliebiger, sondern er enthält in der Regel entweder zur Gänze, nur in Andeutungen oder auch nur per Verschiebung auf ein harmloses Tagesereignis einen Hinweis auf einen für den Träumenden bedeutsamen Konflikt.

Nach Joseph Sandler, dem bekannten, kürzlich erst verstorbenen Londoner Psychoanalytiker, muss in der postfreudianischen Traumtheorie davon ausgegangen werden, dass es nicht nur Triebwünsche sind, die im Traum zur Geltung gelangen, sondern die gesamte Breite von Wünschen einschließlich solcher, die zur Erhaltung der Selbstachtungs- und Sicherheitsgefühle, des Bedürfnisses, sich zu behaupten usw. dienen. Des weiteren rechnete Sandler alle jene Wünsche hinzu, die durch bewusste oder unbewusste Angst und andere unlustvolle Gefühle erzeugt oder motiviert werden. Es dürfte schwierig sein, sich eine menschliche Handlung vorzustellen, die nicht von einem Wunsch im eben genannten Sinn ausgelöst oder begleitet wird, aber manche Computeranalogisten der menschlichen Psyche bringen dies tatsächlich fertig.

Die bis in die Gegenwart monoton wiederholte Kritik, die Psychoanalyse habe seit Ihrer *Traumdeutung* die Traumpsychologie mit einer dogmatischen Funktionszuweisung der sexuellen Wunscherfüllung in ein Prokrustesbett gesperrt, entbehrt somit jeglicher Grundlage. Nach wie vor erscheint aber eine Auseinandersetzung mit dem Kognitivismus vieler antipsychoanalytischer Traumpsychologen interessant zu sein. Wenn man leichtfertig als Gegenpol zu Ihrer Wunscherfüllungstheorie eine Traumfunktion der ausschließlich kognitiven Problemlösung postuliert, übersieht man hierbei, dass nahezu alle problemlösenden Aktivitäten einen Wunsch enthalten, wie z. B. den zur Erhaltung der Selbstachtung, das Bedürfnis, sich zu behaupten oder schlicht und einfach den Wunsch, etwas zu explorieren und Neues kennen zu lernen, frei nach dem goetheschen Motto: »Lockte die Neugier den Menschen nicht mit heftigen Reizen, sagt, erführ er wohl je, wie schön sich die menschlichen Dinge zueinander verhalten?«. Es ist also verfehlt, Problemlösungsaktivitäten ausschließlich auf der Ebene des Kognitiv-Intellektuellen anzusiedeln, weil dies eine Entsinnlichung und Entkörperlichung kognitiver Aktivitäten unterstellt, wie sie nunmehr als cartesianische Ideologie erkannt worden ist, was wir vorhin ausgiebig diskutiert haben.

Freud: *Sicherlich werden im Traum auch Probleme gelöst, aber sind dies nicht immer Anspielungen auf Tagesreste, hinter denen sich dann eben ein mächtiger unbewusster Wunsch verbirgt? Das Tagesproblem also nur als Transportmittel.*

Gewiss, das war Ihre Auffassung, verehrter Herr Freud. Aber in den neueren Modellen, die von der problemlösenden Tätigkeit der nächtlichen Psyche ausgehen, besteht die Problemlösung nicht nur aus dem manifesten Thema, sondern stellt viel grundsätzlicher den tieferen Sinn oder die Funktionsbestimmung eines jeden Traumes dar. Dieser grundlegende Wandel hängt auch mit einer starken Veränderung des vorherrschenden Menschenbildes zusammen: Der Mensch wird nicht mehr als ausschließlich wunscherfüllendes

Wesen betrachtet, das gegen die Versagungen der Gesellschaft permanent die Unterwelt bewegen muss – und das überwiegend in einer subversiven Weise –, sondern es wird von einer viel größeren Passung zwischen den Bedürfnissen eines Kindes und seiner umgebenden Kultur ausgegangen. Nicht mehr sexuelle und aggressive Triebimpulse müssen gegen eine triebunterdrückende Umwelt behauptet werden, sondern soziale Bedürfnisse warten auf ihre Stillung und auf ein soziales und empathisches Gegenüber.

Freud: Rousseau contra Hobbes!

Ja, aber vor allem die Erkenntnisse der modernen Gehirnforschung, der dynamischen Systemtheorie, der Kleinkind- und Bindungsforschung und auch der Evolutionstheorie legen ein derartiges Menschenbild nahe. Damit wird aber nicht das Gesamt Ihrer Traumtheorie hinfällig. Lediglich der Teil, in dem Sie zu pointiert die Wunscherfüllung als Motor für die Generierung der Träume postuliert haben, hat in der zweiten Hälfte des 20. Jahrhunderts eine Revision erfahren. Nicht die Wunscherfüllung per se ist der »Kapitalist des Träumens«, um Ihr bekanntes Bild zu gebrauchen, sondern das permanente Bestreben, eine größtmögliche Adaptation an die jeweiligen Verhältnisse zu vollziehen, einen optimalen Fit, selbstverständlich unter Wahrung der eigenen Bedürfnisse und Wertvorstellungen, aber auch unter Berücksichtigung der Interessen anderer. Diese dynamische Äquilibration kann aber aus verschiedenen Gründen beeinträchtigt sein. Einer davon ist die konflikt- oder gar traumabedingte Einschränkung oder Blockierung eines optimalen Ausgleiches zwischen den verschiedenen Größen, den Wertvorstellungen und Wünschen sowie den äußeren Begebenheiten und Constraints. Unser Traumbewusstsein versucht bei der nächtlichen Bewältigung des mehr oder weniger konflikthaften Tagesbewusstseins eine Lösung zu finden, indem es Zugang zu früheren Speichern findet und damit auch Zugang zu früheren Denkvorgängen und Konfliktlösungsmodi. Manche erkennen wir als kindliche Wunschphantasien, die uns erheitern; bei anderen staunen wir, welche Weisheit in den geträumten Lösungen liegt, wenn wir verstehen, die von Ihnen so exzellent beschriebene Traumarbeit mittels einer Deutung rückgängig zu machen. Manchmal allerdings leuchtet uns auch unmittelbar der Sinn des Geträumten ein und wir können sofort einen Bezug zu unserem Tagesproblem erkennen. Nehmen wir z. B. Ihren sog. Onkel-Traum, damit Sie sehen, dass der Unterschied zwischen Ihrer ursprünglichen und der gegenwärtigen psychoanalytischen Auffassung gar nicht so gewaltig ist.

I ... Freund R. ist mein Onkel. – Ich empfinde große Zärtlichkeit für ihn.
II. Ich sehe sein Gesicht etwas verändert vor mir. Es ist wie in die Länge gezogen, ein gelber Bart, der es umrahmt, ist besonders deutlich hervorgehoben.[23]

Man muss zunächst einmal den Kontext kennen, der Ihnen zu diesem Traum einfiel. Sie hatten einige Zeit vorher erfahren, dass zwei Professoren der Wiener Universität Sie für die Ernennung zum Professor vorgeschlagen hatten. Sie freuten sich zwar sehr, als Sie dies hörten, dämpften aber zugleich auch wieder Ihre Freude, weil in den zurückliegenden Jahren Vorschläge solcher Art vom Ministerium stets unberücksichtigt geblieben waren. Es lag im antisemitischen Wien der damaligen Zeit auf der Hand, dass jüdische Habilitierte bei Berufungsverfahren gegenüber ihren nichtjüdischen Kollegen benachteiligt wurden. Sie schrieben: »Ich beschloß also bei mir, mich zu trösten. Ich bin, soviel ich weiß, nicht ehrgeizig, übe meine ärztliche Tätigkeit mit zufrieden stellendem Erfolge aus, auch ohne daß mich ein Titel empfiehlt. Es handelte sich übrigens gar nicht darum, ob ich die Trauben für süß oder sauer erklärte, da sie unzweifelhaft zu hoch für mich hingen.«[24]

Einen Tag vor dem Traum besuchte Sie ein befreundeter Kollege, der gerade beim Ministerium vorgesprochen hatte. Dieser Freund hatte offensichtlich keine Schwierigkeiten damit, für seine Sache zu kämpfen, und so fragte er den Minister selbst, ob konfessionelle Gründe für die Verzögerung seiner Berufung ausschlaggebend seien, was bejaht wurde. Für Ihren Freund führte dies zu größerer Klarheit; für Sie selbst brachte dieses Gespräch jedoch eine Verstärkung Ihrer Resignation mit sich. Als Jude in Wien hat man keine Aussichten, zum Professor berufen zu werden!

Zum Onkel fiel Ihnen ein, dass es tatsächlich einen Onkel, Josef Freud, den Bruder Ihres Vaters gab, der wegen Handels mit gefälschten Rubeln eine Gefängnisstrafe verbüßen musste, und über den Ihr Vater, dem diese Angelegenheit sehr nahe gegangen war, des öfteren sagte, dass Onkel R. kein schlechter Mensch gewesen sei, wohl aber ein Schwachkopf. Sie waren damals zehn Jahre alt, als Ihre Familie mit diesem bestürzenden Ereignis konfrontiert wurde.

Nun lag der Schluss für Sie nahe, auch Freund R. als einen Schwachkopf zu bezeichnen – entsprechend dem Gedanken im ersten Traumteil: *Freund R. ist mein Onkel.* Und das Gesicht, das Sie im Bild des zweiten Traumteiles sahen, war eine Mischung aus dem länglichen Gesicht Ihres Onkels, das von einem blonden Bart umrahmt wurde, und das Gesicht Ihres Freundes – wie bei einer Mischphotographie von Galton, der als Erster diese Technik entwickelt hatte, um auf diese Weise Familienähnlichkeiten bestimmen zu können. Anhand dieses Traumes zeigten Sie zum ersten Mal das Prinzip der Verdichtung auf, dessen sich – so Ihre Auffassung – der Träumende bedient, um erschreckende Inhalte zu kaschieren. Im Onkel-Traum ist die Verdichtung per Gleichsetzung allerdings offenkundig. Aber erst Ihr Einfall bringt die Entwertung Ihres Freundes ans Licht. Und als Sie darüber nachdachten, warum

Sie im Traum diesen Vergleich anstellten, für den sich in Ihrem Tagesbewusstsein kein Hinweis ergab, fiel Ihnen ein weiterer Kollege N. ein, den Sie Tage zuvor getroffen hatten, der ebenfalls zum Professor vorgeschlagen worden war und auch von Ihrer Ehrung wusste. Dieser Kollege hatte die Vermutung ausgesprochen, dass das Ministerium ihn vielleicht deshalb ablehnen könnte, weil gegen ihn allerdings völlig zu Unrecht eine Anzeige von einer Person vorliege. Im Unterschied zu ihm, so meinte der Kollege halb scherzend, halb im Ernst, wären Sie gänzlich unbescholten. Und bei dieser Erinnerung wurde Ihnen die Bedeutung der Gleichsetzung schlagartig klar: Onkel Josef steht einmal für Freund R., der zum Schwachkopf erklärt wird und in der Erinnerung an einen thematisch verwandten Tagesrest auch für den Kollegen N., der sich eines Vergehens schuldig gemacht hat und zum »Verbrecher« geworden ist. Ihre Schlussfolgerung darf ich zitieren.

> »Ich weiß jetzt auch, wozu ich diese Darstellung brauche. Wenn für den Aufschub der Ernennung meiner Freunde R. und N. ›konfessionelle‹ Rücksichten maßgebend sind, so ist auch meine Ernennung infrage gestellt; wenn ich aber die Zurückweisung der beiden auf andere Gründe schieben kann, die mich nicht treffen, so bleibt mir die Hoffnung ungestört. So verfährt mein Traum; er macht den einen, R., zum Schwachkopf, den anderen, N., zum Verbrecher; ich bin aber weder das eine noch das andere; unsere Gemeinsamkeit ist aufgehoben, ich darf mich auf meine Ernennung zum Professor freuen, und bin der peinlichen Anwendung entgangen, die ich aus R.s Nachricht, was ihm der hohe Beamte bekannt, für meine eigene Person hätte machen müssen.«[25]

Sie machten bei diesem Traum – bei dem es Ihnen in erster Linie darum ging, die Entstellung des latenten Traumgedankens aufzuzeigen – noch keinen kindlichen Wunsch geltend. Wenn wir diesen heute hinzukomponieren, könnte dieser lauten, dass Sie unbedingt und vor allen anderen der Erste sein wollten, der Primus. Ihre damalige Einschätzung, Sie seien nicht sonderlich ehrgeizig gewesen, war entweder eine Selbsttäuschung, oder eine Äußerung, die Ihnen Ihre Leserschaft einfach glauben sollte. Also, der Kinderwunsch, im Mittelpunkt der Aufmerksamkeit Ihrer Mutter zu stehen, das einzig bewunderte Kind zu sein und die Bewunderung mit keinem anderen Geschwister teilen zu wollen, Ihre Mutter mit Ihren Talenten, Ihrer Ausdauer und Ihrem Fleiß zu erfreuen, und damit jemand Außergewöhnlicher zu sein, war die treibende Kraft in diesem Traum. Die Tagesreste, also die Begegnungen mit Ihren Freunden hingegen waren nur der Aufhänger, auf den der infantile Wunsch gewartet hatte, um sich mit dem gegenwärtigen Bewusstsein verbinden zu können.

***Freud:** Bis hierhin kann ich Ihnen folgen. Mein Traum als der Versuch der Befriedigung meines Kinderwunsches, der Erste sein zu wollen. Die unsterblichen Kinderwünsche als die treibende Kraft, natürlich nicht nur der Traumbildung, sondern alles Lebendigen überhaupt. Wer hat den Mut, diese Aussage zu bezweifeln?*

Das Anstößige Ihres Wunsches, die Rivalen zu besiegen, blieb abgewehrt. Im ersten Traumteil empfinden Sie zärtliche Gefühle für Freund R., der zugleich Ihr Onkel ist. Ihr eigentlicher Wunsch ist somit nicht erkennbar. Sie können weiterschlafen, werden nicht geweckt – der Traum als der Hüter des Schlafes.

***Freud:** Bis hierhin ist alles stimmig. Und wie soll nun die Neuerung aussehen?*

Die Neuerung folgt, wie gesagt, primär aus den neurobiologischen Erkenntnissen über Struktur und Aktivität des Gehirns und aus den psychologischen Erkenntnissen über die Tätigkeit unserer Gedächtnissysteme. Das Gehirn wird heutzutage gedacht als ein dynamisches, integratives und ganzheitlich funktionierendes System von Milliarden von Zellen, die untereinander zigtausende Verbindungen aufweisen. Eine einzige Nervenzelle kann von mehreren tausenden Nervenzellen beeinflusst werden (Konvergenz-Prinzip) so wie mehrere tausend Nervenzellen von einer einzigen Nervenzelle beeinflusst werden können (Divergenz-Prinzip). Chemische Botenstoffe, sog. Transmitter, sorgen für eine erregende (Exzitations-Prinzip) oder für eine hemmende Kontaktaufnahme an den Synapsen der Neuronen (Inhibitionsprinzip). Diese vier Prinzipien bilden die grundlegenden Mechanismen unseres Gehirns. Auf die erstaunlichen Parallelen in Ihrem *Entwurf* sind wir ja bereits zu sprechen gekommen. Thematisch zusammengehörige Neuronen bilden Netzwerke, die parallel und seriell miteinander verknüpft sind. Trotz der unvorstellbar großen Anzahl der Neuronen und ihrer Verknüpfungen gilt dennoch, dass jedes Neuron nicht weiter als maximal vier Umschaltstellen von jedem anderen Neuron im Gehirn entfernt ist, was einer ungeheuer dichten Verknüpfung entspricht. Die Dichte insgesamt hängt natürlich davon ab, wie viele Verbindungen zwischen den Milliarden Neuronen im Verlauf der Entwicklung anhand von Erfahrungen und Lernprozessen hergestellt wurden und wie oft diese benützt worden sind. Nicht benützte Verbindungen verlieren im Lauf der Zeit ihre Stärke, so wie ein nicht benützter Muskel rasch an Kraft verliert. Wenn wir auf die Welt kommen, sind wir bereits mit genetisch determinierten Verschaltungsstrukturen ausgestattet, die uns für ganz bestimmte Wahrnehmungen und für assoziative Verarbeitungen prädisponieren, was z. B. auch die außergewöhnlichen Sinnesleistungen von Neugeborenen erklärbar macht, die bei den meisten Menschen dann allerdings verloren gehen. Spezifische Kompetenzen und Fachwissen hängen von dem raschen Zugriff auf die entsprechenden Netzwerke und der Dichte der Verknüpfungen ab. Struktur und Funktionalität des Gehirns machen des weiteren deutlich, dass unsere im Bewusstsein entstehende und auch kraft Tradition gelernte Einteilung in verschiedene »Fakultäten«, wie Wahrnehmung, Denken, Gedächtnis, Gefühl, mit dem tatsächlichen Funktionieren unseres Gehirns nichts gemein hat. Denn ein Wahrnehmen ohne gleichzeitiges Erinnern und Fühlen ist genauso wenig möglich wie ein gefühlsmäßiges Bewerten ohne Erinnerung und wahrnehmungsmäßige Repräsentation. Diesen »Descartschen Irrtum«, wie ihn Damasio genannt hat, hatten sowohl Sie ja bereits implizit mit Ihrer psychoanalytischen Lehre kritisiert als auch noch ausdrücklicher C. G. Jung, der von einer Komplementarität der psychologischen Typen (Denken, Intuition, Empfinden, Fühlen) gesprochen hatte. Das im Wachbewusstsein auseinander Gerissene wird nach Jung im ganzheitlich operierenden Traumbewusstsein wieder kohärent zu machen versucht. Lange vor den in der Gegenwart so intensiv diskutierten neurobiologischen Entdeckungen hat dies bereits der Schweizer Psychoanalytiker Luc Ciompi mit seinem Konzept des »Affektdenkens« theoretisch stringent konzeptualisiert.[26] Eine weitere auf Descartes zurückgehende Auffassung, die uns bis zum heutigen Tag auch in unserem Alltagsverständnis leitet, ist die Vorstellung, wir würden uns bei jedem Wahrnehmungsvorgang ein Abbild der äußeren Realität bilden, und die Güte unserer Wahrnehmung hänge dann von dem Ausmaß der Übereinstimmung zwischen der äußeren Realität und der inneren Repräsentation ab. Eine unvollkommene oder fehlerhafte Wahrnehmung führe dementsprechend zu einem unvollkommenen Abbild im Gehirn. Die heutige Auffassung dreht diese jahrhundertealte Lehrmeinung für einen Teil unserer Gedächtnissysteme nahezu um: Aufgrund eines nur minimalen Wahrnehmungs-Inputs konstruieren wir uns aufgrund unserer allzeit tätigen Netzwerke, in Parallelverarbeitung zigtausende Eindrücke in Bruchteilen von Sekunden dazu. Ein winziger Eindruck von einem anderen Menschen reicht oftmals aus und schon steht unser Urteil fest, ohne dass wir weitere Informationen über ihn benötigen. Unsere innere Welt hat dann ein Bild von diesem Menschen erschaffen, und der Betreffende, obgleich eigentlich ein Fremder für uns, ist uns bereits so vertraut, als würden wir ihn jahrelang kennen. Neues zu lernen bedeutet entsprechend dieser konstruktivistischen Auffassung, dass wir permanent unsere Vorausurteile überprüfen und uns dazu zwingen, unseren Gestaltungsprinzipien nicht den Primat zu lassen. Dies kann natürlich nur in einem schrittweisen Prozess gelingen. Wahrnehmen und Lernen sind so betrachtet eine ständige Hypothesenüberprüfung. Bereits bestehende Gefühls- und Wissenskontexte müssen permanent mit der wirklichen Welt abgeglichen werden. Aber mit diesen Formulierungen bewegen wir uns bereits auf psychologischem Boden. Unsere verschiedenen Gedächtnissysteme arbeiten nicht nur am Tage, sondern auch während des Schlafens weiter. Unser hoch entwickeltes autobiographisches Gedächtnis, in dem wir die Veridikalität, aber auch die Herkunft unserer Erinnerungen überprüfen können – letzteres ist uns beim semantischen Gedächtnis so gut wie überhaupt nicht möglich –, durchläuft während des Traumbewusstseins verschiedene Komplexitätsniveaus. Frühere Inhalte von Gedächtnisnetzwerken können auf phantastische Weise wieder aktiviert werden, auch wenn sie nur noch in Resten vorhanden sind. Auch wenn unser autobiographisches Gedächtnis tagsüber immer wieder neu konstruiert und rekonstruiert wird, sind doch nächtens Gedächtnisengramme auffindbar, die im Verlauf des Träumens stets aufs Neue mit dem Tagesbewusstsein verknüpft werden. Neurobiologisch gesprochen findet ein permanenter Austausch zwischen den kortikalen Assoziationsfeldern und den limbischen Strukturen statt. Im Fall von traumabedingten Schlafstörungen, aber auch bei einer experimentellen Unterbrechung des REM-Schlafs wird diese normale Informationsverarbeitung zwischen den verschiedenen Gedächtnismodulen unterbrochen. Dies führt dann zu keiner Erleichterung, wie wir sonst unseren Schlaf erleben, wenn am Morgen manche Konflikte doch in einem anderen Licht erscheinen als am Abend zuvor.

Es gibt, wie Sie schon ahnen, eine Funktionsbestimmung, die sich wie ein roter Faden durch die Geschichte der Taumforschung im 20. Jahrhundert zieht und deren Anfänge Sie ja durchaus noch mitbekommen haben. Es ist die Auffassung, dass das Träumen als ein Informationen- bzw. Bedeutungen verarbeitender Prozess zu betrachten ist. So ist z. B. für die Schweizer Psychoanalytiker und Traumforscher Ulrich Moser und Ilka von Zeppelin unser Gedächtnis sowohl im Wach- als auch im Schlafzustand ständig damit beschäftigt, Informationen zu bearbeiten, d. h. die gespeicherten Landkarten und Arbeitsmodelle sozialer und sächlicher Wirklichkeiten an die neuen, am Tage erfahrenen Reizgegebenheiten zu adaptieren. Da wir aber im Wachzustand unmittelbar auf die Umwelt reagieren müssen und unsere bewusste Informationsverarbeitungskapazität ohnehin beschränkt ist, können wir nur zu einem Teil diese Herausforderung bewusst verarbeiten. Ein unterschiedlich großer Teil des tagsüber unverdaut und unbearbeitet Gebliebenen muss deshalb zunächst zwischengespeichert werden, bis er dann im Schlafzustand weiterverarbeitet werden kann. Während normalerweise unsere inneren Arbeitsmodelle immer wieder erneut überarbeitet werden können, verhält sich dies nun aber mit konflikthaftem und traumatischem Material anders. Diese Datenkonstellationen verweigern gleichsam die Anpassung an neue Erfahrungen, stören aber nichtsdestotrotz die angemessene Aufnahme neuer

Reize. Im Traum wird nun nach Moser und von Zeppelin immer wieder erneut versucht, eine Lösung oder eine bestmögliche Adaptation für diese maladaptiven Erfahrungsmuster zu finden, die durch aktuelle Geschehnisse aktiviert worden sind. Seit über 25 Jahren arbeiten diese beiden Psychoanalytiker und Traumforscher aus Zürich an einem Modell, wie der Traum *generiert* wird, um mit diesem Wissen auch Computersimulationen des Traumgeschehens vornehmen zu können. Sie gingen unter anderem von dem Modell zweier amerikanischer psychoanalytischer Traumforscher aus, deren Gedanken hierzulande nur wenig rezipiert worden sind. Schon in den 50er und 60er Jahren hatten Thomas French und Erika Fromm vor allem Traumsequenzen erforscht, eine von Ihnen eher noch vernachlässigte Thematik. French konnte die thematische Beziehung zwischen Träumen dokumentieren, die in einer Nacht auftraten und den darauffolgenden Träumen über eine Periode von mehreren Monaten hinweg. French führte den Seriencharakter von Träumen auf den unbewussten Durcharbeitungsprozess zurück, der analog dem bewussten Durcharbeiten in einer psychoanalytischen Therapie geschieht. Jeder neue Traum bearbeitet etwas andere Aspekte desjenigen Konflikts – von French Fokalkonflikt genannt –, der den Träumer im Wachleben über Tage und Wochen oder gar Monate hinweg beschäftigten kann.

Vereinfacht ausgedrückt, dient Träumen der Gedächtniskonsolidierung: Tagsüber erfahrene Bedeutungen werden mit Erfahrungen aus dem Langzeitgedächtnis abgeglichen. Wenn nun die Erfahrungen, die eine Person tagsüber macht, verschiedene ungelöste Konflikte aus der Vergangenheit berührt, führt dies dazu, dass zuvor unbewusst gewordene autobiographische Erinnerungen zusammen mit nicht-deklarativen Anteilen wie z. B. emotionalen Gefühlsregeln hinsichtlich mancher ihrer Abkömmlinge vorbewusst werden können. Träumen versucht die von den Tageserlebnissen angeregten konflikthaften Wünsche, Emotionen und Erinnerungen zu integrieren, wie auch umgekehrt im Traumbewusstsein versucht wird, eine Selbstheilung vorzunehmen, indem nach erfolgreichen Konfliktlösungen und Stressbewältigungen in der Vergangenheit gesucht wird.

Wenn unsere Erfahrungen am Tage prinzipiell immer wieder eine Möglichkeit mit sich bringen, frühere ungelöste Konfliktsituationen zu einem guten Ende zu bringen, dann kann dies während des Träumens besonders gut bewerkstelligt werden. Die meisten dieser Träume werden uns allerdings gar nicht bewusst. Wenn unsere früheren fehlgeschlagenen Konfliktlösungen sich jedoch von neuen Erfahrungen nicht beeindrucken lassen, setzen sich die alten Konfliktkonstellationen erneut durch, was dazu führt, dass im Traum in unterschiedlicher Intensität Unlust, Angst, Scham und weitere negative Affekte erlebt werden und wir häufig auch aus einem solchen Traum erwachen.

Die in der Gegenwart so häufig antreffbare Formel von einer Informationsabgleichung während des Traumprozesses darf also nicht dahingehend missverstanden werden, dass hierbei nur semantische Wissensbestände ein updating erfahren. Vielmehr scheint es vor allem beim Träumen im REM-Schlaf um das Lösen emotional relevanter und konflikthafter Situationen zu gehen. Hierbei versucht der Betreffende tagsüber erlebte Konflikte mit semantischen und episodischen Gedächtnisinhalten, die in autobiographisch konflikthafte Erfahrungen eingebettet sind, in Verbindung zu bringen.

Bei diesem adaptiven Angleichungsprozess kommen durchaus Abwehroperationen ins Spiel, die aber nur noch bedingt mit dem von Ihnen postulierten Zensor verglichen werden können. Diese defensiven Manöver können emotional hoch besetzte Tagesreste, die für die Speicherung ins Langzeitgedächtnis vorgesehen waren, durch relativ harmlose ersetzen; der emotional konflikthafte Tagesrest kann für mehrere Tage im Kurzzeitgedächtnis verbleiben, selbst wenn er durch einen oder mehrere Träume abwehrmäßig getilgt worden ist. Wenn der Konflikt, der die Ersetzung des konflikthaften Tagesrestes durch einen harmlosen erzwang, z. B. im Lauf der Therapie durchgearbeitet worden ist, kann der ursprünglich konflikthafte Tagesrest wieder zugelassen werden und in einem weiteren Traum dem Langzeitgedächtnis eingefügt werden.

Freud: *Ich bin nun sehr gespannt, wie Sie mit dieser modernen Traumtheorie meinen Onkeltraum erklären werden!*

Was auf jeden Fall Gültigkeit behält, ist zunächst einmal Ihre Annahme, dass die Assoziationen zu einem bestimmten Traum, und fällt der erinnerte manifeste Traum auch noch so kurz aus, zu einem dichten Netz von Einfällen zu bestimmten Geschehnissen und Erlebnissen aus den vergangenen Tagen führen. Sicherlich unterscheiden sich hierin die Analysanden hinsichtlich ihrer Geübtheit, Verbindungen knüpfen zu können, hinsichtlich des Vertrauens, das sie ihrem Analytiker gegenüber aufbringen können, und hinsichtlich ihrer Affektregulierungsfähigkeit, mit den bewusst werdenden Affekten umgehen zu können, die aus konfliktiven Erfahrungen resultieren.

Gesichert scheint auch der folgende Befund zu sein. Je weniger akzeptabel die ursprünglichen Kinderwünsche geworden sind, desto mehr müssen diese selbst noch im nächtlichen Traum verschlüsselt und verstellt werden. Angst- und Schuldgefühle, Scham und depressive Verstimmung sollen im Traumerleben nach Möglichkeit nicht erlebbar werden; aus diesem Grund muss ähnlich wie in den Tagesphantasien und auch in den neurotischen Symptomen ein Kompromiss gefunden werden. Weil im Traum dic Möglichkeit zu realistischer

Handlungsausführung wegfällt, können manche Wünsche jedoch unverstellter als im wachen Erleben bewusst werden.

Allerdings haben experimentell arbeitende Psychoanalytiker, wie z. B. Hary Fiss[27] die Ansicht vertreten, dass Ihre ursprüngliche Auffassung vom Kompromisscharakter des Seelischen, der im Traum zutage tritt, durch die experimentelle Traumforschung nur teilweise bestätigt werden kann, weil sich herausgestellt habe, dass es weit mehr Ähnlichkeiten als Unterschiede zwischen Wach- und Traumzustand gibt, was vor allem deutlich wird, wenn man die Gelegenheit hat, den Träumer unmittelbar nach seinem Traum im Schlaflabor zu wecken. Träume würden deshalb nicht immer nur etwas verbergen, sondern gelegentlich auch direkt etwas für den Träumer unmittelbar Wichtiges enthüllen.

***Freud:** Das hat bereits C. G. Jung meiner Lehre entgegengehalten, ist also nicht unbedingt ewas Neues!*

Das ist richtig. Es wäre auch voreilig, daraus den Schluss zu ziehen, dass der manifeste Inhalt bereits die volle Wahrheit ausmache, so dass man sich nur um die Übersetzung der Bilder, Symbole und Metaphern zu bemühen habe. Diese Auffassung würde nämlich übersehen, dass die im Traum zum Ausdruck kommende Verdichtung von gegenwärtigen Problemen und verdrängten Wünschen bzw. ungelösten Konflikten in der Vergangenheit in die einzelnen Assoziationslinien zerlegt werden muss. Des weiteren darf das Moment der Abwehr nicht vernachlässigt werden. Harmlos erscheinende Tagesreste, die in den Traum eingehen, dienen der Abwehr von beunruhigenden Konflikten, die am Tage zuvor als Problem erlebt worden sind, aber bezüglich ihrer konflikthaften Implikationen nicht bewusst werden durften. Gleichwohl bedeutet dies nicht, dass die manifesten Traumelemente keine Aussagekraft hätten. Denn nicht alle Inhalte des Traumnarrativs sind ja der Verdichtung oder Symbolisierung unterzogen worden. Manchmal lassen sich einzelne Szenen der Traumerzählung unmittelbar auf Tagesreste und auch auf Vergangenes beziehen. So lässt z. B. Ihr berühmter Initialtraum, der Irma-Traum, der in der Halle des Bellevue beginnt, unmittelbar den Bezug zu der bevorstehenden Geburtstagsfeier Ihrer Frau Martha erkennen; oder die Personen von Oskar Rie, Breuer und Fließ sind unschwer zu identifizieren. Und die Art, wie Sie im Irma-Traum mit Ihrer Patientin in Kontakt treten, lässt natürlich Rückschlüsse darauf zu, wie Sie auch im Wachbewusstsein mit Menschen kommunizieren.

Dennoch scheint die von Ihnen mit Nachdruck betonte Dichotomisierung von manifestem und latentem Trauminhalt in der üblichen Verwendung zu einfach zu sein. Denn die scheinbar simple Unterscheidung zwischen manifestem und latentem Traum löst sich bei genauerer Betrachtung in ein kompliziertes Kontinuum von manifesteren und latenteren Zügen auf. Manche Traumteile lassen unmittelbar einen Bezug zum gegenwärtigen Leben des Träumers erahnen, andere scheinen unverständlich und geheimnisvoll zu sein.

Im übrigen haben Sie sich selbst in Ihrem praktischen Vorgehen ohnehin nicht an Ihre strenge theoretische Dichotomie von latent und manifest gehalten, so z. B. beim Irma-Traum. Gleichwohl wäre es ein Irrtum, den manifesten Traum bereits für die ganze Wahrheit zu halten, wie es manche psychoanalytische Schulrichtungen in der Gegenwart zu handhaben scheinen; denn täte man dies, würde man das grundlegende Faktum der Verdichtung von Gegenwärtigem und Vergangenem und auch der Abwehr in Form der Substituierung von Tagesresten auf dem Weg der Verschiebung außer Acht lassen.

Freud: *Trotz dieser wichtigen Informationen werde ich immer gespannter auf die Auflösung meines Onkeltraums. Ich habe zwar in meinem Leben gelernt, auch die Vorfreude libidinös zu besetzen, aber dennoch sollte es irgendwann zur Aufhebung der Spannung kommen.*

Vielleicht merken Sie an meinem Zögern, dass ich durchaus Hemmungen habe, Ihnen meine Spekulationen mitzuteilen. Aber ich sollte es in der Tat auch nicht zu spannend machen. Hier sind also meine Überlegungen: Die Tagesereignisse, wie die Erzählung Ihres Kollegen und Freundes N., könnten in Ihnen Gedanken und Wünsche der folgenden Art ausgelöst haben: Wie gehe ich mit Rivalen um, die offensichtlich besser als ich, ihre Forderungen ausdrücken, die beim Ministerium vorstellig werden und selbstbewusst auftreten können, während ich mich eher in die Rolle des verkannten Genies begebe? Mit meiner Saure-Trauben-Politik, die ich aber in meinem bewussten Erleben explizit verneine, komme ich offensichtlich nicht sehr weit. Vielleicht wäre es besser, mich zu meinem Ehrgeiz offen zu bekennen, anstatt ihn zu verleugnen. Aber warum fällt es mir so schwer, mir meine Rivalität offen einzugestehen? Und wie gehe ich im Alltag mit meiner untergründigen Rivalität um?

Auf der Suche nach vergangenen Bewältigungs- und Lösungsmöglichkeiten Ihres Rivalitätskonflikts stießen Sie im Traumbewusstsein nun auf frühere Erlebnisse mit Ihrem Vater. Wie hatten Sie als Kind Ihre Rivalitätskonflikte mit ihm zu lösen versucht? Die Vermutung liegt nahe, dass Sie Ihre Rivalität eher mit dem Halbbruder Philipp erlebt haben, und dass in ihrer Kindheit Ihr Vater lange Zeit eine idealisierte Figur blieb, bis Sie eines Tages eine herbe Enttäuschung über ihn erlebten. Als er Ihnen eines Tages erzählte, wie ein Antisemit ihm die Mütze vom Kopf schlug, und er es nicht wagte, sich zur Wehr zu setzen, sondern stattdessen unterwürfig reagierte. Die Enttäuschung muss so stark gewesen sein, dass die Idealisierung Ihres Vaters noch lange Zeit von Ihnen aufrechterhalten wurde, weil untergründig schon längst eine massive Entwertung eingesetzt hatte. In ihren Tagträumen identifizierten Sie sich mit Hannibal, der geschworen hatte, Karthago zu rächen, aber unbewusst blieben Sie mit der Art Ihres Vaters, Rivalitätsprobleme zu lösen, identifiziert. Er selbst nämlich hatte seinen Bruder, den Onkel Josef, zunächst durchaus insgeheim bewundert – dieser war im Gegensatz zu ihm zu Geld gekommen – hatte ihn dann aber kräftig als Schwachkopf entwertet. Auch Sie haben in Ihrem Leben eine Neigung entwickelt, Männer erst intensiv zu idealisieren, wie z. B. Breuer, Fließ, Jung, um sie dann später umso heftiger zu entwerten. Auch einige Ihrer Schüler scheinen die Tendenz von Ihnen übernommen zu haben, sich mit anderslautenden Auffassungen nicht wirklich auseinanderzusetzen, sondern das Rivalitätsproblem durch Entwertung des vermeintlichen oder tatsächlichen Gegners zu lösen. Die Postulierung von sog. Shiboleths, die kritischen Sachverhalte eher durch Glaubenspostulate als durch sachliche Diskussion zu entscheiden, hat die Psychoanalyse selbst in den Augen mancher wohlwollender Zeitgenossen als eine Art Glaubensgemeinschaft erscheinen lassen, deren Anhänger auf die entsprechenden Glaubensätze eingeschworen werden sollten. Eine Folge der Entwertung Andersgläubiger ist dann die Angst, verfolgt, ausgeschlossen, lächerlich gemacht, nicht ernst genommen zu werden – Gefühle, mit denen Sie, auch nachdem Sie schon längst ein berühmter Mann waren, immer noch zu kämpfen hatten. Dabei hätten Sie und ihre Bewegung es überhaupt nicht nötig gehabt, bestimmte Sachverhalte wie religiöse Dogmen zu verteidigen – denn das meiste von dem, was Ihnen wichtig erschien, gilt heutzutage weitgehend als unumstößliches Faktum.

Freud: *Es ist interessant, was Sie alles aus meinem Leben herauslesen. Bewusst waren mir immer nur meine eifersüchtigen Gefühle meinem kleinen Bruder Julius gegenüber, der mit 18 Monaten gestorben ist, weshalb ich viele Jahre ein Schuldgefühl empfand, wenn ich einen Rivalen aus dem Felde geschlagen hatte. Aber die Vermutung liegt nahe, dass ich zur Zeit des Onkeltraums viele Empfindungen über meinen Vater hatte. Aber der entscheidende Gedanke in Ihrer Argumentation ist ja wohl, dass durch das Gespräch mit meinem Kollegen ehrgeizige, rivalisierende Wünsche in mir geweckt wurden, die ich mir aber nicht einzugestehen wagte, statt dessen wie im manifesten Traum eher mit einer zärtlichen homoerotischen Regung reagierte. Im Traum suchte nun mein Traumagent nach früheren Konfliktlösungsmöglichkeiten und stieß auf meine Enttäuschung über meinen wenig durchsetzungsfähigen Vater sowie auf seine Neigung, Rivalen zu entwerten, anstatt offen mit ihnen zu kämpfen, was bei mir wiede-*

rum Tagträume über heldenhafte Eroberer zur Folge hatte. So kommt es zur indirekten Entwertung meines Freundes R. und zum gleichzeitigen zärtlichen Gefühl. Der Traum bleibt mir in Erinnerung, weil die früheren Konfliktlösungen, die mein Traumbewusstsein rekonstruiert hat, nicht gut gelungen sind und immer noch auf ein befriedigendes Ergebnis hoffen. Unsere Seele hätte demnach ein Streben nach Synthese, nach Kohärenz oder nach Aufhebung der Zerrüttung, die durch konflikthafte Erlebnisse entstanden ist. Im Falle von Verletzungen gelingt dies aber wohl nur selten.

Ulrich Moser und Ilka von Zeppelin nennen die Informationen im Traum, die aus früheren nicht gelösten Konflikten und traumatischen Situationen stammen, die aber durch aktuelle Geschehnisse wieder aktiviert werden, einen Traumkomplex. Dieser, der auf einen, evtl. mehrere im Langzeitgedächtnis gespeicherte Komplexe zurückgeht, generiert einen bewusstseinsfähigeren, dem autobiographischen Gedächtnis zugänglichen Fokalkonflikt. Der Traumkomplex ist wie ein permanenter Unruheherd zu betrachten, denn er strebt danach, vor allem mit seinen nichteklarativen, impliziten Gedächtnisinhalten verhaltensbestimmend zu werden, sich z. B. in zwischenmenschlichen Beziehungen immer wieder Geltung zu verschaffen. Oftmals ist er auch passiviert und wird erst durch ein aktuelles Geschehnis wieder aktiviert. Der zum Teil deklarativ organisierte, aber vor allem im Fall von in früher Kindheit erlebten Traumatisierungen und Konflikten nichtdeklarativ kodierte Komplex organisiert allerdings auch die Wahrnehmung von gegenwärtigen Beziehungserfahrungen auf eine maladaptive Weise.

Entsprechend dem Traummodell der beiden Forscher wird nun von der Traumorganisation eine Mikrowelt generiert, deren Inhalte und Prozeduren zustandsabhängig sind, d. h. abhängig von dem Zustand sind, in dem der ursprüngliche Konflikt zum ersten Mal auftrat. Um dies noch genauer zu erklären, müsste ich allerdings weit ausholen und die entwicklungspsychologischen Befunde zur sozioemotionalen und kognitiven, insbesondere auch zur Gedächtnisentwicklung ausführlich darstellen. Wir werden darauf aber sicherlich bei der Diskussion Ihrer späteren Werke noch zu sprechen kommen. Aber im Augenblick ging es mir ja in erster Linie darum, die Veränderungen der Traumtheorie, wie sie von psychoanalytischen Forschern ausgearbeitet worden sind, kurz darzustellen.

Zum Traummodell von Ulrich Moser und Ilka von Zeppelin:

Moser, U. (1992): Zeichen der Veränderung im affektiven Kontext von Traum und psychoanalytischer Situation. Psyche. Zeitschrift für Psychoanalyse und ihre Anwendungen, 46, 923–958.

Moser, U. (1999a): Das Traumgenerierungsmodell (Moser, von Zeppelin) dargestellt an einem Beispiel. In H. Bareuther et al. (Hg.), Traum, Affekt und Selbst. Sigmund-Freud-Institut. Psychoanalytische Beiträge 1 (S. 49–82). Tübingen. Edition diskord.

Moser, U. (1999b): Selbstmodelle und Selbstaffekte im Traum. Psyche. Zeitschrift für Psychoanalyse und ihre Anwendungen, 220–249.

Moser, U. & I. v. Zeppelin (1987): Träumen wir Affekte? Affektive Kommunikationim Traumprozess. Teil 1. Affekte und manifester Traum. Forum der Psychoanalyse, 3, 143–152.

Moser, U. & I. v. Zeppelin (1987): Träumen wir Affekte? Affektive Kommunikation im Traumprozess. Teil 2. Forum der Psychoanalyse, 3, 227–237.

Moser, U. & von Zeppelin, I. (1996): Der geträumte Traum. Wie Träume entstehen und sich verändern. Stuttgart: Kohlhammer.

Moser, U. & v. Zeppelin, I. (1999): Der geträumte Traum – Traumgenerierung und Traumcodierung. In H. Deserno (Hg.) Das Jahrhundert der Traumdeutung (S. 375–396). Stuttgart: Klett-Cotta.

Freud: Wenn ich es recht sehe, wird mein Traummodell durch die folgenden Annahmen erweitert: Wünsche sind immer schon eingebunden in bestimmte Interaktionserfahrungen, die zwischen einem Kind und seinen Bezugspersonen ablaufen. Jedem Wunsch ist also entweder die Erfahrung zugeordnet, dass er in Erfüllung geht oder dass er eine Versagung erfährt. Konflikte entstehen, wenn intensive Wünsche nicht gelebt werden konnten und starke Emotionen, wie Enttäuschungswut und vor allem Angst entstanden sind. Dennoch kann ein Anteil des ursprünglichen Wunsches in Phantasien erhalten bleiben, die in unterschiedlichem Ausmaß auch visuell und sprachlich symbolisiert werden können. Im Fall eines massiven Traumas ist nur der subsymbolische, implizite Anteil des Erlebens erfahrbar, eine deklarative und autobiographische Erinnerung ist nicht möglich.

Die am Tag erfahrenen Begebenheiten, die ein ungelöstes Problem ansprechen, wecken im Traumbewusstsein die dem Bewusstsein noch einigermaßen zugänglichen Konfliktkonstellationen, von Ihnen, bzw. von Moser und v. Zeppelin ›Traumkomplexe‹ genannt, die aber auf frühere Konflikt- und Traumaerfahrungen, auf sogenannte ›Komplexe‹ zurückgehen. Diese sind offensichtlich zum einen aufgrund früherer Abwehrvorgänge teilweise der autobiographischen Erinnerung nicht mehr zugänglich, zum anderen niemals in das deklarative Gedächtnismodul übernommen worden. Dennoch wirken sich beide Gedächtnisformationen permanent auf gegenwärtiges Erleben und Verhalten aus.

Nicht die unsterblichen Kinderwünsche wären damit in erster Linie zeitlos, sondern die mit ihnen verbundenen Erfahrungen, die sich um bestimmte

Emotionen gruppieren und damit thematisch verwandte Episoden bündeln. Meine Schuldgefühle meinem kleinen Bruder Julius gegenüber, dessen Tod ich natürlich nicht mehr erinnern konnte, sondern der mir erzählt wurde, und meine Rivalitätsgefühle, die ich für meinen Halbbruder Philipp hegte, sowie meine vermutlich unterdrückten Erfahrungen meinem Vater gegenüber, würden demnach einen Komplex bilden, der wiederum meine Erfahrungen in der Gegenwart bestimmt hat. Mein Traum bot nun die Chance, die früheren autobiographisch verdrängten Erfahrungsanteile, aber vielleicht auch noch früher erlebtes traumatisches Material, das niemals sprachlich kodiert wurde, erstmalig anhand der Beschäftigung mit dem Traum psychisch repräsentieren zu können und es – sobald ich mich sicher genug fühlte – zu versprachlichen. Und gelegentlich können bei diesem Gedächtnisabgleich für gegenwärtige Konflikte, die zunächst unlösbar erscheinen, frühere Bewältigungsformen während des Träumens gefunden werden.

Ich darf aber daran erinnern, dass ich in »Jenseits des Lustprinzips« im Jahr 1920 eine Einschränkung der Behauptung vorgenommen habe, dass nur unbewusste Wünsche die treibende Kraft bei der Traumbildung darstellen. Vielmehr sind die traumatischen Träume, in denen von schweren Traumata in der Vergangenheit geträumt wird, Ausnahmen von dieser Regel. Auch will ich nicht unerwähnt lassen, dass das, was jetzt Traumkomplex heißt, bei mir die latenten Traumgedanken hießen, hinter denen die Kinderwünsche stehen.

Aber wo bleiben in den neueren Traummodellen die defensiven Maßnahmen, die Traumarbeit mit ihren Vorgängen der Verdichtung, Verschiebung, szenischen Darstellung, Symbolisierung und sekundären Bearbeitung?

Die Gedächtnisarbeit strebt nach einer Selbstheilung – in etwas anderen Worten drückte dies C. G. Jung mit seiner Theorie der Kompensation aus. Aber es braucht im Fall von ungelösten Traumkomplexen dazu einen kundigen Interpreten, und dies macht die von Ihnen ausgearbeitete Theorie der Trauminterpretation so wertvoll. Denn die Entstellungen, die selbst im Traumbewusstsein noch aktiv sind, müssen zunächst rückgängig gemacht werden, um mit Hilfe der Einfälle zum Traum überhaupt erkennen zu können, welche verschiedenen Erinnerungsbruchstücke aus verschiedenen Traumzuständen und verschiedenen Erinnerungsmodulen durch den Tageskonflikt aktiviert worden sind.

Bevor wir einen Blick auf ihr damaliges Symbolverständnis werfen, noch ein paar Fragen zu Ihrem Verständnis von Traumdeutung bzw. –interpretation.

In der Traumdeutung haben Sie am eindeutigsten und am kreativsten eine – ohne es so zu bezeichnen – hermeneutische Methodologie begründet, in der es Ihnen darum ging, Bedeutungen aufzufinden, die mit den Wünschen und

Konflikten eines Menschen in einer bestimmten Kultur zu tun haben, die der Betreffende sich aber nicht selbst eingestehen kann und will.

Heute wird Ihnen von Außenstehenden, aber auch einer Anzahl von Kollegen vorgehalten, dass Sie nicht erkannt hätten, dass der Vorgang der hermeneutischen Interpretation nichts anderes sei als ein Herstellen von Bedeutungen im Licht bestimmter Theorien, wie z. B. Ihrer damaligen Triebtheorie, oder heute der Selbstpsychologie, der Bindungstheorie usw. Vor allem aus diesem Grund sei die hermeneutische Methode keine wissenschaftliche Vorgehensweise, sondern eine kreative Betätigung, vergleichbar etwa dem Malen eines Bildes.

Freud: *Das trifft sicherlich für jede angewandte Wissenschaft in vergleichbarer Weise zu. Aber natürlich ist die Traumdeutung das Beispiel einer Vorgehensweise, bei welcher der Anteil einer bedeutungsherstellenden Methodik durchaus hoch sein kann. Außerdem behagt mir der Gedanke als Naturwissenschaftler außerordentlich, dass Wissenschaft auch etwas mit der Herstellung von Bedeutung zu tun hat.*

Diejenigen, die so argumentieren, sind zudem entweder Szientisten oder sie haben die Hermeneutik nicht begriffen oder auch beides. Erstens haben Philosophen im 20. Jahrhundert, wie z. B. Gadamer[28], deutlich gemacht, dass die hermeneutischen Vorannahmen stets auch argumentationszugänglich sein müssen und zweitens, auch die Methoden der sog. empirischen Wissenschaften auf einer Menge von Voraussetzungen beruhen, ohne die eine wissenschaftliche Methode niemals funktionieren könnte. Die Alternative kann also nicht Wissenschaft *oder* Hermeneutik lauten, sondern nur, ob man die hermeneutischen Voraussetzungen, die sowohl der empirischen Methodik zugrunde liegen als auch den sinninterpretierenden Verfahren, ausreichend explizit machen kann. Wer glaubt, Wissenschaft ohne Klärung der Voraussetzungen betreiben zu können, den nennen wir einen Szientisten, d. h. einen recht naiven Anhänger der Auffassung, dass man z. B. im Auszählen von angekreuzten Fragebogen-Items bereits die Wirklichkeit erfasst habe. Wegen der Einfachheit dieser Methodik gehört sie allerdings zum Commonsense und auch leider immer noch zum Vorgehen vieler akademischer Forscher.

Nun hat Ihnen allerdings auch ein psychoanalytischer Kollege vorgehalten, dass Sie eine zu einfache Vorstellung von Hermeneutik gehabt haben, wenn Sie glaubten, dass mit dem Rückgängigmachen der zensurierenden Traumarbeit und unter Rekurs auf die Assoziationen des Träumers und seinen idiosynkratischen Konflikten die ursprünglichen Bedeutungen aufgefunden werden könnten. Auf diese Weise würde man immer nur die Ostereier finden, die man selbst versteckt habe. Der amerikanische Psychoanalytiker Donald

Spence hat diese Suchhaltung mit »Alles-ist-sinnvoll-Position« bezeichnet und ihr eine »Wir-wissen-nichts Sicht« gegenübergestellt.[29]

Freud: *Ich denke, dass dieser Psychoanalytiker von gewissen postmodernen Strömungen zu stark affiziert worden ist, die einem Relativismus des Erkennens und der Unmöglichkeit einer Prognose oder einer Retrodiktion das Wort reden. Sicherlich standen mir damals noch nicht die vielen entwicklungspsychologischen Kenntnisse zur Verfügung, über die Heutige verfügen, so dass manches Mal meine Rekonstruktionen von Bedeutungen in der Gegenwart als zu schematisch oder gar reduktionistisch erscheinen mögen – aber im Prinzip war ich stets auch für anderslautende Hypothesen offen. Trotzdem bestand ich darauf, dass es möglich sei, für den Träumer ganz spezifische und nur für ihn zutreffende verschüttete Motive und Absichten ausfindig machen zu können. Insofern hatte ich tatsächlich den Anspruch, »etwas zu finden« und nicht nur in der Begegnung mit meinem Analysanden »etwas zu erfinden«, was eine – wie man heute sagt – lediglich narrative Wahrheit begründen kann, mit der man sich zufrieden geben müsse. Und ihre vorigen Ausführungen über das psychoanalytische/kognitionspsychologische Traummodell von Moser und v. Zeppelin sind doch auch von der Annahme geleitet, dass die Traumkomplexe nicht intersubjektiv erfunden werden, sondern auf eine Wirklichkeit im Analysanden zurückgehen.*

Herr Freud, von den von ihnen beschriebenen hauptsächlichen Mechanismen der Traumarbeit, Verdichtung, Verschiebung und Symbolisierung hat die letztere Methode von Beginn an am meisten Kritik erfahren. Angefangen von Jungs grundlegender Kritik bis hin zu zeitgenössischen Einwendungen lauten die wichtigsten Einwände z. B., dass das von Ihnen als Symbol Bezeichnete gar kein Symbol im eigentlichen Sinn darstellen würde, sondern lediglich ein Zeichen im Sinne einer abgekürzten Bezeichnung einer bekannten Sache. Ihr Verständnis von einem Symbol bezöge sich somit auf eine festgelegte Bedeutung. Jung hingegen fasste ein Symbol als »die bestmögliche Bezeichnung für einen relativ unbekannten, jedoch als vorhanden erkannten Tatbestand«, der nicht deutlicher ausgedrückt werden kann. Es sei »der best- und höchstmögliche Ausdruck des Geahnten und noch nicht Gewußten«[30]. Das Symbol verschleiere deshalb keinen unbewussten Gedanken oder Wunsch, sondern versuche, der anderweitig noch nicht aussprechbaren Idee einen bestmöglichen Ausdruck seiner Bedeutung zu verschaffen. Verstünde man z. B. das Schwert als ein Symbol für den Penis, so operiere man lediglich mit konventionellen Zeichen oder mit toten Symbolen. Lebendige Symbole sind für Jung hingegen solche, die bei ihrer Nennung noch nicht unmittelbar ahnen lassen, welchen Reichtum an

Bedeutungszusammenhängen sie enthalten. In *Wandlungen und Symbole der Libido* vertrat Jung die Auffassung, dass es bei der Symbolbildung zu einer Verlagerung psychischer Energie von einer unteren auf eine obere Verwendungsebene komme. Bisher unerkannte Wahrheiten würden in energiegeladenen Bildern ausgedrückt. Wenn bei der Trauminterpretation das Symbol amplifiziert und nicht auf bereits Bekanntes, wie Körperteile und sexuelle Vorgänge, reduziert werde, komme es vor allem zur Erkenntnis von neuartigen und überraschenden Bildern des Selbst.[31]

Am bekanntesten wurde C. G.Jungs Theorie der Symbole als Manifestationen von Wachstumsprozessen im Unbewussten des Träumers; Symbole und Metaphern sind keine Verhüllungen des Unbewussten, sondern die besondere Ausdrucksform des Unbewussten. Ein oft zitiertes Beispiel zur Verdeutlichung:

Eine sehr auf gesellschaftliche Etikette, vornehme Umgangsformen und Ästhetizismus Wert legende Frau träumt, dass sie zu einem großen gesellschaftlichen Ereignis eingeladen ist. Ihre Gastgeberin empfängt sie mit den Worten: ›Wie schön, dass Sie gekommen sind. Alle Ihre Freunde sind bereits hier und erwarten Sie.‹ Sie führt sie zu einer Tür, öffnet sie, und die Träumerin tritt – in einen Kuhstall!

Hier müssen nicht erst umfangreiche Dechiffrierarbeiten einsetzen, um den Sinn eines Traumes zu erraten; der manifeste Traum kann nach Jung vielmehr unter Berücksichtigung der symbolischen Ausdrucksweise direkt dem Patienten übersetzt werden. Da der Traum kein absichtlich verhüllter Inhalt sei, brauche er auch nicht aufwendig entschlüsselt zu werden. Vielmehr enthält er eine wichtige Botschaft über den Träumer, die in einer metaphorischen und symbolischen Sprache zum Ausdruck kommt. Der Traum konfrontiert die Träumerin mit den ungelebten Seiten ihrer Persönlichkeit oder eines Problems, das sie in ihrem wachen Leben beschäftigt.

In dem im Jahr 1911 in die *Traumdeutung* eingefügten Kapitel *E Die Darstellung durch Symbole im Traume – weitere typische Träume* führten Sie aus, dass Sie durch den Einfluß der Arbeiten W. Stekels erst zur vollen Würdigung der Symbolik gekommen seien, obwohl Sie sie von Anfang an erkannt hatten. Aber wenn nun einzuräumen sei, dass »viele dieser Symbole wie die ›Sigel‹ der Stenographie mit ein für allemal festgelegter Bedeutung auftreten«, dann sähe man sich vor der Versuchung, »ein neues Traumbuch nach der Chiffriermethode zu entwerfen«.[32] Was tun? Die Chiffriermethode war doch gerade jenes Verfahren, von dem Sie Ihre wissenschaftliche Traumdeutung abgegrenzt sehen wollten. Aus diesem Grund stellten Sie klärend fest: »Diese Symbolik gehört nicht dem Traume zu eigen an, sondern dem unbewußten Vorstellen, speziell des Volkes, und ist im Folklore, in den Mythen, Sagen,

Redensarten, in der Spruchweisheit und in den umlaufenden Witzen eines Volkes vollständiger als im Traume aufzufinden. Wir müßten also die Aufgabe der Traumdeutung weit überschreiten, wenn wir der Bedeutung des Symbols gerecht werden und die zahlreichen, großenteils noch ungelösten Probleme erörtern wollten, welche sich an den Begriff des Symbols knüpfen«.[33] Und in einer eingefügten Fußnote verwiesen Sie auf die Schrift von Otto Rank und Hans Sachs aus dem Jahr 1913, und in einer späteren Auflage auf die einflussreiche Arbeit von Ernest Jones über *Die Theorie der Symbolik* aus dem Jahr 1919.

Der Literaturwissenschaftler Nicholas Rand und Maria Torok, eine französische Psychoanalytikerin[33], haben jüngst Ihren widersprüchlichen Umgang mit der Traumsymbolik kritisiert: Sie haben Ihnen vorgeworfen, dass ihre Traumtheorie in ihrem innersten Kern einen Bruch aufweist, worunter die Alltagsarbeit sowohl von praktizierenden Analytikern als auch von Schülern und Studenten der Psychoanalyse leiden würde.[34]

Einerseits hatten Sie die symbolische Lesart als populärpsychologisch zurückgewiesen: »Die Laienwelt hat sich darum von jeher bemüht, den Traum zu ›deuten‹, und dabei zwei im Wesen verschiedene Methoden versucht. Das erste dieser Verfahren faßt den Trauminhalt als Ganzes ins Auge und sucht denselben durch einen anderen, verständlichen und in gewissen Hinsichten analogen Inhalt zu ersetzen. Dies ist die symbolische Traumdeutung; sie scheitert natürlich von vornherein an jenen Träumen, welche nicht bloß unverständlich, sondern auch verworren erscheinen ... Wie man den Weg zu einer solchen symbolischen Deutung findet, dazu läßt sich eine Unterweisung natürlich nicht geben. Das Gelingen bleibt Sache des witzigen Einfalls, der unvermittelten Intuition, und darum konnte die Traumdeutung mittels Symbolik sich zu einer Kunstübung erheben, die an eine besondere Begabung gebunden schien.«[35]

Von dieser Symboldeutung unterschieden Sie dann noch eine zweite populäre und seit Jahrhunderten gebräuchliche Methode, die »Chiffriermethode«, die den Traum wie eine Art Geheimschrift behandelt. »Ich habe z. B. von einem Brief geträumt, aber auch von einem Leichenbegängnis u.dgl.; ich sehe nun in einem ›Traumbuch‹ nach und finde, daß ›Brief‹ mit ›Verdruß‹, ›Leichenbegängnis‹ mit ›Verlobung‹ zu übersetzen ist. Es bleibt mir dann überlassen, aus den Schlagworten, die ich entziffert habe, einen Zusammenhang herzustellen«.[36] Eine Verfeinerung erfuhr diese Chiffriermethode Ihrer Meinung nach bei dem antiken Traumdeuter Artemidoros von Daldis, der eine Differenzierung des Trauminhalts je nach Person und Lebensumständen des Träumers vornahm; das nämliche Traumelement hat für den Verheirateten eine andere Bedeutung als für den Ledigen. Die Feststellung der jeweiligen Bedeutung trifft der Traumdeuter, nicht hingegen der Träumer. Beim Chiffrierverfahren wird jedes Stück dieser

Übersetzungsarbeit unterzogen, »so als ob jeder Brocken Stein eine besondere Bestimmung verlangt«.[37] Unmissverständlich hielten Sie abschließend fest:

> »Für die wissenschaftliche Behandlung des Themas kann die Unbrauchbarkeit beider populärer Deutungsverfahren des Traumes keinen Moment lang zweifelhaft sein. Die symbolische Methode ist in ihrer Anwendung beschränkt und keiner allgemeinen Darlegung fähig. Bei der Chiffriermethode käme alles darauf an, dass der ›Schlüssel‹, das Traumbuch verläßlich wäre, und dafür fehlen alle Garantien. Man wäre versucht, den Philosophen und Psychiatern recht zu geben und mit ihnen das Problem der Traumdeutung als eine imaginäre Aufgabe zu streichen«.[38]

Es ist reichlich paradox: Mit Ihrer Methode der Trauminterpretation verließen Sie die seit dem Altertum und im Volksglauben praktizierten Vorgehensweisen der konstanten Übersetzungen, wie man sie in jedem populären Traumbuch des 19. Jahrhunderts finden konnte, und entwickelten die Methode der freien Assoziation, mit deren Hilfe der Forscher vom manifesten (zensierten) Traum zum latenten (unzensierten) Traum vordringen kann. Dies war wohl Ihre bedeutsamste Erfindung in der *Traumdeutung*. Gleichwohl wurde im 20. Jahrhundert Ihre Interpretationsmethode ausschließlich mit der Übersetzung sexueller Symbole gleichgesetzt.

Freud: *Das Volk liebt die Vereinfachung.*

Andererseits, und damit nehme ich die Kritik von Rand und Torok wieder auf, kehrten Sie in einem gewissen Umfang tatsächlich zur symbolischen Traumdeutung zurück. Symbole sind Teil der bildlichen Darstellung, zugleich haben sie aber auch eine zensurierende Funktion. Mit Hilfe ihrer Verkleidung können die latenten Inhalte zum manifesten Traum mutieren. Unter dem Einfluss der Auffassungen von Stekel, Jung und Rank fügten Sie den späteren Auflagen Ihrer *Traumdeutung* ausführliche Abschnitte über Symbole zu, die bei Ihnen aber dann eine nahezu ausschließlich sexuelle Bedeutung bekamen. Und als hätte es Ihre Assoziationsmethode nie gegeben, gelangten Sie sogar zu der Ansicht, dass es unter bestimmten Umständen möglich sei, einen Traum zu deuten, ohne den Träumer selbst nach seinen Einfällen zu befragen.

Freud: *Allerdings gab ich auch zu verstehen, dass dieses Vorgehen von Seiten des Trauminterpreten große Erfahrung benötige und nicht generell zu empfehlen sei. Und an mehreren Stellen in meinen späteren Veröffentlichungen wies ich darauf hin, dass die Symboldeutung im Verhältnis zur freien Assoziation immer nur an zweiter Stelle stehen dürfe. Zum Teil wandte ich diese Methode bei Patienten an, die partout keine Einfälle zu ihren Träumen hatten. Ich* *warnte aber nachdrücklich davor, die Symboldeutung zu überschätzen oder sogar die Trauminterpretation auf die Symbolübersetzung einzuschränken und auf die Assoziationsmethode zu verzichten.*

So schrieb ich unmissverständlich in der ›Traumdeutung‹: »Die beiden Techniken der Traumdeutung müssen einander ergänzen; praktisch wie theoretisch verbleibt aber der Vorrang dem zuerst beschriebenen Verfahren, das den Äußerungen des Träumers die entscheidende Bedeutung beilegt, während die von uns vorgenommene Symbolübersetzung als Hilfsmittel hinzutritt.« [39]

Und in den ›Vorlesungen zur Einführung in die Psychoanalyse‹ hielt ich noch einmal ausdrücklich fest: »Kennt man die gebräuchlichen Traumsymbole und dazu die Person des Träumers, die Verhältnisse, unter denen er lebt, und die Eindrücke, nach welchem der Traum vorgefallen ist, so ist man oft in der Lage, einen Traum ohne weiteres zu deuten, ihn gleichsam vom Blatt weg zu übersetzen. Ein solches Kunststück schmeichelt dem Traumdeuter und imponiert dem Träumer; es sticht wohltuend von der mühseligen Arbeit beim Ausfragen des Träumers ab. Lassen Sie sich aber hierdurch nicht verführen. Es ist nicht unsere Aufgabe Kunststücke zu machen. Die auf Symbolkenntnis beruhende Deutung ist keine Technik, welche die assoziative ersetzen oder sich mit ihr messen kann. Sie ist eine Ergänzung zu ihr und liefert nur in sie eingefügt brauchbare Resultate.«[40]

Betrachtet man die von Ihnen postulierten Traumentstellungsvorgänge der Verdichtung, Verschiebung und Verbildlichung, die es durch die Traumdeutung wieder rückgängig zu machen gilt, noch genauer, dann fällt die Verwandtschaft zu den bereits von Aristoteles in der rhetorischen und poetologischen Theorie unter dem Gattungsnamen »Tropen« zusammengefassten Stilfiguren auf, wie z. B. der Metonymie (das entspräche der Verschiebung und dem Prinzip des Teils für ein Ganzes) und der Metapher (Übertragung und Verdichtung). Auch die Verbildlichung als eine Form der nach Ihrer Auffassung zensurierenden Traumarbeit ist letztlich eine Form der visuellen Metapher.

Einen interessanten Input erhielt die psychoanalytische Auseinandersetzung über die Bedeutung und den Stellenwert von Metaphern im Traum seitens der sogenannten kognitiven Linguisten, insbesondere der Arbeiten von George Lakoff, dessen mit dem Philosophen Mark Johnson 1980 veröffentlichtes Werk *metaphers we live by* in Deutschland vor allem durch die Publikationen von Michael Buchholz bekannt wurde.[41] Der kognitive Linguist Lakoff ist ein Nachfolger von Chomsky, dessen Revolution in der Linguistik die bisherigen Annahmen des lerntheoretischen Imperialismus skinnerscher Prägung erschütterten. Jedes Kind kommt mit einer angeborenen Disposition auf die Welt, grammatikalische Strukturen zu verstehen. Diese werden im menschlichen

Genom vererbt, brauchen deshalb auch nicht in einem mühsamen Verstärkungslernen Schritt für Schritt aufgebaut zu werden. Diese »vorverschalteten« Strukturen können uns deshalb auch eine ganze Menge über das menschliche Gehirn und unsere mentalen Prozesse verraten. Lakoff konzentriert sich nun zur Gänze auf die »kognitive Wissenschaft von der Metapher« oder auf die »Theorie der konzeptuellen Metapher«.

Freud: *Ich erinnere mich, dass die amerikanische Psychoanalytikerin Ella Freeman Sharpe in den 30er Jahren bereits ähnliche Gedanken über die Metapher geäußert hat.*[42]

Lakoff und Johnson knüpfen an einen grundlegenden Wandel im Verständnis der Metapher an, der sich erst in der zweiten Hälfte des 20. Jahrhunderts nach und nach ergeben hat. Galten Metaphern jahrhundertelang als ein rhetorisches Mittel, das allenfalls für die poetische Ausschmückung der Rede geeignet sei und wurde vor allem in der Tradition des Empirismus die Metapher sogar als Werkzeug des Irrtums und des Betrugs, insbesondere wenn sie in wissenschaftlichen Texten verwendet wurde, gebrandmarkt, so ist heute davon auszugehen, dass unsere Wahrnehmung und unser Denken unweigerlich von Metaphern durchzogen sind. Ohne Metaphern könnten wir nicht denken, Zusammenhänge erkennen und handeln. Metaphern durchdringen nicht nur unser Alltagsleben, sondern finden sich auch im abstrakten wissenschaftlichen Denken. Neue Erfahrungen machen, Unbekanntes begreifen, Konzepte konstruieren und Wissen konsolidieren können wir nur, wenn wir unablässig auf sprachliche und bildliche Vergleiche zurückgreifen, in denen kulturell vorgeprägte, aber auch höchst persönliche Metaphern enthalten sind. Metaphern sind keine abstrakten Kategorien und Konzepte, sondern sinnlich erlebte, emotional konnotierte Erfahrungen. Er hat mit seiner Argumentation »ins Schwarze getroffen«, verweist z. B. ebenso auf eine kriegerische Metapher, wie die Aufforderung, »mit den Argumenten loszuschießen«, bevor man »vom Kontrahenten niedergemacht wird«. Ein objektivistischer Mythos hat in der Vergangenheit diese durchgängige metaphorische Konstruktion unseres Wahrnehmens, Erlebens und Denkens nicht sehen und begreifen können.

Was bedeutet dies für unsere Thematik? In der Tradition dieser objektivistischen Auffassung glaubte man, durch eine klare Definition von Begriffen, am besten durch eine Kunstsprache, die als objektive Gegebenheiten vorstellbaren Dinge dieser Welt unabhängig von allen subjektiven Vorurteilen und Gefühlen erfassen zu können. Diese empiristische Doktrin hat sich jedoch als ein Irrglaube herausgestellt. Unser Denken ist durch und durch metaphorisch.

Das heißt für das Traumbewusstsein, dass auch dieses metaphorisch ist; ein Kennzeichen des Traumbewusstseins ist sogar, dass in ihm die Metaphern, d. h. die Übertragungen einer neuen Erfahrung in ein vertrautes Bild noch viel häufiger und deutlicher in Erscheinung treten. Die Verknüpfungen zwischen verschiedenen Netzwerken, in denen sprachliche und bildliche Vergleiche miteinander in Kontakt treten, wobei die Knotenpunkte, an denen die Fäden zusammenlaufen, Emotionen darstellen, sind im Traum somit viel zahlreicher. Der Traum ist *hyper*konnektiv: Mit dieser Formel hat Ernest Hartmann, der Sohn des berühmten New Yorker Ich-Psychologen Heinz Hartmann und ein psychoanalytischer Traumforscher in der Gegenwart, diesen Sachverhalt auf den Begriff gebracht.[43] D. h. wir kommen im Traum nicht umhin, ja es macht eben gerade auch den Vorzug des Traumbewusstseins aus, pausenlos Verbindungen zwischen alten und neuen Sinnzusammenhängen zu knüpfen. Und während sich unser Wachbewusstsein ohnehin nur mit den bewusstseinsfähigen Wahrnehmungseindrücken und Gedanken beschäftigen kann, häufig noch dazu in einer relativ abstrakten Form, d. h. losgelöst von unseren körperlichen und gefühlshaften Empfindungen und auch von ganzheitlicheren, in unserem Langzeitgedächtnis aufbewahrten Erfahrungen, kann es im Traumbewusstsein zu einer stärkeren sinnlichen Verankerung dieser Tageseindrücke kommen. Es verwundert deshalb auch nicht, dass Menschen sich durch ihre Träume kreativ inspiriert fühlen, dass manche Probleme, die uns tagsüber beschäftigt haben, nach einer Nacht darüber schlafen und vor allem träumen, selbst wenn wir uns an diese Träume am nächsten Morgen nicht erinnern können, nicht mehr so dringlich erscheinen. Insofern haben auch diejenigen Traumforscher Recht, die eine problemlösende Funktion des Träumens annehmen. Dass in diesen Problemlösungen auch Wunscherfüllungen eine Rolle spielen können, ist jedoch ebenfalls naheliegend.

Obwohl Sie, verehrter Herr Freud, das objektivistische Paradigma der Neuzeit in mancherlei Hinsicht in Frage gestellt haben, fließen in Ihre Konstruktion der Traumarbeit an einigen Punkten diese herkömmlichen Annahmen ein. Verschiebung, Verdichtung und Symbolisierung können von Ihnen nur als Abwehrmaßnahmen gesehen werden, die den rationalen Diskurs verschleiern, nicht jedoch als Möglichkeiten, welche die ursprünglichere Sprache unseres Erlebens und Denkens darstellen. Obwohl Sie als humanistisch gebildeter und sprachgewaltiger Schriftsteller und Forscher selbst viele Metaphern verwandten, galt Ihnen die rationale, diskursive Logik höherwertiger als – in den Ausdrücken der amerikanischen Philosophin Susanne Langer[44] – die präsentative Symbolik, eine Sprache, die sich aus einem Netz von metaphorisch ausgedrückten Lebenserfahrungen bildet und tiefer und weiter reicht als die erfahrungsferne Semantik des intellektuellen und wissenschaftlichen Sprechens.

In dieser werden lediglich abstrakte Worthülsen linear aneinander gereiht und durch grammatikalische Regeln logisch miteinander verknüpft. Im Mythos, in der Kunst, in religiösen Erfahrungen, aber eben auch in unseren nächtlichen Träumen kommt hingegen ein ganzheitlicheres und gefühlshafteres Denken und Erleben zum Ausdruck. Die von Carl Gustav Jung behauptete kompensatorische Funktion des Traumerlebens erhält aufgrund dieser Neueinschätzung des Metaphorischen ebenfalls eine plausiblere Bedeutung. Dennoch dürfte ein Großteil des nächtlichen Traumerlebens damit beschäftigt sein, normale und konflikthafte Tagesereignisse in die Netzwerke unseres Langzeitgedächtnisses einzuordnen, nach vertrauten Lösungen zu suchen und Angleichungsprozesse vorzunehmen. Aber trotz dieser Überlegungen zu einer grundsätzlich metaphorischen Struktur unserer Sprache und unseres Erlebens, gibt es auch tabuierte Metaphern, die z. B. sexuelle und aggressive Wünsche und viele in unserem Kulturkreis verpönte Gefühle, wie z. B. destruktive Rivalität, Neid, Eitelkeit, Eifersucht, Hass und Rachsucht enthalten. Bei diesen Thematiken könnten Sie mit der Postulierung von Abwehrvorgängen im Traum Recht gehabt haben. Aber andere, vermutlich größere Teile des Traums enthalten konzeptuelle Metaphern, die ubiquitär in unserem Denken und Phantasieren sind. Eine Frau, deren Mutter vor einigen Tagen gestorben war, träumte: Ich befand mich in einem leeren Haus, es war verlassen und ohne Möbel. Alle Türen und Fenster standen offen und der Wind pfiff durch die Räume. Dieser Traum drückt in einer einfachen bildlichen Metapher das derzeitige Gefühlserleben der Träumerin aus, einen traurig depressiven Zustand des Sich-verlassen-Fühlens. Und es wäre deshalb in einem solchen Fall verfehlt, in diesem bildhaften Erleben nach einem abgewehrten Wunsch zu suchen. Aber wie gesagt, es gibt sie dennoch, die abgewehrten Wünsche und aus diesem Grund behält das Vorgehen der Dekonstruktion auch seine Berechtigung.

Man hat Ihnen vorgeworfen, dass Sie metaphorische und andere poetische Ausdrucksformen gering geschätzt hätten[45], vielleicht deshalb, weil deren Gebrauch im 19. Jahrhundert so beliebt war? Waren Sie beeinflusst von der Feindseligkeit gegenüber dem Symbolismus seitens jener Autoren, die auf seinen phantastischen Gebrauch bei den Spiritualisten hinwiesen? Oder konnten Sie sich unter Zeitdruck im Sommer 1899 dem Thema Symbol und Metapher schlicht und einfach nicht mit der Ausführlichkeit widmen, die diesem angemessen gewesen wäre? Ihre angebliche Geringschätzung der symbolischen Traumdeutung führte zu einem Verlust der Kontinuität zwischen Ihrer Theorie und den früheren Theorien der Trauminterpretation. Zwar akzeptierten Sie Sprichwörter und Wortwitze, aber nicht Symbole. Taten Sie dies, um – wie Sand vermutet hat – als wissenschaftlicher Erneuerer zu gelten und Ihre Theorie der Traumdeutung von dem populären Gebrauch des

Symbolismus in den Künsten Ihrer Zeit – im Drama, in der Dichtkunst und in der Malerei – zu unterscheiden? Und auch um sich von den als unwissenschaftlich und abergläubisch geltenden Spiritualisten abgrenzen zu können, die sich mit symbolischer Traumdeutung beschäftigten?

Freud: *Diejenigen, die mir eine Vernachlässigung der Metaphorik vorwerfen, übersehen, dass ich sehr wohl darauf verwiesen habe, wie wichtig die Kenntnis nicht nur von Märchen, Mythen, Schwänken und Witzen ist, sondern auch von Redewendungen, Metaphern und Sprüchen eines Volkes, sowohl was ihren alltagssprachlichen als auch ihren poetischen Gebrauch betrifft.*

Zum postfreudianischen Symbolverständnis

Ernst Cassirer (1874 –1945) von 1919–1933 Professor in Hamburg, danach in der Emigration. Werke u.a. »Philosophie der symbolischen Formen«, 3 Bde. (1923–29). Er gab dem Symbolbegriff eine neue umfassende Bedeutung und ebnete den Graben zwischen dem symbolisch-bildhaften und dem begrifflichen Denken, der noch Freuds Symboldeutung kennzeichnet, ein. Er überwand damit auch die Polarisierung von Mythos und wissenschaftlicher Erkenntnis, die seit der Aufklärung errichtet worden war. Cassirer sprach vom Menschen als dem »animal symbolicum«, einem symbolbildenden Wesen. Symbole sind nicht nur das gesprochene oder das geschriebene und gedruckte Wort, sondern auch die Produkte der künstlerischen Arbeit, in Form von Bildern, Plastiken und Musik.

Susanne K. Langer (1895–1985), eine Schülerin Cassirers, bezeichnete auch das Träumen als Symbolbildung und unterschied zwischen »diskursiver« und »präsentativer Symbolik« »Nun ist aber die Form aller Sprachen so, daß wir unsere Ideen nacheinander aufreihen müssen, obgleich Gegenstände ineinanderliegen; so wie Kleidungsstücke, die übereinander getragen werden, auf der Wäscheleine nebeneinander hängen. Diese Eigenschaft des verbalen Symbolismus heißt Diskursivität; ihretwegen können überhaupt nur solche Gedanken zur Sprache gebracht werden, die sich dieser besonderen Ordnung fügen; jede Idee, die sich zu dieser ›Projektion‹ nicht eignet, ist unaussprechbar, mit Hilfe von Worten nicht mitteilbar. Dies ist der Grund, warum die Gesetze des logischen Folgerns, unsere klarste Formulierung exakten Ausdrucks, auch als ›Gesetze des diskursiven Denkens‹ bekannt sind.«[46]

Herr Freud, in der Traumdeutung nahmen Sie zum ersten Mal auch eine Erweiterung des ontogenetisch Unbewussten auf das phylogenetische vor. Im berühmten VII. Kapitel Ihres Werkes hielten Sie fest, dass im Traum nicht nur eine Regression zur Kindheit des betreffenden Menschen stattfinde, sondern die Erkenntnis noch viel tiefer reiche:

»Hinter dieser individuellen Kindheit wird uns dann ein Einblick in die phylogenetische Kindheit, in die Entwicklung des Menschengeschlechtes versprochen, von der die des einzelnen tatsächlich eine abgekürzte, durch die zufälligen Lebensumstände beeinflußte Wiederholung ist. Wir ahnen, wie treffend die Worte Fr. Nietzsches sind, daß sich im Traume ›ein uraltes Stück Menschtum fortübt, zu dem man auf direktem Wege kaum mehr gelangen kann‹, und werden zu der Erwartung veranlaßt, durch die Analyse der Träume zur Kenntnis der archaischen Erbschaft des Menschen zu kommen, das seelisch Angeborene in ihm zu erkennen. Es scheint, daß Traum und Neurose uns mehr von den seelischen Altertümern bewahrt haben, als wir vermuten konnten, so daß die Psychoanalyse einen hohen Rang unter den Wissenschaften beanspruchen darf, die sich bemühen, die ältesten und dunkelsten Phasen des Menschheitsbeginnes zu rekonstruieren.«[47]

Freud: *Noch zu meinen Lebzeiten habe ich für diesen Gedanken viel Kritik geerntet. »Wissenschaftlich unhaltbarer Lamarckist« war noch die geringste der Beschimpfungen, die ich erhielt. Jung hat einige Jahre später dann ganz selbstbewusst und unbefangen diesen Gedanken einer Vererbung seelischer Inhalte fortgeführt.*

Sicherlich ist es für Sie von Interesse, dass der weltbekannte amerikanische Neurobiologe Jaak Panksepp die Hypothese vertritt, dass im REM-Zustand eine phylogenetisch frühere Bewusstseinsstufe aktiv wird, die vor Zehntausenden von Jahren innerhalb der Bewusstseinsevolution eine Form des Wachbewusstseins dargestellt hat.[48] Beim Menschen der Jetztzeit ist sie unterdrückt im Dienste der Evolution unseres höher entwickelten Gehirns. Aber – und das ist jetzt die Hypothese, die Sie und selbstverständlich auch Jung sehr erfreuen dürfte – dieses vor Jahrtausenden entwickelte Bewusstsein ist im REM-Schlaf in seinen Operationsmodi immer noch aktiv. In diesem Traumbewusstsein und -erleben sind wir viel näher an unserem emotionalen Kern; viele Gefühle erleben wir deshalb in unseren Träumen viel unverstellter und lebendiger. Gleichzeitig ist es nach Panksepp wichtig, die emotionalen Impulse aus dem früheren Bewusstsein mit unserem jetzigen, kognitiv weiter entwickelten Bewusstsein zu verbinden.

Freud: *»Wo Es war, soll Ich werden!«*

Ja. Wobei für Panksepp, hierin vielleicht mehr mit Jung vergleichbar, der Gedanke der Integration dieser beiden Erlebnismodi eine Rolle spielt, weniger das Konzept der völligen Überformung des sog. Es durch das Ich. Das Jungsche Selbst, das für ihn viel umfassender ist als das von Ihnen angenommene Ich, hat in diesen von Panksepp postulierten primären Affektsystemen möglicherweise

seinen Ursprung. Für ihn ist auf jeden Fall die innere Selbstkohärenz subkortikal organisiert.
In diesem Zusammenhang ist auch das sehr elaborierte Zustands-Wechsel-Modell von Martha Koukkou und Dietrich Lehmann, zwei Schweizer Neurowissenschaftlern, für Sie bestimmt von Interesse, das ebenfalls – horribile dictu – Parallelen zu Gedanken von Jung aufweist. Koukkou und Lehmann haben nahezu ein Viertel Jahrhundert darauf verwendet, ein systemtheoretisches Modell der Funktionen des menschlichen Gehirns zu entwickeln und dessen Erklärungskraft auch auf das Traumbewusstsein zu beziehen. Sie fassen das Insgesamt ihrer Arbeitshypothesen als Zustands-Wechsel-Modell zusammen.[49] Übergeordnetes Ziel des Gehirns und des lebenden Systems Mensch ist die psychobiologische Gesundheit, die sich aus einer geglückten Adaption an innere und äußere Erfordernisse ergibt. Zentrale Aufgabe des Gehirns und des damit korrelierten Erlebens und Verhaltens sei eine ständige Lernbereitschaft, die sich in Form permanent verändernder Gedächtnisrepräsentationen manifestiert. Das Zustands-Wechsel-Modell geht nun davon aus, dass in Analogie zu den verschiedenen funktionellen Hirnzuständen die Formen der Wissensspeicherung vorgenommen werden. Weil nun das REM-Schlaf-EEG des Erwachsenen und das Wachheits-EEG des Kleinkindes eine große Ähnlichkeit aufweisen, kommt es im Traum zu einem Wiederzugänglichmachen von Gedächtnisinhalten aus der Kindheit. Ich zitiere aus ihrer jüngsten Veröffentlichung: »Während des Schlafes wird der funktionelle Hirnzustand durch das innere Programm, das den Schlaf koordiniert, und durch die ständig laufenden Information verarbeitenden Hirnprozesse an die psychoiologischen Prioritäten (Schlaffunktionen und biographische Momente) des Individuums laufend dynamisch readaptiert. Jeder Wechsel des funktionellen Hirnzustandes durch einen Schlafphasenwechsel ändert das Komplexitätsniveau, auf der die mnemonischen Repräsentationen aktivierbar sind und von den wissensgesteuerten, Information verarbeitenden Hirnprozessen benutzt werden können für die Organisation des Schlafverhaltens. Jede assoziative Aktivierung von individuell bedeutsamer Information und jeder Wechsel des Schlafstadiums von tieferer zu höherer Organisationsebene führt zu einer Erhöhung des Komplexitätsiveaus, auf dem die mnemonischen Repräsentationen aktivierbar sind. Damit werden komplexere Erinnerungen aktiviert und neue Assoziationen gebildet, die wieder neue Assoziationen auslösen usw. Solange die Fluktuationen des funktionellen Hirnzustandes im Bereich des Schlafes bleiben, d. h. wenn keine komplette Weckreaktion folgt, findet keine volle Korrektur der Neuassoziationen auf das Wachheitsalter des Individuums statt. Wir haben angenommen, dass während des Schlafes die kognitiv-emotionalen Strategien der Kindheit benutzt werden. Als Resultat dieser Vorgänge wird ein Traum erlebt, der die bekannten Charakteristika der Träume

hat, der Kindheitserinnerungen beinhalten kann und der die kindliche Art hat, Symbole und Gedanken zusammenzubringen, die wachlogisch nicht zusammenaßen. Wir haben also vorgeschlagen, dass die formalen Charakteristika der Träume zustande kommen durch

1. Aktivierung von mnemonischen Repräsentationen, die während der Entwicklung erworben wurden und wegen ihres niedrigen Komplexitätsniveaus von der erwachsenen Wachheit nicht als solche aktivierbar sind, und
2. ständige Bildung von neuen Assoziationen im Schlaf, die aber mit den kognitiv-emotionalen Strategien der Kindheit weiter interpretiert werden.«[50]

Martha Koukkou, Prof. Dr. med., Psychiaterin, Neurophysiologin und Psychoherapeutin. Sie lehrt an den Universitäten Bern, Zürich und Athen. Zusammen mit ihrem Mann Dietrich Lehmann, Prof. Dr. med., der am KEY Institute for Brain Mind Research der psychiatrischen Universitätsklinik Zürich arbeitet, hat Martha Koukkou das Zustands-Wechsel-Modell aufgestellt.

Freud: *Die Parallele zu der Traumauffassung meines ehemaligen Kronprinzen ist mir noch nicht ganz einsichtig.*

Vielleicht tue ich sowohl Jung als auch den beiden Schweizer Hirnforschern Unrecht; aber in Abgrenzung von Ihnen vertrat Jung doch die im Grunde bereits moderne systemtheoretische Auffassung, dass von einer Ganzheit der Persönlichkeit auszugehen ist, die er mit dem Begriff des Selbst zu erfassen suchte. Dem entspricht bei den beiden Schweizern die Auffassung vom menschlichen Gehirn als einem dynamischen, sich selbst organisierenden System, das in ständiger Interaktion mit der Umwelt Erleben und Verhalten generiert, das die größtmögliche Adaptiertheit und damit auch ein Maximum an psychobiologischem Wohlbefinden sicherstellen soll. Im Traum nimmt nun ein Mensch vor allem Kontakt auf mit den internen Realitäten, mit dem im Gedächtnis ständig – also auch während des Schlafens – ablaufenden Informationsverarbeitungen, die schlafphasenabhängig aktiviert werden sowie mit allen hormonellen und metabolischen Veränderungen, die den Schlaf begleiten. Er steht also während des Träumens in einem ungleich größeren Ausmaß als im wachen Ichbewusstsein mit der Gesamtheit seiner psychobiologischen Funktionen in Verbindung, zumal die feinen EEG-Abstufungen der Hirnzustände die Öffnung ganz verschiedener Erfahrungsspeicher ermöglichen. Das Rekurrieren auf die Kindheit ermöglicht somit auch den Zugriff auf Erlebnismodalitäten, die dem Erwachsenen aufgrund des Aufwachsens in einer bestimmten Kultur nicht mehr in diesem Ausmaß zur Verfügung stehen.

Freud: *Geld ist kein Kinderwunsch!*

Genau. Im Grunde hat dies durchaus auch wieder Ähnlichkeit mit Ihrer Bestimmung, dass immer ein unverstellter Kinderwunsch der Motor für die Traumgenerierung darstellt. Aber in den Neurowissenschaften geht man heute davon aus, dass die mentale Aktivität im Traum nicht durch einen Kinderwunsch zum Laufen gebracht wird, sondern Ausdruck des immer wachen, am Tag wie in der Nacht nimmermüden Gehirns ist, das permanent Informationen verarbeitet. Dennoch: Auch in den kindlichen Gedächtnisspeichern ist das Glück eines sich geliebt und anerkannt fühlenden Kindes aufbewahrt, das voller Stolz auf seine Errungenschaften ist, die sich Tag für Tag seinem rasch wachsenden Geist präsentieren, das sich vertrauensvoll seiner Welt zuwendet und heftigen Schmerz erleben kann, wenn es sich ungeliebt fühlt, kurzum, das auch noch einen unverstellten Zugang zu seinen Emotionen hat.

Freud: *Vielleicht ist dies ja auch der Grund dafür, dass wir in sehr vielen Träumen intensivere Glücksgefühle erleben können als in unserem Wachbewusstsein als Erwachsene, in dem uns Ängste um die Gesundheit und das Wohlergehen unserer selbst und unserer Lieben häufig in Not versetzen.*

Ja, und C. G. Jung verwies mit seinem Konzept des Selbst auf die Gesamtheit aller psychobiologischen Funktionen, nicht nur auf unsere Wünsche, sondern auch auf die gesamte submentale Maschinerie unseres Gehirns, allerdings in ausschließlich psychologischen Begrifflichkeiten, während Koukkou und Lehmann ja hier eher wieder tendenziell in den Fehler verfallen, den wir früher diskutiert haben, nämlich eine neurobiologische Sprache mit einer psychologischen Begrifflichkeit zu vermengen.

Und Jungs Selbstkonzept meint ja wohl auch nicht nur die Einbeziehung aller nichtbewussten psychobiologischen Funktionen und Komponenten des Menschen vor allem in Hinblick auf ein vereinseitigtes Ichbewusstsein, sondern die Einbettung in ein Kollektiv, also in das umfassendere Ganze, in die Potentiale des Gattungswesens Mensch, die nicht erst mit der individuellen Geburt oder dem Zeugungsakt beginnen, sondern dem menschlichen Genom als Möglichkeiten des Menschseins seit vielen tausend Jahren inhärent sind. Der lediglich ichbewusste Mensch ist gleichsam ein armes Würstchen, selbst wenn er die individuellen Verdrängungen seiner Lebensgeschichte halbwegs aufgearbeitet hat. Verwirklichung des ganzen Menschen heißt Assimilation des Ichs und Integration der jahrtausendealten Fähigkeiten und Potenzen des allgemein menschlichen Wesens, an die archaisch emotionalen Impulse aus den tiefer gelegenen subkortikalen Regionen des Gehirns. Allerdings haben sich diese nur in ständiger Auseinandersetzung mit der Kultur zu dem entwickelt, was sie im heutigen Menschen sein können. Das Konzept des kollektiv Unbewussten macht nur Sinn im Zusammenhang mit der kulturellen Tradition.

Freud: *Biologische Evolution und kulturelle Evolution in andauernder Verschränkung. Dem kann ich ohne Abstriche zustimmen.*

Primaten z. B. können aufgrund des Festgelegtseins auf artspezifische Instinkte vorwiegend nur im Rahmen von Überlebensfunktionen träumen. Mit der spezifisch menschlichen Entwicklung zur komplexeren Symbol- und Sprachbildung findet hingegen eine tendenzielle Abkoppelung von den stammesgeschichtlich Millionen alten Programmen statt; nur noch gelegentlich tauchen archetypische Grundmuster aus dem kollektiven Unbewussten auf, das aus dieser Sicht so etwas wie eine phylogenetische Matrix darstellt, die uns als Menschen an unsere Herkunft von den Primaten erinnert. Aber die archetypischen Grundmuster erhalten ihren spezifischen Inhalt nur von den höheren Formen unseres Bewusstseins, das ohne die kulturelle Evolution nicht existieren würde.

Herr Freud, obwohl wir nur einige wenige Fragen aus Ihrem umfangreichen Werk der *Traumdeutung* ansprechen konnten, müssen wir aus Zeitgründen für heute leider zum Schluss kommen.

Auch wenn sich manche Gedanken, die später zu den metapsychologischen gezählt wurden, als nicht mehr richtig erweisen, bleibt doch vieles aus Ihrem damaligen Werk auch aus heutiger Sicht sehr zutreffend. Insbesondere Ihre Erkenntnis, dass die Analyse der Träume einen Königsweg zum Unbewussten darstellt, gilt gerade nach dem zuletzt Gesagten als vollauf bestätigt. Dieses »Unbewusste« ist aber noch umfassender als nur das lebensgeschichtlich verdrängte. Es enthält, wie Sie unter Rückgriff auf Nietzsche dargelegt haben, und wie es die neurobiologischen Forschungen von Panksepp nachweisen konnten, auch Zugang zu einem in der Menschheitsgeschichte biologisch grundgelegten und in seinen Inhalten kulturell entstandenen Selbst. Das Ernstnehmen von Träumen und die Auseinandersetzung damit lassen uns intensiver erfahren, wer wir sind. Mit Ihrem Werk haben Sie einen entscheidenden Meilenstein für die Entwicklung eines selbstreflexiven Bewusstseins gelegt, für den wir Ihnen zu aufrichtigem Dank verpflichtet sind.

Anmerkungen

Anmerkungen zu 3.1:

1 zit. nach K. R. Eissler (1995). Das Ende einer Illusion. Sigmund Freud und sein 20. Jahrhundert. Psyche. Zeitschrift für Psychoanalyse und ihre Anwendungen, 49, S. 1196–1210.

2 siehe z. B., Wellendorf (2000). Geschwisterbeziehung. In W. Mertens und B. Waldvogel (Hg.), Psychoanalytische Grundbegriffe (S. 249–253). Stuttgart: Kohlhammer.

Freud, S. (1926e): Zur Frage der Laienanalyse. G. W., Bd. 14, S. 281.

Anmerkungen zu 3.2:

1 Rizzuto, A.M. (1989): A hypothesis about Freud's motive for writing the monograph ›on aphasia‹. International Review of Psycho-Analysis, 16, S. 111–117.

2 Bernfeld, S. (1951): Sigmund Freud, M. D. 1882–1885. International Journal of Psycho-Analysis, 32, S. 204–217. Siehe auch Kästle, O.U. (1987). Einige bisher unbekannte Texte von Sigmund Freud aus den Jahren 1893/94 und ihr Stellenwert in seiner wissenschaftlichen Entwicklung. Psyche. Zeitschrift für Psychoanalyse und Ihre Anwendungen, 41, S. 508–528.

3 das gesamte Zitat aus dem Brief Nr. 9 an Wilhelm Fließ vom 2. Mai 1891 lautet: »In wenigen Wochen werde ich mir die Freude machen, Ihnen ein Heft über Aphasie zu schicken, an dem ich selbst mit größerer Wärme beteiligt bin. Ich bin darin sehr frech, messe meine Klinge mit Ihrem Freund Wernicke, mit Lichtheim, Grashey und kratze selbst den hochthronenden Götzen Meynert. Ich bin recht neugierig, was Sie zu der Leistung sagen werden.« In S. Freud (1985c). Briefe an Wilhelm Fließ, S. 14.

4 nach Otto M. Marx (1967): S. 815, zit. in Greenberg, 1997, S. 12) sind zwischen 1891 und 1896 keine Rezensionen von Freuds Buch in führenden englischen Fachzeitschriften erschienen; lediglich fünf Autoren erwähnten die Aphasie zwischen 1903 und 1948.

5 Ellenberger, H. (1970): The discovery of the unconscious. New York: Basic Books. (dt.: Die Entdeckung des Unbewussten. Geschichte und Entwicklung der dynamischen Psychiatrie von den Anfängen bis zu Janet, Freud, Adler und Jung. Bern: Huber, 1973, 2. Aufl.: Zürich: Diogenes).

6 Hirschmüller, A. (1991): Freuds Begegnung mit der Psychiatrie. Von der Hirnmythologie zur Neurosenlehre. Tübingen. Edition diskord.

7 Bernfeld, S. (1951): Freuds Vorbereitung auf den Arztberuf, 1882–1885. In ders. und S. Cassirer-Bernfeld, Bausteine der Freud-Biographik. Frankfurt/M.: Suhrkamp, 1981, S. 173.

8 Freud, S. (1891b): Zur Auffassung der Aphasien, S. 98.

[9] Jackson, J.H. (1984): Evolution and dissolution of the nervous system. In J. Taylor (Ed.), Selected writings of John Hughlings Jackson, vol. 2. New York, 1958.

[10] Jackson, J.H. (1978): On affections of speech from disease of the brain. In J. Taylor (Ed.), Selected writings of John Hughlings Jackson, vol. 2. New York, 1958.

[11] Kast, B. (2003): Revolution im Kopf. Die Zukunft des Gehirns. Berlin: Berliner Taschenbuch Verlag.

[12] Greenberg, V.D. (1997): Freud and his aphasia book. Ithaca, NY/London : Cornell University Press.

[13] Miller, Laurence (1991a): Freuds brain: The neuropsychodynamic foundations of psychoanalysis. New York: Guilford, siehe auch Miller, L. (1991b). On aphasia at 100: the neuropsychodynamic legacy of Sigmund Freud. Psychoanalytic Review, 78, S. 365–378.

[14] Solms, M. & Saling, M. (1986): On psychoanalysis and neuroscience: Freud's attitude to the localizationist tradition. International Journal of Psycho-Analysis, 67, S. 397–416.

Leuschner, W. (1992): Einleitung. In S. Freud (1891). Zur Auffassung der Aphasien. Eine kritische Studie. (Neuausgabe) (S. 7–31). Frankfurt/M. Fischer.

[15] So z. B. Miller (1991b).

[16] So argumentieren nicht nur kritische Biographen und Wissenschaftshistoriker Freuds, wie z. B. Ellenberger, sondern auch Psychoanalytiker selbst, wie z. B. Holt, R. R. (1965). A review of some of Freud's biological assumptions and their influence on his theories. In N. S. Greenfield und W. C. Lewis (Eds.), Psychoanalysis and current biological thought (pp. 93–124) Madison: University of Wisconsin Press. Wieder abgedruckt in ders., Freud reappraised. A fresh look at psychoanalytic theory (pp. 114–140). New York: Guilford Press, 1989. Holt stützte sich dabei auf die Dissertation von Amacher (1965), der die Auffassung vertrat, dass Freud den naturwissenschaftlichen Materialismus und naiven Empirismus seiner Lehrer voll übernommen habe. Siehe dazu: Amacher, P. (1965). Freud's neurological education and its influence on psychoanalytic theory. Psychological Issues, Bd. 4, No. 4. New York: International Universities Press.

[17] Ellenberger, H. (1985) op. cit., S. 658.

[18] Stephan, A. (2001a): Psychoanalyse und Konnektionismus. Ethik und Sozialwissenschaften. Streitforum für Erwägungskultur, 12, S. 543–554.

[19] So z. B. die stereotype Argumentation einiger Freudkritiker, wie z. B. Medawar, Eysenck, Israels und jüngst der Bamberger Psychologe Herbert Selg.

[20] So zum Beispiel in dem Buch von Kolb und Whishaw (1980) über die Grundbegriffe der Neuropsychologie des Menschen. Kolb, B. & Whishaw, I. (1980): Fundamentals of human neuropsychology. San Francisco: W.T. Freeman and Co.

[21] Jones, E. (1957): The life and work of Sigmund Freud. New York: Basic Books. (dt.: Leben und Werk von Sigmund Freud. Band 1, Bern: Huber, 1960, S. 254).

[22] Stephan, A. (1993): Hermeneutik oder Naturalismus? Freuds verborgene Bedeutungstheorie. Psyche. Zeitschrift für Psychoanalyse und ihre Anwendungen, 47, S. 425–440.

23 Habermas, J. (1968): Erkenntnis und Interesse. Frankfurt/M.: Suhrkamp.

24 Freud, S. (1940b): Some elementary lessons in psychoanalysis. G. W., Bd. 17, S. 143.

25 Schülein, J. A. (1998): Von der Neurophysiologie zur »wissenschaftlichen Weltanschauung«. Über Stuktur und Funktionswandel von Freuds Wissenschaftstheorie. Zeitschrift für psychoanalytische Theorie und Praxis, 13, S. 145–173. Ders. (1999a). Die Logik der Psychoanalyse. Eine erkenntnistheoretische Studie. Gießen: Psychosozial. Ders. (1999b). Schwierigkeiten psychoanalytischer Theorie – Anmerkungen zur wissenschaftstheoretischen Diskussion. Zeitschrift für psychoanalytische Theorie und Praxis, 14, 308–334. Ders. (2003). On the logic of psychoanalytic theory. International Journal of Psychoanalysis, 84, S. 315–330.

26 Schülein, 1999a, op. cit., S. 24.

27 siehe hierzu: Kitcher, P. (1992): Freud's dream. A complete interdisciplinary study of mind. Cambridge, Mass. MIT Press.

28 Leuschner, W. (2002): Über die Grenzen neurowissenschaftlicher Erkenntnis seelischer Vorgänge. Psychosozial, 25, Heft IV, S. 111–117. Ganz ähnlich auch Brothers, L. (2002): The trouble with neurobiological explanations of mind. Psychoanalytic Inquiry, 22, S. 857–870, die von »Neuroism« spricht. Wie man die Gefahren einer konkretistischen Interpretation neurowissenschaftlicher Befunde vermeiden kann und statt dessen auf konstruktive Weise für die Psychoanalyse von den Möglichkeiten eines interdisziplinären Dialogs Gebrauch machen kann, siehe die sehr fundierte Arbeit von: Beutel, M.E., Stern, E. & Silbersweig, D.A. (2003): The emerging dialogue between psychoanalysis and neuroscience: neuroimaging perspectives. Journal of the American Psychoanalytic Association, 51, S. 773–801.

Anmerkungen zu 3.3:

1 Grubrich-Simitis, I. (1995): Urbuch der Psychoanalyse. Hundert Jahre Studien über Hysterie von Josef Breuer und Sigmund Freud. Frankfurt/M.: S. Fischer.

2 ibid., S. S. 6

3 Freud, S. (1925d): Selbstdarstellung. G. W., Bd. 14, S. 46.

4 Hirschmüller, op. cit., S. 211ff.

5 Brief Freud an seine verlobte Martha Bernays vom 24. Nov. 1885, in ders., Sigmund Freud. Briefe 1873–1939. Frankfurt: S. Fischer, zweite, erw. Auflage, 1968, S. 189.

6 Freud, S. (1893f): Charcot . G.W, Bd. 1, S. 28.

7 Chertok, L. (1973): Freud in Paris (1885/86). Psyche. Zeitschrift für Psychoanalyse und ihre Anwendungen, 27, S. 431–448. (Erstveröffentlichung im International Journal of Psycho-Analysis, 51, 1970).

8 Grubrich-Simitis, op cit., S.5 und Freud, S. (1893f), S.22f.

9 Freud, S, (1925g): Josef Breuer . G. W. , Bd., 14, S. 562f.

[10] Jones, Bd. 1, op.cit., S. 266.

[11] Fußnote, S. 162 in (1895d) (Zusammen mit: Breuer, Josef) Studien über Hysterie. G. W. , 1, S. 75–312.

[12] Erdely, M. H. (1985): Psychoanalysis: Freud's cognitive psychology. New York: W.H.Freeman and Company, S. 4.

[13] Freud, S. (1925d): op. cit., S. 40.

[14] Freud, S. (1895d): op. cit., S. 85.

[15] ibid., S. 90.

[16] ibid., S. 160f.

[17] Andersson, O. (1979): A supplement to Freud's case history of ›Frau Emmy von N.‹ in Studies on hysteria 1895. Scandinavian Psychoanalytic Review, 2, S. 5–16. Ellenberger, H. (1977): L'histoire d'Emmy von N. L'Èvolution Psychiatrique, 42, 519–540. Ellenberger, H. (1993). The story of Emmy von N.‹. A critical study with new documents. In M. S. Micale (Ed.), Beyond the unconscious. Essays of Henri F. Ellenberger in the history of psychiatry (pp. 272–290). Princeton, N.J.: Princeton University Press. Tögel, C. (1999): ›My bad diagnostic error‹: Once more about Freud and Emmy v. N. (Fanny Moser). International Journal of Psycho-Analysis, 80, S. 1165–1173.

[18] 1895d, op. cit., S.116.

[19] 1895d, op. cit., S. 100.

[20] Boor, C. de & Moersch, E. (1980): Emmy von N. – eine Hysterie. Versuch einer Re-Evaluierung. Psyche. Zeitschrift für Psychoanalyse und ihre Anwendungen, 34, S. 265–279.

[21] vgl. Grubrich-Simitis, op. cit.

[22] Boothe, B. (1996): Appell und Kontrolle. Beziehungsmuster in der männlichen Hysterie. In G. H. Seidler (Hg.), Hysterie heute: Metamorphosen eines Paradiesvogels (S. 166–193). Stuttgart: Enke. Boothe, B. (2000). Hysterie. In W. Mertens & B. Waldvogel (Hg.), Handbuch psychoanalytischer Grundbegriffe (S. 300–306). Stuttgart: Kohlhammer. Eckhard-Henn, A. (2000). Dissoziation. In W. Mertens & B. Waldvogel (Hg.),op.cit. S. 141–145. Hoffmann, S. O. (1996). Die alte Hysterie in den neuen diagnostischen Glossaren. In G. H. Seidler (Hg.), Hysterie heute: Metamorphosen eines Paradiesvogels (S. 1–9). Stuttgart: Enke. Rupprecht-Schampera, U. (1996). »Hysterie« .– eine klassische psychoanalytische Theorie? In G. H. Seidler (Hg.), Hysterie heute: Metamorphosen eines Paradiesvogels (S. 56–74). Stuttgart: Enke. Rupprecht-Schampera, U. (1997): Das Konzept der frühen Triangulierung als Schlüssel zu einem einheitlichen Modell der Hysterie. Psyche. Zeitschrift für Psychoanalyse und ihre Anwendungen, 51, S. 637–664.

[23] Mentzos, S. (1980): Hysterie. München: Kindler.

[24] Silverman, D. K. (2001): Sexuality and attachment: A passionate relationship or a marriage of convenience? Psychoanalytic Quarterly, LXX, S. 325–358.

[25] DSM-IV, S.279f.

[26] Sandweg et al., 2001, a. a. O., S. 159f.

[27] Küchenhoff, J. (1992): Körper und Sprache. Theoretische und klinische Beiträge zur Psychopathologie und Psychosomatik von Körpersymptomen. Heidelberg. Asanger, S. 62ff.

[28] Mentzos, S. (1980), op. cit.

[29] Küchenhoff, J. (2000): Die Lesbarkeit des Körpers – Psychoanalytische Zugänge zu Somatisierung und Selbstverletzung. Psychoanalyse – Texte zur Sozialforschung, 4, S. 17–36.

[30] Laplanche, J. (1988): Von der eingeschränkten zur allgemeinen Verführungstheorie. In ders. Die allgemeine Verführungstheorie und andere Aufsätze (S. 199–233). Tübingen: edition diskord. Ders., (1992). Deutung zwischen Determinismus und Hermeneutik. Eine neue Fragestellung. Psyche. Zeitschrift für Psychoanalyse und ihre Anwendungen, 46, S. 467–498.

[31] vgl. Scheidt, E. von (2000): Persönlichkeitsstörungen. Theorie und Therapie, 4, S. 146–153.

[32] 1895d, op. cit., S. 227.

[33] Lorenzer, A. (1984): Intimität und soziales Leid. Archäologie der Psychoanalyse, S. 149.

[34] Neben Lorenzer, Argelander, jüngst auch von Hartmut Raguse. (1998): Psychoanalytische Hermeneutik – Weltanschauung oder Regelkorpus? Psyche. Zeitschrift für Psychoanalyse und ihre Anwendungen, 52, S. 648–702.

[35] Freud, S. (1923a): Libidotheorie Psychoanalyse. G. W., Bd. 13, S. 229.

Anmerkungen zu 3.4:

[1] Tögel, C. & Molnar, M. (Hg.) (2002): Sigmund Freud. Unser Herz zeigt nach dem Süden. Reisebriefe 1895–1923. Berlin. Aufbau-Verlag, S. 43.

[2] Jones, op.cit., S. 365.

[3] Sulloway, F. J. (1979): Freud, Biologist of the mind. Beyond the psychoanalytic legend. New York: Basic Books (dt.: Freud, Biologe der Seele. Jenseits der psychoanalytischen Legende. Köln: Lövenich, 1982).

[4] Schmidt-Hellerau, C. (1995): Die Geburt der Metapsychologie. Zur Aktualität des »Entwurfs einer Psychologie«. Psyche. Zeitschrift für Psychoanalyse und ihre Anwendungen, 49, S. 1167.

[5] Op. cit., S. 379.

[6] Brief an Wilhelm Fließ Nr. 78, in 1985c, op. cit., S. 149f.

[7] Brief an Wilhelm Fließ Nr. 82, in 1985c, op. cit., S. 158.

[8] Vogt, K. (1874): Physiologische Briefe. Leipzig, S. 206.

[9] zit. nach Jones, op. cit., S. 61/62.

[10] Freud, S. (1925d): Selbstdarstellung, G. W., Bd. 14, S. 102f.

11 Gay, P. (1989): Freud. Eine Biographie für unsere Zeit. Frankfurt/M.: S. Fischer, S. 96.

12 Ellenberger, op. cit., S. 658.

13 so argumentiert z. B. Brockmeier, J. (1979): Über die Bedeutung von Methode und Gegenstand bei der Begründung wissenschaftlicher Erkenntnismethodologie. Forum Kritische Psychologie, 5, S. 129–157.

14 Schmidt-Hellerau, C. (1995b): Die Geburt der Metapsychologie. Zur Aktualität des »Entwurfs einer Psychologie« (1895). Psyche. Zeitschrift für Psychoanalyse und ihre Anwendungen, 49, S. 1189.

15 1995b, op. cit., S. 1167.

16 1900a, S. 541

17 Strenger, C. (1989): The romantic and classic vision in psychoanalysis. International Journal of Psycho-Analysis, 70, S. 593–610.

18 Toulmin, S. (1994): Kosmopolis. Die unerkannten Aufgaben der Moderne. Frankfurt/M.: Suhrkamp.

19 Cramer, F., Vortrag am 8. Mai 2002 in der Universität Göttingen, »Was hat uns die Gentechnik gebracht und was kann sie uns noch bringen?« Vortragsreihe des Max-Planck-Instituts für experimentelle Medizin und der Evang. Stadtakademie Göttingen.

20 Lloyd Mayer, E. (1999): Veränderungen in den Naturwissenschaften und ihre Auswirkungen auf das Wissen und die Autorität in der Psychoanalyse. In J. Hardt & A. Vaihinger (Hg.), Wissen und Autorität in der psychoanalytischen Beziehung. Gießen: Psychosozial, S. 167.

21 Siehe hierzu Mertens, W. (1975): Zur Sozialpsychologie des Experiments. Hamburg: Hoffmann & Campe.

22 Siehe hierzu Musfeld, T. (2002): Grenzenlose Freiheit? Identitätskonstruktionen im Internet zwischen Spiel, Dekonstruktion und Regression. Psychosozial, 25, Nr. 89, S. 47–59

23 Elliott, A. & Spezzano, C. (1999): Grenzen der Psychoanalyse oder die postmoderne Wende meistern. In J. Hardt & A. Vaihinger (Hg.), op.cit., S. 61.

24 Z. B. von Ludwig Haesler (1994): Psychoanalyse. Therapeutische Methode und Wissenschaft vom Menschen. Stuttgart: Kohlhammer; Andreas Hamburger (1995). Entwicklung der Sprache. Stuttgart: Kohlhammer; Hartmut Raguse (1992). »Freie Assoziation« als Sprache der Psychoanalyse – einige linguistische Reflexionen. Zeitschrift für Psychoanalytische Theorie und Praxis, 7, S. 293–305.

25 Damasio, A., op. cit., S. 53.

26 Ibid., S. 57.

27 LeDoux, J. (1998): Das Netz der Gefühle. Wie Emotionen entstehen. München: Hanser, S.28.

28 Dörner, D. (2002). Die Mechanik des Seelenwagens. Eine neuronale Theorie der Handlungsregulation. Bern: Hans Huber.

29 z. B. Bucci, W. (1997): Psychoanalysis and cognitive science. A multiple code

theory. New York: Guilford Press; Hennigsen, P. (1998): Im Spiegel des Anderen sich selbst erkennen? Zur Bedeutung der kognitiven Neurowissenschaft für die Psychoanalyse. Psychotherapie, Psychosomatik, Medizinische Psychologie, 48, 78–87; Palombo, S.R. (1992). Connectivity and condensation in dreaming. Journal of the American Psychoanalytic Association, 1139–1159. Stephan, A. (2001): Psychoanalyse und Konnektionismus. Ethik und Sozialwissenschaften. Streitforum für Erwägungskultur, 12, S. 543–554.

30 Altmeyer, M. (2001): Psychoanalyse als Konnektionismus? Einwände gegen einen monadologisch verengten Rekonstruktionsversuch. Ethik und Sozialwissenschaften. Streitforum für Erwägungskultur, 12, S. 556–558.

31 Buchholz, M. B. (2001): Andere metaphorische Anschlüsse an »cognitive science« sind für die Psychoanalyse wählbar. Ethik und Sozialwissenschaften. Streitforum für Erwägungskultur, 12, S. 558–561.

Anmerkungen zu 3.5:

1 May-Tolzmann, U. (1996): Freuds frühe klinische Theorie (1894–1896). Wiederentdeckung und Rekonstruktion. Tübingen: edition diskord.

2 Andersson, O. (1962): Studies in the prehistory of psychoanalysis. The etiology of psychoneuroses and some related themes in Sigmund Freud's scientific writings and letters, 1886–1896. Stockholm: Norstedt.

3 Levin, K. (1978). Freud's early psychology of the neuroses. Pittsburgh: University of Pittsburgh Press.

4 Schröter, M. (1988). Freud und Fließ im wissenschaftlichen Gespräch. Das Neurasthenieprojekt von 1893. Jahrbuch der Psychoanalyse, 22, S. 141–183.

5 Freud, S., 1985a, op. cit., 283f.

6 Jones, Bd. 1, op. cit., S. 357f.

7 Freud, S., (1896 c). Zur Ätiologie der Hysterie. G. W., Bd. 1, S. 439, Hervorhebungen im Original.

8 Ibid., S. 444.

9 Briefe an Wilhelm Fließ. 1887–1904, Nr. 95 vom 26. 4. 1996, S. 193.

10 Freud, S. (1914d): Zur Geschichte der psychoanalytischen Bewegung, G. W., Bd. 10, S. 60.

11 Freud, 1896c, op. cit., S. 427.

12 Yovell, Y. (2000): From hysteria to postraumatic stress disorder: psychoanalysis and the neurobiology of traumatic memories. Neuro-Psychoanalysis, 2, S. 171–181.

13 Freud, S. (1906a): Meine Ansichten über die Rolle der Sexualität in der Ätiologie der Neurosen. G. W. , Bd. 5, S. 149–159, S.153 f.

14 Freud, S. (1925d). op. cit., S. 59 f.

15 a.a.O., S. 284f.

16 a.a.O., S.285f.

[17] Freud, S. (1896b): Weitere Bemerkungen über die Abwehr-Neuropsychosen. G. W., Bd 1, S. 385.

[18] Brief vom 2.11.96 an W. Fließ.

[19] Makari, G. (1998): The seductions of history: sexual trauma in Freud's theory and historiography. International Journal of Psycho-Analysis, 79, S. 857–869.

Anmerkungen zu 3.6:

[1] Freud, S. (1914g): Erinnern, Wiederholen und Durcharbeiten. G. W., Bd. 10, S. 128.

[2] Freud, S. (1917b): Eine Kindheitserinnerung aus Dichtung und Wahrheit. G. W., Bd. 12, S. 15–26.

[3] Freud, S. (1899a): Über Deckerinnerungen. G. W., Bd. 1, S. 531–554, S. 536f.

[4] Ibid., S. 538.

[5] Ibid., S. 551.

[6] Ibid., S. 551.

[7] Ibid., S. 552f.

[8] Ibid., S. 553.

[9] Ibid., S. 553f.

[10] Kris, E. (1956): The personal myth: a problem in psychoanalytic technique. Journal of the American Psychoanalytic Association, 4, S. 653–681.

[11] Greenson, R.R. (1958). (1958): Characters in search of a screen. Journal of the American Psychoanalytic Association, 6, S. 242–262 (dt.: Über Deckabwehr, Deckhunger und Deckidentität. In ders., Psychoanalytische Erkundungen (S. 68–89). Stuttgart: Klett-Cotta, 1982).

[12] Mahon, E. & Battin-Mahon, D. (1983): The fate of screen memories in psychoanalysis. Psychoanalytic Study of the Child, 38, S. 459–479.

[13] vgl. z. B. Fonagy, P. (1999): Memory and therapeutic action. International Journal of Psychoanalysis, 80, S. 215–223 und Fonagy, P. (2003): Rejoinder to Harold Blum. International Journal of Psychoanalysis, 84, S. 503–509.

[14] Bartlett, F.C. (1932): Remembering. Cambridge, UK: Cambridge University Press.

[15] vgl. Westen, D. & Gabbard, G.O. (2002): Developments in cognitive neuroscience: I. Conflict, compromise, and connectionism. Journal of the American Psychoanalytic Association, 50, S. 53–98.

[16] Edelmann, G. (1987): Unser Gehirn – ein dynamisches System. München: Piper.

[17] Vgl. Hamburger, A. (1998): Narrativ und Gedächtnis. In M. Koukkou, M. Leuzinger-Bohleber und W. Mertens (Hg.), Erinnerung von Wirklichkeiten. Psychoanalyse und Neurowissenschaften im Dialog. Bd. 1, Bestandsaufnahme (S. 223–286). Stuttgart: Verlag Internationale Psychoanalyse, und Leuzinger-Bohleber, M., Pfeifer, R. & Röckerath, K. (1998). Wo bleibt das Gedächtnis? Psychoanalyse und

Embodied Cognitive Science im Dialog. In M. Koukkou, M. Leuzinger-Bohleber und W. Mertens (Hg.), op.cit. (S. 517–588).

[18] Vgl. Erreich, A. (2003). A modest proposal: (Re)defining unconscious phantasy. Psychoanalytic Quarterly, 72, S. 541–574.

[19] Kris, E. (1956). Kris, E. (1956): The recovery of childhood memories in psychoanalytic technique. In The selected papers of Ernst Kris. New Haven: Yale University Press (dt.: Die Aufdeckung von Kindheitserinnerungen in der Psychoanalyse. Psyche. Zeitschrift für Psychoanalyse und ihre Anwendungen, 31, S. 732–768, 1977).

[20] Jung, C. G. (1913): Versuch einer Darstellung der psychoanalytischen Theorie. G. W., Bd. IV. Zürich: Rascher.

[21] Sandler, J. & Sandler, A. (1985): Vergangenheitsunbewußtes, Gegenwartsunbewußtes und die Deutung der Übertragung. Psyche. Zeitschrift für Psychoanalyse und ihre Anwendungen, 39, S. 800–829.

[22] Sandler, A.-M. (1975): Comments on the significance of Piaget¢s work for psychoanalysis. International Review of Psycho-Analysis, 2, S. 365–378.

[23] Tulving, E. (1972): Episodic and semantic memory. In E. Tulving & W. Donaldson (Eds.), Organization of memory (pp. 381–403). New York: Academic Press.

[24] Clyman, R. (1992): The procedural organization of emotions: a contribution from cognitive science to the psychoanalytic theory of therapeutic action. In T. Shapiro & R. Emde (Eds.), Affect: psychoanalytic perspectives (pp. 349–382). Madison: International Universities Press.

[25] Sandler, J. & Sandler, A.-M. (1997): A psychoanalytic theory of repression and the unconscious. In J. Sandler & P. Fonagy (Eds.) Recovered memories of abuse: True or false (pp. 163–181). Madison, Conn.: International Universities Press.

[26] Köhler, L. (1998): Einführung in die Entstehung des Gedächtnisses. In M. Koukkou, M. Leuzinger-Bohleber und W. Mertens (Hg.), Erinnerung von Wirklichkeiten. Psychoanalyse und Neurowissenschaften im Dialog. Bd. 1, Bestandsaufnahme (S. 131–222). Stuttgart: Verlag Internationale Psychoanalyse.

[27] Fonagy, P. (1999): Memory and therapeutic action. International Journal of Psychoanalysis, 80, S. 215–223.

[28] Davis, J.T. (2001): Revising psychoanalytic interpretations of the past. An examination of declarative and nondeclarative memory processes. International Journal of Psychoanalysis, 82, S. 449–462.

[29] Westen, D. & Gabbard, G.O. (2002): Developments in cognitive neuroscience: I. Conflict, compromise, and connectionism. Journal of the American Psychoanalytic Association, 50, S. 53–98.

[30] Sandler, J. & Sandler, A.-M. (1997): Op. cit.

[31] Bollas, C. (1987): The shadow of the object: psychoanalysis of the Unthought Known. New York. Columbia University Press.

[32] LeDoux, J. (1994), zit. nach Köhler, op.cit.

[33] Deneke, F.-W. (1999): Psychische Struktur und Gehirn. Die Gestaltung subjektiver Wirklichkeiten. Stuttgart: Schattauer, 2. Aufl. 2001, S. 101.

Anmerkungen zu 3.7:

[1] Grubrich-Simitis, I. (1999): Metamorphosen der ›Traumdeutung‹. Über Freuds Umgang mit seinem Jahrhundertbuch. In J. Starobinski, I. Grubrich-Simitis und M. Solms (Hg.), Hundert Jahre ›Traumdeutung‹ von Sigmund Freud. Drei Essays (S. 35–72). Frankfurt/M.: S. Fischer, S. 52f..

[2] Breton, A. (1932) Les vases communicants. Paris: Gallimard.

[3] Grubrich-Simits, I., op. cit. . S. 66.

[4] Grubrich-Simitis, op. cit., S. 45f.

[5] Freud, S. (1933a): Neue Folge der Vorlesungen zur Einführung in die psychoanalyse. G. W., Bd. 15, S. 6f.

[6] Derrida, J. (1980): Spéculer – sur Freud. In Ders., La Carte postale (p. 277–437). Paris: Flammarion.

[7] Ellenberger, H. (1973): Die Entdeckung des Unbewussten. Geschichte und Entwicklung der dynamischen Psychiatrie von den Anfängen bis zu Janet, Freud, Adler und Jung. Bern: Huber, 1973; 2. Aufl.: Zürich: Diogenes, S. 610f.

[8] Jeweils Briefstellen an Wilhelm Fließ vom 30.6.96, S. 204; 15.7. 96, S. 206, 26.10, 96, S. 212).

[9] William Stern: S. Freud. Die Traumdeutung; Zeitschrift für Psychologie und Physiologie der Sinnesorgane, 26. Band, 1901, S. 130–133. Zitiert nach Gerd Kimmerle (Hg.) (1986). Freuds Traumdeutung. Frühe Rezensionen 1899–1903 (S. 60–64). Tübingen: edition diskord.

[10] Kimmerle, G. (Hg.) (1986) op. cit.

[11] Erdheim, M. & Nadig, M. (1979): Größenphantasien und sozialer Tod. Kursbuch 58, 115–128.

[12] Kohut, H. (1979): Die Heilung des Selbst. Frankfurt/M.: Suhrkamp.

[13] vgl. zur Diskussion über die Übertreibungen eines konstruktivistisch hermeneutischen Ansatzes Freeman, M. (2000): Zwischen »Wissenschaft« und »Kunst« der Interpretation: Freuds Methode der Traumdeutung. Psyche. Zeitschrift für Psychoanalyse und ihre Anwendungen, 54, S. 721–741, und Mertens, W. & Haubl, R. (1996): Der Psychoanalytiker als Archäologe. Stuttgart: Kohlhammer.

[14] Freud, S. (1900a): Die Traumdeutung. G. W., Bd. 2/3, S. 139.

[15] Ibid., S. 559.

[16] Freud, S. (1916 –17a): Vorlesungen zur Einführung in die Psychoanalyse. G. W. , Bd. 11, S. 227.

[17] Freud, S. (1920g): Jenseits des Lustprinzips. G. W., Bd. 13, S. 1–69.

[18] Grünbaum, A. (1988): Die Grundlagen der Psychoanalyse. Eine philosophische Kritik. Stuttgart: Reclam.

[19] Selg, H. (2002): Sigmund Freud – Genie oder Scharlatan? Eine kritische Einführung in Leben und Werk. Stuttgart: Kohlhammer.

[20] Hobson, J.A. & McCarley, R.W. (1977): The brain as a dream state generator: An activation-synthesis hypothesis of the dream process. American Journal of Psychiatry, 134, S. 1335–1348.

[21] Siehe hierzu die Diskussion zwischen Hobson und Reiser in der Zeitschrift Neuro-Psychoanalysis, Bd. 1, Heft 2 zwischen A.J. Hobson und M. Solms, A. Braun sowie vor allem M.Reiser , S. 157–224.

[22] Solms, M. (1997): The neuropsychology of dreams. Mahwah, N.J.: Erlbaum; ders. (1999): ›Traumdeutung‹ und Neurowissenschaften. In J. Starobinski, I. Grubrich-Simitis und M. Solms (Hg.), Hundert Jahre ›Traumdeutung‹ von Sigmund Freud. Drei Essays (S. 73–89). Frankfurt/M.: S. Fischer.

[23] Freud, S. (1900a): Die Traumdeutung. G. W., Bd. 2/3, S. 143.

[24] Ibid., S. 142.

[25] Ibid., S. 145.

[26] Ciompi, L. (1982): Affektlogik. Über die Struktur der Psyche und ihre Entwicklung. Ein Beitrag zur Schizophrenieforschung. Stuttgart: Klett-Cotta.

[27] Fiss, H. (1995): The post-Freudian dream. A reconsideration of dream theory based on recent sleep laboratory findings. In H. Bareuther, K. Brede, M. Ebert-Saleh & N. Spangenberg (Hg.), Traum und Gedächtnis. Materialien aus dem Sigmund-Freud-Institut, Bd. 15 (S. 11–35). Münster: Lit.

[28] Gadamer, H.-G. (1965): Wahrheit und Methode. Anwendungen einer philosophischen Hermeneutik. Tübingen: Mohr.

[29] Spence, D. (1988): vgl. auch Mertens, W. & Haubl, R. (1996). op. cit.

[30] Jung, C. G. (1921): Par. 894–908,G. W., Bd. 6, S. 515f.

[31] Jung, C. G. (1912). Wandlungen und Symbole der Libido. Ein Beitrag zur Entwicklungsgeschichte des Denkens. G. W. , Bd. 5. Zürich: Rascher.

[32] Freud, S. (1900a): op. cit. S. 356.

[33] Rand, N. & Torok, M. (1996): Fragen an die Freudsche Psychoanalyse: Traumdeutung, Realität, Fantasie. Psyche. Zeitschrift für Psychoanalyse und ihre Anwendungen, 50, S. 289–320.

[34] Ibid., S. 291.

[35] Freud, S. (1900a), op. cit. 101f.

[36] Ibid., S. 102.

[37] Ibid., S. 103.

[38] Ibid., S. 104.

[39] Ibid., S. 365.

40 Freud, S. (1916–17a): Vorlesungen zur Einführung in die Psychoanalyse. G. W. Bd. 11, S. 152.

41 Lakoff, G. & Johnson, M. (1980): Metaphers we live by. Chicago: University of Chicago Press. (dt.: Leben in Metaphern. Heidelberg: Carl-Auer, 1998).

Siehe auch Buchholz, M. B. (Hg.) (1993): Metaphernanalyse. Göttingen. Vandenhoeck & Ruprecht.

42 Freemann Sharpe, E. zit. nach Holland, N. (1999): International Journal of Psychoanalysis,

43 Hartmann, E. (1998): Dreams and nightmares. The new theory on the origin and meaning of dreams. New York: Plenum Trade.

44 Langer, S. (1965): Philosophie auf neuem Wege. Frankfurt/M.: S. Fischer.

45 Sand, R. (1999): The interpretation of dreams. Freud and the Western dream tradition. Psychoanalytic Dialogues, 9, S. 725–747.

46 Langer, S., op. cit., S.88.

47 Freud, S. (1900a): op.cit., S.554.

48 Panksepp, J. (1998): Affective neuroscience: The foundations of human and animal emotions. New York: Oxford University Press.

49 Koukkou-Lehmann, M. & Lehmann, D. (1980): Psychophysiologie des Träumens und der Neurosentherapie: das Zustands-Wechsel-Modell. Fortschritte der Neurologie, Psychiatrie und ihrer Grenzgebiete, 48, S. 324–350; dies., (1998). Ein systemtheoretisch orientiertes Modell der Funktionen des menschlichen Gehirns, und die Ontogenese des Verhaltens: eine Synthese von Theorien und Daten. In Koukkou, M., Leuzinger-Bohleber, M. & Mertens, W. (Hg.) (1998): Erinnerung von Wirklichkeiten: Psychoanalyse und Neurowissenschaften im Dialog, Vol. 1: Bestandsaufnahme (S. 287–415). Stuttgart: Klett-Cotta. Koukkou-Lehmann, M. & Lehmann, D. (2000): a.a.O. , S. 243f.

Abbildungsverzeichnis

Autorenverzeichnis

Wolfgang Mertens,
geb. 1946, Dr. phil., Dipl.-Psych., Psychoanalytiker und Professor für Klinische Psychologie/Psychoanalyse an der Ludwig-Maximilians-Universität München.

Willy Obrist,
geb. 1918, Dr. med., Studium der Philosophie, Geschichte, Medizin und Tiefenpsychologie. Seit 1970 Mitarbeiter der Stiftung für Humanwissenschaftliche Grundlagenforschung, mit dem Forschungsschwerpunkt Evolution des Bewusstseins. Mitbegründer der schweizerischen Gesellschaft für Religionswissenschaft, der Stiftung für Analytische Psychologie (Zürich) und der Stiftung zur Förderung der Philosophie (Mönchengladbach). Langjähriger Dozent für tiefenpsychologische Theorie am C. G. Jung-Institut Zürich.

Herbert Scholpp,
geb. 1942, in Analytischer Psychologie ausgebildeter Personalleiter eines internationalen Technologie-Konzerns mit Sitz im Hessischen.

Literaturverzeichnis

Albrecht, J. (1988): Europäischer Strukturalismus. Ein forschungsgeschichtlicher Überblick. Darmstadt.

Altmeyer, M. (2001): Psychoanalyse als Konnektionismus? Einwände gegen einen monadologisch verengten Rekonstruktionsversuch. Ethik und Sozialwissenschaften. Streitforum für Erwägungskultur, 12, 556 – 558.

Andersen, J. (1988): Kognitive Psychologie.

Andersson, O. (1962): Studies in the prehistory of psychoanalysis. The etiology of psychoneuroses and some related themes in Sigmund Freud's scientific writings and letters, 1886 – 1896. Stockholm: Svenska Bokförlaget.

Andersson, O. (1979): A supplement to Freud's case history of ‚Frau Emmy von N.' in *Studies on hysteria* 1895. Scandinavian Psychoanalytic Review, 2, 5 – 16.

Anthi, P. (1983): Reconstruction of preverbal experiences. Journal of the American Psychoanalytic Association, 31, 33 - 59.

Arlow, J.A. (1969): Fantasy, memory, and reality. Psychoanalytic Quarterly, 38, 28 - 51.

Atkinson, R.C. & Shiffrin, R.M. (1968): Human memory: A proposed system and its control processes. In K.W. Spence & J.T. Spence (Eds.), The Psychology of learning and motivation, Vol. 2, New York: Academic Press.

Atmanspacher, H. Primas, H. Wertenschlag, E. Birkhäuser (1995): Der Pauli –Jung –Dialog und seine Bedeutung für die moderne Wissenschaft. Berlin: Springer.

Bartlett, F.C. (1932): Remembering. Cambridge, UK: Cambridge University Press.

Berry, D.C. (1997): Introduction. In ders. (Ed.), How implicit ist implicit learning (pp. 1 – 12). Oxford: Oxford University Press.

Bertalanfy, L. v. (1968): General systems theory. New York: Braziller.

Böhme, G. (1980): Alternativen der Wissenschaft. Frankfurt: Surkamp.

Bower, G. (1981): Mood and memory. American Psychologist, 36, 129 - 148.

Brockmeier, J. (1979). Über die Bedeutung von Methode und Gegenstand bei der Begründung wissenschaftlicher Erkentnismethodologie. Forum Kritische Psychologie, 5, 129 – 157.

Brockmeier, J. (1997): Autobiography, narrative, and the Freudian concept of life history. Philosophy, Psychiatry, Psychology, 4, 175 – 199.

Brook, A. (1998): Neuroscience versus psychology in Freud. Annual of the New Yorker Academy if Science, 843, 66 – 79.

Bucci, W. (1985): Dual coding: A cognitive model for psychoanalytic research. Journal of the American Psychoanalytic Association, 33, 571 - 608.

Bucci, W. (1997): Psychoanalysis and cognitive science. A multiple code theory. New York: Guilford Press.

Buchholz, MB. (2001): Andere metaphorische Anschlüsse an "cognitive science" sind für die Psychoanalyse wählbar. Ethik und Sozialwissenschaften. Streitforum für Erwägungskultur, 12, 558 – 560. Stuttgart: Lucius & Lucius.

Cassirer, E. (1921): Kants Leben und Lehre. 2. Aufl. 1968.

Chertok, L. (1973): Freud in Paris (1885/86). Psyche. Zeitschrift für Psychoanalyse und ihre Anwendungen, 27, S. 431 – 448. (Erstveröffentlichung im International Journal of Psycho-Analysis, 51, 1970).

Chomsky, N. (1970): Sprache und d Geist. Frankfurt a.M.

Chomsky, N. (1978): Studien zu Fragen der Semantik. Frankfurt a.M.

Chertok, L. (1973): Freud in Paris (1885/86). Psyche. Zeitschrift für Psychoanalyse und ihre Anwendungen, 27, 431 – 448. (Erstveröffentlichung im International Journal of Psycho-Analysis, 51, 1970.

Clark, R.W. ((1979): Freud, the man and the cause. London. (Dt.: Sigmund Freud. Frankfurt: Fischer, 1981).

Clyman, R. (1992): The procedural organization of emotions: a contribution from cognitive science to the psychoanalytic theory of therapeutic action. In T. Shapiro & R. Emde (Eds.), Affect: psychoanalytic perspectives (pp. 349-382). Madison: International Universities Press.

Damasio, A.R. (1994): Descartes' erropr. New York: Gosset/Putnam. (Dt.: Descartes' Irrtum – Fühlen, Denken und das menschliche Gehirn. München. List, 1996).

Damasio, A.R. (1999): Ich fühle, also bin ich. Die Entschlüsselung des Bewußtseins. München: List.

Davis, J.T. (2001): Revising psychoanalytic interpretations of the past. An examination of declarative and non-declarative memory processes. International Journal of psychoanalysis, 82, 449 – 462.

Deneke, F.-W. (1999): Psychische Struktur und Gehirn. Die Gestaltung subjektiver Wirklichkeiten. Stuttgart: Schattauer, 2. Aufl. 2001.
Descartes, R. (1955): Die Prinzipien der Philosophie. Hamburg.
Dörner, D. (2002): Die Mechanik des Seelenwagens. Eine neuronale Theorie der Handlungsregulation. Bern: Hans Huber.
Dornes, M. (1997). Der Säugling und das Unbewusste. In ders., Die frühe Kindheit. Entwicklungspsychologie der ersten Lebensjahre (S. 290 – 323). Frankfurt/M.: Fischer.
Dschuang, Dsi. (1969): Das wahre Buch vom südlichen Blütenland. Köln: Diedrichs Gelbe Reihe.
Duve, Ch. de (1995): Aus Staub geboren. Leben als kosmische Zwangsläufigkeit. Heidelberg.
Eibl-Eibesfeldt, L.(1986): Die Biologie des menschlichen Verhaltens. Grundriss der Humanethologie. München.
Eibl-Eibesfeldt, L. (1996): SZ Kulturbeilage (30.11.1996).
Eigen, M. & Winkler, R. (1986): Das Spiel. Naturgesetze steuern den Zufall. München.
Emrich, H. M. (2001): Leserbrief zum Artikel von Wolf Singer. In DER SPIEGEL, Heft 3
Ellenberger, H. (1970): The discovery of the unconscious. New York: Basic Books. (dt.: Die Entdeckung des Unbewussten. Geschichte und Entwicklung der dynamischen Psychiatrie von den Anfängen bis zu Janet, Freud, Adler und Jung. Bern: Huber, 1973; 2. Aufl.: Zürich: Diogenes).
Ellenberger, H. (1977): L'histoire d'Emmy von N. L'Évolution Psychiatrique, 42, 519 – 540.
Ellenberger, H. (1993): The story of Emmy von N.'. A critical study with new documents. In M. S. Micale (Ed.), Beyond the unconscious. Essays of Henri F. Ellenberger in the history of psychiatry (pp. 272 – 290). Princeton, N.J.: Princeton University Press.
Erdely, M.H. (1985): Psychoanalysis: Freud's cognitive psychology. New York: W.H.Freeman and Company.
Erdely, M.H. & Goldberg, B. (1979): Let's not sweep repression under the rug: Toward a cognitive psychology of repression. In J.F.Kihlstrom & J.F.Evans (Eds.), Functional disorders of memory (pp. 355 – 401). Hillsdale, NJ:Erlbaum.
Eranos Jahrbuch Bd. I (1934): Zürich: Rhein.
Erkelens. H. van (2002): Wolfgang Pauli und der Geist der Materie. Würzburg: Königshausen & Neumann.

Fine, B.D. Joseph, E.D. & Waldhorn, H.F. (Eds.) (1971): Recollection and reconstruction in psychoanalysis (Monograph IV: The Kris Study Group of the New York Psychoanalytic Institute). New York: International Universities Press.

Fischer, E.P. (1991): Glanz und Elend der zwei Kulturen. Über die Verträglichkeit der Natur- und Geisteswissenschaften. Konstanz.

Fischer, E.P. (2000): An den Grenzen des Denkens. Wolfgang Pauli –Ein Nobelpreisträger über die Nachtseiten der Wissenschaft. Freiburg i. Breisgau. Herder.

Fonagy, P. (1999): Memory and therapeutic action. International Journal of Psychoanalysis, 80, 215 – 223.

Forrester, J. (1985): Language and the origins of psychoanalysis. Macmillan: Columbia University Press.

Freeman, M. (1985): Psychoanalytic narration and the problem of historical knowledge. Psychoanalysis and Contemporary Thought, 8, 133 – 182.

Freeman, M. (2000): Zwischen "Wissenschaft" und "Kunst" der Interpretation: Freuds Methode der Traumdeutung. Psyche. Zeitschrift für Psychoanalyse und ihre Anwendungen, 54, 721 – 741.

Freud, S. (1895d): (zusammen mit Breuer, Josef) Studien über Hysterie. G.W., Bd. 1, S. 75 – 312.

Freud, S. (1896c): Zur Ätiologie der Hysterie. G.W., Bd. 1, S. 425 – 459.

Freud, S. (1899): Über Deckerinnerungen. G.W., Bd.1, S. 531 – 554.

Freud, S. (1900a): Die Traumdeutung. G.W., Bd. 2/3.

Freud, S. (1916 – 17a): Vorlesungen zur Einführung in die Psychoanalyse. G.W. , Bd. 11.

Freud, S. (1920g): Jenseits des Lustprinzips. G.W., Bd. 13, S. 1 – 69.

Freud, S. (1925f): Selbstdarstellung. G.W., Bd. 14, 31 – 96.

Freud, S. (1933a): neue Folge der Vorlesungen zur Einführung in die Psychoanalyse. G.W., Bd. 15.

Freud, S. (1950): Entwurf einer Psychologie. G.W. Nachtr., S. 387 – 477.

Freud, S. (1985c): Briefe an Wilhelm Fließ. 1887 – 1904. Ungekürzte Ausgabe. Hg. Von Jeffrey M. Masson. Dt. Fassung von Michael Schröter. Frankfurt/M.

Frey-Rohn, L. (1966): Von Freud zu Jung. Eine vergleichende Studie zur Psychologie des Unbewussten. Zürich.

Gadamer, H.G. (Hg.) (1968): Die Begriffswelt der Vorsokratiker. Darmstadt.

Gaensbauer, T.J. (1994): Therapeutic work with a traumatized toddler. Psychoanalytic Study of the Child, 49, 412 - 433.

Gay, Peter (1987): Freud. A life for our time. New York: Norton & Co. Deutsch: Freud. Eine Biographie für unsere Zeit. Frankfurt: Fischer, 1989.

Gebser, J. (1975): Gesamtausgabe. Schaffhausen: Novalis

Gedo, J.E. (1998): Überlegungen zur Metapsychologie, theoretischen Kohärenz, zur Hermeneutik und Biologie. Psyche. Zeitschrift für Psychoanalyse und ihre Anwendungen, 52, 1014 – 1042.

Goethe, J. W. v., Farbenlehre didaktischer Teil, 5. Abteilung: Nachbarliche Verhältnisse. Abschnitt Verhältnis zur Philosophie §718.

Grabmann, M. (1933): Die Geschichte der katholischen Theologie seit dem Ausgang der Väterzeit. Mit Benützung von M.J. Scheebens Grundriss dargestellt (Herders theologische Grundrisse). Nachdruck 1974.

Granzow, S. (1994): Das autobiographische Gedächtnis. Kognitionspsychologische und psychoanalytische Perspektiven. München: Quintessenz.

Greenacre, P. (1949): A contribution to the study of screen memories. Psychoanalytic Study of the Child, 3/4, 73 – 84.

Greenson, R.R. (1958): Characters in search of a screen. Journal of the American Psychoanalytic Association, 6, 242 - 262 (Dt.: Über Deckabwehr, Deckhunger und Deckidentität. In ders. Psychoanalytische Erkundungen (S. 68 - 89). Stuttgart: Klett-Cotta, 1982).

Grubrich-Simitis, I. (1995): Urbuch der Psychoanalyse. Hundert Jahre Studien über Hysterie von Josef Breuer und Sigmund Freud. Frankfurt/M.: S. Fischer.

Grubrich-Simitis, I. (1999): Metamorphosen der ‚Traumdeutung'. Über Freuds Umgang mit seinem Jahrhundertbuch. In J. Starobinski, I. Grubrich-Simitis und M. Solms (Hg.), Hundert Jahre ‚Traumdeutung' von Sigmund Freud. Drei Essays (S. 35 - 72). Frankfurt/M.: S. Fischer.

Grünbaum, A. (1988): Die Grundlagen der Psychoanalyse. Eine philosophische Kritik. Stuttgart: Reclam.

Grünbaum, A. (1990): "Meaning" connections and causal connections in the human sciences: The poverty of hermeneutic philosophy. Journal of the American Psychoanalytic Association, 38, 559–577.

Gschwend, G. (1994): Die neurophysiologischen Grundlagen der Rehabilitation. Lübeck.

Gschwend, G. (2000): Neurophysiologische Grundlagen der Hirnleistungsstörungen. Freiburg i.Br.

Habermas, J. (1968): Erkenntnis und Interesse. Frankfurt/M.: Suhrkamp.

Harding, E. (1947): Das Geheimnis der Seele. Zürich. Rhein.

Heinroth, O. und Lorenz, K. (1988): Wozu hat das Tier seinen Schnabel ? Briefwechsel aus der frühen Verhaltensforschung 1930-1940. München.

Helwig, P. (1936): Charakterologie. Leipzig. Teubner.

Hennigsen, P. (1998): Im Spiegel des Anderen sich selbst erkennen? Zur Bedeutung der kognitiven Neurowissenschaft für die Psychoanalyse. Psychotherapie, Psychosomatik, Medizinische Psychologie, 48, 78 - 87.

Hirschmüller, A. (1991): Freuds Begegnung mit der Psychiatrie. Von der Hirnmythologie zur Neurosenlehre. Tübingen. Edition disko-rd.

Hirshberg, L.M. (1989): Remembering: Reproduction or construction? Psychoanalysis and Contemporary Thought, 12, 343 - 381.

Hobson, J.A. & McCarley, R.W. (1977): The brain as a dream state generator: An activation-synthesis hypothesis of the dream process. American Journal of Psychiatry, 134, 1335 – 1348.

Hofer, M. (1990): Early symbiotic processes: hard evidence from a soft place. In R.A.Glick & S. Bone (eds.), Pleasure beyond the pleasure principle (pp. 55 – 78). New Haven: Yale University Press.

Holderegger, H. (1993): Der Umgang mit dem Trauma. Stuttgart: Klett.

Holst, E. v. (1974): Zentralnervensystem. 5 Beiträge zur Verhaltensphysiologie. München.

Jammer, M. (1974): Der Begriff der Masse in der Physik. Darmstadt.

Jackson, J.H. (1978): Evolution and dissolution of the nervous system. In J. Taylor (Ed.), Selected writings of John Hughlings Jackson, vol. 2. New York, 1958.

Jackson, J.H. (1978): On affections of speech from disease of the brain. In J. Taylor (Ed.), Selected writings of John Hughlings Jackson, vol. 2. New York, 1958.

Jung, C.G. (1969 -1983): Gesammelte Werke. Olten und Freiburg im Breisgau: Walter.

Jungiana (1992): Beiträge zur Psychologie von C. G. Jung. Reihe A Bd. 4. Küsnacht. Stiftung für Jungsche Psychologie.

Kandel, E. (1998): A new intellectual framework for psychiatry. American Journal of Psychiatry, 155, 457 – 469.

Kandel, E. (1999): Biology and the future of psychoanalysis: a new intellectual framework for psychiatry revisited. American Journal of Psychiatry, 156, 505 – 525.

Kanitscheider, B. (1996): Im Innern der Natur. Philosophie der modernen Physik. Darmstadt.

Kant, I. (1900-1970): Kant. Gesammelte Schriften, hrsg. von der Deutschen Akademie der Wissenschaften zu Berlin - Bd. 3-5

Kind, H. (1982): Psychotherapie und Psychotherapeuten. Methoden und Praxis. Stuttgart.

Kitcher, P. (1992): Freud's dream. A complete interdisciplinary study of mind. Cambridge, Mass. MIT Press.

Klein, G.S. (1966): The several grades of memory. In R.M. Loewenstein, L.M.Newman, M. Schur & A.J.Solnit. New York: International University Press.

Köhler, L. (1998). Einführung in die Entstehung des Gedächtnisses. In M. Koukkou, M. Leuzinger-Bohleber und W. Mertens (Hg.), Erinnerung von Wirklichkeiten. Psychoanalyse und Neurowissenschaften im Dialog. Bd. 1, Bestandsaufnahme (S. 131 – 222). Stuttgart: Verlag Internationale Psychoanalyse.

Köhler, Th. (1987): Das Werk Sigmund Freuds. Entstehung, Inhalt, Rezeption. Band 1: Von der hypnotischen Suggestionsbehandlung zur Theorie des Traumes. Eichborn bei Frankfurt: Fachbuchhandlung für Psychologie. 1990, 2. Auflage.

Körner, J. (1985): Vom Erklären zum Verstehen in der Psychoanalyse. Göttingen: Vandenhoeck & Ruprecht.

Koukkou, M., Leuzinger-Bohleber, M. & Mertens, W. (1998). Erinnerung von Wirklichkeiten. Psychoanalyse und Neurowissenschaften im Dialog. Band 1. Bestandsaufnahme Stuttgart: Klett.

Kris, E. (1956): The recovery of childhood memories in psychoanalytic technique. In The selected papers of Ernst Kris. New Haven: Yale University Press (dt.: Die Aufdeckung von Kindheitserinnerungen in der Psychoanalyse. Psyche. Zeitschrift für Psychoanalyse und ihre Anwendungen, 31, 732 - 768, 1977).

Küchenhoff, J. (1990): Die Repräsentation früher Traumata in der Übertragung. Forum der Psychoanalyse 6, 15–31.

Küchenhoff, J. (1992): Körper und Sprache. Theoretische und klinische Beiträge zur Psychopathologie und Psychosomatik von Körpersymptomen. Heidelberg. Asanger.

Küchenhoff, J. (2000): Die Lesbarkeit des Körpers – Psychoanalytische Zugänge zu Somatisierung und Selbstverletzung. Psychoanalyse - Texte zur Sozialforschung, 4, 17 – 36.

Kuhn, Th. (1976): Die Struktur wissenschaftlicher Revolutionen. Frankfurt a.M., 2. Aufl.

Langs, R. (1971): Altered states of consciousness. Psychoanalytic Quarterly, 40, 40 – 58.

Laub, D. & Auerhahn, N. (1993): Knowing and not knowing massive psychic trauma: forms of traumatic memory. International Journal of Psycho-Analysis, 74, 287 - 302.

LeDoux, J. (1998): Das Netz der Gefühle: wie Emotionen entstehen. München: Hanser.

Lesche, C. (1986): Die Notwendigkeit einer hermeneutischen Psychoanalyse. Psyche, 40, 49–68.

Leuzinger-Bohleber, M. & Pfeifer, R. (2002): Remembering a depressive primary object. International Journal of Psychoanalysis, 83, 3 – 34.

Levin, F.M. (1995): Psychoanalysis and knowledge: Part 1. The problem of representation and alternative approaches to learning. Annual of psychoanalysis, 23, 95 – 116.

Levin, K. (1978): Freud's early psychology of the neuroses. Pittsburgh: University of Pittsburgh Press.

Loch, W. (1971): Gedanken über "Gegenstand", Ziele und Methoden der Psychoanalyse. Psyche. Zeitschrift für Psychoanalyse und ihre Anwendungen, 25, 881–910.

Loftus E. & Loftus, G. (1980): On the permanence of stored information in the human brain. American Psychologist, 35, 409 – 420.

Lorenzer, A. (1974): Die Wahrheit der psychoanalytischen Erkenntnis. Ein historisch-materialistischer Entwurf. Frankfurt/M.: Suhrkamp.

Lubac, H.d. (1969): Corpus Mysticum: Eucharistie und Kirche im Mittelalter. Einsiedeln.

Lüdemann, G. (1998): Der grosse Betrug. Und was Jesus wirklich sagte und tat. Lüneburg.

Mahon, E. & Battin-Mahon, D. (1983): The fate of screen memories in psychoanalysis. Psychoanalytic Study of the Child, 38, 459 - 479.

Makari, G.J. (1994): In the eye of the beholder: Helmholtzian perception and the origins of Freud's theory of the transference. Journal of the American Psychoanalytic Association, 42, 549 - 580.

Marx, O.M. (1967): Freud and Aphasia: An historical analysis. American Journal of psychiatry, 124, 815 – 825.

Marxsen, W. (1968): Die Auferstehung des Jesus von Nazareth. Gütersloh.

Meier, C.A.(1992): Wolfgang Pauli und C.G. Jung. Ein Briefwechsel 1932-1958. Berlin: Springer.

Mertens, W. & Haubl, R. (1996): Der Psychoanalytiker als Archäologe. Stuttgart: Kohlhammer.

Mitscherlich, A. (1974): Frankfurter Allgemeine Zeitung, 25.05.1974.

Modell, A.H. (1994): Memory and the psychoanalytic cure. Canadian Journal of Psychoanalysis, 2, 89 – 102.

Moser, U. & v. Zeppelin, I. (1999): Der geträumte Traum – Traumgenerierung und Traumcodierung. In H. Deserno (Hg.) Das Jahrhundert der Traumdeutung.

Moser, U. & Zeppelin, v. I. (1987a): Träumen wir Affekte? Affektive Kommunikation im Traumprozeß. Teil 1. Affekte und manifester Traum. Forum der Psychoanalyse, 3, 143 – 152.

Moser, U. & Zeppelin, v.I. (1987b): Träumen wir Affekte? Affektive Kommunikation im Traumprozeß. Teil 2. Forum der Psychoanalyse, 3, 227 – 237.

Moser, U. & von Zeppelin, v. I. (1996): Der geträumte Traum. Wie Träume entstehen und sich verändern. Stuttgart: Kohlhammer.

Moser, U. (1992): Zeichen der Veränderung im affektiven Kontext von Traum und psychoanalytischer Situation. Psyche. Zeitschrift für Psychoanalyse und ihre Anwendungen, 46, 923 – 958.

Moser, U. (1999a): Das Traumgenerierungsmodell (Moser, von Zeppelin) dargestellt an einem Beispiel. In H. Bareuther et al. (Hg.), Traum, Affekt und Selbst. Sigmund-Freud-Institut. Psychoanalytische Beiträge 1 (S. 49 – 82). Tübingen. Edition diskord.

Moser, U. (1999b): Selbstmodelle und Selbstaffekte im Traum. Psyche. Zeitschrift für Psychoanalyse und ihre Anwendungen, 220 – 249.

Müller, W. (1970): Glauben und Denken der Sioux. Zur Gestalt archaischer Weltbilder. Berlin.

Newell, A. (1990): Unified theories of cognition. Cambridge, Mass.: Harvard University Press.

Norretanders, T. (1994): Spüre die Welt. Die Wissenschaft des Bewusstseins. Reinbek b. Hamburg.

Obrist, W. (1980): Die Mutation des Bewusstseins. Vom archaischen zum heutigen Selbst- und Weltverständnis. Bern.

Obrist, W. (1985): Theoriebildung in der Tiefenpsychologie: Defizit, Notwendigkeit und Möglichkeiten. Analytische Psychologie, Vol. 16, Nr.3., Basel.

Obrist, W. (1988): Ein neuer Weg zur Erforschung der Bewusstseins-Evolution. Bottmingen.

Obrist, W. (1988): Zur Erforschung der Bewusstseins-Evolution. In: Einheit und Vielfalt. Festschrift für Peter Lang zum 60. Geburtstag. Bern.

Obrist, W. (1988): Neues Bewusstsein und Religiosität. Evolution zum ganzheitlichen Menschen. Olten.

Obrist, W.(1990): Archetypen. Natur- und Kulturwissenschaften bestätigen C.G. Jung. Olten.

Obrist, W. (1990): Religiöse Erfahrung auch ohne Religion. In M. Messing (Hg.), Religion als lebendige Erfahrung. Olten.

Obrist, W. (1993): Tiefenpsychologie und Theologie. Aufbruch in ein neues Bewusstsein. Zürich. Brenzinger

Obrist, W. (1999): Die Natur Quelle von Ethik und Sinn. Tiefenpsychologie und heutige Naturerkenntnis. Zürich.

Overbeck, F. (1971): Vorgeschichte und Jugend der mittelalterlichen Scholastik. Basel 1917, Reprogr. Nachdruck, Darmstadt.

Pally, R. (1997): Memory: brain systems that link past, present & future. International Journal of Psychoanalysis, 78, 1223 – 1234.

Palombo, S. (1978): Dreaming and memory. A new information-processing model. New York: Basic Books.

Palombo, S. (1992): Connectivity and condensation in dreaming. Journal of the American Psychoanalytic Association, 40, 1139 – 1159.

Palombo, S.R. (1999): The emergent ego. Madison, CT: International Universities Press.

Panksepp, (1998): Affective neuroscience: The foundations of human and animal emotions. New York: Oxford University Press.

Pauli, W. (1996): Wissenschaftlicher Briefwechsel mit Bohr, Einstein, Heisenberg u.a. Bd. IV Teil 1 1950-1952. Bd. IV Teil 2 1953- 1954. Berlin: Springer.

Pauli, W. (1956): Die Wissenschaft und das abendländische Denken. in Europa- Erbe und Aufgabe. Wiesbaden. Mainz: Franz Steiner.

Perruchet, P. & Vinter, A. (2002): The self-organizing consciousness. Behavioral and Brain Sciences, 25, S. 512 – 526.

Person, E, S. & Klar, H. (1994): Establishing trauma: the difficulty distinguishing between memories and fantasies. Journal of the American Psychoanalytic Association, 42, 1055 - 1081.

Pietschmann, H. (1995): Das Ende des Naturwissenschaftlichen Zeitalters. Stuttgart, Wien: Weitbrecht.

Pongratz, L.J. (1967): Problemgeschichte der Psychologie. Bern: Francke.

Portmann, A. (1967): Alles fließt. Wege des Lebendigen. München: Herder.

Pribram, K.H. & Gill. M.M. (1976): Freud's "Project" re-assessed: Preface to contemporary cognitive theory and neuropsychology. New York. Basic Books.

Prigogine, I. (1980): From beeing to becoming. San Francisco: Freeman (Dt.: Vom Sein und Werden. Zeit und Komplexität in den Naturwissenschaften).

Prigogine, I. & Stengers, I. (1981): Dialog mit der Natur. München. Piper.

Pugh, G. (2002): Freud's "problem": Cognitive neuroscience & psychoanalysis working together on memory. International Journal of Psychoanalysis, 83, 1375 – 1394.

Rand, N. und Torok, M. (1996): Fragen an die Freudsche Psychoanalyse: Traumdeutung, Realität, Fantasie. Psyche. Zeitschrift für Psychoanalyse und ihre Anwendungen, 50, 289 – 320.

Rapaport, D. (1944): The psychoanalytic concept of memory and its relation to recent memory. In M.M.Gill (Ed.), The collected papers of David Rapaport (pp. 136 – 159). New York: Basic Books, 1967.

Reicheneder, J.G. (1990): Zum Konstitutionsprozeß der Psychoanalyse. Jahrbuch der Psychoanalyse, Beiheft 12, Stuttgart: frommann-holzboog.

Reiser, M. (1984): Mind, brain, body. Toward a convergence of psychoanalysis and neurobiology. New York: Basic Books.

Reiser, M. (1991): Memory in mind and brain: What dream imagery reveals. New York: Basic Books.

Ricoeur, P. (1973): Hermeneutik und Strukturalismus. Konflikt der Interpretationen I. München: Kösel.

Rubovits-Seitz, P. (1991): Interpretative methodology, validation and structuralist hermeneutics. Psychoanalysis and Contemporary Thought, 14, 563–593.

Sacks, O. (1998): Sigmund Freud: The other road. In G. Guttmann & I. Scholz-Strasser (Eds.), Freud and the neuro-sciences. From brain research to the unconscious (pp. 11 – 22). Wien: Verlag der Österreichischen Akademie der Wissenschaften.

Sand, R. (1999): The interpretation of dreams. Freud and the Western dream tradition. Psychoanalytic Dialogues, 9, 725 – 747.

Sander, L. (1962): Issues of early mother-child-interaction. Journal of the American Academy of Child Psychiatry, 1, 141 – 166.

Sander, L. (1964): Adaptive relationships in early mother-child-interaction. Journal of the American Academy of Child Psychiatry, 3, 231 - 264.

Sander, L. (1975): Infant and caretaking environment. Investigation and conceptualization of adaptive behavior in a system of increasing complexity. In E.J. Anthony (Ed.), Explorations in child psychiatry (pp.129 - 166). New York: Plenum Press.

Sander, L. (1977): The regulation of exchange in the infant-caretaker system and some aspects of the context content/relationship. In M. Lewis & L. Rosenblum (Eds.), Interaction, conversation, and the development of language (pp. 133 – 156). New York: Wiley.

Sandler, A.-M. (1975): Comments on the significance of Piaget's work for psychoanalysis. International Review of Psycho-Analysis, 2, 365 – 378.

Sandler, J. & Joffe, W. (1969): Towards a basic psychoanalytic model. International Journal of Psycho-Analysis, 50, 79 - 91. (dt.: Auf dem Weg zu einem Grundmodell der Psychoanalyse, 23, 461 - 480, 1969.

Sandler, J. & Sandler, A. (1985): Vergangenheitsunbewußtes, Gegenwartsunbewußtes und die Deutung der Übertragung. Psyche. Zeitschrift für Psychoanalyse und ihre Anwendungen, 39, 800 – 829.

Sandler, J. & Sandler, A.-M. (1988): Das frühere Unbewußte, das gegenwärtig Unbewußte und die Schicksale der Schuld: eine technische Perspektive. In P. Kutter, R. Páramo-Ortega & P. Zagermann (Hrsg.) Die psychoanalytische Haltung. Auf der Suche nach dem Selbstbild der Psychoanalyse (S. 143 - 163). München: Verlag Internationale Psychoanalyse.

Sandler, J. & Sandler, A.-M. (1997): A psychoanalytic theory of repression and the unconscious. In J. Sandler & P. Fonagy (Eds.)

Recovered memories of abuse: True or false (pp. 163 – 181). Madison, Conn.: International Universities Press.

Schachtel, E.G. (1947): On memory and childhood amnesia. Psychiatry, 10, 1 - 26.

Schimek, J.G. (1975a): A critical re-examination of Freud's concept of unconscious mental representation. International Review of Psycho-Analysis, 2, 171 - 187.

Schimek, J.G. (1975b): The interpretation of the past: childhood trauma, psychic reality and historical truth: Journal of the American Psychoanalytic Association, 23, 845 - 865.

Schmidt-Hellerau, C. (1995): Die Geburt der Metapsychologie. Zur Aktualität des "Entwurfs einer Psychologie. Psyche. Zeitschrift für Psychoanalyse und ihre Anwendungen, 49, 1156 – 1195.

Schrödinger, E. (1956): Die Natur und die Griechen. Hamburg

Schore, A.N. (1997): A century after Freud's Project: is a rapprochement between psychoanalysis and neurobiology at hand? Journal of the American Psychoanalytic Association, 45, 807 – 840.

Schröter, M. (1988): Freud und Fließ im wissenschaftlichen Gespräch. Das Neurasthenieprojekt von 1893. Jahrbuch der Psychoanalyse, 22, 141 – 183.

Schülein, J.A. (1998): Von der Neurophysiologie zur "wissenschaftlichen Weltanschauung". Über Struktur und Funktionswandel von Freuds Wissenschaftstheorie. Zeitschrift für psychoanalytische Theorie und Praxis, 13, 145 – 173.

Schülein, J.A. (1999a): Die Logik der Psychoanalyse. Eine erkenntnistheoretische Studie. Gießen-Psychosozial.

Schülein, J.A. (1999b): Schwierigkeiten psychoanalytischer Theorie – Anmerkungen zur wissenschaftstheoretischen Diskussion. Zeitschrift für psychoanalytische Theorie und Praxis, 14, 308 – 334.

Shapiro, T. & Perry, R. (1976): Latency revisited: the age 7 plus or minus 1. Psychoanalytic Study of the Child, 31, 79 – 105.

Singer, W. (2001): DER SPIEGEL, Heft 1.

Scholpp, H. (2000): Buchbesprechung zu: Die Natur Quelle von Ethik und Sinn Tiefenpsychologie und heutige Naturerkenntnis. Basel. Analytische Psychologie, Karger.

Schöpfungsmythen (1977): Ägypter, Sumerer, Hurriter, Hethiter, Kanaaniter und Israeliten. Vorwort von Mircea Eliade. Reihe Quellen des alten Orients. Darmstadt.

Schopper, H. (1989): Materie und Antimaterie. Teilchenbeschleuniger und der Vorstoss zum unendlich Kleinen. München.

Searle, J.R. (2001): Geist, Sprache und Gesellschaft. Frankfurt a.M..

Sebeok, Th.A. (1979): Theorie und Geschichte der Semiotik. Reinbek b. Hamburg.

Seeberger, W. (1961): Der Begriff des Geistes im System von Hegel. Dissertation, Stuttgart.

Shapiro, T. & Perry, R. (1976): Latency revisited: the age 7 plus or minus 1. Psychoanalytic Study of the Child, 31, S. 79 – 105.

Sherrington, C. (1910): The integrative action of the nervous system. New York.

Silvers, R.G. (1996): Verborgene Geschichten der Wissenschaft. Berlin.

Solms, M. (1995): New findings on the neurological organisation of dreaming: Implications for psychoanalysis. Psychoanalytic Quarterly, 64, 43 – 67.

Solms, M. (1997): The neuropsychology of dreams: A clinico-anatomical study. Mahwah, N.J.: Lawrence Erlbaum.

Solms, M. (1998): Auf dem Weg zu einer Anatomie des Unbewussten. In M. Koukkou, M. Leuzinger-Bohleber & W. Mertens (Hg.), Erinnerung von Wirklichkeiten. Psychoanalyse und Neurowissenschaften im Dialog, Bd.1 (S. 416 - 461). Stuttgart: Verlag Internationale Psychoanalyse.

Solms, M. (1999): Zur Integration von Psychoanalyse und Neurowissenschaften. Forum der Psychoanalyse, 15, 58 – 70.

Solms, M. & Solms-Kaplan, K. (2003): Neuro-Psychoanalyse. Eine Einführung mit Fallstudien. Stuttgart: Klett-Cotta.

Spence, D. (1982): Narrative truth and historical truth. New York: W.W. Norton.

Spero, M.H. (1990): Portal aspects of memory overlay in psychoanalysis. Psychoanalytic Study of the Child, 45, 79 - 103.

Stephan, A. (2001a): Psychoanalyse und Konnektionismus. Ethik und Sozialwissenschaften. Streitforum für Erwägungskultur, 12, 543 – 554. Stuttgart: Lucius & Lucius.

Sugar, M. (1992): Toddlers' traumatic memories. Infant Mental Health Journal, 13, 245 - 251.

Talvitie, V. & Ihanus, J. (2002): The repressed and implicit knowledge. International Journal of Psychoanalysis, 83, 1311 – 1323.

Tart, Ch. (1978): Transpersonale Psychologie, Olten.

Terr, L. (1988): What happens to early memories of trauma? A study of twenty children under age five at the time of documented traumatic events. Journal of the Academy of Child and Adolescent Psychiatry, 27, 96 - 104.

Thelen, E, & Smith, L. (1994): A dynamic systems approach to the development of cognition and action. Cambridge, MA: MIT.

Thomä, H. & Cheshire, N. (1991): Freud's Nachträglichkeit" and Stracheys "deferred action: Trauma, constructions and the direction of causality. International Review of Psycho-Analysis, 18, 407 – 427.

Tögel, C. (1994): „...und gedenke die Wissenschaft auszubeuten'. Sigmund Freuds Weg zur Psychoanalyse. Tübingen: diskord.

Tögel, C. (1999): ‚My bad diagnostic error': Once more about Freud and Emmy v. N. (Fanny Moser). International Journal of Psycho-Analysis, 80, 1165 – 1173.

Toulmin, S. (1994). Kosmopolis. Die unerkannten Aufgaben der Moderne. Frankfurt/M.: Suhrkamp.

Tress, W. (1985): Psychoanalyse als Wissenschaft. Psyche, 39, 38– 412.

Tulving, E. (1972): Episodic and semantic memory. In E. Tulving & W. Donaldson (Eds.), Organization of memory (pp. 381 - 403). New York: Academic Press.

Tulving. E. (1983): Elements of episodic memory. Oxford: Oxford University Press.

Tulving, E. & Thompson, D. (1973): Encoding specifity and retrieval processes in episodic memory. Psychological Review, 80, 353 - 373.

Tuttle, R. (Hg.) (1975): Sociecology and Psychology of Primates. The Hague.

Weizsäcker, C. F. v. (1981): Deutlichkeit. München: dtv.

Weizsäcker, C. F. v. (1985): Wahrnehmung der Neuzeit. München: dtv.

Weizsäcker, C. F. v.(1990): Die Tragweite der Wissenschaft. Stuttgart: S. Hirzel.

Weizsäcker, C. F. v.(1995): Die Einheit der Natur. München: dtv.

Westen D. (1998a): The scientific legacy of Sigmund Freud: Toward a psychodynamically informed psychological science. Psychological Bulletin, 124, 333 – 371.

Westen, D. (1998b): Unconscious thought, feeling, and motivation: The end of a century-old debate. In R. Bornstein & J. Masling (Eds.) Empirical perspectives on the psychoanalytic unconscious. Empirical Studies of Psychoanalytic Theories, Vol. 7 (pp. 1 – 43).

Washington, DC: American Psychological Association.
Westen, D. (1999): The scientific status of unconscious processes: Is Freud really dead? Journal of the American Psychoanalytic Association, 47, 1061 – 1106.
Westen, D. & Gabbard, G.O. (2002): Developments in cognitive neuroscience: I. Conflict, compromise, and connectionism. Journal of the American Psychoanalytic Association, 50, 53 – 98.
Westerlundh, B. & Smith, G. (1983): Perceptgenesis and the psychodynamics of perception. Psychoanalysis and Contemporary Thought, 6, 597 - 640.
Wetzler, S.E. & Sweeney, J.A. (1986): Childhood amnesia: A conceptualization in cognitive-psychological terms. Journal of the American Psychoanalytic Association, 34, 663 – 685.
White, S.H. & Pillemer, D.B. (1979): Childhood amnesia and the development of a socially accessible memory system. In J. F. Kihlstrom & F. J. Evans (Eds.), Functional disorders of memory (pp. 29 - 74). Hillsdale, NJ: Erlbaum.
Widegren, G. (1969): Religionsphänomenologie. Berlin.
Wiener, N. (1952): Mensch und Menschmaschine. Frankfurt a.M.
Wilson, A. & Malatesta, C. (1989): Affect and the compulsion to repeat: Freud`s repetition compulsion revisited. Psychoanalysis and Contemporary Thought, 12, 265 - 312.
Yovell, Y. (2000): From hysteria to postraumatic stress disorder: psychoanalysis and the neurobiology of traumatic memories. Neuro-Psychoanalysis, 2, 171 – 181.

Personenverzeichnis

Dr. Thomas Ogden ist einer der meistgelesenen Psychoanalytiker unserer Zeit. Dieses Buch – sein wichtigstes – handelt davon, wie man als Psychoanalytiker denkt und arbeitet; wie man seine Fähigkeit erhöht, die »lebendigen« Momente einer Sitzung wahrzunehmen; und wie man durch enge Berücksichtigung der Nuancen in Sprache, Gesten und Handlungen die intersubjektive Konstruktion erfasst, die Patient und Analytiker erschaffen. Ogden bezieht sich auf Träumereien – Wachträume –, einen Prozess, innerhalb dessen Metaphern geschaffen werden, um einen Sinn für das unbewusste Erleben zu vermitteln.

Solche intersubjektive Konstruktionen finden sich jedoch nicht nur im analytischen Gespräch, sondern werden auch in Poesie und sogar in analytischer Literatur zwischen Verfasser und Leser geschaffen. Ogden illustriert dies an zahlreichen Beispielen und gibt dadurch neue Anregungen, analytische sowie nicht-analytische Literatur kreativ zu lesen.

PSV
Psychosozial-Verlag